国家社会科学基金重大项目"基于物价调控的我国最优财政货币政策体制研究"（12&ZD064）最终成果

国家社会科学基金重大项目（12&ZD064）总报告

基于物价调控的
我国最优
财政货币政策体制研究

卞志村 / 著

人民出版社

责任编辑:陈　登

图书在版编目(CIP)数据

基于物价调控的我国最优财政货币政策体制研究/卞志村 著. —北京：
　人民出版社,2017.12
ISBN 978－7－01－018798－3

Ⅰ.①基…　Ⅱ.①卞…　Ⅲ.①财政政策-研究-中国②货币政策-研究-中国
Ⅳ.①F812.0②F822.0

中国版本图书馆 CIP 数据核字(2017)第 325795 号

基于物价调控的我国最优财政货币政策体制研究
JIYU WUJIA TIAOKONG DE WOGUO ZUIYOU CAIZHENG HUOBI ZHENGCE TIZHI YANJIU

卞志村　著

人民出版社 出版发行
(100706　北京市东城区隆福寺街 99 号)

北京中科印刷有限公司印刷　新华书店经销

2017 年 12 月第 1 版　2017 年 12 月北京第 1 次印刷
开本:710 毫米×1000 毫米 1/16　印张:21.5
字数:362 千字

ISBN 978－7－01－018798－3　定价:68.00 元

邮购地址 100706　北京市东城区隆福寺街 99 号
人民东方图书销售中心　电话 (010)65250042　65289539

序

　　无论是通货膨胀抑或通货紧缩都不利于宏观经济的平稳运行，因此物价波动问题长期以来都是各国理论界与宏观经济调控部门所关注的重大问题，稳定物价也就很自然地成为各国宏观经济调控的主要目标。现阶段，尽管从居民消费价格指数（CPI）这一指标来看，中国实际表现出来的通胀压力并不大，但若就此判定现阶段不存在通货膨胀风险，从而不关注或者较少关注物价波动问题，无疑是轻率且有害的。中国经济在进入新常态之后的相当长时期内，都面临着较大的潜在通胀压力。首先，要素成本结构发生系统性改变，劳动力成本、自然资源价格、环境成本、技术进步的成本等要素成本大幅提升，极易引发成本推动型通货膨胀；其次，近年来为了应对经济下行压力，实施了相对宽松的货币政策，"天量"的货币供给意味着存在相当大的"需求拉上"通货膨胀风险；再次，在经济下行压力背景下，实体经济部门普遍不振，大量货币资金"脱实向虚"，资产价格剧烈波动和一般消费品价格相对稳定在较长时期内并存，现阶段的通货膨胀呈现出明显的"结构性"特征。因此，中国经济进入新的发展阶段后，通货膨胀的形成机理与动态特征日趋复杂，这对稳定物价的宏观经济调控提出了更高要求，也彰显出深入探讨经济新常态下如何有效稳定物价这一课题的重大理论意义与现实价值。

　　长期以来，稳定物价被视为一国货币当局的主要职责，货币政策成为最主要的物价调控手段。在长期的物价调控操作实践中，货币政策被赋予了过重的压力。然而，20世纪80年代，巴西、土耳其等国的通胀治理实践表明，财政因素在物价决定中亦具有重要影响。自此，包括萨金特

（Sargent）、利珀（Leeper）在内的许多著名经济学家开始从财政视角分析物价水平决定问题，物价的财政决定理论（Fiscal Theory of Price Level，FTPL）逐渐受到学界的关注。回顾改革开放以来中国物价水平的演变历程和调控物价的政策操作实践，也可以发现物价水平并非完全由货币政策所决定，财政政策以及其他因素在物价水平决定过程中同样起着重要作用。因此，运用宏观经济政策实施物价调控不应仅仅依赖货币政策，还需搭配运用财政政策。

在市场经济条件下，货币政策与财政政策是国家实施宏观经济调控的两大政策体系，它们的操作对象都是货币资金，且财政部门与金融部门之间存在着货币资金的千丝万缕的联系。我国金融学泰斗黄达教授的经典著作《财政信贷综合平衡导论》专门有一章叫作"犬牙交错的结合部"，描述的就是财政部门与金融部门之间的密切货币资金关系。因此，财政政策与货币政策之间应当协调配合，当属天经地义。财政政策与货币政策之间的协调搭配问题，也一直是我国宏观调控工作的重点之一。早在1957年，陈云同志在总结过去的工作与经验教训时，就首先提出"财政收支和银行信贷收支必须要平衡"的论断。陈云同志的这一观点当时被概括为"综合平衡理论"。之后，中国理论界围绕着陈云同志的这一论断展开了多方面的研究，并根据中国不断进行的经济实践进行了与时俱进的发展，其中黄达教授的经典著作《财政信贷综合平衡导论》是其中的突出代表。随着中国经济发展全面转向中国特色社会主义市场经济体制的轨道，特别是进入21世纪之后，货币政策与财政政策之间的协调搭配问题又有了许多新的内容。应当说，这方面我们取得了比较明显的发展，特别是为了应对1997年亚洲金融危机与2008年全球金融危机，中国财政政策与货币政策之间的协调搭配明显得到强化。现阶段，中国经济进入新常态，为了有效化解经济下行与通货膨胀的双重风险，我们正在努力探索建立健全重大调控政策统筹协调机制，特别是增强财政货币政策协调性，从而形成有效调控合力。

中国经济进入新常态发展阶段之后，面临的国际国内经济形势越来越错综复杂。从国际看，世界经济深度调整、复苏乏力，国际贸易增长低迷，金融和大宗商品市场波动不定，地缘政治风险上升，外部环境的不稳定和不确定因素增加。从国内看，长期积累的矛盾和风险进一步显现，经济增速换挡、结构调整阵痛、新旧动能转换相互交织，经济下行压力加大。在此背景下，中国经济实际上面临着经济下行与通货膨胀的双重风险。一方面，通货膨胀形成机制与演化特征日趋复杂；另一方面，鉴于严峻的经济下行压力，转型升级与保增长成为今后一段时期内的重要任务。这就对宏观经济调控部门前瞻性地管理好通货膨胀、防止价格非理性上涨增加改革成本提出了更高的要求。党的十九大提出要"创新和完善宏观调控，发挥国家发展规划的战略导向作用，健全财政、货币、产业、区域等经济政策协调机制"。显然，现阶段要有效调控物价水平，需要不断健全宏观调控体系，创新宏观调控方式，增强宏观调控效果，特别是要处理好财政政策和货币政策之间的协调配合。

由于财政政策与货币政策在决策机制、约束机制、效果功能等方面存在着差异，针对物价调控这一重大问题，积极探讨货币政策和财政政策之间分工、协调的体制机制，认真研究两大政策体系配合的渠道和模式，从而找到稳定物价的最优财政货币政策体制类型与搭配机制，最终实现稳定物价的目标，既是我们当前面临的一项重要任务，也是一个重大挑战。这个意义重大且极具挑战性的题目就是卞志村教授主持的国家社会科学基金重大项目"基于物价调控的我国最优财政货币政策体制研究"的研究内容。

自 2012 年成功中标这一重大项目，卞志村教授作为首席专家带领研究团队对基于物价调控的中国最优财政货币政策体制问题进行了深入探索，取得了丰硕的研究成果，形成了一系列的研究报告。摆在读者面前的这本专著是浓缩研究精华的课题总报告。本书从解构中国物价波动特征入手，构建了包括动态随机一般均衡模型（DSGE）在内的一系列理论模型和计量经济模型，深入分析了中国的通货膨胀动态机制、中国物价水平的货币、财政决定问题、中国物价水平的测度与修正问题、开放经济条件下的物价波动问题、中国财政货币政策体制识别与最优选择等一系列有关物价调控的重大理论问题，形成了"中国应该构建主动型货币政策与被动型财政政策体制"这一具有重大理论创新性的学术观点。此外，通过对物价调控的财政货币政策协调搭配问题的深入分析，本书提出了稳定物价的最优财政货币政策体制构建十条举措，无疑对于经济发展新常态下稳定物价的财政、货币政策协调搭配的操作实践具有重要的参考价值。

总体而言，本书立意高远，论证过程逻辑严密，方法得当，资料翔实，提出了许多有重要理论价值的学术观点和政策操作建议。对于经济新常态下稳定物价的财政货币政策协调搭配问题，卞志村教授有其独特而深刻的理解，对于其中的不少问题，卞教授已经给出了明确的答案。当然，由于基于物价调控的最优财政货币政策体制构建问题十分复杂，关系到宏观经济的方方面面，国内外相关理论和实践也在不断发展，因而需要继续研究的问题还很多，有待进一步深入探索。在本书即将付梓之际，欣闻卞志村教授投标的"经济发展新常态下中国金融开放、金融安全与全球金融风险研究"再次被立为国家社会科学基金重大项目（项目批准号：17ZDA037)，期待卞志村教授取得更多更有价值的研究成果。

国家金融与发展实验室理事长、

中国社科院学部委员

2017 年 12 月

前　言

　　物价水平是关系到国民经济稳健运行与民众生活质量的核心经济指标，保持物价水平的稳定是各国宏观经济调控的主要目标之一。近年来，仅从居民消费价格指数（CPI）来看，我国实际表现出来的通胀压力并不大。2012年5月以来，除少数几个月份CPI略高于3%，大部分时期内用CPI衡量的物价水平都维持在2%左右。但若据此判定中国物价水平趋于稳定，无疑是轻率的。从新常态下中国经济运行态势和宏观调控政策取向来看，未来物价反弹的动力依然十分强劲，对于物价形势的认识和判断不可盲目乐观。一方面，劳动力等生产要素成本大幅攀升，以及实体经济和虚拟经济非均衡发展所引发的资产价格泡沫等因素导致我国存在较大的潜在通胀压力；另一方面，由于经济增速换挡、结构调整阵痛、新旧动能转换等多重因素相互交织，当前通货膨胀形成机理与动态机制日趋复杂。在此背景下，如何有效管控物价，成为我国宏观调控部门面临的重大挑战。

　　长期以来，维持总体物价水平的稳定被认为是我国央行的职责，货币政策被当作调控物价的主要手段，甚至是唯一手段。然而，近年来许多国家的通胀治理实践显示，财政因素也在物价水平变动中发挥着不可忽视的作用。国内外许多学者已经开始从财政视角审视物价变动过程，探索有效管控物价的举措。回顾改革开放以来我国物价水平的演变历程和调控物价的政策操作实践，也可以发现，物价水平并非完全由货币政策所决定，财政政策在物价水平决定过程中同样起着重要作用。近年来，我国物价调控效果不尽如人意，在很大程度上是由于货币政策独挑大梁而财政政策严重缺位所致。更加有效调控物价水平需要财政货币政策的有机搭配运用。中共十八届五中全会审议通过的《关于制定国民经济和社会发展第十三个五年规划的建议》中，明确提出要健全宏观调控体系，创新宏观调控方式，增强宏观调控政策的协同性；完善以财政政策、货币政策为主，产业政策、区域政策、投资政策、消费政策、价格政策协调配合的政策体系，增强财政货币政策的协调性。然而由于财政政策与货币政策在决策机制、约束机制、效果功能等方面存在着差异，针对物价调控这一重大问题，财政政策与货币政策之间应该如何分工、协调和搭配，如何构建有效调控物价的我国最优财政货币政策体制等一系列重大问题，亟待从理论和实践上进行深入的探索。因此，基于物价调控视角，探索我国最优财政货币政策体制无疑具有重要的现实意义和理论价值。

有鉴于此，本人带领"宏观金融理论与政策"研究团队于 2012 年以"基于物价调控的我国最优财政货币政策体制研究"为题申报了国家社科基金重大项目（第二批）并获资助（项目批准号：12&ZD064），徐亚平教授、彭兴韵教授、毛泽盛教授、汪洋教授作为子课题负责人参与了本项目的研究，朱军副教授、尹雷博士、丁慧博士以及我的研究生孙俊、张义、高洁超、孙慧智、胡恒强、宗旭姣、唐燕举、杨源源、孟士清等承担了具体的研究任务。历经四年深入系统的研究，顺利完成了各项研究任务，实现了本项目的预期设定目标。据统计，课题组成员已完成阶段性研究成果 63 项，其中在《经济研究》发表论文 3 篇，在《世界经济》《经济学季刊》《金融研究》《中国工业经济》等权威学术期刊发表（含录用）论文 17 篇，在其他 CSSCI 索引期刊发表（含录用）论文 23 篇，出版学术著作 3 部。本项目的最终成果包括《基于物价调控的我国最优财政货币政策体制研究》总报告一部，《物价水平决定的货币理论及中国检验》《物价水平决定的财政理论及中国检验》《开放经济下的物价水平决定及中国检验》《中国物价指数：现状、问题与修正》《中国财政货币政策体制类型识别与最优选择》五部子报告。本书为重大项目研究总报告，是在卞志村、丁慧、孙俊、张义、高洁超、孙慧智、钱菁、胡恒强、唐燕举、徐玲慧、杨源源等人的研究成果基础上凝练而成。本书的具体撰写任务分工如下：第一章由杨源源和赵亮撰写；第二章由卞志村、高洁超、胡恒强、杨源源撰写；第三章由卞志村、张义、高洁超、孙慧智撰写；第四章由卞志村、唐燕举、钱菁、杨源源、笪哲撰写；第五章由卞志村、徐玲慧、孙俊、赵亮、束姝妹撰写；第六章由丁慧等撰写；第七章由卞志村、胡恒强和杨源源撰写。尹雷、丁慧、胡恒强、杨源源、赵亮、刘志成、笪哲、束姝妹等承担了本书后期的编排和审核校对工作。

本书全面回顾了改革开放以来我国物价水平的演变历程，系统梳理了调控物价的财政货币政策操作演进特征，初步判定物价水平并非完全由货币政策所决定，其他政策特别是财政政策在物价水平变动决定过程中同样起着重要作用。基于此，本书从六大方面对调控物价的我国最优财政货币政策体制问题展开研究。

第一，我国物价波动动态机制。由于宏观政策从制定、实施到对通货膨胀形成影响存在一定的时滞，所以理解通货膨胀动态形成机制对提升宏观政策制定的时效性和有效性具有重要意义。本书创新性地从粘性价格、粘性信息两大视角出发，对新凯恩斯菲利普斯曲线展开理论分析和实证检验，深入分析我国通货膨胀的动态形成机制。

第二，通胀预期、物价调控与最优货币政策之间的关系。沿着物价水平货币决定论这一主线，本书分别从央行信息披露和公众适应性学习两个角度系统探索央行如何更有效地加强通货膨胀预期管理，选择最优的货币政策目标体制，优化物价调控效果；此外，本书将金融形势指数（FCI）引入货币政策规则方程，由此筛选最优的货币政策规则，以更好实现物价稳定目标。

第三，财政政策对物价水平变动的影响。沿着物价水平决定财政论这条主线，首先，基于我国宏观经济运行和财政政策操作实践，定性分析财政政策对物价水平的影响；其次，系统论述财政政策对物价水平的影响机理，并实证检验物价水平的财政决定理论；最后，采用 DSGE 模型尝试构建结构性财政宏观调控经济效应研究框架，系统分析经济新常态下调控物价的最优财政政策和财政政策的转型问题。

第四，开放经济条件下的物价水平决定。沿着物价水平决定国际传导论这一主线，本书主要探讨了三个方面的问题：一是人民币汇率对物价水平的传递效应；二是开放经济条件下财政货币政策对物价水平的非对称影响；三是开放经济条件下最优货币政策目标制的选择问题。

第五，中国广义价格指数的编制及政策应用。准确测度通货膨胀是有效治理通货膨胀、实现物价稳定的基础与前提。目前衡量通货膨胀水平的核心指标 CPI 并不能准确地反映真实通货膨胀水平，编制能够真实准确地反映通货膨胀水平的物价指数极为必要。鉴于此，本书采用贝叶斯动态因子模型等先进的计量经济学方法编制了广义价格指数，并讨论了这一新的物价指数的政策应用问题。

第六，我国财政货币政策体制类型识别与最优选择。基于对物价动态机制、物价水平决定以及物价水平测度和修正等问题的深入分析，本书分别从理论层面、经验层面以及实证层面对调控物价的我国最优财政货币政策体制的构建问题进行系统分析。

基于对我国通胀动态形成机制、物价水平的货币与财政决定问题、我国物价指数的修正问题、开放经济条件下的物价变动机制、我国财政货币政策体制识别与最优选择等一系列有关物价调控的重大理论问题的深入分析以及对研究结论的凝练，本书提出了以下学术观点：

第一，"控通胀、稳增长"的最优货币政策设计需要高度关注公众的预期形成机制。现实中公众预期不可能具有完全理性性质，公众会基于自身对实际经济的不完全认知，通过不断获取、更新决策所需信息，形成并更新自身的预期，这种机制被称为预期形成的适应性学习机制。在适应性学习预期下，灵活通货膨胀目标制与混合名义收入目标制相对于其他货币政策目标制更优。无论在何种货币政策目标制下，公众预期的理性程度会显著影响政策调控的有效性。因此，货币政策调控要取得最佳效果，不仅需要制定合适的货币政策目标体制，还需要央行通过预期管理引导公众形成合理的学习机制，从而降低通货膨胀与产出的波动。

第二，央行引导、管理通胀预期应综合运用信息披露和实际干预工具，短期内主要采用信息披露工具，中长期采用实际干预工具，使通胀预期在短期和长期内得以良好锚定。现阶段，央行进行通胀预期管理应着重加强信息披露工具的使用，提高信息披露的有效性。央行信息披露有效性程度并非取决于某一期央行信息披露的精准度，而是取决于历史各期信息披露的精准度以及由此形成的公众对央行信息披露的信任程度。鉴于此，央行要进一步提高信息披露的精确性，树立自身的良好声誉，增强社会公众对其信息披露的信任度；在运用实际干预工具进行通胀预期管理时，应主要采用利率工具，谨慎使用存款准备金工具。

第三，我国物价水平的变动不仅由货币政策所决定，也受到财政政策的重要影响。财政政策能够通过国库资金、税收以及国家债务等渠道引致基础货币和银行信贷的变动，进而影响货币供应量，最终导致物价水平变动。2008年全球金融危机爆发以来，特别是4万亿元财政刺激计划推出后，我国货币当局配合财政当局进行了大规模的货币扩张，表现为"财政主动、货币被动"的政策组合，由此中国物价水平变动呈现出财政政策主导的特征。鉴于此，运用宏观政策调控物价水平，要改变过去主要依赖货币政策的传统思路，注重财政政策在物价调控方面的作用，实现货币政策与财政政策的协调配合。

第四，不同财政政策工具的宏观经济调控效应存在显著差异，政府进行宏观调控时应审慎选取恰当的财政政策工具，做到精准发力，避免政策实施的盲目性。税收工具的结构性调控效果要优于财政支出工具。在当前经济增速放缓、债务风险积聚且以政府支出为主的刺激政策渐显乏力之际，政府应转变以往财政政策调控思路，逐步由大规模政府支出刺激政策向结构性减税政策调整。具体而言，应深入推行政府和社会资本合作（PPP）模式，支出重点向社保、医疗、养老及公共服务倾斜，促进政府逐步向服务型政府转型；税收政策应主要以对消费结构性减税为主，从而有效促进需求结构由投资驱动转向消费驱动。

第五，我国有必要编制衡量总体价格水平的广义价格指数。我国目前通胀测度核心指标居民消费价格指数（CPI）并不能准确测度真实的通胀水平。简单地调整CPI自身的权重难以实质性地解决CPI在通胀测度方面的缺陷，而将房地产价格直接纳入CPI的编制过程，不仅存在基本概念层面的问题，也与中国经济发展阶段不相适应。因此，通货膨胀指数的修正应从CPI自身的修正转向通货膨胀指标的重新选择。从可操作性的角度看，综合现有的主要物价指数，编制反映更加广泛意义上的整体价格水平的广义价格指数具有必要性和现实性。

第六，货币政策操作采纳广义价格指数作为通货膨胀测度指标，有助于货币当局实现通货膨胀与经济周期波动之间的动态平衡。对于处在新兴加转型阶段的中国而言，货币政策的制定与施行，从最终目标来看，不仅需要稳定物价，还需熨平经济周期波动。货币政策操作实现经济周期与通货膨胀之间的动态平衡，有赖于通货膨胀与经济周期之间的协同。将广义价格指数作为通胀指标纳入菲利普斯曲线分析框架后，发现广义价格指数通货膨胀与经济周期波动之间具有较高程度的协同性，长期以来困扰货币当局的"菲利普斯曲线扁平化"问题并不存在。

第七，开放经济条件下，由灵活通货膨胀目标、资本自由流动和完全浮动汇率构成的货币政策目标体系能够有效吸收各种冲击，减少通胀缺口和产出缺口，从而减缓经济波动。严格通货膨胀目标制无法组成有效吸收国内外各种冲击的最优货币政策。我国正处于经济社会转型的关键阶段，产出因素与通胀因素都是我国货币当局制定与实施货币政策的重要权衡因素，因此最优货币政策规则的设计不应选择严格通货膨胀目标制，而应选择灵活通货膨胀目标的政策框架。

第八，我国应尽快构建"主动型货币政策、被动型财政政策"组合的财政货币政策体制。长期以来，我国实行的是"主动型财政政策、被动型货币政策"组合的财政货币政策体制，这一政策体制不利于物价水平的稳定。要真正实现物价稳定目标，我国财政货币政策体制的转型势在必行。我国要尽快放弃"主动财政、被动货币"的政策体制，逐步构建"主动货币、被动财政"的财政货币政策体制。"主动型货币政策、被动型财政政策"组合的财政货币政策体制的要旨是：实施政府财政预算约束，严格控制政府债务和投资，同时提高中央银行独立性，加强货币政策制定与实施的自主权，明确稳定物价的货币政策目标。

本书深入分析了中国物价波动动态形成机制、中国物价水平的决定、中国物价指数的修正、财政货币政策体制的内涵、特征、类型及其对物价水平的影响、调控物价的最优财政货币政策体制构建等一系列重大理论问题，丰富和拓展了现有的通货膨胀动态形成机制理论、预期理论、物价决定理论、财政货币政策协调搭配理论，为推动中国财政货币政策体制转型提供了重要的理论参考，对于经济发展新常态下调控物价的财政货币政策协调搭配操作实践也具有一定的借鉴意义，故本书具有重要的理论价值和现实意义。

基于物价调控的我国最优财政货币政策体制研究是一项复杂的系统性工

程，虽然我们力求有所创新，但由于学识和研究水平以及研究资料和数据掌握等方面主客观因素与条件的限制，成果中还有一些不成熟或不完善之处，恳请各位专家学者批评指正！

卞志村

2017 年 12 月 20 日

目　　录

第 一 章

导 论

第一节 物价波动与宏观政策操作的历史演变

物价水平是关系到一国宏观经济平稳运行和民众生活质量的核心经济指标，维持物价水平稳定是各国宏观经济调控的重要目标。改革开放以来我国物价波动呈现出何种特征？作为宏观调控主要手段的货币政策和财政政策，究竟在稳定物价方面各自发挥着怎样的作用？何为中国"物价之谜"？本节将基于 1978 年以来的宏观经济数据以及政策操作实践对这些问题进行系统梳理和总结。

对于美国、欧盟等发达国家和经济体而言，一般认为 2% 左右的通胀水平为最合意目标，通货膨胀若高于 2% 将会对经济产生负面影响；而发展中国家出于经济增长方面的考虑，对通胀目标的设定通常会高于 2%（一般设在 3%—4%）。因此，本节将以 3.5% 为基准梳理 1978 年以来我国物价波动演变历程。如图 1.1 所示，1978 年以来我国一共发生 6 次比较明显的通货膨胀：

第一阶段为 1980 年。中共十一届三中全会以后，国民经济逐渐复苏，经济显现过热态势，通货膨胀水平于 1980 年底达到 7.5% 的高位。为抑制经济过热、控制通胀水平，彼时我国实行了紧缩性的财政政策。

第二阶段为 1985—1989 年。由于 1981 年财政紧缩的力度过大，国民经济运行呈现下滑态势并伴随着巨大的就业压力，因此我国于 1982 年开始实施"双松"的财政货币政策。在财政货币政策"双松"的作用下，我国经济运行出现过热态势，GDP 增速于 1984、1985 年分别达到 15.2%、13.5%；物价水平迅速攀升，出现了严重的通货膨胀，1985—1989 年各年通货膨胀率依次为 9.3%、6.5%、7.3%、18.8%、18%。

第三阶段为 1992—1996 年。1992 年，受邓小平南方谈话和中共十四大精神鼓舞，全国各地解放思想、排除干扰，掀起新一轮经济建设的高潮。1992—1996 年间，GDP 增速持续高于 10%；各年通货膨胀率分别为 6.4%、14.7%、24.1%、17.1%、8.3%。

第四阶段为 2004 年。2003 年以来，中国经济快速增长背后隐藏着一些不稳定因素。一方面粮食供应趋紧，2003 年 8 月起粮食价格出现全面上涨趋势，并随即带动其他食品价格上扬，由于食品价格在 CPI 构成中的权重较高，食品价格的过快上涨导致 CPI 快速攀升；另一方面，固定资产投资增长过猛，具体表现为新开工项目过多，在建规模过大。2004 年的通货膨胀率为 3.9%。

第五阶段为 2007—2008 年。2003—2007 上半年期间，我国宏观经济运行保持了"高增长、低通胀"良好态势，GDP 增速超过 10%，而平均通胀率水平仅为 2.21%。然而，在"高增长、低通胀"的背后，潜在通胀压力不断积聚。在持续的国际收支顺差、资本市场的非理性繁荣、稳健偏宽松的财政货币政策等一系列因素的作用下，潜在通胀压力迅速转化为现实通货膨胀。自 2007 年下半年开始，我国的物价水平快速上涨，并于 2008 年 2 月达到 8.7% 的高位，2007、2008 两年的通货膨胀率分别达到 4.8%、5.9%。

第六阶段为 2011 年。为应对美国次贷危机及其引发的全球金融危机的负面冲击，我国出台了"四万亿元"的财政刺激计划。在极度宽松财政货币政策调控的作用下，我国成功实现了经济增长"保8"这一艰巨的任务，2008—2011 年期间的 GDP 增速分别达到 9.7%、9.4%、10.6% 和 9.5%。但与此同时，我国的物价水平也开始快速上涨，2010 年 7 月 CPI 超过 3%，达到 3.3%，此后 CPI 不断攀升，一直持续到 2012 年 1 月份，2011 年的平均通胀率高达 5.4%。

参照图 1.1，回顾改革开放以来我国物价波动以及财政货币政策操作的演变历程，可以发现我国物价波动呈现出两大特征：

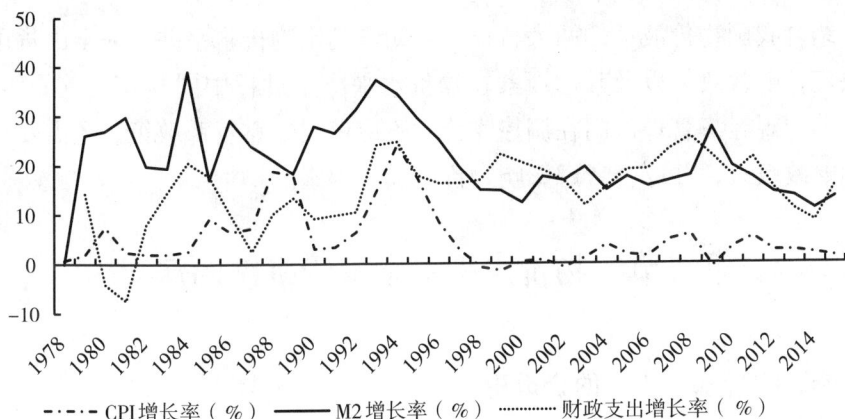

图 1.1　我国物价波动与财政货币政策操作演变趋势（1978—2015 年）

第一，我国物价波动大体与货币政策演变历程一致，1997 年以前物价波动幅度较大，1997 年以后物价水平变动相对稳定。1997 年以前，我国一共发生了三次明显的通货膨胀，每次通货膨胀程度均较为严重且持续时间长，其中最高的通胀率达到 24.1%；1997 年以后发生的三次通货膨胀程度相对较轻且持续时间相对较短。结合我国货币政策操作历程，可以发现1997 年以前货币流动性较为充足，M2 增长率基本保持在 20% 以上，最高时甚至达到 39.14%；1997 年以后央行进行货币投放较为谨慎，M2 增长率一般保持在 15% 左右。这一情形表明，我国物价波动走势与货币政策演变历程大体一致。

第二，我国物价变动在部分时期与货币政策执行方向之间呈现非一致性，即存在"物价之谜"。一方面，紧缩性的货币政策并未导致物价水平下降，反而伴随着通货膨胀，如 1988 年、1994 年、2004 年、2011 年等；另一方面，宽松性货币政策没有导致物价水平上升，反而伴随着物价水平的下降，如 1981 年、1986 年、1990 年、2002 年、2009 年等。而在这两种情形之下，物价水平变动却与财政政策取向呈现出一致性。值得一提的是，也存在物价波动与财政货币政策取向均不一致的情形，如 2015 年我国在实施积极财政政策的同时五次下调基准利率，然而 CPI 却持续下行。将剔除原油价格之后的 CPI 与原 CPI 进行对比，可发现导致 CPI 低位运行的主要原因在于该年度国际油价的大幅下跌。

结合我国物价波动的两大特征，可初步判定物价水平并非完全由货币政策决定，财政政策以及其他因素在物价水平决定过程中同样起着重要作用。因此，宏观经济管理部门在调控物价时不应仅仅依靠货币政策，还需要搭配运用财政政策，并综合考虑影响物价的其他因素。

第二节　物价水平决定理论机制的演变

一、物价水平决定的货币论

对物价水平决定问题的讨论古已有之。16—17 世纪，阿斯佩库埃塔·德·纳瓦罗、让·博丹、洛克等人从金银流入数量、流通速度等视角探讨了价格决定问题，他们的观点形成了货币数量论的雏形。休谟（Hume，1772）第一次系统地阐述了价格决定的内在机理：在商品数量不变的情况下，货币数量的增加会导致物价成比例地上升。货币数量论的序幕由此拉开。

及至 20 世纪初，新古典经济学家继承了古典学派提出的充分就业、市场出清的基本观点，并在"边际革命"的推动下进一步完善了货币数量论的分析框架，费雪、马歇尔、庇古等提出的新古典货币数量论成为了彼时价格水平决定的"正统"理论。费雪（Fisher，1911）从货币充当交易媒介的视角出发，提出了著名的"交易方程式"（$MV = PY$），并得出结论：在货币流通速度稳定的条件下，货币增长率等于物价上涨率和经济增长率之和。若货币的增长率超过经济发展所需，就会出现通货膨胀；反之，就会出现通货紧缩。这构成了新古典货币数量论的核心观点。

在继承传统货币数量论的基础上，货币主义先驱弗里德曼于 1956 年提出了现代货币数量论。他认为，经济社会的货币供给由中央银行外生确定，而货币需求取决于一般价格水平、市场债券利率、预期股票收益率、预期实物资产收益率、非人力财富与人力财富的比例、名义收入等众多因素，供求相等的条件确定了市场均衡价格水平。根据现代货币数量论，货币的"价格水平"是一个流量概念，而货币的购买力是一个存量概念，二者由利率联系起来。利率是通过货币存量对价格水平施加影响，因此影响价格水平的最终决定因素是货币存量。基于这一研究结论，弗里德曼强烈反对国家干预经济，主张实行"单一规则"的货币政策，即由政府公开宣布并保持一个长期固定不变的货币增长率，这一增长率应在保证物价水平稳定的情况下与预计的国民收入长期平均增长率保持一致。

货币数量论对二战后全球各主要经济体中央银行的政策制定产生了深远影响，我国央行也一度将其奉为圭臬。20 世纪 60 年代初，我国央行提出了1：8 的经验公式，即发行 1 元人民币可以实现 8 元的零售商品供应，这成为了我国央行最早的货币投放量测度标准。在 80 年代，我国央行又提出衡量货币供应量是否适度的第二个版本公式：$\Delta M = \Delta P + \Delta Y$。这一公式与新古典货币数量论如出一辙。

然而随着社会、经济和科技的发展，货币数量论的缺陷开始逐步显露。首先，随着金融体制改革进入深水区和金融产品创新加快，货币数量论成立所依赖的货币流通速度不变的假设受到了很多学者的质疑。其次，货币数量论认为，当一个国家的通货膨胀水平很高时，其货币供给增长率也必然很高，但这与我国的现实情况不符——中国存在超额货币供给，但却没有出现相应的高通胀，某些时期 M2 与 CPI 的变动甚至出现背离的情况。这些"迷失"的货币去了何处？麦金农（Mckinnon，1993）将这一问题称为"中国之谜"。最后，理论研究表明，央行的公开市场业务具有潜在的财政政策效应，即使财政政策不变，在界定货币政策的变动时也会出现模棱两可之处。

二、物价水平决定的财政论

20 世纪 80 年代，巴西、土耳其等国的通胀治理实践表明，财政因素在物价决定中亦具有重要作用。自此，许多经济学家开始从财政视角探讨物价水平决定问题，物价的财政决定理论（Fiscal Theory of Price Level，FTPL）逐步受到学界的关注。依据央行（货币部门）在价格决定中的作用，从财政视角对物价问题进行的研究可被分为两类：一类是弱式的 FTPL 理论，这一理论认为货币政策从属于财政政策，价格因此由财政当局决定；另一类是强式的 FTPL 理论，该理论认为即使没有货币政策的配合，财政政策仍可独立地决定物价水平。

萨金特和华莱士（Sargent & Wallace, 1981）最早从财政视角分析物价决定问题。他们认为，政府为维持自身信用、保证偿债能力，面临着政府预算现值约束（Present Value of Budget Constraint, PVBC），即政府未来财政盈余的现值等于当前实际债务余额[①]：

$$\frac{B_t}{P_t} = \sum_{s=0}^{\infty} \left(\prod_{j=0}^{s} \frac{\pi_{t+j+1}}{1+R_{t+j}} \right) \left[\tau_{t+s+1} - g_{t+s+1} + \frac{M_{t+s+1} - M_{t+s}}{P_{t+s+1}} \right] \tag{1.1}$$

政府并不一定会对自身的全部债务以税收提供担保（例如政府只承诺担保 Ψ 比例的自身债务），在这种情况下，央行必须要被动地配合财政当局，通过提供铸币税来维持 PVBC 约束在任何时期成立。由此，可认为货币政策从属于财政政策，稳态价格水平 P^{ss} 由财政当局决定，也即[②]：

$$P^{ss} = \left(\frac{\beta r^{ss}}{\delta y} \right) \left[M + (1 - \Psi) B \right] \tag{1.2}$$

这些分析隐含地基于一个假设，财政当局自主确定税收和财政基本盈余，货币当局被动配合，伍德福德（Woodford, 1995）认为，在这种情况下货币政策从属于财政政策，因而这一理论又被称为弱式 FTPL。

利珀（Leeper, 1991）、西蒙斯（Sims, 1994）、伍德福德（Woodford, 1995, 1996）等进一步提出，即使没有货币政策的配合，财政政策依然能够独立地确定价格水平，即所谓的强式 FTPL 理论。强式 FTPL 理论的核心观点为：在名义货币量既定及货币供求相等的条件下，可能存在着多个均衡价格水平，而财政政策决定了实际是哪一个均衡价格水平。在这一分析框架下，传统的"货币供给=货币需求"决定的不是一个、而是一篮均衡价格水平（即存在多重均衡），财政预算现值约束（PVBC）提供了另外一个用于确定物价水平的均衡条件，二者共同决定了唯一的稳态货币供给和均衡价格水平[③]：

---

① 式中，B、M、τ、g 分别为政府名义债务余额、名义货币余额、实际税收收入和实际财政支出，P 为价格水平，π 和 R 分别为通货膨胀率和利率。下标表示时期。

② β 为折现率，δ 为持有货币和消费带来效用的相对权重，r^{ss} 为弱式 FTPL 下均衡利率水平。

③ P^* 为强式 FTPL 下均衡价格水平，D 为政府总负债水平（$D = B + M$），s 为实际均衡铸币税，i 为强式 FTPL 下的均衡利率水平。

$$\begin{cases} P_t^* = \dfrac{D_t}{\displaystyle\sum_{i=0}^{\infty} \lambda_{t,\,t+i}\left[\tau_{t+i} + \bar{s}_{t+i} - g_{t+i}\right]} \\ M_t = P_t^* f(1 + i) \end{cases} \qquad (1.3)$$

强式 FTPL 理论下的均衡解有一个性质，即使铸币税不变，财政收支的变化也可以直接改变均衡的物价水平。

物价水平决定的财政理论另辟蹊径，将财政政策纳入到价格决定问题的分析中，其分析具有鲜明的政策含义和实践价值。但这一理论也面临着诸多争论和质疑。首先，由于 PVBC 约束在物价决定"货币论"和"财政论"下都于稳态时成立，因而难以找到恰当的识别标准，这使得 FTPL 成为了一种"不可检验的理论"（龚六堂和邹恒甫，2002），博恩（Bohn，1998）从政府政策制定视角提出的识别标准广遭质疑。其次，各国普遍将维持物价稳定的政策目标指派给中央银行，并通过立法的形式确立下来，FTPL 理论与这些实践相背离。最后，尽管基于局部均衡模拟视角的实证研究证实了 FTPL 理论在美国、土耳其等国的某些特定历史时期具有适用性（Woodford，1996；Sala，2004；Kim，2003；Cekin，2013），但针对中国的实证检验却莫衷一是（张志栋和靳玉英，2011；方红生和朱保华，2008；毛泽盛等，2013），物价水平决定的财政理论在我国是否适用仍有待进一步深入研究。

三、影响物价水平的其他因素：汇率、公众预期与市场不完全性

物价水平决定的"货币论"和"财政论"从不同视角出发，各自构建了分析物价水平决定问题的基本理论框架，但在当前复杂的经济形势下，这些理论难以完全反映纷繁复杂的现实情况。为此，众多学者在模型中加入了开放经济、有限理性预期、价格和信息粘性等因素，以期进一步完善分析模型。

（一）汇 率

在开放经济条件下，汇率影响一国物价水平的理论基础是购买力平价和一价定律。卡塞尔（Cassel，1922）系统地阐述了汇率和物价之间的关系："假设不存在运输费用和各种贸易壁垒，由于跨国套利活动的存在，一件商品在不同国家出售，其价格应该是相等的"，即所谓的"一价定律"。由此，

两国通货膨胀率的差异决定了汇率的变动。反之，汇率的变动同时也会影响到两国的价格水平：本币贬值将使进口价格上涨，出口价格下降，因而本国价格水平将因本币贬值而上涨（Einzig，1935）。背后的机理是，一方面汇率变化直接导致进口商品价格水平变化，进而影响国内物价水平；另一方面，如果工人有实际工资目标，价格变化会再通过工资渠道传导和在经济体系中扩散，进一步作用于社会一般价格水平（Goldberg & Knetter，1997）。进一步考虑开放经济条件下的资本市场，对外部门的汇率冲击会通过利率—汇率平价影响到国内利率水平，进而通过总需求中的投资部分和资产价格传导至国内一般价格水平。

物价水平决定的汇率理论虽然简明清晰、逻辑自洽，但却未能经受住实证检验。自20世纪60年代开始，利用各国数据进行的实证研究都倾向于否定"一价定律"的适用性。汇率虽然与商品相对价格存在系统性的相关性，但这一传导是不完全的（表现为传递系数小于1），且呈现出日益下降的趋势。学者们尝试从产业组织理论、不完全竞争理论对汇率传导的不完全性进行解释，但结论仍莫衷一是。当前关于汇率传导问题最前沿的研究是对汇率传导途径与货币政策有效性之间关系的探讨，这方面的研究将汇率传导机制与最优货币政策和汇率制度的选择联系在一起：当外部冲击通过汇率影响国内物价水平变动时，央行可以采取相应的冲销措施以抵消汇率变动对物价稳定的不利影响（Taylor，2000）。

（二）公众预期

物价水平会受到经济主体对未来价格水平和货币量的预期的影响。早在凯恩斯的时代，学术界就已经开始关注和研究预期问题。结合凯恩斯主义附加预期的菲利普斯曲线和奥肯定律，我们可以得到 $\pi = E\pi + \frac{1}{\alpha}(Y - \bar{Y}) + v$，该式清楚地表明了通胀预期在通胀决定中的重要作用。卡甘（Cagan，1956）从货币发行量的视角出发，推证得到通货膨胀取决于当前和预期的未来各期货币增长率，即 $p_t = \frac{1}{1+\gamma}[m_t + \sum_{i=1}^{\infty}(\frac{\gamma}{1+\gamma})^i E m_{t+i}]$。这一观点的政策含义是，要有效治理通胀，除了管控货币供应之外，通过预期管理稳定公众预期同样至关重要。

　　由此引出的一个问题是，通胀预期是如何确定的？凯恩斯在分析价格问题时将预期因素作为外生变量，并没有将其内生地引入模型之中。凯恩斯之后许多学者深入探讨了预期的形成机制，卡甘（Cagan，1956）提出的适应性预期和穆思（Muth，1961）提出的理性预期对现代经济理论的发展起到了重要推动作用。卞志村和张义（2012）比较了央行信息披露和实际干预在引导公众通胀预期中的作用，认为信息披露与实际干预相比在影响居民通胀预期方面时滞更短。事实上，"预期管理"作为一项非常规货币政策，日渐得到各国央行的关注和重视。

（三）市场不完全性

　　粘性价格、粘性信息等实际市场不完全性是当前宏观经济学、尤其是新凯恩斯主义通胀理论中最前沿的热点问题。新凯恩斯主义学者提出了粘性价格理论，开创性地为宏观通胀理论赋予了微观基础。在粘性价格假设下，每一期中有一定比例的厂商会调整价格以谋求未来各期利润现值最大化，其他厂商只是简单地用上期价格作为本期定价（Calvo，1983）。但在实证研究中，价格水平的粘性和现实通胀的快速变动之间出现矛盾。曼昆和里斯（Mankiw & Reis，2002）提出了可以更好地模拟货币政策效用的粘性信息模型（Sticky-Information Model）。该模型认为，宏观经济环境中的信息在人群中缓慢扩散，厂商在每期都进行定价，但只有部分厂商的定价是基于最新信息集做出的，其余企业的定价是基于过去的信息集。卞志村和胡恒强（2016）对前人成果加以综合，推导出了双粘性（同时包含粘性价格和粘性信息特质）框架下的菲利普斯曲线：

$$\pi_t = \frac{(1-\gamma)(1-\lambda)}{\xi}\pi_{t-1} + \frac{\gamma^2\lambda\alpha}{\xi}y_t + \frac{(1-\gamma)}{\xi}E_t\,\pi_{t+1}$$

$$+ \frac{\gamma^2\lambda(1-\lambda)}{\xi}\sum_{j=0}^{\infty}(1-\lambda)^j E_{t-1-j}(\pi_t + \alpha y_t) - \frac{\gamma(1-\gamma)(1-\lambda)}{\xi}$$

$$\sum_{j=0}^{\infty}(1-\lambda)^j\gamma\sum_{k=0}^{\infty}(1-\gamma)^k(E_{t-j} - E_{t-1-j})(\pi_{t+k+1} + \alpha y_{t+k+1}) \quad (1.4)$$

　　基于我国数据的实证检验表明，粘性信息模型的解释力不佳，双粘性模型拟合效果较粘性价格模型更好。这表明，粘性信息和粘性价格共同影响着物价水平的决定，管理通货膨胀需要综合考虑粘性信息与粘性价格等实际市场不完全性的影响。财政当局与货币当局在进行价格调控时应增强政策公开和透明程度，有效提升公众预期精确度。

第三节　财政货币政策体制类型与搭配

通过梳理我国物价波动与物价水平决定理论的历史演变过程，可知物价水平并非仅是一种货币现象，财政政策以及其他因素在物价水平的决定过程中同样发挥着重要作用。因此，治理通货膨胀需要综合运用财政和货币政策工具，并遴选出最优的政策组合搭配体制以有效吸收各种冲击、降低中国经济的波动。

利珀（Leeper，1991，1993）早在研究物价水平决定的财政理论——FTPL（Fiscal theory of the price level）时，便已基于政策搭配视角对各种财政货币政策体制进行了分析。根据利珀（1991，1993）的定义：名义利率对通货膨胀做出充分反应的货币政策规则为主动型货币政策规则（AM，即名义利率对通胀缺口反应系数大于或等于1），名义利率对通货膨胀反应不足的货币政策规则为被动型货币政策规则（PM，即名义利率对通胀缺口反应系数小于1）；非致力于保持政府债务稳定的财政政策规则为主动型财政政策规则（AF，即税收缺口对政府支出缺口的反应系数小于1或对债务缺口的反应系数较小），完全致力于政府债务稳定和财政可持续性的财政政策规则为被动型财政政策规则（PF，即税收缺口对政府支出缺口的反应系数大于1或对债务缺口的反应系数较大）。由此，财政货币政策体制搭配有四种组合形式，分别为 AM/AF、AM/PF、PM/AF 和 PM/PF。

当主动型货币政策和主动型财政政策进行搭配（AM/AF）时，模型的解不存在：尽管中央银行试图通过主动型货币政策实现物价稳定目标，但在政府同时采取主动型财政政策的情况下，由于政府支出的相对任意性，且不致力于稳定债务，最终会通过预算平衡约束影响到物价水平，致使整个经济难以达到稳定的均衡状态。当主动型货币政策和被动型财政政策进行搭配（AM/PF）时，模型存在唯一的理性预期均衡解：被动型财政政策能够实现政府债务水平的稳定和财政支出的可持续性，助力主动型货币政策真正实现物价水平的稳定。当主动型财政政策和被动型货币政策搭配（PM/AF）时，模型也存在唯一的理性预期均衡解：在政府实施主动型财政政策的情况下，政府赤字具有相对任意性，导致政府债务规模非稳定性扩张，从而产生通胀压力，但被动型货币政策会导致实际利率的下降，从而减轻政府债务的利息水平，这有利于政府债务水平的稳定，最终会削弱政府债务规模扩张对物价水平产生的不利影响，因此这种政策组合能够使得政府债务水平和物价水平维持在相对稳定状态。当被动型货币政策与被动型财政政策搭配（PM/PF）时，模型存在不确定性泡沫解：尽管被动型财政政策能够确保政府债务水平的稳定，但由于被动型货币政策无法引导公众形成稳定的通胀预期，从而导致物价水平的频繁波动，而物价波动也会对政府债务水平的稳定产生一定程度的不利影响。

综上，不同类型的财政货币政策体制在物价调控有效性方面存在差异，调控物价的最优财政货币政策体制构建需要结合我国经济发展的实际情况。2015年10月29日，中共十八届五中全会审议通过的《关于制定国民经济和社会发展第十三个五年规划的建议》，明确提出要健全宏观调控体系，增强宏观政策协同性；完善以财政政策、货币政策为主，产业政策、区域政策、投资政策、消费政策、价格政策协调配合的政策体系，增强财政货币政策协调性；更加注重引导市场行为和社会预期，为结构性改革营造稳定的宏观经济环境。据此，有必要基于实际宏观经济数据对我国的财政货币政策体制类型进行剖析，识别出我国不同时期的政策组合搭配形式，进而通过比较不同政策组合搭配体制吸收、消化经济冲击的能力以及相应的社会福利损失程度甄选出我国最优的财政货币政策搭配体制。

第四节　研究内容与框架概述

通过对改革开放以来我国物价水平演变历程的全面回顾，以及对调控物价的财政货币政策演进特征的系统梳理，可以初步判定物价水平并非完全由货币政策所决定，其他政策特别是财政政策在物价水平变动决定过程中同样起着重要作用。基于此，本书分别从我国物价波动动态机制、调控物价的最优货币政策选择、财政政策对物价水平变动的影响、开放经济条件下的物价水平决定、物价指数的修正和政策应用、我国财政货币政策体制类型识别与最优选择等六大方面对调控物价的我国最优财政货币政策体制问题展开了深入研究。本书共由七章组成，除第一章导论外，分析结构和主要内容如下：

第二章：中国物价波动动态机制分析。本章创新性地从粘性价格、粘性信息两大视角出发，对同时反映总供给状况和通货膨胀动态性质的我国新凯恩斯菲利普斯曲线展开理论研究和实证检验，深入分析我国通货膨胀的动态形成机制。首先，本章从粘性价格的角度分析我国新凯恩斯菲利普斯曲线（NKPC）的动态特征，构建状态空间模型并运用卡尔曼滤波方法估计我国公众的通胀预期，并在此基础上分析通胀预期对实际通胀的影响。然后，从粘性信息的角度切入，检验曼昆和里斯（Mankiw & Reis，2002）提出的粘性信息菲利普斯曲线（SIPC）在中国的适用性，并进一步比较 NKPC、SIPC、混合 NKPC、DSPC 四条曲线在反映我国通货膨胀短期动态机制上所存在的差异。

第三章：公众预期、物价调控与中国最优货币政策。本章沿着物价水平货币决定论这条主线，从通胀预期管理和金融形势指数两个方面深入探讨调控物价的最优货币政策构建问题。首先，本章基于 C-P 概率转换法衡量通胀预期并构建央行信息披露指数，比较央行信息披露和传统货币政策干预在管理通胀预期中的作用。其次，将适应性学习引入公众预期形成过程，探讨中央银行与公众间不同策略互动如何导致实际经济偏离理性预期均衡水平，从而甄选出我国最优货币政策操作框架。最后，构建我国的金融形势指数，并将金融形势指数引入货币政策规则方程，由此筛选出我国最优的货币政策规则，更好地实现物价稳定目标。

第四章：物价波动与中国财政政策操作转型。本章重点分析财政政策对我国物价波动的影响，并据此系统探究我国财政政策操作范式调整与转型的路径。首先，本章基于我国宏观经济运行以及财政政策操作实践定性分析财政政策对物价水平决定的影响。其次，系统论述财政政策影响物价水平的理论机制和传导路径，并运用状态空间模型、马尔科夫区制转移模型实证检验物价水平决定的财政理论在我国的适用性。最后，基于新凯恩斯动态随机一般均衡模型尝试构建一个较为系统的结构性财政宏观调控经济效应研究框架，系统分析经济新常态下调控物价的最优财政政策和财政政策的转型问题。

　　第五章：汇率传递、物价波动与宏观政策调控。本章沿着物价水平决定国际传导论这一主线，主要探讨开放经济条件下的物价水平决定及最优政策调控问题。首先，本章通过构建交错定价合同模型对人民币汇率的价格传递效应进行了实证研究，探寻汇率传递效应大小与国内通胀环境之间的关系；随后，利用 MS-VAR 模型将经济内生地划分为紧缩、温和、膨胀三种区制状态，考察不同区制下通货膨胀、货币供给、财政支出、汇率升值等冲击对各内生经济变量的非对称性影响；最后，通过构建包含居民、企业、货币当局、对外部门的四部门 DSGE 模型，比较分析不同的货币政策目标制在平抑外部冲击中的作用效果，并据此遴选出开放经济下中国最优货币政策目标制。

　　第六章：中国广义价格指数的编制及货币政策应用。本章通过编制广义价格指数对我国现行 CPI 进行修正，并重点讨论广义价格指数在货币政策中的应用问题。准确测度通货膨胀是有效治理通货膨胀、实现物价稳定的基础和前提。目前衡量通货膨胀水平的核心指标 CPI 并不能准确反映真实的通胀水平，编制能够真实准确地衡量通胀水平的物价指数极为必要。鉴于此，本章基于对当前物价指数体系的剖析，采用贝叶斯动态因子模型等先进的计量经济学方法编制了我国的广义价格指数，并讨论了这一新的物价指数在货币政策操作上的应用。

　　第七章：中国财政货币政策体制类型识别与最优选择。本章对我国当前财政货币政策体制类型进行识别，并讨论最优政策体制的选择和构建问题。首先，本章全面回顾"货币主导制"、"弱式 FTPL"和"强式 FTPL"这三种财政货币搭配体制类型，并阐明不同政策搭配体制下价格水平决定的内在机理。其次，从中国实际经济运行状况出发，对我国财政货币政策搭配体制类型给出经验性的判断，并指出未来的转型方向。再次，通过构建新凯恩斯动态随机一般均衡模型（DSGE）实证分析我国最优财政货币政策体制选择问题，提出新常态下宏观调控应逐步转向以主动型货币政策与被动型财政政策搭配为主的政策体制组合。最后，基于研究结论，本章提出了经济新常态下稳定物价的最优财政货币政策体制构建十条举措。

　　本书的总体研究框架如图 1.2 所示。

研究背景、政策实践与理论回顾

物价水平

物价动态问题

物价测度问题

基于粘性价格框架

基于双粘性框架

物价决定问题

CPI 的现状及存在的问题

CPI 的修正：广义价格指数

物价决定货币论

物价决定财政论

物价决定国际传导论

央行与通胀预期管理、货币干预信息披露、

适应性学习、宏观经济预期与最优货币政策规则

物价调控、金融形势指数与最优货币政策目标体系

经验分析财政政策影响物价水平的

在中国的适用性检验物价水平的财政决定理论

结构性转型财政调控与财政政策操作

传递效应人民币汇率对物价的

非对称效应开放条件下物价水平的

目标制的选择开放条件下中国货币政策

物价调控问题：
目标、规则与政策协调

被动型 财政政策

◆ 适应形势，适时推进财政政策转型
◆ 加快改革，提高预算完整性和透明度
◆ 控制政债发行，管控政府债务负担率
◆ 转变观念，实施结构性减税政策

基于 物价调控的 我国
最优财政货币政策
体制选择

理论视角　经验视角　实证视角

主动型 货币政策

◆ 提高央行独立性，建立独立的货币政策主体管理体系
◆ 参考研究成果，调整货币政策最终目标
◆ 实施积极规则，创新货币政策操作
◆ 完善预期管理体系，加强对公众预期的引导

结论与政策建议

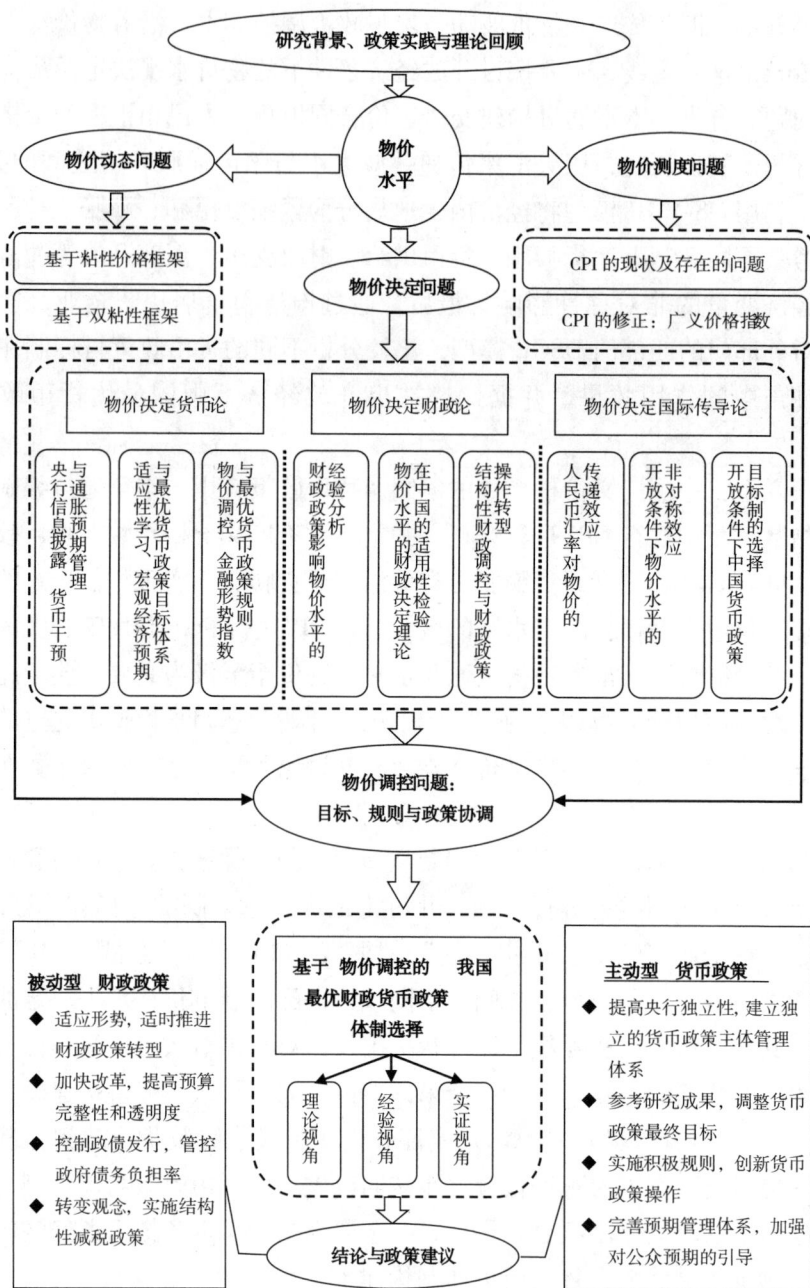

图 1.2　本书研究的总体框架结构图

第 二 章

中国物价波动动态机制分析

第一节 研究概述

众所周知，在宏观政策调控的四大目标（稳定物价、促进增长、充分就业、国际收支平衡）中，稳定物价是一个最为基础的目标。只有实现了物价稳定目标，才能更好地推动经济增长、创造就业机会、推动产业结构升级进而实现国际收支平衡。可见，防通胀在整个宏观政策调控框架中具有至关重要的基础性地位。然而，由于任何国家的宏观政策从制定、实施到对通货膨胀形成影响都存在一定的时滞，因此理解通货膨胀动态形成机制对宏观调控政策制定的时效性和有效性具有重要意义。由此，通货膨胀动态形成机制也逐渐成为宏观金融特别是现代货币政策分析中的一个重要研究议题。有鉴于此，本章拟从粘性价格、粘性信息两大视角出发，通过对同时反映总供给状况和通货膨胀动态性质的新凯恩斯菲利普斯曲线进行理论研究和实证检验，深入分析我国通货膨胀的动态形成机制。

本章第二节从粘性价格的角度来分析通货膨胀，即重点分析我国的新凯恩斯菲利普斯曲线（NKPC）。该曲线包含了前瞻性通胀预期项，凸显出公众的通胀预期对通货膨胀等宏观经济变量的重要影响。而公众通胀预期应当如何衡量呢？对于这一点，本章将通过构建包括主要宏观变量的状态空间模型，运用卡尔曼滤波的方法来估计我国公众的通胀预期。在此基础上，进一步分析通胀预期对实际通胀的影响，并提出相应的政策建议。与第二节相对应，本章第三节则从粘性信息的角度切入，检验曼昆和里斯（Mankiw & Reis, 2002）提出的粘性信息菲利普斯曲线（SIPC）在中国的适用性。与 NKPC 的粘性价格假设相对应，粘性信息假设的关键在于，部分企业能够及时更新信息，而其余的企业只能依靠上一期的信息进行定价，这样就导致企业定价所依据的信息集存在差异。本章第三节还基于双粘性框架，构建双粘性菲利普斯曲线（DSPC），探讨我国的通胀动态形成机制。此外，本章第三节还对 NKPC、SIPC、混合 NKPC、DSPC 四条曲线在反映我国通货膨胀短期动态机制上所存在的差异进行比较分析。

第二节　通货膨胀动态机制分析：基于粘性价格框架

一、研究背景

改革开放以来，我国从计划经济向市场经济转型过程中经历过数次严重的通货膨胀，给经济健康、稳定发展带来了不利影响。1980 年底，全国货币流通量相对 1978 年增长了 63.3%，而同期的工农业生产总值和社会商品零售总额分别只增长了 16.6% 和 37.3%，货币流通量的大幅增长引发了改革开放后的第一次通货膨胀；1994 年，通货膨胀率更是达到 24.1%，为改革开放以来的最高峰；2008 年 2 月，CPI 达到 8.7%，为进入 21 世纪以来的最高值。近期，CPI 虽有下降趋势，但长期来看引发通货膨胀的主要因素仍然存在，CPI 出现反弹态势的概率依然很大。

通货膨胀率作为最重要的宏观经济指标之一，是目前各国重点关注的货币政策目标。控制通货膨胀的关键是理顺其动态特性，从而为货币政策决策提供理论依据。近年来，新凯恩斯菲利普斯曲线已成为国内外众多学者分析通货膨胀动态性质的强有力工具，通货膨胀动态过程的研究主要是在新凯恩斯菲利普斯曲线理论框架下展开的。

2010 年的中央经济工作会议上，温家宝总理首次提出"通胀预期管理"一词。将管理通胀预期纳入调控目标不仅体现了宏观调控的前瞻性，而且是平衡"保增长、调结构与防通胀"三者之间关系的有效手段，也是防止预期通胀演变成实际通胀的有力保障。通胀预期不仅与未来的工资、价格水平以及经济主体的投资、消费决策密切相关，而且还会直接影响到央行的货币政策效果。只有廓清通胀预期与实际通胀之间的关系才能得出正确的通胀预期管理方法，才能真正地落实防通胀任务。

在通货膨胀动态性质的研究中，影响通胀率的变量如滞后通胀率、产出缺口等数据相对容易获取和处理，但通胀预期的衡量却是一大难题，因为预期是人们的一种主观意识，具有不可观测性，因此首先要解决通胀预期的量化问题。目前，国内外获得通胀预期主要有如下三类方法：（1）统计调查法。常用方法是 C-P 概率转换法（Carlson & Parkin，1975），但该方法存在诸多不足：首先，被调查者对未来通胀的真实看法可能无法得到；其次，调查结果对样本选择和问题设计的敏感度很高；最后，由 C-P 概率法所得通胀预期值受到不同概率分布假设的影响（肖争艳和陈彦斌，2004）。（2）金融市场提取法。该方法最大的不足在于必须立足高度发达的金融市场，否则可能存在较大偏误。目前，我国的利率和汇率决定尚未完全实现市场化、金融市场还不够发达，因此使用金融市场提取法估计通胀预期并不合适。（3）计量建模法。该方法基于经济理论假定通胀预期与其他经济变量满足某一计量模型，将计量模型估计出的通胀统计投影值视作通胀预期。这是目前较为成熟的估计通胀预期的方法。本节将运用状态空间模型和卡尔曼滤波算法估计通胀预期，在所估计出的通胀预期通过相关理性预期检验的情况下，将其作为理性预期的代理变量。

本节采用基于产出缺口的新凯恩斯菲利普斯曲线分析我国通货膨胀动态性质。选取这一形式的新凯恩斯菲利普斯曲线，主要基于两方面的考虑：一方面，产出缺口的存在体现了价格粘性即市场非及时出清的事实，符合新凯恩斯菲利普斯曲线的基本假设；另一方面，囿于统计资料的匮乏，测算我国的边际成本较为困难，且在估计基于边际成本的新凯恩斯菲利普斯曲线时须事先假定生产函数符合某一特定形式，如加利和格特勒（Gali & Gertler，1999）假设生产函数符合柯布-道格拉斯形式，但这一假定往往缺乏可靠的现实依据。

国内的相关研究在估计通货膨胀动态方程时主要使用最小二乘法和广义矩估计方法，这两种方法虽然被广泛应用，但均存在一些不足之处。通货膨胀动态方程涉及不同时点的变量关系，随机干扰项与解释变量之间容易出现序列相关问题，这使得 OLS 方法的估计结果难以满足"无偏性"要求。广义矩估计方法由于限制条件较少，在估计前瞻型方程时较为适用（刘金全等，2011）；但广义矩估计方法（GMM）对于工具变量的选择十分敏感，不同的工具变量可能导致估计结果大相径庭，这不符合计量模型的稳健性要求（Xiao et al.，2008）。我国正处于经济社会快速转型的关键时期，社会公众对于通货膨胀水平等经济变量的预期在不断发生变化。在此背景下，最小二乘法和广义矩估计方法等传统的固定系数计量模型显然难以准确刻画宏观经济变量之间的动态关联性，因此本节将采用时变参数模型估计新凯恩斯菲利普斯曲线，分析我国通货膨胀的动态形成机制。

二、文献回顾

自菲利普斯（Phillips）于 1958 年提出名义工资变化率和失业率之间的负相关关系以来，菲利普斯曲线理论及其在刻画通货膨胀产生机制方面便获得了长足发展。菲尔普斯（Phelps，1967）和弗里德曼（Friedman，1968）首次提出附加预期的菲利普斯曲线：$\pi_t - \pi_t^e = \beta(U_t - U^*)$，$\beta < 0$，这里的通胀预期是指适应性预期，实证研究中通常用过去的通胀率作为适应性预期的代理变量。相比传统菲利普斯曲线，新凯恩斯菲利普斯曲线引入理性预期、粘性价格和垄断竞争假设，从而更加真实地反映了通货膨胀的运动轨迹，成为目前研究通货膨胀动态机制的重要框架（张成思，2010）。

理性预期作为一种前向预期在现代经济中是普遍存在的，经济主体在安排下一阶段的生产和交易活动时，不仅会根据过去发生的通货膨胀来制定计划，也会在不断学习和沟通的基础上，利用所有能获得的信息并经过一定的分析获得对未来通胀的理性预期。已有研究表明基于理性预期的新凯恩斯菲利普斯曲线能够较好地拟合中国通货膨胀动态（Scheibe & Vines，2005）。罗伯茨（Roberts，1995）首次提出包含理性预期并保留名义粘性和市场不完全假设的完全前瞻性的短期通货膨胀动态模型：$\pi_t = \alpha E_t \pi_{t+1} + \beta y_t$，这是运用动态一般均衡方法（DGE）从微观厂商定价机制中推导出来的通货膨胀动态模型。尽管该模型反映了理性预期和价格粘性特征，但它不能解释现实中通货膨胀的惯性特征。Fuhrer & Moore（1995）提出的包含前向和后向预期的混合菲利普斯曲线较好地克服了这一缺点。混合菲利普斯曲线形式为：$\pi_t = 0.5(\pi_{t-1} + E_t\pi_{t+1}) + 0.5\lambda(y_t + y_{t-1})$，其较好地解释了现实中通货膨胀的持续性特征，但模型的参数设定带有很强的主观性，这是该模型的一大缺点。

沙伊贝和万斯（Scheibe & Vines，2005）实证检验了基于产出缺口的前瞻型和后顾型新凯恩斯菲利普斯曲线，研究结果显示，基于理性预期的新凯恩斯菲利普斯曲线对中国通货膨胀动态性质具有很好的解释能力，同时产出缺口和通胀预期对中国通货膨胀动态过程均有显著影响。曾利飞等（2006）实证研究了开放经济下包含混合边际成本因素的 NKPC 模型，他们发现影响我国通货膨胀的主要因素是资本成本与进口中间品成本，厂商定价同时具有前瞻性和后顾性，但前瞻性处于主导地位。陈彦斌（2008）在已有研究基础上，加入成本推动冲击，提出了包含需求拉动、成本推动、通胀预期和通胀惯性的四因素模型，得出通胀预期对当前通胀影响最为显著、通胀惯性次之、需求拉动第三、成本推动影响不显著的结论。杨继生（2009）研究表明：我国通货膨胀动态调整具有短期新凯恩斯菲利普斯曲线的典型特征，同时存在向前看的理性预期和向后看的适应性预期，他认为由于理性预期的存在，货币当局明确公布并切实执行货币政策对抑制通货膨胀应该是有效的。其模型中使用下一期实际通胀率作为本期对下一期的理性通胀预期，这虽然充分体现了预期的理性性质，但现实中的预期不可能始终与实际值保持完全一致，因此这一做法还有待进一步改进。刘金全等（2011）认为我国经济运行中存在显著的"产出—价格"型新凯恩斯菲利普斯曲线关系，产出缺口对通货膨胀有显著影响，通胀预期对当期通货膨胀的影响系数达到 1.26，前期通货膨胀对当期通胀的影响系数为 0.86。这一结论虽然表明通胀预期、通胀惯性和产出缺口对实际通胀具有显著影响，但未能体现三者对实际通胀的时变影响路径。在转型期背景下，引入时变模型研究三者的影响更具现实意义。张成思（2012）考虑到中国经济全球化程度不断加深的事实，将中国 17 个主要贸易伙伴国的真实 GDP 缺口变量引入交错定价模型，从而推导出我国通货膨胀动态机制模型。研究发现，自 1995 年以来，国外产出缺口显著超越了国内产出缺口对通胀的影响，通胀预期和通胀惯性对国内通胀都有显著影响且影响程度基本持平。郭凯等（2013）着重研究了我国通胀预期和通胀惯性对不同通胀率指标的影响程度，他们发现 CPI 通胀率的通胀惯性大于 RPI（零售物价指数）通胀率，CPI 通胀率的适应性预期特征强于理性预期，而 RPI 通胀率的理性预期特征强于适应性预期。巩师恩和范从来（2013）基于我国二元劳动力结构的现实情况对 NKPC 模型进行了扩展，他们发现我国通胀预期项与滞后项都与当期通货膨胀有显著的相关关系，且预期因素影响力强于滞后因素。

在利用 NKPC 框架实证分析通货膨胀动态机制时，必须明确使用何种具体形式的菲利普斯曲线方程。目前，国内外学者在进行实证研究时，主要采用产出缺口型菲利普斯曲线和边际成本型菲利普斯曲线。加利和格特勒（Gali & Gertler，1999）和斯博尔多内（Sbordone，2002）的研究结果都显示了基于边际成本的新凯恩斯菲利普斯曲线更为合理地解释了美国战后通胀的动态变化。拉德和惠兰（Rudd & Whelan，2007）发现产出缺口的系数估计值通常表现为不显著的正值，甚至是显著的负值，即产出缺口估计量本身与通胀率之间可能表现出显著的负相关。但瓜伊和佩尔格兰（Guay & Pelgrin，2004）利用新凯恩斯菲利普斯曲线解释美国的通货膨胀时，却发现实际边际成本解释能力较弱。帕洛维塔（Paloviita，2006）、奈瑟和纳尔逊（Neiss & Nelson，2006）等人通过计量手段也证明了产出缺口可以较好地作为衡量通货膨胀运行的指标。国内学者如刘金全等（2011）的研究也表明，在我国经济运行中存在显著的产出缺口型菲利普斯曲线特征。基于上述分析，本节将采用产出缺口型菲利普斯曲线研究通货膨胀动态特征。

综合上述文献，不难看出利用 NKPC 框架研究通货膨胀动态机制是近年来的主流做法。目前，国内研究大都使用常系数方法估计通货膨胀动态方程，不能准确反映经济快速转型期我国经济变量对通货膨胀的时变影响。由此，本节利用具有时变特征的新凯恩斯菲利普斯曲线分析我国的通货膨胀动态性质。本节接下来的安排如下：第三小节为新凯恩斯菲利普斯曲线理论模型；第四小节是中国通胀预期估计；第五小节是通货膨胀动态性质实证研究；第六小节是研究结论。

三、新凯恩斯菲利普斯曲线理论模型

本节在加利和格特勒（Gali & Gertler，1999）的基础上，拟通过一个简单的分析建立产出缺口型新凯恩斯菲利普斯曲线模型。假设在每一时刻，所

有单个厂商保持价格不变的概率为 ζ，相应的，其调整价格的概率为 $(1-\zeta)$。经济中的总体价格水平可表示为：

$$p_t = \zeta p_{t-1} + (1-\zeta) p_t^c \tag{2.1}$$

其中，p_t^c 为经济中所有厂商调整后的新价格。

根据厂商调整价格的不同原则，可将其分为比例为 ϑ 的前瞻型厂商和比例为 $(1-\vartheta)$ 的后顾型厂商。于是，所有厂商调整后的价格为：

$$p_t^c = \vartheta p_t^f + (1-\vartheta) p_t^b \tag{2.2}$$

其中，p_t^f 是前瞻型厂商的最优定价，p_t^b 是后顾型厂商的定价。

假设前瞻型厂商的最优定价是在名义边际成本（mc_t^n）的基础上经固定加成得到的。因此，前瞻型厂商的最优定价可表示为：

$$p_t^f = (1-\delta\zeta) \sum_{i=0}^{\infty} (\delta\zeta)^i E_t [mc_{t+i}^n + \mu] \tag{2.3}$$

其中，δ 是前瞻型厂商的主观贴现率，表示厂商对未来的重视程度；μ 是固定加成量。为简化计算，令 $\mu = 0$，但这并不影响模型推导的基本结论。

加利和格特勒（Gali & Gertler，1999）假定后顾型厂商的定价取决于上一期的重置价格和上一期的通货膨胀。事实上，后顾型厂商在定价时，往往会参考多期历史通胀。基于这一考虑，本部分对此模型的主要改进之处在于放松了加利和格特勒（Gali & Gertler，1999）的相关假设，即假定后顾型厂商在定价时，同时参考过去 k 期的通货膨胀。因而后顾型厂商的定价过程可表示为：

$$p_t^b = p_{t-1}^c + \sum_{i=1}^{k} \rho_i \pi_{t-i} \tag{2.4}$$

其中，ρ_i 表示厂商在参考过去一系列通货膨胀时，赋予对应期的实际通胀在价格调整中的权重，$\sum_{i=1}^{k} \rho_i = 1$。当 ρ_1 取 1 时，即厂商只参考前一期的实际通胀，此时后顾型厂商的定价方式就变成了加利和格特勒（Gali & Gertler，1999）中的情形。

罗滕博格和伍德福德（Rotemberg & Woodford，1998）、希迪（Sheedy，2005）等指出，在某些一般性条件成立的情况下，实际边际成本和产出缺口之间存在线性关系。为方便分析，此处假定：

$$mc_t = ky_t \tag{2.5}$$

对（2.1）式——（2.5）式进行计算和化简，可求得新凯恩斯菲利普斯曲线。经适当计算，可将（2.3）式写为：

$$p_t^f = (1 - \delta\zeta)(mc_t + p_t) + \delta\zeta E_t p_{t+1}^f \tag{2.6}$$

对（2.1）式更新一期，且两边同时取期望，可得：

$$E_t \pi_{t+1} + (1 - \zeta) p_t = (1 - \zeta) E_t p_{t+1}^c \tag{2.7}$$

将（2.2）式代入（2.6）式以消除 p_t^f，可得：

$$\frac{p_t^c - (1 - \vartheta) p_t^b}{\vartheta} + \frac{(1 - \vartheta) \delta\zeta}{\vartheta}(p_t^c + \pi_t) - (1 - \delta\zeta)(mc_t + p_t) = \frac{\delta\zeta}{\vartheta} E_t p_{t+1}^c \tag{2.8}$$

将（2.4）式、（2.5）式和（2.7）式代入（2.8）式，经一系列计算[①]，得到新凯恩斯菲利普斯曲线模型：

$$\pi_t = \Psi_1 E_t \pi_{t+1} + \Psi_2 \pi_{t-1} + \Psi_3 \sum_{i=2}^{k} \rho_i \pi_{t-i} + \Psi_4 y_t \tag{2.9}$$

其中 $\Psi_1 = \dfrac{\delta\zeta}{\zeta + (1 - \vartheta)(1 - \zeta + \delta\zeta)}$，$\Psi_2 = \dfrac{\rho_1(1 - \vartheta)(1 - \zeta) + (1 - \vartheta)\zeta}{\zeta + (1 - \vartheta)(1 - \zeta + \delta\zeta)}$，$\Psi_3 = \dfrac{(1 - \zeta)\vartheta}{\zeta + (1 - \vartheta)(1 - \zeta + \delta\zeta)}$，$\Psi_4 = \dfrac{(1 - \zeta)(1 - \delta\zeta)\vartheta\kappa}{\zeta + (1 - \vartheta)(1 - \zeta + \delta\zeta)}$。（2.9）式表明，在通货膨胀动态调整过程中，真实通胀水平受通胀预期、通胀惯性和产出缺口三大因素影响。经济中的前瞻型厂商所占比例 ϑ 越高，则通胀预期对实际通胀的影响就越大，同时，前瞻型厂商的主观贴现率 δ 增大也会提高通胀预期对实际通胀的影响力度。

四、中国通胀预期的估计

（一）通胀预期的 VAR 模型与状态空间表示

在汉密尔顿（Hamilton，1985）的基础上，设定预期通胀率和预期真实利率服从如下自回归过程：

---

① 限于篇幅，在此省略了具体推导过程。

$$r_t^e = c_1 + \varphi(L) \, r_t^e + \theta(L) \, \pi_t^e + \delta(L) \, \pi_t + \vartheta(L) \, M_{2t} + \varepsilon_{1t} \qquad (2.10)$$

$$\pi_t^e = c_2 + \beta(L) \, r_t^e + \omega(L) \, \pi_t^e + \mu(L) \, \pi_t + \varphi(L) \, M_{2t} + \varepsilon_{2t} \qquad (2.11)$$

其中，r_t^e 为 t 期预期真实利率，π_t^e 为 t 期预期通胀率，π_t 为 t 期实际通胀率，M_{2t} 为 t 期广义货币供应量增长率，L 是滞后算子，ε_{1t}、ε_{2t} 是随机误差项。

将费雪方程 $r_t^e = i_t - \pi_t^e$（i_t 为 t 期名义利率）分别代入（2.10）式、（2.11）式，经整理后可得：

$$i_t = c_1 + \pi_t^e + (\theta - \varphi)(L) \, \pi_t^e + \varphi(L) \, i_t + \delta(L) \, \pi_t + \vartheta(L) \, M_{2t} + \varepsilon_{1t}$$

$$(2.12)$$

$$\pi_t^e = c_2 + (\omega - \beta)(L) \, \pi_t^e + \beta(L) \, i_t + \mu(L) \, \pi_t + \varphi(L) \, M_{2t} + \varepsilon_{2t} \qquad (2.13)$$

由预期偏差 $e_t = \pi_t - \pi_t^e$ 可得：

$$\pi_t = \pi_t^e + e_t \qquad (2.14)$$

将（2.12）式、（2.14）式作为状态空间模型的信号方程，（2.13）式作为状态方程，再利用卡尔曼滤波算法进行参数估计并获得通胀预期序列。

（二）数据选取、处理和参数估计

1. 数据选取与处理

本节使用 1998 年 12 月至 2012 年 5 月间共 162 个月的月度数据，相应数据均来自中经网统计数据库。其中，利率采用我国银行间同业拆借加权平均利率，这一利率走势可以较为真实地反映市场主体对未来的通胀预期。通货膨胀率由我国居民消费价格指数计算得到，由于统计资料的限制，只能得到 2001 年 1 月及之后的环比通胀率，而 1998 年 12 月至 2000 年 12 月间的环比通胀率须进行换算[①]。货币供给增长率用我国广义货币供应量增长率表示。由于样本序列均为月度数据，显示出较强的循环变动，须采用 Census X12 方法进行季节调整。经过季节调整后的所有变量均为平稳时间序列，因此可以建立状态空间模型。

2. 参数估计

考虑到 VAR 模型在表示成状态空间形式后所需估计的参数众多，为保证模型的自由度，此处选择滞后二阶进行估计，结果见表 2.1。

---

① 换算公式：第 N 年月环比 CPI =（下年 t 月环比 CPI/下年 t 月同比 CPI）×下年（t-1）月同比 CPI。

表 2.1 状态空间模型参数估计

参数	估计值	标准差	参数	估计值	标准差
c_1	−0.1853	0.2860	ω_2	0.0431	0.1021
c_2	0.2192	0.2311	β_1	−0.0612	0.0881
θ_1	0.7799	0.0804	β_2	0.0427	0.0702
θ_2	0.1284	0.0884	μ_1	0.1392	0.0857
φ_1	0.7794	0.0803	μ_2	−0.1092	0.0810
φ_2	0.1286	0.0883	ϕ_1	−0.0714	0.0622
δ_1	0.0968	0.0825	ϕ_2	0.0488	0.0333
δ_2	−0.0606	0.1103	σ_1^2	0.1028	0.1179
ϑ_1	0.0404	0.0510	σ_2^2	0.0124	0.9189
ϑ_2	0.0995	0.0731	σ_e^2	0.1690	0.1305
ω_1	−0.0698	0.3838	L	−151.5590	

注：σ_1^2、σ_2^2、σ_e^2 分别是 ε_{1t}、ε_{2t}、e_t 的方差项，L 表示模型的对数似然值。

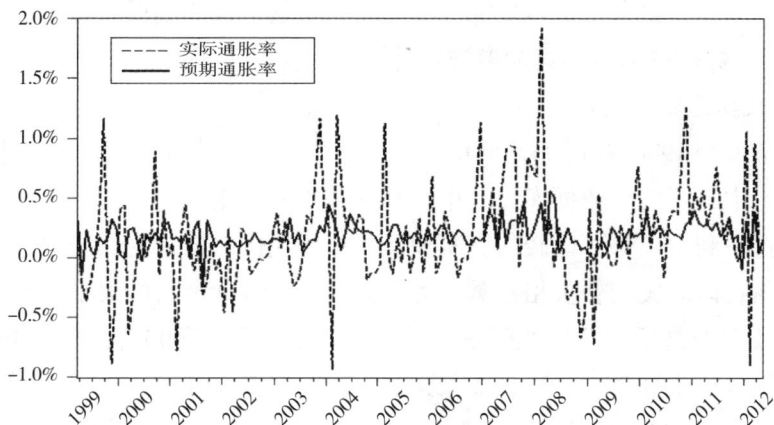

图 2.1 经季节调整的实际通胀率与预期通胀率对比图（1998.12—2012.5）

在获得状态空间模型的参数后，通过卡尔曼滤波一步向前预测方法即可估计出预期通胀率[①]。由图 2.1 可以看出，估计得到的预期通胀率基本上捕捉到了实际通胀率的变动方向，而且与实际通胀率相比，预期通胀率波动更

---

① 本节还进一步对所估计的通胀预期序列进行了包括无偏性、强式有效性和预期偏差检验在内的理性预期检验。结果发现，所估预期序列具有理性预期性质，这与 NKPC 理论的理性预期假设保持了较强的一致性。

小、更为平稳。

五、通货膨胀动态性质实证研究

（一）基于时变 NKPC 的通货膨胀动态性质

1. 样本选取与数据处理

本部分使用月度数据，研究区间为 1999 年 3 月—2012 年 5 月。通胀预期和滞后通胀序列已由上文得出。由于我国只公布年度和季度 GDP 数据，因而无法直接根据月度数据求得产出缺口。为此，采用月度工业增加值代替 GDP，将经过 HP 滤波的月度工业增加值作为潜在值，从而得到月度工业增加值缺口并将其作为月度产出缺口的替代变量。为消除可能的季节因素，所有变量还须经过 X12 方法进行季节调整。

2. 平稳性检验

在建立时变参数模型前要求变量均为平稳序列，对于非平稳时间序列则要求其存在协整关系，否则将出现伪回归现象。首先对通货膨胀率 π、预期通胀率 π^e 和产出缺口 y 序列进行平稳性检验。在 ADF 单位根检验中，滞后阶数的选择由 SC 准则确定。从表 2.2 可以看出，各变量均为平稳序列，因此可以直接建立时变参数模型。

表 2.2 数据平稳性检验

变量	检验类型	ADF 值	P 值	结论
π	$(c, 0, 1)$	-7.073	0.000	平稳
π^e	$(c, 0, 0)$	-11.846	0.000	平稳
y	$(0, 0, 1)$	-5.179	0.000	平稳

注：(c, t, m) 中的 c，t，m 分别表示 ADF 检验过程中的截距项、趋势项和滞后阶数。

3. 模型估计

由于后顾型厂商在定价时往往会参考多期历史通胀信息，因而导致最终的通货膨胀动态机制方程中历史通胀项的滞后阶数≥2。本节将以滞后 2 阶的通货膨胀动态机制模型作为基准模型，同时为较为充分地反映历史通胀对实际通胀的影响，我们建立滞后阶数为 4 的动态模型并与之进行比较分析。模型设立见表 2.3。

表 2.3　滞后二期和四期的时变参数模型

模型 1——含两期通胀滞后项的变系数模型	
信号方程	$\pi_t = TV_{1t} E_t(\pi_{t+1}) + \sum_{k=2}^{3} TV_{kt} \pi_{t-k+1} + TV_{4t} y_t + \varepsilon_t$
状态方程	$TV_{i,\,t} = \alpha_i + \beta_i TV_{i,\,t-1} + v_{i,\,t}, \quad i = 1,\ 2,\ 3,\ 4$
模型 2——含四期通胀滞后项的变系数模型	
信号方程	$\pi_t = TV_{1t} E_t(\pi_{t+1}) + \sum_{k=2}^{5} TV_{kt} \pi_{t-k+1} + TV_{6t} y_t + \varepsilon_t$
状态方程	$TV_{i,\,t} = \alpha_i + \beta_i TV_{i,\,t-1} + v_{i,\,t}, \quad i = 1,\ 2,\ 3,\ 4,\ 5,\ 6$

　　图 2.2 给出了模型 1 中各自变量对实际通胀影响系数的时变路径。结果显示，预期通胀对实际通胀的影响力从期初开始下降，2007 年 10 月以来，影响力逐渐回升，最终达到 0.8842，其系数对应 P 值接近 0，统计上十分显著。对照现实情况来看，2007 年经济偏快增长的势头虽然在宏观调控下得到初步遏制，但出现过热的风险没有消除；9 月末，金融机构各项贷款超过全年目标 6422 亿，M1 和 M2 同比增长 22.1% 和 18.5%，国内经济明显出现过热态势；8 月初，美国金融危机开始浮现，受其房地产市场和次级债影响，美元开始大幅贬值，以美元计价的初级产品价格提高对国内价格上涨形成压力。在众多国内外影响因素作用下，我国通胀预期不断强化，通胀的自我实现又进一步强化了预期的作用，在经济环境面临诸多不确定性的情况下，经济主体更多地采用前瞻性行为，因此通胀预期在通货膨胀决定中的权重越来越大。一阶滞后通胀对实际通胀的影响系数从期初开始下降直至 2008 年 3 月，之后通胀惯性影响迅速回升，至期末达到 0.4684，对应 P 值为 0.003，统计上十分显著。二阶滞后通胀对实际通胀的影响从期初开始下降直至 2005 年 4 月，之后出现回升，到期末达到 0.6126，同一阶滞后通胀一样，二阶滞后通胀对实际通胀的影响力在统计上也十分显著。产出缺口对实际通胀的影响较大且在统计上显著，但影响系数变化很小。

　　图 2.3 给出了模型 2 中各自变量对实际通胀影响系数的时变路径。结果显示，通胀预期对实际通胀的影响力在期初最大，之后影响不断下降，2008 年 4 月以后，预期的影响力开始反弹。一、三、四阶滞后通胀对实际通胀的

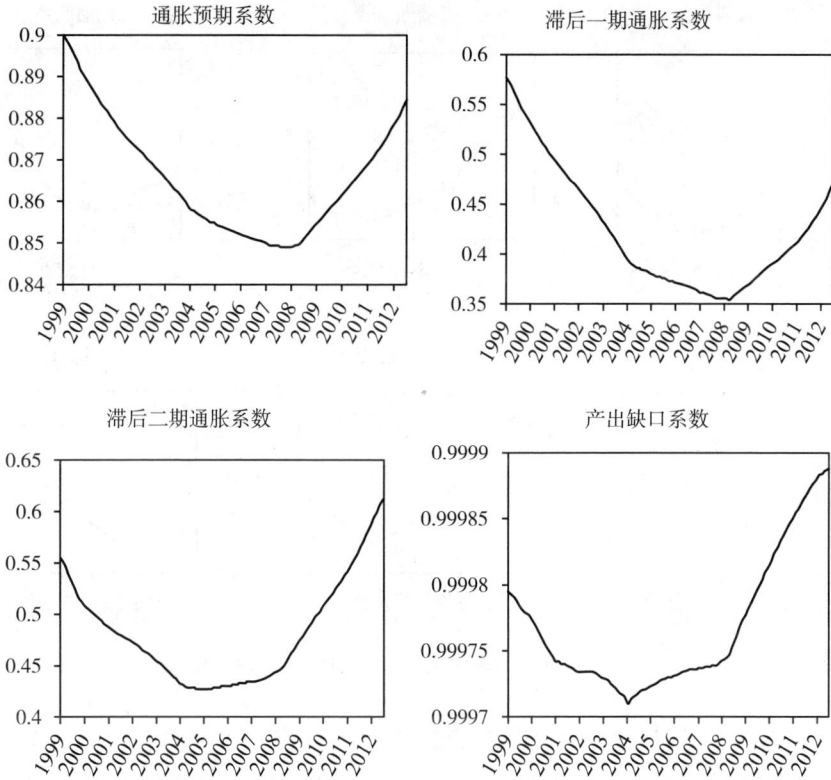

图 2.2　模型 1 中各因素对实际通胀的时变影响

　　影响在走势上大致相似，即影响力在 2008 年以前基本呈下滑趋势，2008 年开始影响力逐渐反弹。而二阶滞后通胀对实际通胀的贡献度在样本期内基本为负，其对应 P 值为 0.926，统计上十分不显著。与模型 1 相似的是，产出缺口对实际通胀的影响较大，接近于 1 且在统计上显著，但影响系数变化很小。

　　模型 1 和模型 2 均得出通胀预期和产出缺口对我国通货膨胀动态调整有重要影响的结论。在模型 1 中，最近一二期历史通胀对实际通胀有正向推动作用，我国通货膨胀动态调整具有明显的惯性特征。在模型 2 中，二阶滞后通胀对实际通胀的影响效果为负且不显著。而众多研究基本上都支持当前我国通货膨胀惯性特征明显，如何启志、范从来（2011）的研究显示当前我国通胀惯性系数显著为正；徐亚平（2009）认为我国通货膨胀粘性特征非常明显，通胀压力一旦显现，一般都具有较长持续性。此外，模型 1 中所有

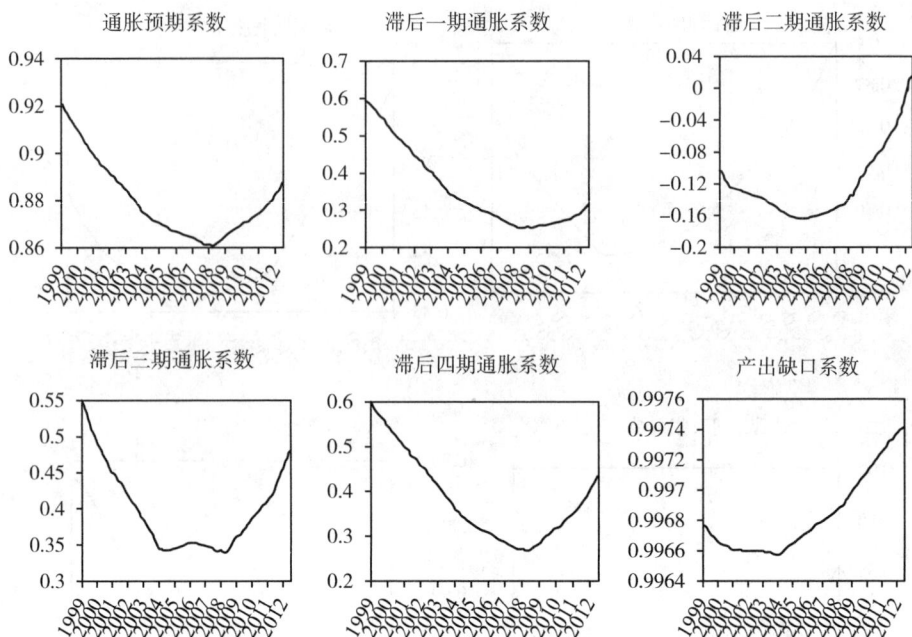

图 2.3 模型 2 中各因素对实际通胀的时变影响

系数均显著，而模型 2 的二阶滞后通胀系数不显著。从模型的整体拟合效果来看，模型 1 的 AIC、SC、HQC 准则均要小于模型 2，这说明前者的整体拟合效果优于后者。因此，含两期通胀滞后项的变系数模型可以更好地刻画我国通货膨胀动态调整过程。

（二）基于 SVAR 模型的通货膨胀冲击分析

1. 模型的识别

根据滞后阶准则，SVAR 模型的最优滞后阶数定为 3，要使 SVAR 系统恰好被识别，须对变量间的同期相关矩阵 B_0 施加 $(3^2 - 3)/2 = 3$ 个约束条件。根据上文得出的实证结果和相关经济理论，施加的短期约束如下：

第一，根据模型 1 的实证结果，当期产出缺口对当期实际通胀的影响系数虽然随时间变化，但基本在 0.999 附近变化并且波动极小，因此设定同期相关矩阵的对应元素为 0.999；

第二，在 NKPC 框架中，当期实际通胀受同期对未来通胀预期以及同期产出缺口的影响，可以认为当期形成的对未来通胀的预期及当期产出缺口不受同期实际通胀的影响，因此设定同期相关矩阵的对应元素均为 0。

2. 脉冲响应分析

实际通胀、通胀预期和产出缺口序列均为平稳序列，因此可以建立 SVAR 模型。在图 2.4 所示的冲击响应图中，选取脉冲响应函数的滞后期为 12，横轴表示冲击发生的时间间隔，纵轴表示变量受到一个标准差信息冲击的响应程度，虚线表示正负两倍标准差置信带。图 2.4 中的三幅图分别给出了实际通胀对来自自身、通胀预期和产出缺口的一个正向标准差冲击的响应情况。

第一幅图显示通货膨胀对其自身冲击的反应最为强烈。对自身一个正标准差的新息冲击响应在期初最大，随后逐渐衰减，到第 7 期期初变为 0，之后又变为接近 0 的正值。总体来看，通货膨胀对其自身的冲击在第 1 期反应最大，2—6 期仍有正向反应但已减弱很多，第 7 期以后对自身冲击的反应接近 0。可以看出，目前我国的通胀惯性影响持续时间大约为 6 个月，说明当前我国经济主体的适应性预期在通货膨胀动态调整中具有较大影响，在短时间内即使中央银行出台有利于降低通胀预期的政策仍难以完全抑制通胀，因此防通胀在我国必须作为一项持续性政策来执行，货币当局在强化预期管理的同时须采取适当的紧缩性政策逐步抑制通胀以弱化通胀惯性的影响，二者搭配才能更加有效地降低通货膨胀。

第二幅图显示通货膨胀对通胀预期的正向冲击在期初立刻做出反应，之后迅速衰减，在第 2 期期初几乎为 0，而在第 3 期期初又达到一个高峰，之后又基本趋于 0。这种"锯齿形"响应表明实际通胀对通胀预期冲击做出即时反应后还存在一个滞后反应。当前在我国特殊经济环境下，通胀预期和实际通胀之间可能并非一一对应，即使通胀预期冲击已经实现，但由于某些特殊因素的影响，价格水平仍可能再度上扬。因此，央行在管理通胀预期时，不仅要着眼于引导预期本身，更关键的还在于弄清通胀预期与实际通胀的关系（盛松成，2010），通过改善预期传导渠道以稳定其对实际通胀的影响。

第三幅图显示了产出缺口冲击对实际通胀的影响。期初产出缺口的正向冲击对实际通胀的影响几乎为 0，随着时间的推移影响逐渐显现，在第 2 期期初达到峰值，此后影响逐渐减弱，最后趋于 0。这说明由产出缺口代表的超额需求冲击在当期不能立即引发通货膨胀，在经过 1 期之后通货膨胀的反应达到最高，随后影响逐渐变小。

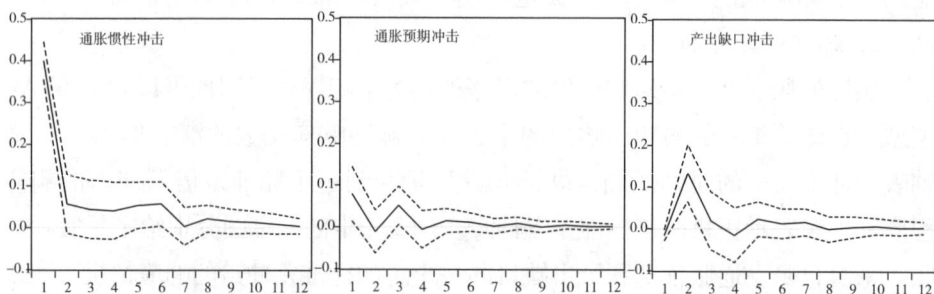

图 2.4   实际通胀对各影响因素冲击的响应

综合以上分析，当前在我国通货膨胀运行过程中存在着显著的 NKPC 特征。值得注意的是，虽然通胀预期在实际通胀运行中具有重要影响，但预期冲击对实际通胀的影响效果却是不稳定的。从实践推测，这可能是由于我国通胀预期具有较强粘性特征所致，而这一现象归根结底源于央行对经济增长的过度偏好以及政策的相机抉择性。例如，2008 年底政府出台的 4 万亿投资刺激计划给了市场一个普遍且持久的高通胀预期。2010 年 10 月通货膨胀率在 24 个月内首次破 4，11 月破 5，为防止通货膨胀进一步恶化，央行启动了三年来的首次加息，全面收紧信贷。2011 年 11 月，在通货膨胀基本被遏制的情况下，央行又再次下调存款准备金率，意图扩张经济。但从 4 万亿投资中形成的通胀预期是具有持久性的，并未因暂时的紧缩政策而完全消失；相反，相机抉择下的临时性紧缩政策只能暂时减缓通胀。较大的通胀预期粘性导致暂时的紧缩性政策无法抵消公众的持久预期，因此要想通过预期管理来降低通胀、减少社会福利损失，就必须改变央行的相机抉择行为，树立坚决的反通胀决心，并通过提高政策透明度增强政策可信度。

六、结   论

本节在通胀预期的 VAR 模型基础上估计了中国的预期通胀率，并通过相关检验验证了所估通胀预期具有理性性质，可以近似代表理性预期。在此基础上，本节利用具有时变特征的产出缺口型 NKPC 分析了我国通货膨胀动态机制。结果发现，包含两期通胀滞后项的 NKPC 比包含四期通胀滞后项的 NKPC 能更好地解释我国通货膨胀动态过程。在通货膨胀调整中，通胀预期、通胀惯性和产出缺口对通货膨胀均能产生显著影响，通胀预期和通胀惯性的影响力自国际金融危机以来是不断提高的，而产出缺口影响的时变特征则不够明显。

在冲击分析中，我们发现实际通胀对当前通胀预期冲击的响应路径既不像通胀惯性冲击导致的"衰减形"，也不像产出缺口冲击产生的"上尖角形"，而是一种"锯齿形"形状。这表明当前我国通胀预期粘性程度可能较大。随着我国市场化机制的不断完善，市场主体的预期正逐步趋于理性化，在诸如4万亿投资刺激计划、各国竞相实施量化宽松政策等大背景下，经济主体会据此形成持久性通胀预期。这种预期具有较强粘性，其更多来自社会公众自身对未来经济走势的理性判断。因此，即使当局暂时控制住通货膨胀，也难以改变公众的持久预期，加上随着通货膨胀的暂时缓解，政府往往会重拾宽松政策，这种相机行为一方面为日后的通货膨胀埋下伏笔，另一方面也将会被公众所逐渐了解并作为一种决策信息纳入通胀预期的形成中去，从而暂时的紧缩政策反而会强化公众的通胀预期。

由于通胀预期在实际通货膨胀形成中的影响越来越大，同时预期冲击对实际通胀的影响效果缺乏足够的稳定性，因此在通货膨胀得到暂时遏制的情况下，我国应谨慎使用宽松政策，以免通货膨胀在持久性通胀预期的推动下变得更加严重；而转变央行的相机抉择行为，树立坚决的反通胀决心，提高透明度以增强政策可信度等，可有效降低预期的粘性程度。

第三节　通货膨胀动态机制分析：基于双粘性框架

一、研究背景

英国经济学家菲利普斯（Phillips，1958）研究发现，货币工资增长率与失业率之间存在相互替代关系，提出了著名的菲利普斯曲线。凯恩斯主义者则以此为基础建立了总供给曲线，作为供求分析的重要组成部分。20世纪70年代，由于凯恩斯主义在解决滞胀问题时表现乏力，新古典宏观经济学派兴起。该学派以微观经济理论为基础进行宏观经济分析，提出了理性预期假设，在学术理论上有所突破，但该学派极端自由化的政策主张受到质疑，其市场出清的微观假设也脱离实际。新凯恩斯主义者在前人研究基础上，结合理性预期假设，从工资粘性、价格粘性出发构建了具有微观基础的经济模型。这样，建立在泰勒（Taylor，1980）和卡尔沃（Calvo，1983）研究基础上的新凯恩斯菲利普斯曲线（NKPC）也应运而生。NKPC 的具体形式为：$\pi_t = \beta E_t \pi_{t+1} + k y_t$，表明通货膨胀率取决于当期的产出缺口和当期对下一期通胀的预期。近年来，新凯恩斯菲利普斯曲线在货币政策分析方面得到了广泛应用。

但新凯恩斯菲利普斯曲线也存有不足，对该曲线的实证研究显示通货膨胀对货币政策冲击反应迅速，这与现实不符。玻尔（Ball，1994）指出，若根据新凯恩斯菲利普斯曲线，能得出紧缩性政策将导致经济繁荣而不是经济衰退的结论，这与事实恰恰相反。Fuhrer & Moore（1995）指出，新凯恩斯菲利普斯曲线无法解决通胀惯性等问题。为解决这些问题，一些学者对新凯恩斯菲利普斯曲线进行了各种改进，在不同程度上取得了成功。例如加利和格特勒（Gali & Gertler，1999）提出的混合模型很好地解决了通胀持续性问题。

曼昆和里斯（Mankiw & Reis，2002）则从粘性信息而非粘性价格的角度出发，提出了粘性信息菲利普斯曲线（SIPC）以取代新凯恩斯菲利普斯曲线。他们的模型解决了通货膨胀持续性、货币政策滞后性等问题，同时也能说明紧缩性政策总会导致衰退。卡罗尔（Carroll，2003）指出粘性信息模型之所以能够解决如此多的困扰，是因为放松了所有经济单位每个时刻都是理性的假设。随后，里斯（Reis，2006）、Jinnai（2007）、Coibion（2010）等人也分别建立了粘性信息模型来解释总需求对产出和价格的动态影响。曼昆和里斯（Mankiw & Reis，2002）模型的核心思想是宏观经济信息在人群中传播缓慢，其原因主要是人们更新信息需要成本，这就导致有的企业及时更新信息，有的企业可能连续几期都不更新信息。因此，不同企业的信息集也就有所不同，在信息集基础上形成的宏观经济预期也会有所区别。虽然该模型假设企业每一期都会制定最优价格，但信息集的不同最终导致不同企业的定价差异。

针对曼昆和里斯（Mankiw & Reis，2002）提出的以 SIPC 替代 NKPC 的主张，国外一些学者提出了反对意见。如 Korenok（2008）、Coibion（2010）等的实证研究发现，粘性价格模型对数据的拟合效果要比粘性信息模型好很多，Coibion（2010）更是直接指出 SIPC 过于平滑，缺乏波动性。还有一些研究表明，粘性信息模型无法解释通胀对技术冲击反应迅速等问题。杜波尔等（Dupor et al.，2010）则同时考虑粘性价格和粘性信息的假设，建立了双粘性菲利普斯曲线模型（DSPC）来解释美国的通胀问题。在他们的模型中，企业每一期都要面临更新价格和更新信息的问题，为了处理方便，他们假设企业每一期更新价格和更新信息的概率相互独立。其经验研究表明粘性价格和粘性信息都是存在的，无法用粘性信息模型来替代粘性价格模型，但两者的结合即双粘性模型可能更有助于对实际问题的解释。

粘性信息模型或双粘性模型都表明通货膨胀率不仅取决于当期的产出缺口，也取决于不同时期对当期通货膨胀率和产出缺口增长率的预期，这一特征大大增加了模型参数估计的难度。在 SIPC 中，最主要的参数就是信息粘性程度，该参数反映了企业更新信息的频率。在 DSPC 中，则同样面临着该参数的校准问题。因此本节的目的之一就是要估计出我国的信息粘性程度，同时，本节还将比较 SIPC、DSPC、NKPC 和混合 NKPC 在解释我国通胀问题时的表现。本节拟在引入预期和平滑机制的泰勒规则基础上建立状态空间模型，通过 Kalman 滤波估计出不同时期对当期通货膨胀率和产出缺口增长率的预期，进而对曼昆和里斯（Mankiw & Reis，2002）模型中的 SIPC 及杜波尔等（Dupor et al.，2010）模型中的 DSPC 和 NKPC、混合 NKPC 进行参数估计，并进一步分析比较它们的拟合效果。

二、文献综述

粘性信息菲利普斯曲线提出后，国外学者通过构建不同模型，使用不同方法对其进行了参数估计，不同模型所得到的估计结果也不尽相同。曼昆和里斯（Mankiw & Reis，2002）从工资和失业的角度，使用最小二乘法对信息粘性程度进行了估计，他们发现工资制定者大约一年更新一次信息。卡罗尔（Carroll，2003）受疾病传播模型的启发，把新闻报道作为信息源，为粘性信息模型提供了微观基础，他假定新闻媒体所报道的通胀预期是理性的，并把一定时期吸收信息的人口比例作为信息粘性程度。卡罗尔（Carroll，2003）具体演化了人们通胀预期的形成过程，并运用密歇根调查数据和专家形成的（理性的）通胀预期调查数据，估计出了信息粘性程度约为 0.27，意味着约有四分之一的人口使用最新信息进行决策。Dopke 等（2005）运用欧洲国家的数据为信息传播提供了相似的理论支持。

基利（Kiley，2007）运用极大似然估计法分别对粘性价格和粘性信息模型进行了估计。他发现混合新凯恩斯菲利普斯曲线能够更好地拟合数据，对通胀的动态特征把握得更加准确。但这并不意味着粘性信息模型不重要，因为混合模型的一些假设本就是基于不完全信息的。基利（Kiley）还分别利用 1965—2002 年和 1983—2002 年的数据对 SIPC 进行了估计，得出的信息粘性程度并不相同，大约在 0.59 到 0.39 之间。Khan & Zhu（2006）借鉴斯托克和沃特森（Stock & Watson，2001）的双变量向量自回归模型，估计出了通货膨胀预期和产出缺口增长率预期，并进一步使用非线性最小二乘法估计出了美国信息粘性程度。他们认为美国信息粘性时长介于三个季度到七个季度之间，意味着使用最新信息进行价格决策的企业所占比例大约在 33% 到 13% 之间。Coibion（2010）同样比较了粘性信息菲利普斯曲线和新凯恩斯菲利普斯曲线，他分别给出了两条曲线的拟合图形，通过图形可以看出，NKPC 能够很好地刻画美国通货膨胀率的走势，并捕捉到了 20 世纪 70 年代和 80 年代初期两个通胀高峰。Coibion 的实证显示 NKPC 能够解释美国通货膨胀率的 80% 左右；但 SIPC 能够解释通胀的成分就小得多，它的拟合曲线更加趋于平滑，这主要是因为 SIPC 增加了对过去预期的权重。

杜波尔等（Duporet al.，2010）同时基于粘性价格和粘性信息的假设，建立了以边际成本形式表示的双粘性菲利普斯曲线。他们的通胀方程包含了通胀滞后项、产出缺口项、前瞻性预期项和滞后预期项，在与其他模型的比较中，发现 DSPC 对美国通胀的拟合效果最优。估计结果显示，在美国，每个季度约有 14% 的企业更新价格，有 42% 的企业更新信息。但当他们允许有典型的策略互补水平时，估计结果则分别变为了 28% 和 70%。他们还量测了两种粘性的相对重要性，发现在拟合美国通胀时，粘性价格比粘性信息更加重要。通过与纯粹的粘性信息模型的对比，可以发现双粘性模型对信息粘性程度的估值偏大。

针对中国菲利普斯曲线的研究也很多。范从来（2000）、刘斌和张怀清（2001）、赵博和雍家胜（2004）等就菲利普斯曲线在中国的适用性问题进行了探讨，他们分别基于适应性预期的研究都表明中国菲利普斯曲线是存在的。沙伊贝和万斯（Scheibe & Vines，2005）的研究表明，基于理性预期的新凯恩斯菲利普斯曲线对中国通胀动态特性有更强的解释力。陈彦斌（2008）建立了四因素的混合新凯恩斯菲利普斯曲线，从通胀预期、通胀惯性、需求拉动和成本推动这四个角度讨论了中国的通胀问题。杨继生（2009）、张成思（2012）、卞志村和高洁超（2013）等从不同角度拓展了NKPC 模型及其在中国的应用。

但国内外学者针对我国粘性信息菲利普斯曲线的研究相对较少，仅有的几篇也多是概述性文献。张成思（2007）对研究短期通胀率动态机制的各种模型进行了评述，对粘性信息理论的优缺点进行了点评。李彬和刘凤良（2007）使用 SVAR 模型估计了各期对本期通胀和产出缺口增长率的预期，估计出 1990—2005 年的信息粘性程度在 0.34 到 0.47 之间。他们还比较了SVAR 模型、粘性信息模型和粘性价格模型对于一个标准差货币政策冲击的动态响应。王军（2009）认为粘性信息理论是新凯恩斯主义经济理论的前沿，他对粘性信息的含义、根源、发展及对经济分析的意义进行了评述。彭兴韵（2011）对粘性信息理论进行了全面的总结和梳理，介绍了信息粘性的来源、度量，粘性信息菲利普斯曲线的推导，及粘性信息在动态一般均衡模型中的应用。

以上这些研究大大丰富了我们对菲利普斯曲线的理解。但是这些研究少有对我国粘性信息菲利普斯曲线进行具体实证分析，这使得我国基于粘性信息框架的研究没有取得太多进展。就双粘性模型方面而言，国内的研究则几乎为空白。因此本节试图在已有研究的基础上，进一步探讨粘性信息模型和双粘性模型在中国的适用性问题。具体而言，本节拟在引入预期和平滑机制的泰勒规则基础上建立状态空间模型，通过 Kalman 滤波估计出不同时期对当期通货膨胀率和产出缺口增长率的预期，进而对 SIPC 和 DSPC进行参数估计，并比较它们与 NKPC 和混合 NKPC 在解释中国通胀问题时的表现。

三、粘性信息模型与双粘性模型：一个比较分析视角

（一）粘性信息菲利普斯曲线

曼昆和里斯（Mankiw & Reis，2002）假定，在垄断竞争市场下，企业

每一期都会制定最优的价格。但由于宏观经济信息在人群中传播缓慢，企业用以制定最优价格的信息却不一定是最新的。假设每一期有 λ 比例的企业获得最新宏观经济信息，并在此基础上制定最优价格，而其他企业则基于过时的信息定价。他们还假设每一个企业每一期更新信息的概率 λ 是一样的，而且这一概率独立于历史更新次数。此处假设与卡尔沃（Calvo，1983）模型有相似之处。SIPC 的推导如下：

企业根据利润最大化的原则推出其最优价格为：

$$p_t^* = p_t + \alpha y_t \tag{2.15}$$

其中 p_t^* 表示企业的最优价格，p_t 表示总体价格水平，y_t 表示产出缺口，这些变量均为对数形式。α 表示产出缺口对企业最优价格的影响程度，这一参数取决于偏好、技术、市场结构等等。李彬和刘凤良（2007）指出 α 是策略互补水平的度量，这是企业定价时参照其他企业定价行为而形成的。该策略互补源自于市场垄断竞争的特征，取值在 0—1 之间。

粘性信息假设意味着基于 j 期前信息集制定的价格为：

$$x_t^j = E_{t-j} p_t^* \tag{2.16}$$

其中，E 为预期因子。总体价格水平是经济中所有企业定价的平均值：

$$p_t = \lambda p_t^* + \lambda(1-\lambda) E_{t-1} p_t^* + \cdots + \lambda(1-\lambda)^j E_{t-j} p_t^* + \cdots$$

$$= \lambda \sum_{j=0}^{\infty} (1-\lambda)^j x_t^j \tag{2.17}$$

结合（2.15）式、（2.16）式、（2.17）式可得：

$$p_t = \lambda \sum_{j=0}^{\infty} (1-\lambda)^j E_{t-j}(p_t + \alpha y_t) \tag{2.18}$$

在（2.18）式的基础上，经过一系列数学推导可得到粘性信息菲利普斯曲线[①]：

$$\pi_t = \frac{\alpha\lambda}{1-\lambda} y_t + \lambda \sum_{j=0}^{\infty} (1-\lambda)^j E_{t-1-j}(\pi_t + \alpha\Delta y_t) \tag{2.19}$$

其中，$\Delta y_t = y_t - y_{t-1}$ 是产出缺口增长率。从（2.19）式可以看出通货膨胀率取决于产出缺口、各期对当期通货膨胀率和产出缺口增长率的预期。与 NKPC 强调对未来通货膨胀的预期不同，在粘性信息模型中强调的是过去对

---

① 限于篇幅，推导过程从略。

现在的预期。两者之间的这一重要区别决定了各自性质的不同。在 SIPC 中，λ 表示信息的粘性程度。随着 λ 的增加，会有更多的企业使用最新信息进行价格决策。

（二）双粘性菲利普斯曲线

双粘性菲利普斯曲线同时考虑粘性价格和粘性信息两个方面。在该分析框架下，纯粹的粘性价格模型或粘性信息模型都只是它的特例。如 SIPC 中一样，假设企业每一期更新信息的概率为 λ，同时假设企业每一期更新价格的概率为 γ。为了处理的方便，还假设更新价格的概率 γ 与更新信息的概率 λ 不相关。我们用 p_t 表示总体的价格水平，用 q_t 表示所有更新价格形成的价格水平。

这样，由于在 t 期只有 γ 比率的企业更新了价格，所以得到：

$$p_t = (1 - \gamma) p_{t-1} + \gamma q_t \tag{2.20}$$

也可以写成：$\pi_t = \dfrac{\gamma}{1 - \gamma}(q_t - p_t) \tag{2.21}$

根据粘性价格假设，如果企业在最新的信息集上定价，则有：

$$p_t^f = \gamma \sum_{k=0}^{\infty} (1 - \gamma)^k E_t p_{t+k}^* \tag{2.22}$$

此处的 p_t^* 与前文一致，p_t^f 表示企业基于最新信息集所做出的定价等于当期最优价格与未来所有期最优价格的加权平均。p_t^f 的确定之所以是前瞻性的，主要是考虑到不能经常地更新价格，即价格是具有粘性的。由（2.22）式可以推导出：

$$p_t^f = \gamma p_t^* + (1 - \gamma) E_t p_{t+1}^f \tag{2.23}$$

如果是基于过去信息集定价的话，比如基于 j 期前信息集定价，则有：

$$x_t^j = E_{t-j} p_t^f \tag{2.24}$$

那么，所有更新后的价格形成的价格水平 q_t 可以表示为：

$$q_t = \lambda \sum_{j=0}^{\infty} (1 - \lambda)^j E_{t-j}(p_t^f) \tag{2.25}$$

由（2.25）式可得（其中 $\Delta p_t^f = p_t^f - p_{t-1}^f$）：

$$q_t = (1 - \lambda) q_{t-1} + \lambda(1 - \lambda) \sum_{j=0}^{\infty} (1 - \lambda)^j E_{t-1-j}(\Delta p_t^f) + \lambda p_t^f \tag{2.26}$$

将（2.26）式两边同时减去 p_t 可得：

$$q_t - p_t = (1-\lambda)(q_{t-1} - p_{t-1}) - (1-\lambda)\pi_t + \lambda(p_t^f - p_t)$$

$$+ \lambda(1-\lambda)\sum_{j=0}^{\infty}(1-\lambda)^j E_{t-1-j}(\Delta p_t^f) \tag{2.27}$$

将（2.27）式代入（2.21）式并结合（2.15）式、（2.20）式、（2.22）式、（2.23）式可得双粘性模型①：

$$\pi_t = \frac{(1-\gamma)(1-\lambda)}{1-\gamma\lambda}\pi_{t-1} + \frac{\gamma^2\lambda\alpha}{1-\gamma\lambda}y_t$$

$$+ \frac{\gamma^2\lambda}{1-\gamma\lambda}\sum_{k=1}^{\infty}(1-\gamma)^k E_t\left(\sum_{i=1}^{k}\pi_{t+i} + \alpha y_{t+k}\right)$$

$$+ \frac{\gamma(1-\gamma)\lambda}{1-\gamma\lambda}\sum_{j=0}^{\infty}(1-\lambda)^j\gamma\sum_{j=0}^{\infty}(1-\gamma)^k E_{t-1-j}(\pi_{t+k} + \alpha\Delta y_{t+k})$$

$$\tag{2.28}$$

或者得到如下形式：

$$\pi_t = \frac{(1-\gamma)(1-\lambda)}{\zeta}\pi_{t-1} + \frac{\gamma^2\lambda\alpha}{\zeta}y_t + \frac{(1-\gamma)}{\zeta}E_t\pi_{t+1} + \frac{\gamma^2\lambda(1-\lambda)}{\zeta}$$

$$\sum_{j=0}^{\infty}(1-\lambda)^j E_{t-1-j}(\pi_t + \alpha\Delta y_t) - \frac{\gamma(1-\gamma)(1-\lambda)\lambda}{\zeta}\sum_{j=0}^{\infty}(1-\lambda)^j\gamma$$

$$\sum_{k=0}^{\infty}(1-\gamma)^k(E_{t-j} - E_{t-1-j})(\pi_{t+k+1} + \alpha\Delta y_{t+k+1}) \tag{2.29}$$

其中，$\zeta = 1 - \gamma\lambda + (1-\lambda)(1-\gamma)^2$。（2.28）式与杜波尔等（Dupor et al.,2010）以边际成本形式表示的双粘性菲利普斯曲线是对应的。（2.29）式则与 Kitamura（2008）中的 DSPC 是一致的。Kitamura（2008）令 η_t
$= -\dfrac{\gamma(1-\gamma)(1-\lambda)\lambda}{\zeta}\sum_{j=0}^{\infty}(1-\lambda)^j\gamma\sum_{k=0}^{\infty}(1-\gamma)^k(E_{t-j} - E_{t-1-j})(\pi_{t+k+1} + \alpha\Delta$
$y_{t+k+1})$，并指出 η_t 的均值为零，由对未来通胀和产出缺口增长率的预期误差之和构成。他认为该项是通胀惯性的又一原因，对经验拟合也起到一定作用。从 DSPC 中，我们能够很容易得到纯粹的 SIPC 和 NKPC。当 $\lambda = 1$ 时，即不考虑信息粘性问题，DSPC 就转化成了 NKPC；当 $\gamma = 1$ 时，即不考虑价格粘性问题，DSPC 就转化成了 SIPC。

---

① 限于篇幅，推导过程从略。

四、通胀预期和产出缺口预期的估计

(一) 状态空间模型的建立

要估计出中国的信息粘性程度，首先要估计出各期对当期通货膨胀率和产出缺口增长率的预期。本节在引入预期和平滑机制的泰勒规则基础上建立状态空间模型，通过 Kalman 滤波估计出不同时期对当期通货膨胀率和产出缺口增长率的预期。

泰勒 (Taylor，1993) 认为可以根据通胀和产出与其目标值之间的差距来调节真实利率，提出了著名的泰勒规则。其具体形式如下：

$$i_t^* = r^* + \pi_t + \beta_1(\pi_t - \pi^*) + \beta_2 y_t \qquad (2.30)$$

后来的学者对其进行了拓展与改进。克拉里达等 (Clarida et al.，2000) 引入前瞻性预期因素提出：

$$i_t^* = r^* + \pi_t + \beta_1(E[\pi_{t,k} \mid \Omega_t] - \pi^*) + \beta_2(E[y_{t,q} \mid \Omega_t]) \qquad (2.31)$$

其中，i_t^* 表示名义利率，r^* 表示长期均衡实际利率，$\pi_{t,k}$ 表示从 t 期到 $t+k$ 期的通货膨胀水平。$y_{t,q}$ 表示 t 期到 $t+q$ 期的产出缺口，E 是预期因子，Ω_t 表示 t 期的信息集。谢平和罗雄 (2002)、卞志村 (2006)、张屹山和张代强 (2007) 等都采用克拉里达等 (Clarida et al.，2000) 的反应函数及其改进函数对泰勒规则进行了估计，各个模型的拟合优度都比较好。张屹山和张代强 (2007) 指出由于统计数据的滞后，货币当局只能参照上期的数据对经济情况进行决策，因此：

$$i_t^* = r^* + \pi_{t-1} + \beta_1(E[\pi_{t+1} \mid \Omega_{t-1}] - \pi^*) + \beta_2(E[y_{t+1} \mid \Omega_{t-1}]) \qquad (2.32)$$

央行在进行决策时看重预期的影响，但与上文提到的前瞻性预期不同，本节认为央行更多的是看重对本期通货膨胀率和产出缺口的预期。此外，Kozicki (1999) 认为长期均衡实际利率的估计结果受样本区间的影响，参照刘金全和张小宇 (2012) 的做法，本节对长期均衡实际利率 r^*、通胀目标 π^* 引入时变因素，为 r_t^{**}、π_t^{**}。因此，本节改进的泰勒规则为：

$$i_t^* = r_t^{**} + \pi_{t-1} + \beta_1(E_{t-1}\pi_t - \pi_t^{**}) + \beta_2(E_{t-1}y_t) \qquad (2.33)$$

由于货币当局在调整利率时存在明显的利率平滑现象，因此引入利率调整的平滑行为：

$$i_t = (1-\rho)i_t^* + \rho i_{t-1} + \nu_t \qquad (2.34)$$

其中，i_t 为名义利率，v_t 为随机误差项，$\rho \in [0, 1]$ 为利率平滑参数。最终得到泰勒规则为：

$$i_t = (1 - \rho) r_t^{**} + (1 - \rho) \pi_{t-1} + (1 - \rho) \beta_1 (E_{t-1} \pi_t - \pi_t^{**}) + (1 - \rho)$$
$$\beta_2 (E_{t-1} y_t) + \rho i_{t-1} + \varepsilon_{0t} \tag{2.35}$$

为估计各期对当期通货膨胀率和产出缺口增长率的预期，还要引入理性预期机制：

$$\pi_t = E_{t-1} \pi_t + \varepsilon_{1t} \tag{2.36}$$
$$y_t = E_{t-1} y_t + \varepsilon_{2t} \tag{2.37}$$

将（2.35）式、（2.36）式、（2.37）式视作量测方程，将状态变量 $E_{t-1} \pi_t$、$E_{t-1} y_t$、π_t^{**}、r_t^{**} 表示成各自一阶滞后项的线性表达式并作为状态方程，得到状态空间形式为：量测方程为 $z_t = H \alpha_t + A x_t + \varepsilon_t$，状态方程为 $\alpha_t = F \alpha_{t-1} + G x_t + u_t$。其中，$z_t = (i_t, \pi_t, y_t)'$，$\alpha_t = (E_{t-1} \pi_t, E_{t-1} y_t, \pi_t^{**}, r_t^{**})'$，$x_t = (i_{t-1}, \pi_{t-1}, 1)'$，$\varepsilon_t = (\varepsilon_{0t}, \varepsilon_{1t}, \varepsilon_{2t})'$，$u_t = (u_{3t}, u_{4t}, u_{5t}, u_{6t})'$，$\varepsilon_{it} \sim i.i.d(0, \sigma_{it}^2)$，$u_{jt} \sim i.i.d(0, \sigma_{jt}^2)$，$H = $

$$\begin{pmatrix} (1 - \rho) \beta_1 & (1 - \rho) \beta_2 - (1 - \rho) \beta_1 & 1 - \rho \\ 1 & 0 & 0 & 0 \\ 0 & 1 & 0 & 0 \end{pmatrix}, A = \begin{pmatrix} \rho & 1 - \rho & 0 \\ 0 & 0 & 0 \\ 0 & 0 & 0 \end{pmatrix}, F = $$

$$\begin{pmatrix} 1 - \gamma_1 & 0 & 0 & 0 \\ 0 & 1 - \gamma_2 & 0 & 0 \\ 0 & 0 & 1 - \gamma_3 & 0 \\ 0 & 0 & 0 & 1 - \gamma_4 \end{pmatrix}, G = \begin{pmatrix} 0 & 0 & \gamma_1 \\ 0 & 0 & \gamma_2 \\ 0 & 0 & \gamma_3 \\ 0 & 0 & \gamma_4 \end{pmatrix} 。$$

（二）数　据

本节使用季度数据进行经验研究，样本区间为 1996 年第 1 季度到 2012 年第 4 季度，共 68 个样本点。为消除季节因素的影响，所有变量都经过 X12 加法季节调整。

（1）利率。由于利率在我国并没有完全市场化，故需选择市场利率的代理变量。我国货币市场是从 1984 年建立银行间同业拆借市场起步的，1996 年全国统一的同业拆借市场运行成功。国内许多学者认为 7 天期银行间同业拆借利率能够很好地反映市场的资金供求关系。故本节选取 1996 年到 2012 年 7 天期银行间同业拆借利率作为市场利率的代理变量，通过加权将月度数据转化为季度数据。

（2）通货膨胀率。目前中国通货膨胀率主要使用 GDP 平减指数或消费者价格指数求得。本节选取 CPI 的月度环比数据，并在其基础上通过季度内三个月 CPI 连乘得到 CPI 的季度环比数据。对 CPI 季度环比数据取对数，然后再乘以 100 即可得到季度通货膨胀率。

（3）产出缺口。产出缺口度量的是实际产出与潜在产出之间的差额。本节通过名义 GDP 累计数据获得其各季度值，然后用名义 GDP 除以定基 CPI 得到各季度的实际 GDP。产出缺口 = 100 × （实际 GDP–潜在 GDP）/潜在 GDP，其中潜在 GDP 由 HP 滤波求得。

（三）**Kalman 滤波估计结果**

根据 Kalman 滤波一步向前预测方法，我们可以得到量测向量和状态向量的时间序列。通胀目标和长期均衡实际利率如图 2.5 和图 2.6 所示。从图 2.5 可以看出，通胀目标的波动幅度较实际通胀更大一些，对后者能起到一定调节作用。从 1998 年起，我国开始实施扩张性的宏观经济政策，这一事实也明显地反映到了通胀目标上。而与 2008 年金融危机相对应，我国通胀目标有较高设定，这些都表明我国宏观经济政策在一定程度上存在逆经济风向的特征。可以说，这些阶段性的政策目标一方面反映了货币当局对经济形

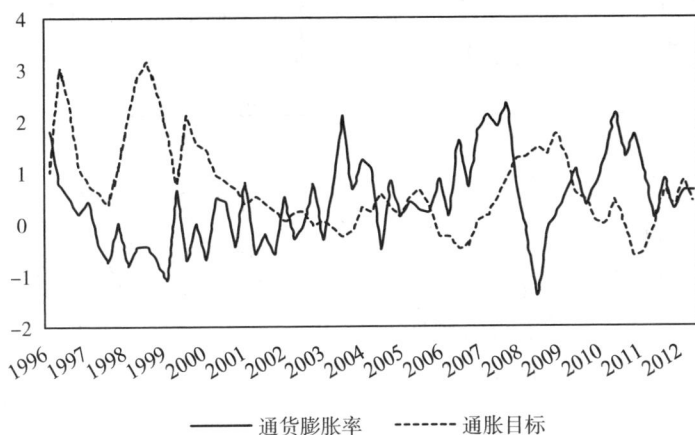

图 2.5 通货膨胀目标值

势的判断，另一方面也与我国货币政策最终目标"保持货币币值的稳定，并以此促进经济增长"是一致的。

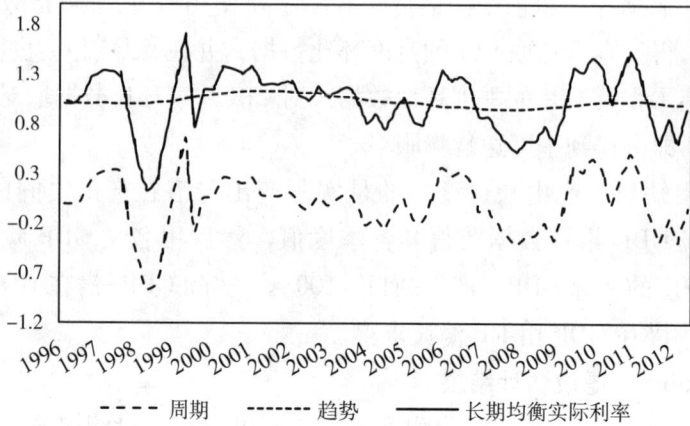

图 2.6　长期均衡实际利率

通过对图 2.6 中的时间序列做 HP 滤波可以看出，我国长期均衡实际利率虽然随着时间的变化而变化，但其趋势项总体稳定在 1% 左右，其波动多受经济周期的影响，如 2008 年左右，长期均衡实际利率受全球金融危机的影响有所下跌。我们还发现，该均衡利率的变动往往领先于通货膨胀率、产出缺口等宏观经济变量，例如其在 2007 年初就开始出现下降的趋势，这一点对我国货币政策的制定具有重要的参考价值。对通胀预期和产出缺口预期及利率规则值估计结果如图 2.7 至图 2.9 所示。

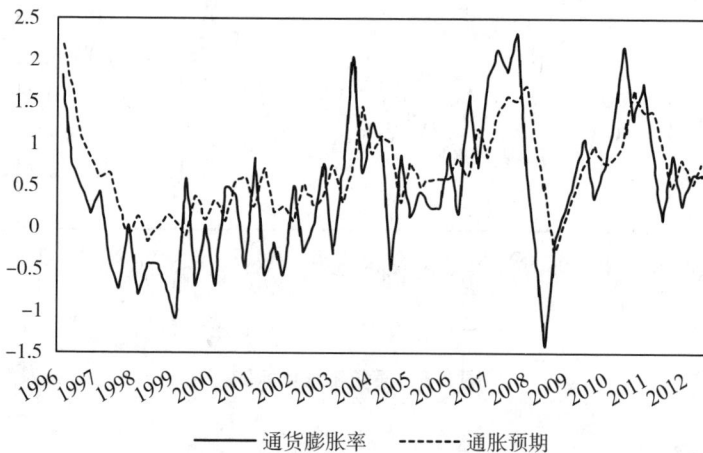

图 2.7　通胀预期与实际通胀率

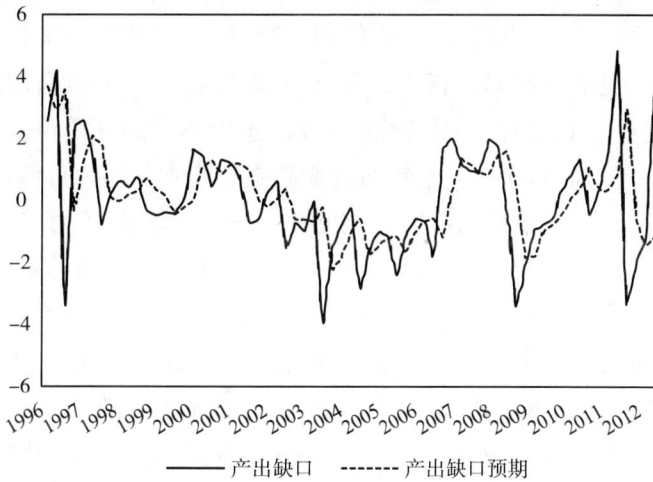

图 2.8 产出缺口预期与实际产出缺口

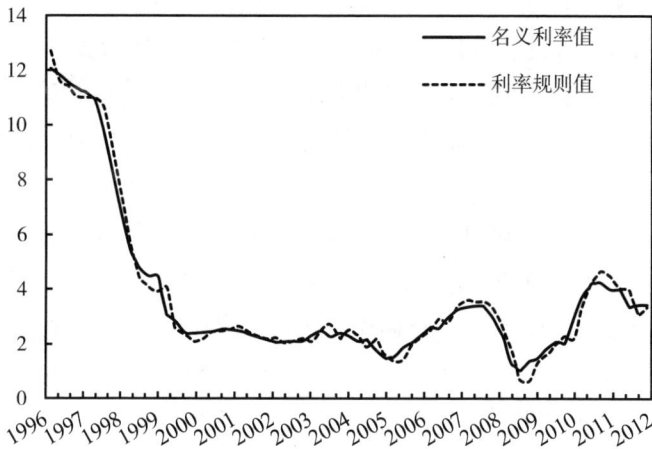

图 2.9 利率规则值与名义利率

从图 2.7 可以看出，通货膨胀预期值与实际值在整体趋势上是保持一致的，但相比而言，通胀预期更加平稳。我国 1992 至 1996 年有较为严重的通货膨胀，通胀率在 1994 年达到最高值，其后迅速下降。图 2.7 显示从 1996到 1999 年，我国通货膨胀率持续走低，甚至出现了连续为负值的现象，这一通货紧缩到 1999 年才基本停止。很明显地，同期通胀预期也随之有大幅

度的下降。但我们发现通胀预期从 1998 年年中开始有较为持续的恢复，这
与 1998 年开始连续 4 年增发 1100 亿到 1500 亿的特殊国债来扩大政府支出
有很大关系。樊纲（2003）指出，1998 年是政府第一次明确地以扩张性财
政政策来进行反周期操作。从 1999 年起，通货膨胀率开始恢复，并伴有小
幅波动，但一直到 2003 年上半年通货膨胀率还基本保持为负值。在此期间，
通胀预期保持着较为平稳的状态，同时也很好地捕捉到了通胀的一些波动。
到了 2003 年后半年，通货膨胀率出现了突然上升，我们能够很明显地看出，
通胀预期较通胀的反应慢一些，但随后也跟了上去。可见通胀预期对一些意
外的冲击是无法预测的，但会很快地做出调整。2003 年年底通货膨胀率出
现回落时，通胀预期却仍然上升并超过了实际通胀，随后才表现出下降趋
势。2004 年通货膨胀率又先后出现了上升与下降，通胀预期则因几次高通
胀而维持在较高水平。从 2004 年下半年直到 2005 年底，通胀预期一直表现
出回落态势，而从 2006 年开始通胀预期受通胀影响持续大幅走高。通胀和
通胀预期在 2008 年初接连达到最高值，随后又一路下跌。卞志村和张义
（2012）指出此处通胀下跌是受金融危机的影响，而随后 2009 年的通胀和通
胀预期的新一轮持续上涨，是由于我国推出了积极的财政政策和适度宽松的
货币政策。到了 2010 年，通胀和通胀预期又接连达到峰值，之后受国内外
因素的影响逐渐回落。

　　图 2.8 显示，产出缺口预期值与实际值在总体趋势上同样保持一致，预
期值随实际值的变化而变化。从图 2.8 我们可以看出，产出缺口实际值与预
期值从 1996 年到 1999 年底，总体保持下降趋势，这与之前通胀分析中提到
的通货紧缩是对应的，期间 1998 年出现的回升与上文提到的扩张性财政政
策是分不开的。从 2000 年到 2003 年，我国 GDP 以平均每年 7%—8%的水
平快速增长，但图中显示我国产出缺口及其预期却呈现出下降的趋势。根据
奥肯定律，我们知道，产出缺口与失业率之间呈负相关关系，这表明我国经
济快速增长的同时，却伴随着失业率的攀升。刘伟（2007）指出，这主要
是由于我国经济双重转轨的特殊体制和发展背景。2001 年我国加入世界贸
易组织后带来了很大的技术冲击，这对企业生产效率的提高和成本降低等起
到了很大作用。2003 年以后，随着国内外形势的稳定，我国经济保持着平
稳较快的增长速度，产出缺口也由负转正并持续上涨。2008 年由于受到金

融危机的影响，产出缺口实际值与预期值出现了大幅下降，随后又受我国财政货币政策和世界经济形势的影响逐渐恢复走高。

本节通过 Kalman 滤波对引入预期和平滑机制的泰勒规则进行了估计，得到的利率规则值如图 2.9 所示，估计结果如表 2.4。从表 2.4 我们可以看到，利率平滑系数 ρ 是显著的，估计结果为 0.96 左右，表明我们的利率在调整过程中具有很高的平滑特征。通过实证我们发现利率规则值对实际值的拟合程度很好，可决系数 R^2 达到 98.5%，残差序列在 99% 的置信水平下是平稳的。可见，中国人民银行虽然没有承诺使用特定的货币规则，但其政策的制定在一定程度上具有货币政策反应函数的特征。

表 2.4　状态空间模型参数估计

参数	参数估计值	标准差	参数	参数值	标准差
$1-\rho$	0.041106	0.024528 *	$\ln\sigma_3^2$	-1.234361	0.406165 ***
β_1	6.047689	4.235643	γ_2	0.049814	0.094512
β_2	1.994162	1.361281	$\ln\sigma_4^2$	-0.093541	0.382675
$\ln\sigma_0^2$	-2.718342	0.409197 ***	γ_3	9.71E$-$11	5.88E$-$11 *
$\ln\sigma_1^2$	-1.753506	0.570121 ***	$\ln\sigma_5^2$	-1.727698	0.953590 *
$\ln\sigma_2^2$	0.013653	0.198799	γ_4	0.290231	2.996937
γ_1	0.286476	0.117472 **	$\ln\sigma_6^2$	0.882290	5.053057
对数似然值 参数个数	-258.286314	AIC 准则 SC 准则		8.008421 8.465378	

注：* 、** 和 *** 分别表示在 90%、95% 和 99% 的置信水平下显著。

五、粘性信息模型与双粘性模型的实证分析

（一）对粘性信息模型的实证估计

前文建立状态空间模型的最主要目的，就是利用 Kalman 滤波中的 N-period ahead 预测方法，估计出对未来各期通胀率和产出缺口的预期，从而可以求出过去各期对本期通胀率和产出缺口增长率的预期，为本节对 SIPC 和

DSPC 的估计奠定基础。下面首先对 SIPC 进行估计。由于 SIPC 方程右边的预期项是过去对现在的预期，包含过去无数期对本期的预期，故在估计 SIPC 之前首先要选取适当的 j^{max}，以实现对其近似估计。方程（2.19）变成如下形式：

$$\pi_t = \frac{\alpha\lambda}{1-\lambda} y_t + \lambda \sum_{j=0}^{j^{max}} (1-\lambda)^j E_{t-1-j}(\pi_t + \alpha\Delta y_t) + u_t \qquad (2.38)$$

其中，u_t 表示误差项，包含 $\lambda \sum_{j=j^{max}+1}^{\infty} (1-\lambda)^j E_{t-1-j}(\pi_t + \alpha\Delta y_t)$。在给定 λ 的情况下，随着 j^{max} 的增大，误差值变小。由于使用到过去对本期的预期值，样本区间调整为 2002 年[①]第一季度到 2012 年第四季度。基于此样本区间，本节将分别在 j^{max} = 3，4，5，6，7，8，9，10，11，12 的情况下对（2.38）式进行估计并比较。

我们知道 α 是策略互补水平的度量，源自于市场垄断竞争的特征，取值在 0 到 1 之间。当 α 取 0 时，意味着所有经济参与者都是价格的接受者，符合完全竞争市场的特征，α 取 1 时，意味着市场趋于垄断。曼昆和里斯（Mankiw & Reis，2002）认为较小的 α 值意味着企业的定价对宏观经济环境不是很敏感，即企业在制定价格时具有较高的真实粘性或策略互补水平（李彬和刘凤良，2007）。曼昆和里斯（Mankiw & Reis，2002）在估计粘性信息模型时假设 α = 0.1，本节认为国内市场较国外而言竞争性因素相对弱一些，故取 α = 0.2[②]。Coibion（2010）指出由于通胀率和产出缺口之间存在较小的正向关系，而在 SIPC 中产出缺口的系数为 $\alpha\lambda/(1-\lambda)$，故随着 α 取值的增大，λ 可能会减小。类似于 Coibion（2010），本节将用中国数据在 $\alpha \in (0, 0.5)$ 的区间内，探讨 λ 与 α 之间的关系，检验 λ 是否会随着 α 增大而减小。

---

① 初始值的选取对 Kalman 滤波的估计结果是有影响的，但随着期数的推移，不同初始值得到的估计结果趋于稳定。又由于此处考虑到过去各期对本期的预期，将初始时期调整为 2002 年第一季度。

② 我们尝试了同时对参数 λ 和 α 进行估计，但发现在总体样本估计中，α 的估计结果并不稳定，故参照 Khan 和 Zhu（2006）的处理方式，对 α 进行取值。

表 2.5 不同 j^{max} 水平下的估计结果

j^{max}	λ 值	标准差	t 值	p 值	拟合优度 R^2	DW 统计量
3	0.3143	0.0866	3.6307	0.0007	0.0547	1.5734
4	0.2829	0.0872	3.2456	0.0023	0.0632	1.5342
5	0.2528	0.0863	2.9286	0.0054	0.0654	1.4937
6	0.2243	0.0827	2.7112	0.0096	0.0663	1.4505
7	0.2001	0.0781	2.5611	0.0140	0.0628	1.4143
8	0.1787	0.0723	2.4726	0.0174	0.0584	1.3845
9	0.1589	0.0652	2.4375	0.0190	0.0551	1.3575
10	0.1426	0.0588	2.4252	0.0196	0.0511	1.3372
11	0.1284	0.0528	2.4336	0.0192	0.0480	1.3179
12	0.1160	0.0472	2.4569	0.0181	0.0464	1.3020

从估计结果可以看出，随着 j^{max} 的增大，λ 的估计值逐渐减小，这与 Khan & Zhu（2006）的估计情况一致。不同的是，对于同一 j^{max} 而言，用我国数据估得的 λ 值较美国更小一些。Khan & Zhu（2006）得到美国信息粘性时长介于 3 个季度（取 $j^{max}=5$ 时）到 7 个季度（取 $j^{max}=12$ 时）之间。如果与 Khan & Zhu（2006）的研究相对应，则我国信息粘性时长介于 4 个季度到 9 个季度之间，意味着我国使用最新信息进行价格决策的企业所占比例大约在 25.3% 到 11.6%。可见我国企业更新信息的速度较美国更慢一些，这与我国转型期的经济体制有很大关系。改革开放 30 多年来，我国经济体制经历了从计划经济到市场经济的转变，企业的产权结构也有了很大变化。但不可否认的是很多国有企业，受历史等因素影响，在一定程度上依然受到不少行政干预。信息在企业间的传递表现出很强的不对称性，这在总体上增加了信息的传递成本，降低了信息的传递速度。正如卞志村和张义（2012）所建议的那样，我国应建立健全信息披露机制，使信息能够更好更快地传递，消减企业间的信息不对称，起到管理和引导预期的作用。

图 2.10 显示的是 λ、R^2 与 α 之间的关系，可以看出 λ 随 α 的增大单调递减，这与上文的解释一致。本节的实证还显示 R^2 随 α 的增大而减小，这与 Coibion（2010）对美国的研究结论也是一致的。Coibion（2010）认为

SIPC 解决通胀率对货币政策反应滞后问题是靠牺牲 R^2 为代价的，虽然用我国数据得到的拟合优度很小，但并不与此结论矛盾。但是，我们必须指出 R^2 太小，大约为 6%，说明 SIPC 对数据的拟合效果非常不好，对我国通货膨胀率的解释力严重不足。

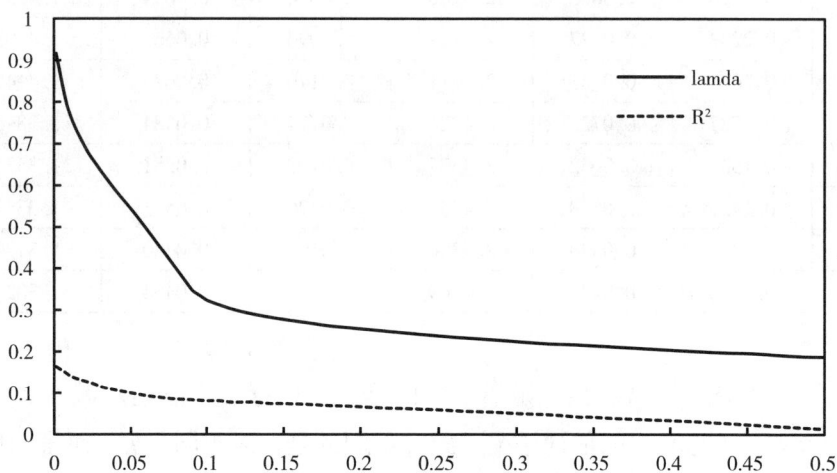

图 2.10 λ 、R^2 与 α 之间的关系（j^{max} = 5）

（二）对双粘性模型的实证估计

在对 SIPC 估计时，首先考虑了 j^{max} 的取值，与之相同，要想估计 DSPC（2.28）式，首先也要确定 k^{max} 和 j^{max} 的取值。本节给出了 k^{max} = 1，2，3，4，5，6，j^{max} = 3，4，5，6，7，8 所对应的估计结果，如表 2.6 所示。

从表 2.6 可以看出，λ 和 γ 的估值都是显著的，说明无论是粘性价格还是粘性信息都是存在的。但我们也发现，随着 k^{max} 取值的不断增大，λ 的估计结果越来越大，并在 k^{max} = 4 的时候超过了 1，与此同时拟合优度 R^2 也有很明显的提高。这暗示随着 k^{max} 取值的增大，即在定价过程中考虑前瞻性的期数越多，模型拟合得越好，并且模型为了更好的拟合使得 λ 的估计值失去了意义。前文对我国 SIPC 的估计结果表明，粘性信息模型的拟合优度很低，而双粘性模型的拟合优度随前瞻性期数的增多而增大，这表明纯粹的 NKPC 可能对中国数据拟合得更好一些。此外，从表 2.6 我们还发现，γ 的估计结果相对来说稳定得多，虽然随着 k^{max} 和 j^{max} 取值的不同而有所变化，但变化幅度相对较小。

　　总的来说，这一部分的实证表明，双粘性模型对中国通胀率的拟合效果较纯粹的粘性信息模型要好很多，但双粘性模型估计出来的信息粘性程度 λ 可能失去了经济学意义，只是计量上的结果。另一方面，通过 γ 与 λ 估值的变化和拟合优度的变化，我们可以推测考虑前瞻性预期的粘性价格模型或混合模型可能更适合中国通胀的实际情况，双粘性模型可能主要体现出粘性价格的成分。

表 2.6　双粘性模型在不同 k^{max}、j^{max} 水平下的估计结果

	γ	λ	R^2	DW
$k^{max}=1, j^{max}=3$	0.671360***	0.537739**	0.195004	2.034860
$k^{max}=1, j^{max}=4$	0.670470***	0.518962**	0.198781	2.046199
$k^{max}=1, j^{max}=5$	0.669204***	0.507116**	0.200552	2.052158
$k^{max}=1, j^{max}=6$	0.668401***	0.498052**	0.201546	2.055264
$k^{max}=1, j^{max}=7$	0.667710***	0.493538**	0.201974	2.056791
$k^{max}=1, j^{max}=8$	0.667360***	0.490593**	0.202200	2.057687
$k^{max}=2, j^{max}=3$	0.586061***	0.822228***	0.290803	1.911879
$k^{max}=2, j^{max}=4$	0.586089***	0.821321***	0.290874	1.913438
$k^{max}=2, j^{max}=5$	0.586110***	0.821124***	0.290887	1.913796
$k^{max}=2, j^{max}=6$	0.586105***	0.821079***	0.290889	1.913860
$k^{max}=2, j^{max}=7$	0.586111***	0.821071***	0.290889	1.913883
$k^{max}=2, j^{max}=8$	0.586108***	0.821068***	0.290889	1.913882
$k^{max}=3, j^{max}=3$	0.543157***	0.991541***	0.369856	1.684476
$k^{max}=3, j^{max}=4$	0.543169***	0.991541***	0.369856	1.684499
$k^{max}=3, j^{max}=5$	0.543163***	0.991541***	0.369856	1.684486
$k^{max}=3, j^{max}=6$	0.543179***	0.991541***	0.369856	1.684519
$k^{max}=3, j^{max}=7$	0.543166***	0.991541***	0.369856	1.684493
$k^{max}=3, j^{max}=8$	0.543164***	0.991541***	0.369856	1.684489
$k^{max}=4, j^{max}=3$	0.518365***	1.070958***	0.430209	1.390490
$k^{max}=4, j^{max}=4$	0.518380***	1.070940***	0.430209	1.390538

续表

	γ	λ	R^2	DW
$k^{max} = 4$, $j^{max} = 5$	0.518374 ***	1.070944 ***	0.430209	1.390527
$k^{max} = 4$, $j^{max} = 6$	0.518375 ***	1.070943 ***	0.430209	1.390529
$k^{max} = 4$, $j^{max} = 7$	0.518377 ***	1.070943 ***	0.430209	1.390531
$k^{max} = 4$, $j^{max} = 8$	0.518376 ***	1.070941 ***	0.430209	1.390535
$k^{max} = 5$, $j^{max} = 5$ ①	0.531876 ***	1.130056 ***	0.516421	1.370438
$k^{max} = 6$, $j^{max} = 6$	0.529490 ***	1.137702 ***	0.526777	1.330526

注：*、** 和*** 分别表示在 90%、95% 和 99% 的置信水平下显著。

前文已经指出双粘性模型（2.29）式是在（2.28）式基础上的变形，是通过递推化简使得 π_t 的表达式包含 $E_t \pi_{t+1}$ 之后而得到的。由于北村（Kitamura，2008）指出 η_t（由对未来通胀和产出缺口增长率的预期误差之和构成）的均值为零，所以我们估计（2.29）式剔除 η_t 后的式子：

$$\pi_t = \frac{(1-\gamma)(1-\lambda)}{\zeta}\pi_{t-1} + \frac{\gamma^2\lambda\alpha}{\zeta}y_t + \frac{(1-\gamma)}{\zeta}E_t\pi_{t+1}$$
$$+ \frac{\gamma^2\lambda(1-\lambda)}{\zeta}\sum_{j=0}^{\infty}(1-\lambda)^j E_{t-1-j}(\pi_t + \alpha\Delta y_t) \qquad (2.39)$$

从（2.39）式我们可以看到，该表达式的右边包含了通胀滞后项、产出缺口项、前瞻性通胀预期项和过去对本期通胀和产出缺口增长率的预期项，而前三个成分则是构成混合 NKPC 的主要部分。

下面我们对（2.39）式进行估计。为使 $\lambda \in [0, 1]$，我们参照刘金全和张小宇（2012）的做法，令 $\lambda = \dfrac{1}{1 + exp(-\theta)}$。这样，可以首先估计出 θ，然后间接得到 λ 的估计值。对（2.39）式的估计结果显示，在不同的 j^{max} 水平下，θ 的估值约为 53.24，γ 的估值约为 0.33，拟合优度则有了极大提高，达到了 75.4%。这说明（2.39）式对中国通胀的拟合效果非常好。但同时也发现，随着 j^{max} 取值的增大，估计结果没有发生明显变化。可见，（2.39）式在对通胀拟合时，过去各期对当期的预期项不起作用。这是因为

① 限于篇幅，此处只给出了部分估计结果。

λ 的估值几乎为 1，且是不显著的。这些都表明在双粘性框架下，粘性信息成分对通胀没有起到解释作用，与 SIPC 拟合优度很差的估计结果相互呼应。而 γ 的估值为 0.33，表明我国企业平均每 3 个季度更新一次价格。总的来说，双粘性模型是粘性价格模型与粘性信息模型的综合，它能够同时反映两者的特征。但从 DSPC 的估计结果可以看出，我国的双粘性模型主要体现出粘性价格的成分，而粘性信息成分对通胀几乎没有解释力。

六、SIPC、DSPC 与 NKPC、混合 NKPC 的比较

当 DSPC 中 λ 取 1 时，就得到了纯粹的粘性价格模型，其表达式如下：

$$\pi_t = E_t \, \pi_{t+1} + \frac{\gamma^2 \alpha}{1 - \gamma} y_t \tag{2.40}$$

上式与曼昆和里斯（Mankiw & Reis，2002）中粘性价格模型的形式是一致的。如果再考虑定价过程中存在后顾型厂商，则可以得到混合 NKPC，其表达式如下：

$$\pi_t = \zeta_1 \, E_t \, \pi_{t+1} + \zeta_2 \, \pi_{t-1} + \zeta_3 \, y_t \tag{2.41}$$

（2.41）式直接采用了结构参数的形式，目的是为了简化分析，同时与陈彦斌（2008）的估计结果进行比较。对（2.40）式与（2.41）式的估计结果如表 2.7 和表 2.8 所示，估计区间同样选择为 2002 年第一季度到 2012 年第四季度。

表 2.7　NKPC 的估计结果

γ 值	标准差	t 值	p 值
0.330111	0.147384	2.239796	0.0305
拟合优度 R^2	0.753728	AIC 准则	1.104809
DW 统计量	1.671638	SC 准则	1.145767

表 2.7 显示，粘性价格模型 NKPC 对中国通胀的拟合效果很好，其估计结果与双粘性模型的估计结果一致，表明我国双粘性模型的粘性价格本质，而粘性信息成分对通胀几乎没有解释力。

表 2.8 显示的是对混合 NKPC 的估计，从中我们可以看出，各变量系数

的估计结果都是显著的。其中，前瞻性通胀预期的系数大于 1，说明前瞻性通胀预期对通胀的调节能够起到很大作用。滞后通胀率的系数小于 0，说明我国通胀惯性具有反转性。陈彦斌（2008）指出这一现象与欧美国家情况不同，但与桑切斯（Sanchez，2006）发现的日本通胀中存在通胀惯性是一致的，他还认为这一现象与使用环比通胀率有一定关系。我们认为如果结合对动态通胀目标的分析，则这一现象就更易于理解了。动态通胀目标显示我国宏观经济政策在一定程度上存在逆经济风向的特征，当通货紧缩时，通胀目标有较高的设定，当通货膨胀时，通胀目标则定得较低，这对我国通胀惯性的反转性有一个直观上的解释，也表明我国的宏观经济调控是有效的。

表 2.8　混合 NKPC 的估计结果

解释变量	系数	标准差	t 值	p 值
$E_t\,\pi_{t+1}$	1.291165	0.109703	11.76960	0.0000
π_{t-1}	−0.212657	0.094706	−2.245452	0.0303
y_t	0.071734	0.037557	1.910007	0.0633
拟合优度 R^2	0.790784	AIC 准则	1.034764	
DW 统计量	1.004940[①]	SC 准则	1.157639	

本节估计结果还显示，当期产出缺口的系数是一个相对较小的正数，说明产出缺口对通胀有正向的影响，是通胀的一个驱动因素。这与陈彦斌（2008）得到的当期产出缺口系数不显著不一致，本节的实证研究认为产出缺口对通胀的影响是即期的。就拟合效果而言，该模型的拟合优度 R^2 达到了 79%，比双粘性模型稍好一点，说明混合 NKPC 能够很好地解释中国的通货膨胀率。

比较 SIPC、DSPC、NKPC 和混合 NKPC，我们发现这 4 个模型产出缺口的系数都是一个相对较小的正数，一致说明产出缺口对通胀有正向影响。另

---

① 由于解释变量中包含被解释变量的滞后项，所以 DW 检验无效。根据 Breusch-Godfrey LM 检验，残差序列自相关，这与模型僵化有一定关系。用 AR（1）模型对残差进行修正，可以解决序列自相关性问题，各变量系数变化不大。采用 Newey-West 异方差和自相关一致协方差进行计算，可得到更为可靠的标准差和 p 值，结果变化不大。

外，这四个模型从不同角度都强调了通胀预期的重要性，无论是前瞻性通胀预期还是过去对当期通胀的预期，都在一定程度上发挥了作用。但我们发现纯粹的粘性信息模型（SIPC）对通货膨胀的解释力严重不足，其拟合结果如图2.11所示，表现出一定的滞后性与平滑性。从图2.12和图2.13我们可以发现纯粹的粘性价格模型（NKPC）与双粘性模型的拟合效果极为相似，能够很好地捕捉到通货膨胀的波动。而图2.14显示的混合NKPC对中国通胀情况的解释力比双粘性模型稍强一些，其对通胀的拟合效果很好，对通胀波动的捕捉很具体。

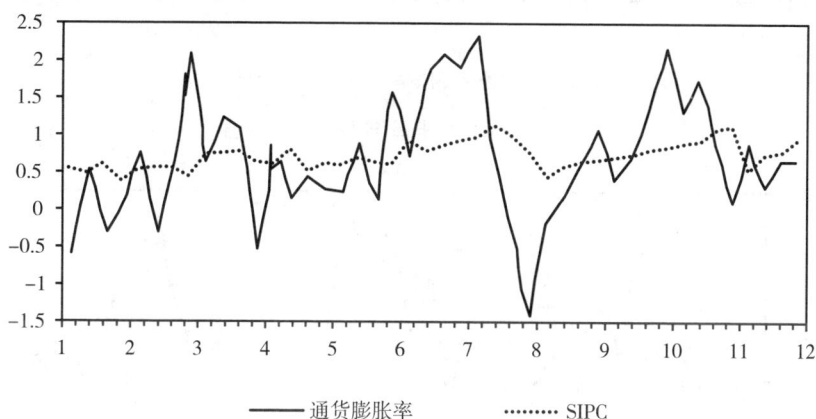

图 2.11　通货膨胀率与 SIPC 拟合值

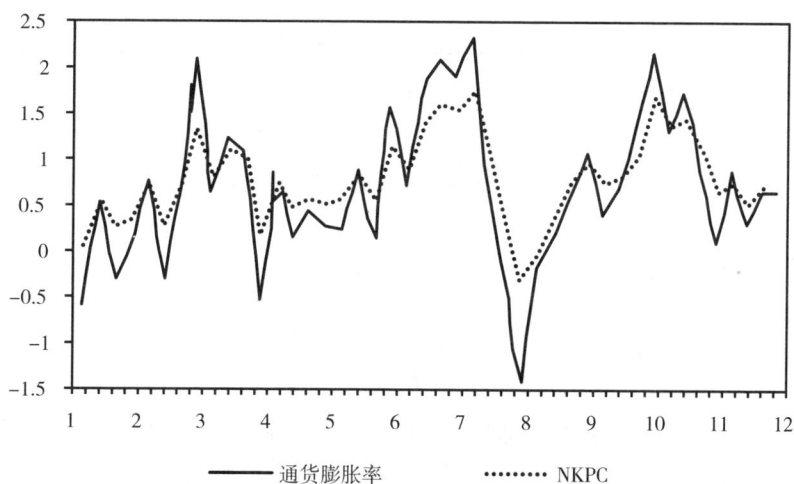

图 2.12　通货膨胀率与 NKPC 拟合值

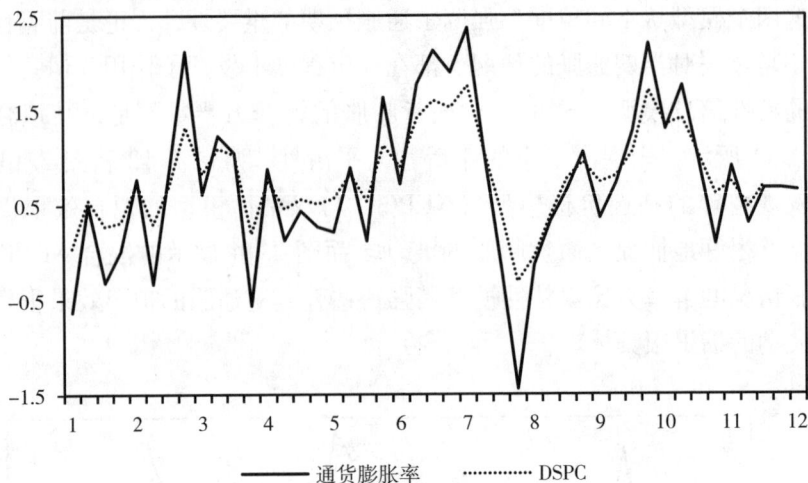

图 2.13　通货膨胀率与 DSPC 拟合值

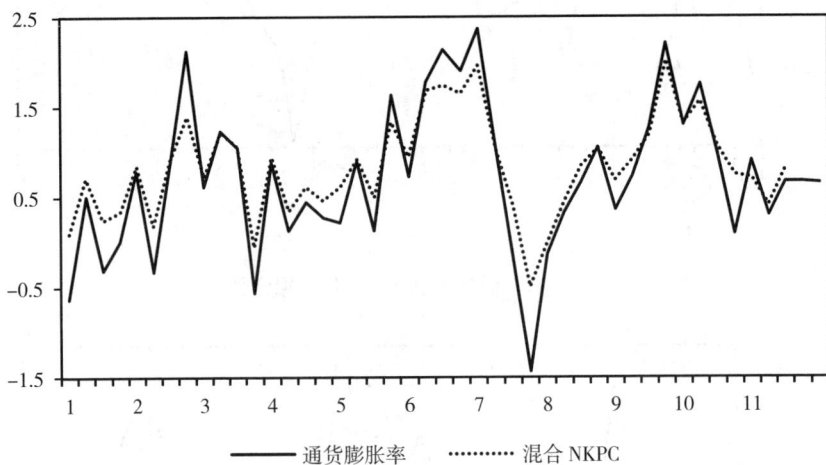

图 2.14　通货膨胀率与混合 NKPC 拟合值

七、结　　论

曼昆和里斯（Mankiw & Reis，2002）提出了以 SIPC 取代 NKPC，杜波尔等（Dupor et al.,2010）则结合粘性价格与粘性信息的假设建立了双粘性模型。为研究二者在中国的适应性问题，本节提供了一个用实际数据估计这两个模型的方法。本节用此方法估计出在粘性信息框架下，中国的信息粘性程度大约在 25.3%—11.6% 之间，即企业平均每 4 到 9 个季度更新 1 次信息，较美国相比要慢一些。此外，本节还估计了价格粘性程度大约为 0.33，表明我国企业平均每 3 个季度更新 1 次价格。

本节系统比较了 SIPC、NKPC、DSPC 和混合 NKPC 等 4 个模型。经验结果显示，SIPC 对数据的拟合过于平滑，且较实际通胀有一定的滞后性，使得其拟合优度很低，对通胀的解释力严重不足；而 NKPC、DSPC 和混合 NKPC 对我国通胀的拟合效果都很好。基于以上分析，本节主要得到以下几点结论和建议：

第一，中国应逐渐减少行政力量对企业的干预，与此同时逐步建立起更加健全的信息传递机制，以此来减少企业间的信息不对称，促进公平竞争。而健全的信息传递机制要求货币财政当局必须增强政策的透明度和可信性，并在政府和公众之间建立起良好的信息传递桥梁。

第二，无论是 SIPC、DSPC，还是 NKPC、混合 NKPC，都是由通胀预期和产出缺口两大要素构成的。四者在通胀预期方面只是强调的侧重点不同，有的是过去对现在的预期，有的是现在对未来的预期，有的则是综合考虑了这两个方面。但是无论基于哪个模型，通胀预期对通胀的影响都是最大的，对通胀的调节起到至关重要的作用。所以要想管理好通胀，首先就要管理好通胀预期。另外，四个模型的产出缺口系数都是一个相对较小的正数，说明产出缺口也是我国通胀形成的一个不可忽视的驱动因素。

第三，双粘性模型是粘性价格模型与粘性信息模型的综合，它能够同时反映出两者的特征。但在对双粘性模型进行实证分析时，我们发现信息粘性程度几乎为 1，这使得过去各期对当期的预期项对通胀的解释作用微乎其微，也使其拟合效果与纯粹的粘性价格模型极为相似，表明我国双粘性模型的粘性价格本质。经验研究显示，双粘性模型同粘性价格模型一样能够对我国通货膨胀起到很好的解释作用，而混合 NKPC 对我国通胀的解释力则稍强一些。

第四，通过对动态通胀目标的分析，我们可以看出我国宏观经济政策在一定程度上存在逆经济风向的特征，表明我国的货币政策操作目前仍然是以相机抉择为主。而国内外的一些研究表明规则型货币政策操作在抑制经济波动方面效果更好一点（卞志村，2007），这为我国货币政策转型提供了方向。另一方面，动态通胀目标对解释我国通胀惯性的反转性也有一定作用，说明我国宏观经济政策是有效的。此外，本节还分析了我国长期均衡实际利率，发现其变动往往领先于通货膨胀率、产出缺口等宏观经济变量，这对我国货币政策的制定具有重要参考价值。

第四节　结论与政策建议

本章分别从仅包含粘性价格的"单粘性"框架以及同时包含粘性信息、粘性价格的"双粘性"框架两大视角出发，对同时反映总供给状况和通货膨胀动态性质的我国新凯恩斯菲利普斯曲线进行理论研究和实证检验，深入分析我国通货膨胀的短期动态机制。

基于"单粘性"框架，本章在包含通胀预期的VAR模型基础上估计了中国的预期通胀率，并利用具有时变特征的产出缺口型NKPC分析了我国通货膨胀动态机制。据此研究发现：（1）包含两期通胀滞后项的NKPC比包含四期通胀滞后项的NKPC能更好地解释我国通货膨胀动态过程，通胀预期、通胀惯性和产出缺口对通货膨胀均能产生显著影响，通胀预期和通胀惯性的影响力自国际金融危机以来是不断提高的，而产出缺口影响的时变特征则不够明显；（2）根据冲击分析可发现实际通胀对当前通胀预期冲击的响应路径既不像通胀惯性冲击导致的"衰减形"，也不像产出缺口冲击产生的"上尖角形"，而是一种"锯齿形"形状，这表明当前我国通胀预期粘性程度可能较大。鉴于通胀预期在实际通货膨胀形成中的影响越来越大，且预期冲击对实际通胀的影响效果缺乏足够的稳定性，在通货膨胀得到暂时遏制的情况下，我国也应谨慎使用宽松政策，以免通货膨胀在持久性通胀预期的推动下变得更加严重。此外，还应转变央行的相机抉择行为，树立坚决的反通胀决心，提高货币政策透明度以增强货币政策可信度，从而降低通胀预期的粘性程度。

本章基于"双粘性"框架结合实际数据首次系统比较了SIPC、NKPC、DSPC和混合NKPC等模型在我国的拟合效果。实证结果显示，我国的信息粘性程度约在25.3%到11.6%之间（即企业平均每4到9个季度更新一次信息），而价格粘性程度约为33%（我国企业平均每3个季度更新一次价格）。

另外，从拟合效果来看 SIPC 对数据的拟合优度很低，对通胀的解释力不足，而 NKPC、DSPC 和混合 NKPC 对我国通胀的拟合效果都很好。基于以上分析，本章得出以下结论和建议：（1）政府应逐渐减少对企业的行政干预，建立更加健全的信息传递机制，以减少企业间的信息不对称，促进公平竞争；（2）管理通胀应注重通胀预期管理，四个模型的分析发现众多因素中通胀预期对通胀形成的影响最强，产出缺口是我国通胀形成的一个不可忽视的驱动因素；（3）混合 NKPC 模型对我国通胀的解释力最强，双粘性模型和粘性价格模型均能很好的解释我国通货膨胀，但实证分析发现我国信息粘性程度几乎为 1，双粘性模型更多表现为粘性价格本质；（4）通过对动态通胀目标的分析可发现我国宏观经济政策存在逆经济风向的特征，动态通胀目标一定程度上能有效解释我国通胀惯性的反转性，为此我国未来宏观政策调控应尽量以规则型为主以避免物价频繁波动。

第　三　章

公众预期、物价调控与中国最优货币政策

第一节　研究概述

近年来我国物价变化的动态轨迹和货币政策操作实践显示出传统货币政策工具调控物价的有效性逐步下降。为此，许多学者开始探索有效管控物价水平的新型货币政策工具。国外近期研究表明，货币政策透明度、公众预期形成机制、宏观金融形势等因素对通胀动态形成机制和政策调控效果存在重要影响。由此，本章结合这些因素重新审视我国货币政策调控方式，着重探讨"预期管理"等新型货币政策工具在我国的适用性。

本章第二节系统比较央行信息披露和传统货币政策干预在管理通胀预期中的作用。本节首先分析央行信息披露影响通胀预期的理论机制。其次，基于中国人民银行各期《储户问卷调查报告》中的数据，采用 C-P 概率转换法估计出我国通胀预期数据，并基于中国人民银行各期《货币政策报告》，采用措辞提取法构建我国央行信息披露指数。最后，利用 SVAR 模型分析了央行信息披露与实际干预在引导居民通胀预期中的作用和效果。

本章第三节将适应性学习引入公众预期形成过程，探讨中央银行与公众间不同策略互动如何导致实际经济偏离理性预期均衡水平，从而甄选出我国最优货币政策操作框架。本节首先在新凯恩斯模型框架下，引入适应性学习刻画宏观经济预期形成过程。其次，通过动态数值模拟，计算不同货币政策目标制下实际经济对均衡水平的偏离程度以及相应的均值和波动水平。最

后，分析比较不同货币政策目标制的宏观经济效果并甄选出我国最优货币政策框架。

本章第四节将金融形势指数（FCI）引入货币政策规则方程，以此筛选出何种货币政策规则更适用于中国。FCI 是各资产变量的综合测度，隐含着未来宏观经济信息，监测对产出和通胀有预示作用的 FCI，有助于央行及时采取措施控制物价波动，保持经济平稳较快增长。为此，本节利用状态空间模型构建时变系数 FCI，并将 FCI 作为衡量整体金融形势松紧程度的指标纳入货币政策反应函数，以泰勒规则和麦克勒姆规则为基础，对比研究价格型和数量型货币政策规则在中国的适用性问题。

第二节　央行信息披露、传统货币干预与通胀预期管理

一、研究背景

2009 年 10 月 21 日，国务院召开常务会议，提出把正确处理好保持经济平稳较快发展、调整经济结构和管理好通货膨胀预期的关系作为宏观调控的重点。2010 年 3 月，温家宝总理在《政府工作报告》中再次重申"管理好通胀预期"的要求。然而，由于通胀预期是人们的心理活动，具有不易观测性，通胀预期的形成机制也很神秘，所以解决预期的衡量和形成问题是管理好通胀预期的必要前提。本节在考虑各个客观宏观经济变量对通胀预期具有影响的背景下，结合央行信息披露和实际干预这两种货币政策工具，对比分析其引导和管理通胀预期的效果，以期从中获得有益的启示。

对于通胀预期的管理而言，使用传统货币政策工具的作用是不言而喻的。我国当前的货币政策操作采用的是货币数量调控为主，利率调控为辅的方式。央行适时对准备金和利率进行上调，冻结银行体系的部分流动性，控制货币数量的增长速度，进而稳定经济主体的通胀预期。从我国通胀预期管理的实践来看，法定准备金调节经常被使用。2011 年 6 月 20 日，中国人民银行上调存款类金融机构人民币存款准备金率 0.5 个百分点，大型金融机构存款准备金率达到 21.5% 的历史高位，目的就是控制通胀和通胀预期。随后，为防止国际经济可能出现的衰退对国内的不利影响，出于稳增长、防止

国内经济下滑的目的，央行又于 2011 年 12 月 5 日、2012 年 2 月 24 日、5 月 18 日，三次下调存款类金融机构人民币存款准备金率 0.5 个百分点。在通货膨胀和通胀预期严重时，央行多采取加息政策，防止经济过热催生经济泡沫。例如，一年期基准存款利率从 2007 年 3 月 18 日的 2.79%一直上升到 2007 年 12 月 21 日的 4.14%，就是为了应对这一情况。近年来，人们对利率工具进行了新的改进，利率平滑机制已成为西方发达国家央行货币政策的主流操作模式，其涵义为央行在同一方向上连续微幅渐进调整市场基准利率，给市场传达明确的政策信号，引导市场自动进行调整。利率平滑机制较好地表现出了利率调整的规则性、方向性和连续性，可以使基准利率的未来变化更具有可测性，有利于市场形成一致预期（徐亚平，2009）。此外，直接确定、调节名义利率可能不够准确和科学，因为我国货币政策的目标应是名义利率扣除公众中长期通胀预期后的实际利率稳定，以控制通胀预期，促进经济平稳发展（姚余栋和谭海鸥，2011）。所以，央行要合理运用利率等价格调控手段，调节资金需求和投资储蓄行为，管理通胀预期。

但是，仅仅使用传统货币政策工具（利率、准备金）是不够的，因为传统货币政策在传导过程中可能会有较长的时滞，因此需要探寻时滞更短的工具搭配使用。另外，我国央行通过实际干预影响通胀预期的理论路径是：提高利率/准备金→紧缩货币量→降低通胀和通胀预期。但在开放经济背景下，单纯的加息政策可能会引起国际热钱的套利行为，而银行的超额准备金有可能削弱法定准备金的调节效果。因此，央行通过实际干预控制通胀预期的效果可能受到限制。近年来各国央行普遍意识到央行信息披露亦即央行沟通日益成为一种新的货币政策调控工具（李云峰，2011；李相栋，2011）。中央银行借助信息披露可以消减经济主体所面临的不确定性，减少通胀预期以及实际通胀的波动（谢杰斌，2009）。西方发达国家使用货币政策公告操作，通过媒体或其他正式渠道向公众传达政策意图，修正经济主体的预期、影响经济主体的决策，取得了良好的货币政策调控效果。那么，就我国当前的经济金融环境而言，管理、引导通胀预期到底是继续采用传统的实际干预工具（存款准备金率调节、利率调节等）为主，还是将央行信息披露工具作为管理预期的工作重点，抑或将两者有机结合起来？本节将进行探索性的研究。

本节接下来的内容结构安排如下：第二部分主要是央行信息披露对通胀预期影响的文献综述；第三部分是央行信息披露对通胀预期影响的理论分析；第四部分主要是对通胀预期和央行信息披露分别使用 C-P 概率转换法和措辞提取法进行量化；第五部分主要在 SVAR 模型框架下研究央行信息披露、实际干预与其他宏观经济变量对通胀预期的影响；最后，是本节研究的结论与启示。

二、文献综述

中央银行信息披露是指中央银行向公众披露货币政策目标、货币政策策略、经济前景及未来货币政策意向等相关信息的过程（Blinder et al.，2008）。目前，国外已有诸多学者实证研究了央行信息披露对通胀预期的影响，大多数研究结果均显示信息披露工具可以作为通胀预期管理的有效手段。库特纳和波森（Kuttner & Posen，1999）使用面板数据方法研究了新西兰、英国、加拿大等采用通货膨胀目标制国家的中央银行信息披露程度与通货膨胀预期的关系，发现这些国家央行的信息披露工具都能够比较有效地引导公众通胀预期。类似地，乌尔里克（Ullrich，2008）运用时间序列分析方法研究了欧洲央行信息披露对公众通货膨胀预期的影响，认为央行信息披露因素能够解释预期的形成。乔等（Joe et al.,2003）研究发现自 20 世纪 80 年代末以来，金融市场能够更好地预测到美国 FOMC（联邦公开市场委员会）的货币政策变动及通胀走势，究其原因，除了利率变动的渐进特性外，美联储的信息披露也是极为重要的因素。也有学者将央行信息披露工具与传统的实际干预工具进行对比研究，发现信息披露工具在引导公众预期时具有优势。如：科里森和施密德（Kliesen & Schmid，2004）研究了美联储信息披露对主要宏观经济变量（包括公众预期）的冲击，结果发现虽然比预期更紧（更松）的货币政策出台会降低（抬升）居民的通胀预期，但是出乎意料的实际政策干预也会增加预期的不确定性，容易引起经济波动，而增加央行信息披露可以减小预期的不确定性。就这一点而言，央行信息披露工具的重要性不亚于传统货币政策工具。

从央行信息披露的内容来看，除了以上文献所述的央行通过预测当前及未来通胀水平以直接影响公众的通胀预期外，还可以直接向公众披露央行的货币政策规则函数，通过"授之以渔"的方式达到更好地稳定通胀预期的效果。这个领域的研究见于欧塞皮（Eusepi，2005），他发现中央银行公布其货币政策规则（货币政策反应函数）有助于改进经济主体对于经济运行的理解，稳定居民的通胀预期，保持整体经济的稳定运行，进而带来社会福利增进；相反，如果信息披露程度较低，经济主体的预期容易产生波动，宏观经济可能卷入由预期驱动的周期波动。随后，欧塞皮（Eusepi，2008）将他的研究扩展到一个简单非线性经济系统，发现在非线性系统中，央行信息披露更为重要，央行缺乏信息披露可能导致经济陷入"经济萧条且通货紧缩"与"经济过热且通货膨胀"交替出现的"学习均衡困境"当中，而充分的央行信息披露可使经济紧密围绕在理性均衡附近。许多西方国家采用的通胀目标制可以通过央行信息披露的方式将央行的信念传递给公众，以稳定公众预期。研究通胀目标制对预期锚定的文献还有 Demertzis & Hoeberichts（2007）的研究，他们发现央行所披露并设定的通货膨胀目标作为一个名义锚，可以协调经济主体行为，只要经济系统的外生冲击不是太大或其他公共信息的精确度不高，都可以锚定通货膨胀预期。例如，澳大利亚、加拿大、新西兰和瑞典等国披露通货膨胀目标后，其通胀预期水平降低（Johnson，2003），说明央行披露的通胀目标作为公众的"聚点"，可以使经济主体之间的信息结构更趋向于"信息同质"状态，进而协调经济主体预期。除了通胀目标制规则，央行披露出的泰勒规则对通胀预期也有很好的引导效果。普尔和拉希（Poole & Rasche，2003）的研究发现，自从美联储1994年2月开始即时公布联邦基金利率目标后，经济主体的预期被央行更好地引导和管理，金融市场行为与 FOMC 的意图能更好地协调同步。

相对国外研究央行信息披露对通胀预期影响的大量文献，国内有关这方面的研究起步较晚，数量也不多。首先，是对于央行信息披露工具能否作用于通胀预期的研究。李相栋（2011）从中央银行管理预期的角度深入论证了央行信息披露的作用机制和披露兴起的内在原因，研究发现央行信息披露可以通过影响预期的方式调控经济。其次，已有的文献大多对央行信息披露在管理通胀预期时的作用持肯定态度。彭芸（2011）认为，成功的央行信息披露对于有效引导市场预期、促进币值稳定和金融稳定富有积极的意义。冀志斌、周先平（2011）认为央行信息披露可以作为我国货币政策的一种新工具，与传统工具的配合使用有利于提高货币政策的有效性。此外，国内也出现了相关的实证文献，李云峰（2012）采用 2003—2009 年的月度数据，利用 SVAR 模型对中央银行信息披露及实际干预在稳定通胀中的作用进行了实证研究，发现正的央行信息披露（声明未来将执行偏紧货币政策的消息）能有效降低通胀预期及实际通胀；而正的实际干预在短期内反而会抬升通胀预期和实际通胀。李云峰、李仲飞（2010）在现有文献研究的基础上，对美联储、英格兰银行和欧洲中央银行的信息披露内容、披露方式、披露时机和披露效果这 4 个方面进行了比较分析，结果表明，尽管各国中央银行披露策略不一样，但都取得了很好的沟通效果。当然，也有部分学者认为我国央行信息披露在引导、管理通胀预期的效果方面可能存在一定的不足。虽然央行信息披露工具能够比较有效地引导公众预期，但央行的信息披露对公众通货膨胀预期及通货膨胀预期偏差的影响存在着一定的滞后（肖曼君、周平，2009）。陆蓓、胡海鸥（2009）针对中国人民银行信息沟通引导市场预期作用有限的现象，构建博弈模型，分析中央银行信息沟通的精确度和市场反应的特征及其相互关系，其研究表明，货币政策可信度越高，货币政策效果越好；而当央行信息披露精度不高，抑或公众对央行的信任度较低时，央行信息披露的通胀预期管理效果欠佳。

综合国外和国内的相关文献来看，多数文献的研究结果表明央行信息披露在引导、管理公众通胀预期方面是有积极效果的，与央行实际干预工具相比可能存在一定的优势。但由于央行信息披露的度量方式各不相同，有关央行信息披露有效性的实证结果亦不尽相同。

三、央行信息披露对通胀预期影响的理论分析

莫里斯和辛（Morris & Shin，2002）借用凯恩斯的选美竞赛思想，深入研究了央行信息披露对经济人行为的引导作用。他们发现当央行信息披露这一公共信息不是很精确，而公众的个人信息较为精确时[①]，由于公共信息的"共性知识"特性，提高公共信息精准度不利于正确有效地引导居民预期，

---

① 这里的个人信息是指市场参与者拥有的具有独占性质的市场知识，与央行存在隐瞒真实信息行为的"私人信息"相区别。

反而会使经济主体反应过度，造成福利损失；当公共信息较个人信息更准确时，进一步提高公共信息精准度更能使公众行动所参照的"聚焦点"得以明确，这样就有利于将公众预期往正确的方向上引导。

本节认为央行信息披露的有效性不是取决于某一期央行信息披露的精准度，而是取决于历史各期披露精准度以及形成的对信息披露的信任程度。比如，央行在信息披露中表达出了低通胀的偏好，但在随后的行动中未加以贯彻落实，抑或央行总是喜欢不符实际地"轻描淡写"通胀波动的实际情况，当这些行为屡次发生时，公众会逐渐丧失对央行信息披露内容的信任程度。公众形成思维定势之后，即使央行发布精准度较高的公共信息，公众也不会相信并采纳。届时，央行的信息披露对公众预期的引导将趋于无效。

莫里斯和辛（Morris & Shin，2002）的 M-S 模型假设行为人具有不同的个人信息，对有关经济基本面的看法不同，同时他们均可以观察到一个相同的噪声信号（即公共信息），这样每个行为人就会根据公共信息和个人信息做出通胀预期。我们基于 M-S 模型，添加了一个公众对央行信息披露的信任度函数，用以衡量央行信息披露对经济主体具体行为的影响程度。一般而言，央行信息披露的精度越高（包括央行对客观经济情况的认知精确、信息披露时不存在央行私人信息等），公众对信息披露越信任，信息披露的引导作用越明显。这样每个行为人就会根据公共信息、个人信息以及对信息披露的可信度做出通胀预期。我们假设经济主体均匀分布在 [0，1] 之间，经济主体 i 选择一个具体行为 $a_i \in R$，用 a 代表所有参与者的行动，则参与者 i 的效用函数为：

$$u_i(a，\theta) = -(1 - r)(a_i - \theta)^2 - r(L_i - \bar{L}) \tag{3.1}$$

（3.1）式中，θ 是经济的基本状态参数，r 为外部性对效用影响的权重，$0 \leqslant r \leqslant 1$，$L_i = \int_0^1 (a_j - a_i)^2 \mathrm{d}j$，$\bar{L} = \int_0^1 L_j \mathrm{d}j$。这个效用函数由两部分构成，第一部分度量由经济主体行为 a_i 与经济基本状态 θ 之间差异所引起的福利损失；而第二部分则度量由经济主体行为 a_i 与所有参与者平均行为 a 之间差异所引起的福利损失，即参与者都有着一种试图推测其他个体的行动并尽量与大众保持一致的动机，经济主体 i 越不合群，其所遭受的这项福利损失越大。因此，r 度量的即是这种协调群体行为、追随大众风潮的从众动机，r 越大表明经济个体越看重与大众协调一致，r 越小则表明经济个体更为看重与经济基本面保持一致（谢杰斌，2009）。整个社会福利函数定义为个人效用的平均值，因此有（经标准化处理）：

$$W(a, \theta) = \frac{1}{1-r} \int_0^1 u_i(a, \theta) di = -\int_0^1 (a_i - \theta)^2 di \tag{3.2}$$

从（3.2）式可以发现，经济个体试图推测其他个体行为的举动不会引起社会福利的变化，决定社会福利的只是个体行动与经济基本状态的逼近程度。根据上述社会福利函数，只有所有经济主体 i 都选择行为 $a_i = \theta$ 时才会实现社会最优。但从经济主体 i 自身来看，其最优行为由下式决定：

$$a_i = (1-r) E_i(\theta) + r E_i(\bar{a}) \tag{3.3}$$

（3.3）式由对（3.1）式求一阶导数所得，其中 $\bar{a}$ 为所有经济主体的平均行动，即 $\bar{a} = \int_0^1 a_j dj$，$E_i(\theta)$ 为经济主体 i 根据其信息集所得出的期望。显然，当基本状态 θ 的取值确定时，个人均衡行为与社会最优行为并不冲突；而当 θ 的取值不确定时，两者一般来讲并不相等，个人的理性行动最终将导致社会福利损失（谢杰斌，2009）。中央银行沟通通过作用于经济主体的信息结构而影响到经济主体行为。具体来说，中央银行与经济主体进行沟通时，经济主体面临着两种信息：一是公共信息 y。与莫里斯和辛（Morris & Shin，2002）以及陆蓓和胡海鸥（2009）不同的是，本节认为公共信息为：$y = \theta + \eta$，$\eta = \eta_1 + \eta_2$，其中 $\eta_1 \sim N(0, \sigma_{\eta_1}^2)$ 表示由于央行自身认识能力不足造成的对经济基本面的理解偏差，$\eta_2 \sim N(0, \sigma_{\eta_2}^2)$ 表示央行对通胀"轻描淡写"的偏好而向行为人隐瞒的私人信息，记 $\sigma_\eta^2 = \sigma_{\eta_1}^2 + \sigma_{\eta_2}^2$，则 $\eta \sim N(0, \sigma_\eta^2)$，$\alpha = 1/\sigma_\eta^2$。二是个人信息 x_i。$x_i = \theta + \varepsilon_i$，$\varepsilon_i = N(0, \sigma_\varepsilon^2)$，$\beta = 1/\sigma_\varepsilon^2$。$\alpha$ 和 β 分别表示公共信息和个人信息的精准度。对于接受公共信息 y 且拥有个人信息 x_i 的行为人而言，经济状态的预期值为 $E(\theta \mid y, x_i) = \dfrac{\beta x_i + \alpha y}{\alpha + \beta}$，预期其他行为人的信号为 $E(x_j \mid y, x_i) = E(\theta \mid y, x_i) = \dfrac{\beta x_i + \alpha y}{\alpha + \beta}$。公众和央行的博弈过程分为两步，一是央行先确定公共信息的精确度，以获取社会福利最大化；二是行为人根据个人信息、观察到的公共信息以及央行信息披露信任度进行决策，以获取个人效用最大化。

基于上述分析，可以进一步求得均衡解。一个简单的方法是假设决策行动是基于公共信息和个人信息的线性函数，并且线性均衡解是唯一均衡解。假设行为人的决策函数是：

$$a_i = \kappa x_i + (1 - \kappa)f(\sigma_\eta^2)y \tag{3.4}$$

（3.4）式中，κ 为常数，σ_η^2 是公共信息的不精确程度，央行信息披露信任度 $f(\sigma_\eta^2)$ 是披露误差 σ_η^2 的单调递减函数，定义 $0 \leqslant f(\sigma_\eta^2) \leqslant 1$，M-S 模型描述的是未加 $f(\sigma_\eta^2)$ 项的情况，而本节考虑了央行信息披露不完全被公众所信任的情况。全体行为人平均行动的条件均值为：

$$E_i(\bar{a} \mid x_i, f(\sigma_\eta^2)y) = \kappa E(x_j \mid x_i, f(\sigma_\eta^2)y) + (1 - \kappa)f(\sigma_\eta^2)y$$

$$= (1 - \kappa)f(\sigma_\eta^2)y + \kappa \frac{\beta x_i + \alpha f(\sigma_\eta^2)y}{\alpha + \beta} \tag{3.5}$$

将（3.5）式代入（3.3）式，行为人 i 的最优决策行动为：

$$a_i = \frac{\beta[1 - r(1 - \kappa)]}{\alpha + \beta} x_i + \frac{\alpha + \beta r(1 - \kappa)}{\alpha + \beta} f(\sigma_\eta^2)y \tag{3.6}$$

比较（3.4）式和（3.6）式的系数，可得 $\kappa = \dfrac{\beta(1 - r)}{\alpha + \beta(1 - r)}$，因此：

$$a_i = \frac{\beta(1 - r)}{\alpha + \beta(1 - r)} x_i + \frac{\alpha}{\alpha + \beta(1 - r)} f(\sigma_\eta^2)y \tag{3.7}$$

从（3.7）式可以看出，当 $\alpha \to 0, f(\sigma_\eta^2) \to 0$ 或者 $\beta \to \infty$ 时，$a_i = x_i$，表明当央行信息披露极不精确、披露可信度极差或个人信息非常精确时，央行信息披露丧失预期引导功能且被忽略；当 $\alpha \to \infty, f(\sigma_\eta^2) \to 1$ 并且 $\beta \to 0$ 时，$a_i = y$，表明当央行信息披露非常精确且披露可信度很高、个人信息非常不精确时，那些接受央行信息披露的行为人将不考虑个人信息，亦即公众会听信央行的信息披露，中央银行可以通过信息披露工具实现对居民通胀预期的引导和管理。接下来我们将通过量化通胀预期和央行信息披露来进行实证分析。

四、通胀预期和央行信息披露的量化

（一）通胀预期的量化

中国人民银行为了准确把握居民通胀预期变动，以此调控宏观经济金融运行，从 1995 年开始在每年的 2、5、8、11 月进行储户问卷调查。该调查在全国 58 个（大、中、小）调查城市中选定 464 个储蓄网点，在每个调查网点随机抽取 50 名储户作为调查对象。自 2009 年开始，调查城市数量改为 50 个，储蓄网点数量改为 400 个。储户问卷调查中关于物价预期的问题为"您对近期市场物价趋势的看法"（1995—1999）和"您预计未来 3 个月物价水平将比现在"（2000 以来），候选回答分别为"会迅速上升；会基本稳定；会略有下降"和"上升；基本不变；下降"。2009 年 2 季度以前，央行把认为未来物价会迅速上升的人数比例减去认为物价会下降的人数比例作为未来物价预期指数。由于这种方法忽略了"基本不变"的人数比例，因此从 2009 年 3 季度开始，央行调整了未来物价预期指数的构建方法，通过分别赋予"上升"、"基本不变"和"下降"选项"1"、"0.5"及"0"三种权数，将加权求和的结果作为未来物价预期指数。

通过上述调查方法，可以得到关于通胀预期的趋势化数据。但由于这一调查属于定性调查，居民只被问及预期通胀率的"上升"、"持平"、"下降"，而没有被问及具体预期通胀率的数值大小。因此，要通过一定的数学方法将定性数据转为定量数据，以便进行深入分析和研究。本节参考卡尔森和帕金（Carlson & Pakin，1975）的概率法对居民预期通货膨胀率进行定量估计。这种方法有如下假定：（1）被调查者的预期通胀率服从某种概率分布，并且这种分布会决定其问卷作答；（2）如果被调查者的预期通胀率在以 0 为中心的区间 $(-a, a]$ 内，他将选择回答"基本不变"，这个区间称为"敏感性区间"。

我们设 $t-1$ 期诸多被调查者对 t 期的预期通胀率为一个随机变量 x_t^e，设 x_t^e 的概率密度函数是 $f_t(x)$，最终形成的预期通胀率 π_t^e 是该分布的期望值，亦即 $\pi_t^e = E(x_t^e)$。则 x_t^e 大于 a_t 的概率是"认为 t 期物价上升"人数的比例 R_t；x_t^e 小于 $-a_t$ 的概率是"认为 t 期物价下降"的人数比例 F_t；x_t^e 在区间 $(-a, a]$ 之间的概率是"认为 t 期物价基本不变"人数的比例 N_t，即：

$$P(x_t^e > a_t) = R_t \tag{3.8}$$

$$P(x_t^e \leqslant -a_t) = F_t \tag{3.9}$$

$$P(-a_t < x_t^e \leqslant a_t) = N_t \tag{3.10}$$

我们假设预期通胀率服从正态分布，均值则为 π_t^e，（3.8）式、（3.9）式可改写为：

$$P\left(\frac{x_t^e - \pi_t^e}{\sigma_t^e} > \frac{a_t - \pi_t^e}{\sigma_t^e}\right) = P\left(Z_t > \frac{a_t - \pi_t^e}{\sigma_t^e}\right) = R_t \tag{3.11}$$

$$P\left(\frac{x_t^e - \pi_t^e}{\sigma_t^e} \leqslant \frac{-a_t - \pi_t^e}{\sigma_t^e}\right) = P\left(Z_t \leqslant \frac{-a_t - \pi_t^e}{\sigma_t^e}\right) = F_t \tag{3.12}$$

其中，σ_t^e 为 x_t^e 的方差，$Z_t = \dfrac{x_t^e - \pi_t^e}{\sigma_t^e}$ 是标准正态分布的随机变量。设 $\Phi(\cdot)$ 是标准正态分布的累积分布函数，令 $z_1(t) = \Phi^{-1}(F_t)$，$z_2(t) = \Phi^{-1}(1 - R_t)$，则 $\dfrac{-a_t - \pi_t^e}{\sigma_t^e} = z_1(t)$，$\dfrac{a_t - \pi_t^e}{\sigma_t^e} = z_2(t)$。可解得：

$$\pi_t^e = \frac{a_t[z_1(t) + z_2(t)]}{z_1(t) - z_2(t)} \tag{3.13}$$

为了得到具体数值，卡尔森和帕金（Carlson & Pakin, 1975）进一步假定 $[-a_t, a_t]$ 不随时间变化，亦即 $[-a_t, a_t] = [-a, a]$，且在样本期内，通胀率的平均值与预期通胀率的平均值相等 $\dfrac{1}{T}\sum_{t=1}^{T}\pi_t = \dfrac{1}{T}\sum_{t=1}^{T}\pi_t^e$，即公众在预期通胀时不会犯系统性错误。由（3.13）式可得：$\sum_{t=1}^{T}[z_1(t) + z_2(t)] \cdot a_t = \sum_{t=1}^{T}\pi_t^e[z_1(t) - z_2(t)]$，进而解得 $a \equiv a_t = \sum_{t=1}^{T}\pi_t \Big/ \sum_{t=1}^{T}\dfrac{z_1(t) + z_2(t)}{z_1(t) - z_2(t)}$，代入（3.13）式，即可得出预期通胀率序列。

按照上述估计方法，利用我国央行各期《储户问卷调查报告》中的数据，可计算出我国城镇居民的预期通胀率。本节搜集并整理了 2001 年 2 季度（2001.03—2001.05）至 2012 年 1 季度（2011.12—2012.02）的预期未来 3 个月内物价上涨和下降的人数比例数据，并对缺失数据进行了插补[①]。

---

① 数据来自于央行各季度发布的《储户问卷调查报告》以及各期《金融时报》。

通过正态分布假设下的 C-P 概率转换法进行数据处理后，可计算出通胀预期率序列，将其与实际通胀率序列进行 X12 加法季节调整后作图如图 3.1 所示[①]。

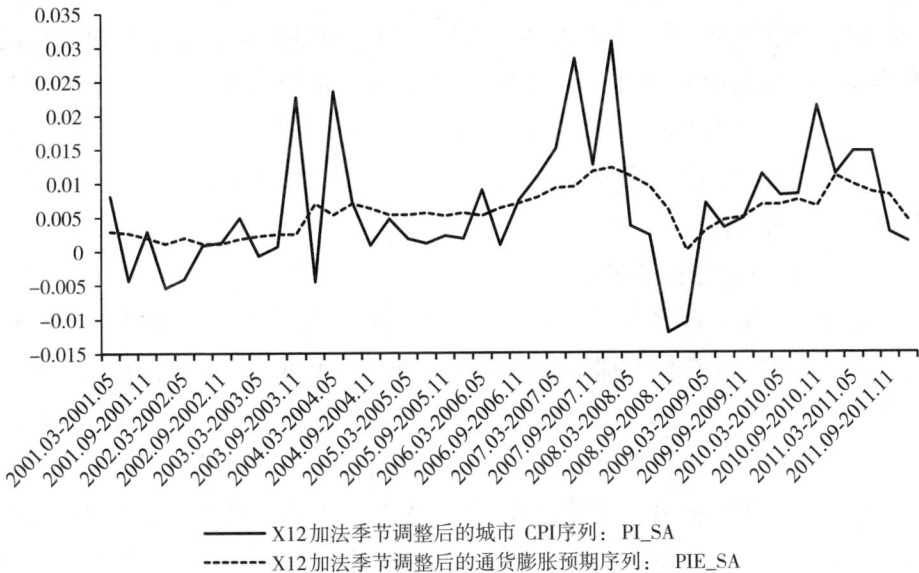

────── X12加法季节调整后的城市 CPI序列：PI_SA
------ X12加法季节调整后的通货膨胀预期序列：PIE_SA

图 3.1　实际通胀率与预期通胀率对比图

由图 3.1 可以看出，预期通胀率与实际通胀率的总体走势基本吻合，但预期通胀率的变化幅度小于实际通胀率的变化幅度。从 2001 年 2 季度开始一直到 2003 年 3 季度，预期通胀率保持较低水平的稳定态势，实际通胀率围绕预期通胀率水平在小范围内上下波动。但到了 2003 年 4 季度，实际通胀率出现突然上升，这种意料之外的变化显然未能被公众预知，但公众很快调整了预期，在 2004 年 1 季度实际通胀率回落之时，通胀预期上升并超过了实际通胀率；随后在 2004 年 2 季度实际通胀率回升之时，通胀预

───────────────

① 依照张蓓（2009），为了与预期通胀率指标相匹配，实际通胀率指标的选择必须注意：第一，由于未来物价预期的调查范围是城镇居民，因此通胀率指标应选择城市 CPI 而非 CPI；第二，由于通胀预期针对于未来 3 个月，因此选取城市 CPI 的季度环比数据；第三，城镇储户问卷调查每年在 2、5、8、11 月中旬在全国选定的网点同时调查，因此分别采用3—5月，6—8月，9—11月，12—次年 2 月的月度环比连乘得到季度环比数据；第四，将 t 期对未来 3 个月的物价预期称为第（t+1）期的通胀预期。

期受前一期高估实际通胀的影响而下降，有适应性预期的特点。此后的实际通胀率有所回调，但历经几次较高的实际通胀后，居民的通胀预期维持在较高平台上，并在 2006 年 4 季度后随着实际通胀率的震荡上升而走高。直到 2008 年 1 季度达到顶点后，受金融危机的影响而迅速下降。2008 年 4 季度特别是 2009 年 1 季度以后，由于积极的财政政策和适度宽松货币政策的推出，预期通胀率和实际通胀率开始新一轮的上升，到 2010 年 4 季度，实际通胀率达到高点。2011 年以来，由于欧债危机升级、国际局势依旧动荡、国内经济增长放缓等因素，我国实际通胀和通胀预期出现了一定的下降趋势。

（二）央行信息披露的量化

在央行政策目标多元化的情况下，尤其是承担促进经济增长这一目标时，通胀目标往往让位于保证经济的发展速度，而通胀目标往往只是央行一厢情愿的想法而已，不能反映央行对未来通胀水平的预期。既然我国央行的通胀目标不能代表央行真实的预测，那么采用什么办法衡量央行关于未来通胀的预测呢？我们认为，央行对未来物价走势的预测会通过发布货币政策执行报告的方式向公众传达出来，我国央行按季度发布的货币政策执行报告具有较为固定的格式，不仅包括了央行对近期经济形势的描述和预测，也包括了下一阶段央行拟采取的调控措施。我们假定公众会综合考虑这两部分的文字表述形成通胀预期，过热的经济形势描述及预测会抬升公众预期，而与此同时，强有力的从紧调控措施披露会缓和公众上升的通胀预期，两者叠加后会形成央行一个总的预期态度并传达给公众。央行在货币政策执行报告中虽然没有提及确切的通胀预期率数值，但是我们可以借鉴 Heinemann & Ullrich (2005) 的措辞提取方法，统计央行预测通胀的措辞频率变化，合成央行的信息披露指数 WI，本节设定 WI 的数值越高，央行所披露的通胀预期越低[1]。

结合我国的实际情况和本节研究需要，我们列出 2001 年第一季度（2001 年 5 月发布）至 2011 年第四季度（2012 年 2 月发布）总计 44 期《中

---

[1]　这样定义方便下文做出通胀预期对来自 WI 的一个正的标准差冲击（央行披露出较低的通胀预期）的脉冲响应图。

国货币政策执行报告》正文部分中中国人民银行解释未来货币政策趋势的各项典型措辞，并统计各个措辞在每期报告中出现的频率①。为了筛选出有效传达央行通胀预期的措辞，我们根据货币政策实际执行情况（利率、法定准备金率及公开市场操作）将其分为政策扩张、政策中性、政策紧缩等三类时期。然后利用F-检验统计分析这些措辞在不同货币政策时期出现频率是否不同，如果F-检验统计量显示在10%的水平上是显著不同的，那么这些措辞将有可能被用来建立央行信息披露指数。构建"央行信息披露指数"的步骤如下：

1. 阅读各期货币政策执行报告，系统整理可能反映央行通胀预期的措辞

表3.1　反映央行通胀预期的典型措辞表

措辞类型	措辞表述	措辞类型	措辞表述
通胀	通胀风险	通缩	价格下降
	通货膨胀风险		物价走低
	通胀压力	不确定性	
	通货膨胀压力	政策从紧	从紧
	价格上升		收紧
	价格上涨	稳健	
	上行压力	上调（利率或准备金）	
	上涨压力	下调（利率或准备金）	
	上行风险	扩大内需	
	加快上涨		
	物价上涨		
	物价上升		

从表3.1可以看出，反映央行具有高通胀预期的措辞表述有：通胀风

① 2001年第一季度（2001年5月14日发布）的中国货币政策执行报告将影响2001年5月下旬进行的2001年第2季度储户问卷调查，2001年第二季度（2001年7月16日发布）的中国货币政策执行报告将影响2001年8月下旬进行的2001年第3季度储户问卷调查。以此类推，我们发现t期报告的发布将影响t+1期的问卷调查基本符合实际。

险、通货膨胀风险、通胀压力、通货膨胀压力等 12 种表述。由于这些表述的含义大致等价，我们将其等权重地计入通胀措辞个数。反映央行具有通货紧缩担忧的措辞表述有：价格下降和物价走低，这两者的含义也大致等价。此外，"不确定性"这一措辞经常出现于经济低迷，或者有下行风险的时期。"政策从紧"措辞是指央行面对经济过热，采取反向的经济操作收紧流动性时而经常提到的词汇，包括从紧、收紧两个含义基本等价的词语。其他可能的典型措辞还有："稳健"、"上调"、"下调"以及"扩大内需"。图 3.2 显示了各种措辞在不同货币政策执行区制中出现的频率。例如，通胀措辞在经济过热、货币政策紧缩时期出现的频率较高，在此时期的货币政策执行报告中平均出现次数可达 33 次。

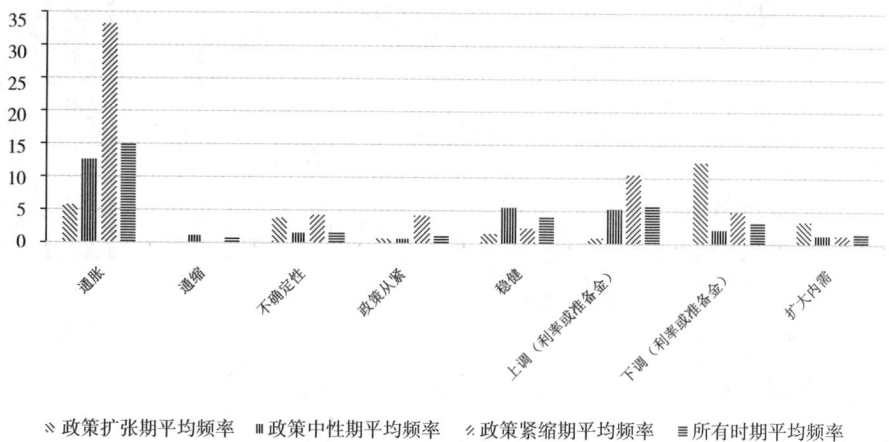

◊ 政策扩张期平均频率　▥ 政策中性期平均频率　◿ 政策紧缩期平均频率　▤ 所有时期平均频率

图 3.2　各种措辞在不同货币政策执行区制的出现频率

2. 使用方差分析对措辞进行筛选，保留有区分度的措辞

通过柱状图我们大致可以知道哪些措辞在不同区制下具有明显的区分度，可以作为建立"央行信息披露指数"的基础。但是还不能确定区分度不是很明显的措辞是否可以进入指数的建立过程。为此，我们拟对各个措辞展开 ANOVA 方差分析。从表 3.2 可以看出，通缩措辞、扩大内需在 10% 的显著性水平下不显著，其余措辞均在 10% 的显著性水平下显著，我们将显著的 6 种措辞保留并将其作为构建央行信息披露指数的备选措辞。

表 3.2　各措辞的方差分析表

措辞类型	F 统计值	显著度	η^2
通胀	11.6080	0.0000	0.3615
通缩	0.7680	0.4705	0.0361
不确定性	11.0623	0.0001	0.3505
政策从紧	6.1111	0.0048	0.2296
稳健	5.0848	0.0106	0.1987
上调（利率或准备金）	3.8816	0.0286	0.1592
下调（利率或准备金）	3.1786	0.0521	0.1342
扩大内需	2.0715	0.1390	0.0918

注：η^2 = 组间离均差平方和/总离均差平方和。

3. 对不同区制中的措辞频率进行两两比较，进一步筛选出有效措辞

由于 ANOVA 可以估计所有组间的差异性，但没有给出三个区制中的两两差异性，我们进一步对各个措辞进行两两区制下频率的对比检验。区制1、2、3 分别代表政策扩张期、中性期和紧缩期。通过两两比对我们发现，"不确定性"和"稳健"两个措辞是不能入选指数构建的。以不确定性为例，扩张期与中性期措辞频率平均差为正且显著，而中性期与紧缩期措辞频率平均差为负且显著，在政策逐渐趋紧的过程中该措辞频率变化不具有单调性，也就是说该措辞不能有效反映货币政策执行的基调和经济运行状态。"稳健"一词也有类似的情况。因此，我们最终将"通胀""政策从紧""上调（利率或准备金）""下调（利率或准备金）"四种措辞入选构建"央行信息披露指数"。对于"通胀""下调（利率或准备金）"来说，其频率越高意味着央行传递给公众的通胀预期越高；对于"政策从紧""上调（利率或准备金）"来说，其频率越高则意味着央行传递给公众的通胀预期越低。

表 3.3　各措辞频率两两区制比较

措辞类型	区制(I)	区制(J)	平均差(I-J)	显著性水平	措辞类型	区制(I)	区制(J)	平均差(I-J)	显著性水平
通胀	1	2	-6.74	0.26	稳健	1	2	-4.08	0.02*
	1	3	-27.64	0.00*		1	3	-0.93	0.64
	2	3	-20.90	0.00*		2	3	3.15	0.02*
不确定性	1	2	2.64	0.00*	上调	1	2	-4.43	0.15
	1	3	0.11	0.91		1	3	-9.54	0.01*
	2	3	-2.54	0.00*		2	3	-5.10	0.04*
政策从紧	1	2	-0.02	0.99	下调	1	2	10.20	0.02*
	1	3	-3.64	0.03*		1	3	7.79	0.12
	2	3	-3.63	0.00*		2	3	-2.41	0.46

注：" * "表示在5%的显著性水平下显著。

4. 构建央行信息披露指数

我们以 η^2 作为各项措辞的权重，并将各期措辞出现频率进行标准化处理，然后对加权、确定正负后的每一期的各个措辞次数求和，得出央行信息披露指数时间序列。指数的构建如下：

$$WI_t = \sum_{i=1}^{k} \frac{nobs(x_{i,\,t}) - meanobs(x_i)}{stdv(x_i)} \cdot sign(x_i) \cdot \eta^2(x_i) \qquad (3.14)$$

其中，WI 为央行信息披露指数，$nobs(x_{i,\,t})$ 代表措辞 i 在 t 期的出现频率，$meanobs(x_i)$ 为措辞 i 在各期出现频率的均值；$stdv(x_i)$ 表示措辞 i 在各期出现频率的标准差，$sign(x_i)$ 为措辞 i 的符号，显然措辞为"通胀""下调（利率或准备金）"时取负值，措辞为"政策从紧""上调（利率或准备金）"时取正值；$\eta^2(x_i)$ 为措辞 i 所占的权重。通过（3.14）式我们可以清楚地看出，越高的 WI 意味着央行披露的通胀预期越低，央行披露的不同通胀预期水平势必会对居民的通胀预期产生重要影响。

五、基于 SVAR 模型的我国通胀预期形成机制分析

（一）分析方法说明——SVAR 模型

SVAR 模型是基于向量自回归（VAR）模型的一种改进模型。如果只是

用模型做预测，VAR 模型中的新息构成是不重要的，但是如果要区分不同冲击的影响，就必须从经济理论出发，对 VAR 模型的新息进行分解，以获得结构性新息。这种对 VAR 模型进行结构性分解的方法就是 SVAR 模型。

下面考虑 k 个变量的 SVAR 模型，p 阶结构向量自回归模型 SVAR（p）表示为：

$$B y_t = A_1 y_{t-1} + A_2 y_{t-2} + \cdots + A_p y_{t-p} + \Lambda x_t + \mu_t, \quad t = 1, 2, \cdots, T$$

$$(3.15)$$

其中，B 是一个 $k \times k$ 的方阵，其主对角线元素为 1，反映了内生变量在当期的相互作用；x_t 是外生变量，Λ 是 x_t 的系数矩阵；$\mu_t = (\mu_{1t}, \mu_{2t}, \cdots, \mu_{kt})'$ 是白噪声向量。在矩阵 B 可逆的情况下，在式（3.15）两边同时乘以 B^{-1} 可以将结构式 VAR 转化为无约束 VAR：

$$y_t = B^{-1} A_1 y_{t-1} + B^{-1} A_2 y_{t-2} + \cdots + B^{-1} A_p y_{t-p} + B^{-1} \Lambda x_t + B^{-1} \mu_t$$

$$= C_1 y_{t-1} + C_2 y_{t-2} + \cdots + C_p y_{t-p} + \Omega x_t + \varepsilon_t, \quad t = 1, 2, \cdots, T \quad (3.16)$$

其中，$C_i = B^{-1} A_i$，$i = 1, 2, \cdots, p$；$\Omega = B^{-1} \Lambda$；$\varepsilon_t = B^{-1} \mu_t = (\varepsilon_{1t}, \varepsilon_{2t}, \cdots, \varepsilon_{kt})'$。我们可以利用估计得到的简化式对结构矩阵 B 中的元素进行估计，但（3.16）式中残差的方差协方差矩阵只能提供 $(n^2 + n)/2$ 个参数约束信息，而完全估计 B 需要 n^2 个约束，这将导致不能完全识别内生变量冲击，应该再添加 $(n^2 - n)/2$ 个约束。

（二）样本选取与数据处理说明

除通胀预期 π^e 本身以外，本节选择影响预期的变量有：（1）央行信息披露指数 WI；（2）实际干预变量：$M2$ 增长率、一年期基准贷款利率、法定准备金率；（3）其他宏观经济变量：通胀代理变量（城市 CPI）、资产价格代理变量（房地产销售价格指数）、工业增加值缺口[①]、国际能源价格代理变量（WTI）。其中 WTI 为外生变量，其余均为内生变量。由于城镇储户调查时间为每年的 2、5、8、11 月，因此内生变量相应地以 3—5、6—8、9—11、12—次年 2 月为划分基础。由于 B 矩阵无法对 WTI 进行约束，因此外

---

① 虽然 GDP 缺口是一个能较好衡量总需求的代理变量，但是我国目前的 GDP 没有月度数据，而工业增加值有月度数据，因此采用工业增加值来替代 GDP。通过 HP 滤波估计潜在工业增加值，工业增加值缺口＝（实际工业增加值-潜在工业增加值）/潜在工业增加值。

生变量 *WTI* 选择滞后一期数据以避免存在 t 期 *WTI* 无法影响 t 期通胀预期这一问题。本节研究的样本区间为 2001 年 2 季度（2001.03—2001.05）—2012 年 1 季度（2011.12—2012.02）。为消除可能的季节因素，所有变量还须经过 X12 加法季节调整。

（三）数据的平稳性检验

在构建 SVAR 模型之前，首先对 π^e、央行信息披露指数 *WI*、*M2* 增长率、一年期基准贷款利率、法定准备金率、城市 *CPI*、房地产销售价格指数、工业增加值缺口、*WTI* 价格增长率序列进行 ADF 平稳性检验（见表 3.4）。序列 π^e 在三种检验类型下 P 值均大于 0.1，说明在 90% 的置信水平下均接受原假设，即存在单位根，序列非平稳。对 π^e 进行对数处理后 P 值为 0.015，说明在 95% 的置信水平下拒绝原假设，即不存在单位根，对数化后的序列平稳。法定准备金率序列为一阶单整序列，因此将其一阶差分后进入 SVAR 建模。在对其余序列进行 ADF 检验时发现 P 值均小于 0.05，为平稳序列，可以直接进入 SVAR 建模。

表 3.4　数据的平稳性检验

变量	检验类型	ADF 值	P 值	结论
π^e	$(c,\ t,\ 0)$ $(c,\ 0,\ 0)$ $(0,\ 0,\ 0)$	-2.091 -2.039 -0.840	0.536 0.270 0.346	非平稳
$\ln(\pi^e)$	$(c,\ 0,\ 0)$	-3.428	0.015	平稳
WI	$(c,\ 0,\ 0)$	-5.656	0.000	平稳
M2 增长率	$(c,\ 0,\ 0)$	-5.443	0.000	平稳
一年期基准贷款利率	$(c,\ 0,\ 0)$	-2.962	0.048	平稳
法定准备金率	$(c,\ t,\ 0)$ $(c,\ 0,\ 0)$ $(0,\ 0,\ 0)$	-2.266 0.682 2.933	0.442 0.990 0.999	非平稳 非平稳 非平稳
D(法定准备金率)	$(0,\ 0,\ 0)$	-3.916	0.000	平稳
城市 *CPI*	$(c,\ 0,\ 3)$	-4.042	0.003	平稳
房地产销售价格指数	$(0,\ 0,\ 0)$	-2.336	0.021	平稳
工业增加值缺口	$(c,\ 0,\ 0)$	-5.603	0.000	平稳
WTI 价格增长率	$(c,\ 0,\ 0)$	-5.938	0.000	平稳

注：$(c,\ t,\ m)$ 中的 c、t、m 分别表示 ADF 检验过程中的截距项、趋势项和滞后阶数。

（四）SVAR 模型的识别

本节对 $\ln(\pi^e)$、WI、$M2$ 增长率、一年期基准贷款利率、D（法定准备金率）、城市 CPI、房地产销售价格指数、工业增加值缺口等 8 个内生变量及 1 个外生变量 WTI 建立 SVAR 模型[①]。首先根据滞后阶准则选择滞后阶数为 1，建立 SVAR（1）模型。经检验 VAR 系统的特征根全部在单位圆内，说明模型稳定，滞后阶数选择合理。由于内生变量共有 8 个，因此要对矩阵 B（8×8 方阵）添加 $(8^2 - 8)/2 = 28$ 个约束。基于经济理论及我国实际制度环境，设定识别条件如下：

（1）由于 1 季度的货币政策执行报告一般要在当年 5 月份才能够对外披露，因此对 2 月所做的预期调查以及 3—5 月的宏观经济数据不存在影响，因此有 $b_{12} = b_{32} = b_{42} = b_{52} = b_{62} = b_{72} = b_{82} = 0$；

（2）由于 t 期的通胀预期在 $t - 1$ 期形成，不受 t 期各个经济变量的影响，因此有 $b_{13} = b_{14} = b_{15} = b_{16} = b_{17} = b_{18} = 0$；

（3）考虑到当期的 $M2$ 增长率、利率、准备金率变化对 CPI、产出影响存在时滞，因此有 $b_{63} = b_{64} = b_{65} = b_{83} = b_{84} = b_{85} = 0$；

（4）假设 t 期城市 CPI、房地产销售价格指数、工业增加值缺口对 t 期的 $M2$ 增长率影响较小，则 $b_{36} = b_{37} = b_{38} = 0$；

（5）假设央行对利率、准备金率的调节有一定的认识时滞，不因当期居民通胀预期变化而调整，在当期不受其他实际干预变量的影响，即 $b_{41} = b_{43} = b_{45} = b_{51} = b_{53} = b_{54} = 0$。

（五）通胀预期决定因素的脉冲响应分析

在图 3.3 所示的脉冲响应图中，横轴表示冲击发生的时间间隔，我们选取脉冲响应函数的滞后期为 10 个季度，纵轴表示变量受到 1 个标准差新息冲击的响应程度，虚线表示 2 倍标准差的置信区间。图 3.3 中的子图 1 到子图 8 分别展示了通胀预期对来自本身、央行信息披露指数 WI、$M2$ 增长率、一年期基准贷款利率、D（法定准备金率）、城市 CPI、房地产销售价格指数、工业增加值缺口的一个正向标准差冲击的脉冲响应。

---

① 作者同时对该模型做了稳健性检验，发现在除去 WTI 价格增长率、房地产销售价格指数、WI 等变量后通胀预期对来自其余重要经济变量的冲击响应基本不变，SVAR 模型稳健性较好。

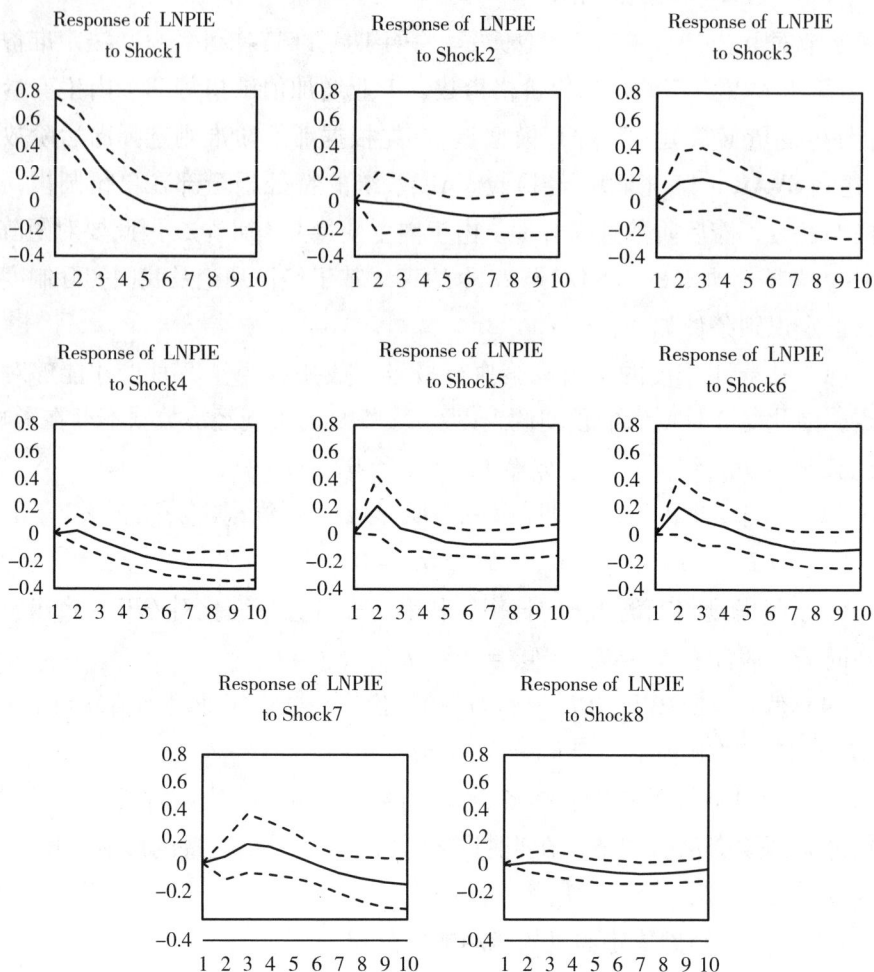

图 3.3　通胀预期对各变量的脉冲响应图

（1）居民通胀预期对于其自身的冲击反映最为迅速，程度也最为剧烈。对于自身 1 个正的标准差的新息冲击响应在第一期最大，随后逐渐衰减，正的影响作用大约持续 4 个季度，之后效应开始转为负值。

（2）来自央行信息披露指数的一个正的标准差的冲击（央行披露出较低的通胀预期）会从第一期开始对通胀预期产生负向的影响，两个季度之后，负向影响逐渐加强并稳定在一定的水平。

（3）来自 *M2* 增长率 1 个正的标准差的新息冲击对通胀预期在当期就有正向的冲击作用，大概第 3 个季度达到峰值，随后开始衰减，大约 6 个季度后衰减为 0 并转为负值。

（4）一年期基准贷款利率的一个正的标准差冲击在一个季度之内不能有效地使预期下降，却对通胀预期有着微弱的正向作用，在一个季度以后负向作用才突显出来并逐渐加强。从长期观察来看，利率的变化对通胀预期的影响程度最大，使用时要审慎，以防调整过度带来副作用。

（5）准备金变化率的一个正的标准差冲击会在第一季度对通胀预期产生正向影响，并于第 2 季度达到峰值，在第 3 季度后才会出现负向影响，且负向的作用效果不及央行信息披露。说明通过调节准备金率来稳定预期具有较长滞后性，单独使用可能效果有限。

（6）通胀预期对来自城市 *CPI* 一个正标准差的新息冲击在当期有正向反应，之后逐渐加强，并在 1 个季度末达到最大值。从第 2 季度开始冲击效应开始减弱，大约在 4 个季度后衰减为 0 并转为负值。

（7）房地产价格指数 1 个标准差的新息冲击对通胀预期在当期有正向的冲击作用，并在 2 个季度后达到峰值，随后正向效应逐渐减弱，大约在 5 个季度后衰减为 0 并逐渐转为负值。

（8）工业增加值缺口 1 个正的标准差新息冲击对通胀预期有正向冲击作用，但正向冲击效应并不明显且在 2 个季度后逐渐转为负向作用。说明虽然经济过热有可能拉升居民通胀预期，但是随后可能出现的政策调控会使过热的经济恢复正常水平。

六、结论与启示

本节在考虑各个宏观经济变量对居民通胀预期具有影响的基础上，使用 SVAR 模型实证检验了央行信息披露、实际干预两种政策工具在管理通胀预期时的效果。研究发现：（1）我国居民通胀预期受城市消费价格指数以及房地产价格的影响较大，要重点关注这两个指标的变动情况，为管理通胀预期营造一个良好的宏观经济环境。（2）央行通过发布货币政策执行报告能够减少中央银行决策层与私人部门之间的信息不对称，起到管理、引导通胀预期的作用，且时滞非常短。但正如本节由修正的 M-S 模型推导出的

（3.7）式所示，由于我国央行信息披露的精确度可能不高，致使 σ_η^2 较大，$\dfrac{\alpha}{\alpha + \beta(1 - r)}f(\sigma_\eta^2)$ 较小，因此 a_i 受公共信息 y 的影响较小。从图 3.3 中第 2 幅脉冲响应图也可看出，通胀预期受信息披露的冲击较实际干预来说反应程度较小，说明我国央行信息披露工具在引导、管理通胀预期效果方面还有一定的提升空间。央行可以通过披露更为准确的信息并努力做到言行一致，以提高 $f(\sigma_\eta^2)$ 的数值，扩大信息披露的影响力。（3）实际干预工具中的利率调节对通胀预期在初期作用不明显，但在长期内作用显著；法定准备金的上调速度加快在短期内不能降低通胀预期，反而会加剧预期上升。

因此，就目前我国通胀预期管理而言，央行首先要加强对消费价格指数的监控。其次，要加大对房价的调控力度，大力推进保障房建设，增加住房供应。再次，央行不能单一地依靠某种货币政策工具，而应综合发挥央行信息披露即时生效、长期内利率调节影响程度较强的优势，稳健地搭配使用信息披露和实际干预工具。在使用法定准备金率调节工具时，切忌调节过快，以防止短期内对通胀预期管理产生负面作用。另外，我国央行既要加强自身对宏观经济走势的认知能力、判断分析能力，又要减小信息披露中的私人信息，通过提高信息披露的精确性树立央行的良好声誉，以增强信息披露工具管理通胀预期的有效性，从而使通胀预期在短期和长期内都能得到良好的锚定。

第三节 适应性学习、宏观经济预期与 最优货币政策目标体制

一、研究背景

建立在理性预期、名义价格粘性等基础上的新凯恩斯模型从一般均衡理论出发，通过最优化方法推导出各经济主体的跨期最优条件，所得最优行为方程拥有较强微观基础且表现出前瞻性特点，逐步成为近年来货币政策分析的重要框架（Orphanides & Williams，2004）。在新凯恩斯模型中，总需求一般用 IS 曲线表示，总供给通常采用 Phillips 曲线表示，在描述中央银行政策行为时，依据具体研究需要，可通过设定中央银行目标函数，求出相应约束

下的最优一阶条件作为央行的政策方程，也可直接给定表示央行行为的货币政策反应函数。

为较好地克服卢卡斯批判，新凯恩斯主义经济学吸收了理性预期假设，该假设认为公众对现实经济具有完全的认知能力，平均来说，公众能够准确预期到除随机冲击以外的宏观变量基本走势。虽然理性预期假设为货币政策分析提供了一个理想框架，但其一系列严格假设条件难以在现实中得到满足，因而脱离了分析现实经济的需要。更关键的是，理性预期学说并没有对公众的预期形成机制进行具体描述，而只注重对预期结果的一系列规定。

20 世纪 80 年代后，适应性学习理论开始受到学术界广泛关注。作为有限理性的代表，适应性学习理论被逐步运用于经济动态分析。适应性学习放松了理性预期假设暗含的一系列严格条件，认为现实中的预期不可能具有完全理性性质，公众会基于自身对实际经济的不完全认知，在每期不断获取并更新决策所需的信息，通过运用某种计量手段不断更新自身预期。如果假设公众通过适应性学习形成宏观经济预期，那么便可通过其中关键参数的设定将公众预期的理性程度定量化。从某种意义上讲，理性预期是适应性学习的极端情形。相对于理性预期假设，适应性学习理论在诸多方面进行了有益改进，从而使公众的预期形成机制更加贴近现实。本节将适应性学习引入传统新凯恩斯主义模型，并在此基础上分析我国货币政策的最优选择问题。

二、文献综述

货币政策规则在兼顾相机抉择灵活性的同时又避免了动态非一致性，成为近年来国内外学者进行最优货币政策分析的主要工具。如果中央银行对外宣布未来将按某一规则行事，那么规则同时也将成为一种约束，这一约束不仅避免了央行的机会主义行为，同时也建立了一种承诺机制，如果规则得到良好贯彻，就能提高货币政策的可信度和有效性。但是，如果中央银行宣布按规则行事，就必然面临最优货币政策规则的选择问题。刘斌（2003）在混合新凯恩斯模型框架内，比较了不同货币政策规则对社会福利的影响，研究发现，最优简单规则在福利损失上能够接近完全承诺的最优规则，他认为货币政策操作不应偏重产出稳定，而应该同时兼顾产出和通货膨胀，过分重视产出将导致通胀偏差和稳定偏差。由于最优货币政策规则往往是在一系列假设条件下得到的，据此推导出的最优规则势必难以吸收现实中的其他重要信息。因此在执行最优规则时，现实中的众多扰动会对政策效果产生不确定影响，此时通过优化方法得到的最优政策往往并非最佳（郭晔，2007）。

为此，越来越多的学者转而寻求一种简单、可行的货币政策规则使经济尽可能在次优水平上运行。以泰勒规则及其改进形式为代表的简单规则包含了主要的产出和通胀信息，成为当前货币政策规则领域的重要研究方向。克拉里达等（Clarida et al.，1998）对美、日、德三国的经验研究证实，中央银行在货币政策操作中普遍存在前瞻性特点。张屹山和张代强（2007）也发现前瞻性货币政策反应函数能够较好地描述我国利率走势，我国央行的货币政策实践也体现出一定的前瞻性特征。据此，本节将参照克拉里达等（Clarida et al.，1999）以及埃文斯和洪卡波希亚（Evans & Honkapohja，2003a）等人的研究，采用一个前瞻的利率规则描述中央银行政策行为。

传统最优货币政策是在一定约束条件下通过最优化中央银行目标函数得到的。但正如埃文斯和洪卡波希亚（Evans & Honkapohja，2003c）指出，忽略对均衡确定性和稳定性影响的政策行为是令人担忧的，在引入适应性学习后，经济能否收敛于理性预期均衡将成为评判货币政策是否最优的重要标准。埃文斯和洪卡波希亚（Evans & Honkapohja，2003a，2003b）指出中央银行的最优利率规则可能导致经济无法向合意的理性预期均衡收敛，但如果前瞻性利率规则得到良好设计，就能避免不确定性和不稳定性问题。在适应性学习下，由相机抉择或承诺行为得到的最优规则往往表现不佳（Orphanides & Williams，2004），且有可能导致模型出现不确定性或不稳定性问题。究其根源，主要是由于中央银行的传统最优货币政策规则是基于理性预期假设得到的，而现实中公众的预期则更多体现出不完全理性的特点。布兰德和米特拉（Bullard & Mitra，2002）考虑了当使用泰勒型规则作为货币政策执行方案时均衡的确定性和稳定性问题，他们发现利率对滞后、当期还是前瞻性变量进行反应所得到的确定性和稳定性条件均不相同。此外，伯南克和伍德福德（Bernanke & Woodford，1997）、伍德福德（Woodford，1999）、斯文森和伍德福德（Svensson & Woodford，2004）及埃文斯和洪卡波希达（Evans & Honkapohja，2006）等人也对利率规则导致的不确定性和不稳定性问题进行了深入研究。因此，在适应性学习假设下，基于简单利率规则寻求能够"对症下药"的最优规则正逐渐成为货币经济学研究的重要方面。

目前，国内关于最优货币政策的研究主要集中在探讨理性预期假设下的货币政策最优设计问题，这类文献可参考刘斌（2003）、许冰和叶娅芬（2009）以及王晓芳和毛彦军（2011）等人的研究，而对适应性学习下最优货币政策选择问题的系统研究则较为缺乏。由于基于理性预期假设所推导出的最优货币政策并未考虑预期本身的形成问题，而在公众不完美认知视角下，通过引入适应性学习可将公众的预期形成机制内生于经济系统本身，因此基于适应性学习探讨最优货币政策具有更高的实际应用价值。徐亚平（2006，2009）较早研究了公众学习与预期形成机制对货币政策有效性的影响，他认为由于公众对宏观经济运行认知有限，人们会通过适应性学习或相互间的信息传递等方式来更新预期，如果相关经济信息不透明或透明度不高，就会延缓公众的学习过程，并加大公众的预测误差。陈平和李凯（2010）将适应性学习引入人民币汇率的货币模型后，发现经修正的货币模型能很好模拟汇率的实际波动，他们认为可以将适应性学习拓展到其他众多研究领域，尤其是转型期间参数不稳定的模型。本节在已有研究基础上，进一步将适应性学习引入新凯恩斯模型，由于通过适应性学习产生的公众预期将内生于经济系统本身，从而能克服理性预期假设外生给定的缺陷。同时，通过其中关键参数的设定，可实现对预期理性程度的定量描述，进而分析预期理性程度对实际经济的真实影响。在这一改进的框架内，本节将综合分析偏离度、均值和标准差等指标，进而甄选最优货币政策。

三、基本的新凯恩斯模型

本节构造的新凯恩斯主义模型包括动态 IS 曲线、新凯恩斯 Phillips 曲线和前瞻型利率反应函数。模型的具体形式及规定如下：

动态 IS 曲线：$y_t = -\varphi(i_t - E_t \pi_{t+1}) + E_t y_{t+1} + d_t$　　　　(3.17)

新凯恩斯 Phillips 曲线：$\pi_t = \beta E_t \pi_{t+1} + \lambda y_t + s_t$　　　　(3.18)

$$\begin{pmatrix} d_t \\ s_t \end{pmatrix} = \begin{pmatrix} \kappa & 0 \\ 0 & \nu \end{pmatrix} \begin{pmatrix} d_{t-1} \\ s_{t-1} \end{pmatrix} + \begin{pmatrix} \tilde{d}_t \\ \tilde{s}_t \end{pmatrix}$$　　　　(3.19)

其中，y_t 为当期产出缺口，i_t 为当期名义利率，π_t 为当期通货膨胀，d_t 为当期需求冲击，s_t 为当期供给冲击，$\tilde{d}_t$ 和 $\tilde{s}_t$ 分别为独立同分布的白噪声，$\tilde{d}_t \sim iid(0, \sigma_d^2)$，$\tilde{s}_t \sim iid(0, \sigma_s^2)$。$E_t \pi_{t+1}$ 和 $E_t y_{t+1}$ 分别是当期对下期的通胀预期和产出缺口预期，在传统的新凯恩斯模型中，预期一般是指理性预期，本节将在第四部分对此假设进行适当放松，此处不对预期进行具体描述。

在设定利率规则时一般有两种方法：一是在给定中央银行目标函数的基础上，通过一阶条件得出最优反应函数；二是直接设定一个利率规则。本节采用后一种方式，即直接设定一个前瞻性的利率规则：

$$i_t = \delta_\pi E_t \pi_{t+1} + \delta_y E_t y_{t+1} \tag{3.20}$$

其中，δ_π 和 δ_y 均为非负常数。（3.20）式本质上属于泰勒型规则，它表明中央银行将通过调控短期名义利率对通胀预期和产出缺口预期进行反应。

由（3.17）式—（3.20）式构成的新凯恩斯模型完成了对经济系统的基本描述。在第四部分引入适应性学习来刻画通胀预期和产出缺口预期形成过程前，先将上述经济系统改写成矩阵形式以方便下文分析：

$$\begin{pmatrix} y_t \\ \pi_t \end{pmatrix} = \begin{pmatrix} 1 - \varphi \delta_y & \varphi(1 - \delta_\pi) \\ \lambda(1 - \varphi \delta_y) & \beta + \lambda \varphi(1 - \delta_\pi) \end{pmatrix} \begin{pmatrix} E_t y_{t+1} \\ E_t \pi_{t+1} \end{pmatrix} + \begin{pmatrix} 1 & 0 \\ \lambda & 1 \end{pmatrix} \begin{pmatrix} d_t \\ s_t \end{pmatrix} \tag{3.21}$$

令 $H_t = \begin{pmatrix} y_t \\ \pi_t \end{pmatrix}$、$A = \begin{pmatrix} 1 - \varphi \delta_y & \varphi(1 - \delta_\pi) \\ \lambda(1 - \varphi \delta_y) & \beta + \lambda \varphi(1 - \delta_\pi) \end{pmatrix}$、$B = \begin{pmatrix} 1 & 0 \\ \lambda & 1 \end{pmatrix}$、

$\eta_t = \begin{pmatrix} d_t \\ s_t \end{pmatrix}$，则（3.21）式可表示为：

$$H_t = A E_t H_{t+1} + B \eta_t \tag{3.22}$$

令 $\rho = \begin{pmatrix} \kappa & 0 \\ 0 & \nu \end{pmatrix}$、$\mu_t = \begin{pmatrix} \tilde{d}_t \\ \tilde{s}_t \end{pmatrix}$，则（3.19）式可表示为：

$$\eta_t = \rho \eta_{t-1} + \mu_t \tag{3.23}$$

（3.22）式和（3.23）式构成的矩阵经济系统表明，产出缺口和通货膨胀走势受到宏观预期和外生冲击影响，而外生冲击假定服从 VAR（1）过程。在下文引入适应性学习时，假设公众完全知晓由（3.23）式表示的外生冲

击过程，即相关参数 ρ、σ_d^2、σ_s^2 均为已知。

四、新凯恩斯模型的拓展：引入适应性学习

在传统的新凯恩斯模型中，预期一般是指理性预期，然而理性预期的假设条件过于严格，难以在现实经济中得到良好的贯彻。近年来，货币政策分析的焦点逐渐从理性预期转向适应性学习。本节将在由（3.22）式和（3.23）式构成的基本模型中引入适应性学习以刻画通胀预期和产出缺口预期的形成过程。通过适应性学习形成宏观经济预期本质上要求公众事先知晓经济的理性预期均衡解（REE）的形式，在此基础上，通过模仿 REE 形成感知运转法则 PLM[①]。两者的不同之处在于，REE 中的相关参数是固定的且不为公众所知晓，而 PLM 中的参数是时变的，公众在形成每一期预期前，将利用已有的一切信息通过某种事先假定的学习算法来更新参数。

借鉴麦克勒姆（McCallum，1983）、Poveda & Giannitsarou（2007）等人的研究，本节将上述矩阵系统的理性预期均衡形式设为：

$$H_t = \varphi \, \eta_{t-1} + \tau_t \qquad\qquad (3.24)$$

其中，均衡解 $\varphi = \begin{pmatrix} \bar{\varphi}_1 & \bar{\varphi}_2 \\ \bar{\varphi}_3 & \bar{\varphi}_4 \end{pmatrix}$，$\tau_t$ 是白噪声冲击。将（3.24）式更新一期且两边同时取期望有：

$$E_t \, H_{t+1} = \varphi \, \eta_t \qquad\qquad (3.25)$$

将（3.25）式代入（3.22）式有：

$$H_t = (A\varphi + B) \, \eta_t \qquad\qquad (3.26)$$

将（3.23）式代入（3.26）式有：

$$H_t = (A\varphi + B)\rho \, \eta_{t-1} + (A\varphi + B) \, \mu_t \qquad\qquad (3.27)$$

（3.27）式即为经济在理性预期均衡水平时的运转法则。

假设公众知晓经济的理性预期均衡表达式（3.24）的结构，而不知道均衡解 φ 的具体大小，但是公众会对经济的均衡方程产生主观判断。假定公众形成的这一主观判断如下：

$$H_t = \varphi_{t-1}\, \eta_{t-1} + \xi_t \tag{3.28}$$

（3.28）式即经济的感知运转法则。由于考虑到模型可能带来的同时性问题①，本节设定公众的预期形成方程如下：

$$E_t\, H_{t+1} = \varphi_{t-1}\, \eta_t \tag{3.29}$$

（3.29）式规定了预期的具体形成过程，即公众使用本期更新的数据进行预测，同时假定上一期参数仍适用于本期预测。将（3.29）式代入（3.22）式可得：

$$H_t = (A\, \varphi_{t-1} + B)\, \eta_t \tag{3.30}$$

再将（3.23）式代入（3.30）式中，即得经济的实际运转法则 ALM：

$$H_t = (A\, \varphi_{t-1} + B)\rho\, \eta_{t-1} + (A\, \varphi_{t-1} + B)\, \mu_t \tag{3.31}$$

在（3.31）式中，除 φ_{t-1} 外，其他参数都是事先给定的。而 φ_{t-1} 是公众根据每期更新的信息通过某种计量方法得到的，因而随着信息集的改变，φ_{t-1} 每期均会变化。

在适应性学习理论中，公众更新参数的方法主要有递归最小二乘法（RLS）、常系数最小二乘法（CGLS）以及随机梯度法（SG）等。本节假定公众使用 CGLS 方法更新参数 φ_{t-1}。令 $\varphi_t = \begin{pmatrix} \varphi_{1t} & \varphi_{2t} \\ \varphi_{3t} & \varphi_{4t} \end{pmatrix}$，其中，$Q_{1t} = (\varphi_{1t}\quad \varphi_{2t})'$，$Q_{2t} = (\varphi_{3t}\quad \varphi_{4t})'$。则有：

$$Q_{1t} = \Big(\sum_{i=1}^{t} (1-g)^{i-1} \eta_{t-i}\, \eta_{t-i}' \Big)^{-1} \Big(\sum_{i=1}^{t} (1-g)^{i-1} \eta_{t-i}\, y_{t-i+1} \Big) \tag{3.32}$$

$$Q_{2t} = \Big(\sum_{i=1}^{t} (1-g)^{i-1} \eta_{t-i}\, \eta_{t-i}' \Big)^{-1} \Big(\sum_{i=1}^{t} (1-g)^{i-1} \eta_{t-i}\, \pi_{t-i+1} \Big) \tag{3.33}$$

与 RLS 方法不同，CGLS 对模型的结构性变化较为敏感，从（3.32）、（3.33）式可以看出，距离 t 期越近，权重 $(1-g)^{i-1}$ 越大，则越近期的经济波动被赋予对参数 Q_t 更大的影响力；而在 RLS 中，各期经济波动对 Q_t 的影响力均相同。由于我国当前正处于经济转型的重要时期，经济结构尚不稳定，使用 CGLS 方法可以更有效地捕捉实际波动。

---

① 同时性问题是指：如果在（3.39）式中使用 φ_t，将会出现 H_t 和 φ_t 相互同时决定的情形。为避免这一问题，本书改用 φ_{t-1} 作为预期形成方程的参数。具体请参见 Poveda & Giannitsarou（2007），Gaspar，Smets & Vestin（2010）等人的研究。

令 $R_t = g \sum_{i=1}^{t} (1-g)^{i-1} \eta_{t-i} \eta_{t-i}'$，$N_{1t} = g \sum_{i=1}^{t} (1-g)^{i-1} \eta_{t-i} y_{t-i+1}$，$N_{2t} = g \sum_{i=1}^{t} (1-g)^{i-1} \eta_{t-i} \pi_{t-i+1}$，则 $Q_{1t} = R_t^{-1} N_{1t}$、$Q_{2t} = R_t^{-1} N_{2t}$，经简单推导可得如下迭代方程组：

$$Q_{1t} = Q_{1t-1} + g R_t^{-1} \eta_{t-1}(y_t - \eta_{t-1}' Q_{1t-1}) \tag{3.34}$$

$$Q_{2t} = Q_{2t-1} + g R_t^{-1} \eta_{t-1}(\pi_t - \eta_{t-1}' Q_{2t-1}) \tag{3.35}$$

$$R_t = R_{t-1} + g(\eta_{t-1} \eta_{t-1}' - R_{t-1}) \tag{3.36}$$

其中，R_t 是迭代过程中出现的过渡矩阵，g 一般介于 0 和 1 之间，可看作预测误差对本期参数更新的影响程度。g 越小，说明在参数更新时预测误差影响越小，公众的预期就越理性，故理性预期实际上可看作适应性学习在 g 为 0 时的极端情形（Orphanides & Williams，2004）。（3.34）式—（3.36）式便构成了公众更新参数 φ_t 的核心算法，只要给定初始值 R_{t_0} 和 φ_{t_0}，再结合（3.23）式和（3.31）式便可通过迭代运算不断更新参数 φ_t。将由 CGLS 方法得到的参数值代入（3.31）式，即可得到宏观经济变量 H_t 的实际走势。

五、货币政策动态模拟分析

（一）参数校准

本节在对由（3.23）式、（3.31）式、（3.34）式—（3.36）式构成的适应性学习系统进行动态数值模拟分析前，首先对参数进行校准。须校准的模型参数主要包括 IS 曲线中产出缺口的利率弹性 $-\varphi$、Phillips 曲线中的通胀预期系数 β 和产出缺口权重 λ。这些参数的大小可体现我国当前经济运行状况的基本特征，因此本节的校准结果均选自有关中国现实分析的经验文献。

传统新凯恩斯菲利普斯曲线建立在统一劳动力市场假设基础上，与我国实际情形并不相符。巩师恩和范从来（2013）考虑到在我国二元经济结构下，从事非农业劳务的劳动力具有二元特性，因此他们基于新凯恩斯菲利普斯曲线模型构建了二元劳动力结构下的通货膨胀动态方程。实证结果显示，当前我国预期通胀率对实际通胀率的影响系数达到 0.76，这说明预期在我国经济运行中具有重要影响。目前我国各地区经济发展和对外开放程度差异较大，东西部差距尤为明显，这一不平衡现状将对菲利普斯曲线产生重要影响。吕越和盛斌（2011）考虑到上述问题，在研究时采用了 2001—2009 年我国 30 个省的面板数据进行分析，他们发现在考虑到地区差异后我国通胀预期的影响系数大约在 0.814 左右。以上研究较好兼顾了我国经济的特殊性，故本节采用他们的研究结果并取均值，将通胀预期反应系数 β 定为 0.787，这也与众多学者的研究结果基本相近（曾利飞等，2006；杨小军，2011；王艺明和蔡昌达，2013 等）。

据奚君羊和贺云松（2010）的估计，我国产出缺口对实际通胀的影响力大约在 0.28 左右，与此相近，刘斌（2003）的估计结果为 0.27。耿强等（2009）在开放经济下实证研究了我国通货膨胀动态特性，在充分考虑汇率传递的滞后效应、工具变量选择的稳健性等问题后，他们计算出产出缺口的影响系数在 0.16—0.23 之间。于光耀和徐娜（2011）的研究也显示产出缺口影响力应该在 0.2—0.3 之间。目前学界对产出缺口影响力的估计存在较大分歧，如陈彦斌（2008）认为产出缺口对通货膨胀的影响存在滞后效应，当期产出缺口影响系数为负且不显著；而在刘金全和姜梅华（2011）的估计中，产出缺口系数则高达 2.25。经验结果的差异很大程度源于样本区间、数据频率及模型设定等诸多因素，与多数研究一致，本节将产出缺口权重定为 0.25。

目前国内多数研究是在动态随机一般均衡框架内分析 IS 曲线的，如李春吉、范从来等（2010），而鲜有专门关于动态 IS 曲线的经验文献。刘斌（2003）利用 GMM 方法估计了我国的动态 IS 曲线，结果显示实际利率系数为 −0.14；麦克勒姆和纳尔逊（McCallum & Nelson，1999）的基准研究发现在美国这一系数为 −0.164。考虑到我国利率尚未完全市场化，经济增长中由政府主导的投资占比较大，因而我国的产出对利率敏感度应该不及美国。基于以上考虑，本节选取刘斌（2003）的实证结果，令 $\varphi = 0.14$。以上校准结果与其他参数设定情况见表 3.5。

表 3.5　适应性学习系统的部分参数校准结果

参数	φ	β	λ	κ	ν	σ_d	σ_s
校准值	0.14	0.787	0.25	0.8	0.8	0.1	0.1

由 (3.34) 式—(3.36) 式构成的方程组在迭代前须先给定初始值 R_{t_0} 和 φ_{t_0}，本节令 $\varphi_{t_0} = \bar{\varphi}$、$R_{t_0} = M(\bar{\varphi})$。其中，$\bar{\varphi}$ 为由 (3.22) 式和 (3.23) 式构成的基本模型的理性预期均衡解，$M(\bar{\varphi})$ 是二阶矩阵，由 PLM 到 ALM 的映射所对应的 Jacobian 矩阵变换而来[1]。同时，将迭代次数设为 200 期，y、π、d、s 在模拟中的初始值均设为 0。为尽量平抑 (3.19) 式中冲击的随机性对模拟结果的影响，同一试验均重复 1000 次。

在本节构造的新凯恩斯模型中，由中央银行控制的政策参数 δ_π、δ_y 及参数更新方程中的常数 g 均会影响实际经济偏离理性预期均衡水平的程度。通过对 δ_π、δ_y 和 g 的不同赋值，可甄别出最优政策反应函数。卞志村和孙俊 (2011) 在包含汇率因素的利率规则中，依据利率对通货膨胀、产出缺口和汇率的反应程度，将货币政策分为严格通货膨胀目标制、灵活通货膨胀目标制、有管理的浮动汇率制和浮动汇率制。本节继续沿用这一思路，假设中央银行使用利率工具调节经济，依据利率对产出缺口预期和通胀预期的反应力度，将中央银行货币政策反应类型划分为五类[2]（见表 3.6），同时适应性学习中的关键参数 g 分别取 0.01、0.05 和 0.25[3]。

表 3.6 中央银行货币政策反应类型

政策类型	严格通货膨胀目标制	灵活通货膨胀目标制	混合名义收入目标制	灵活产出缺口目标制	严格产出缺口目标制
(δ_π, δ_y)	(1, 0)	(1, 0.5)	(1, 1)	(0.5, 1)	(0, 1)

根据布拉德和米特拉（Bullard & Mitra，2002）的分析，当使用前瞻型利率规则作为货币政策反应函数时，为确保理性预期均衡的确定性和稳定性，

---

[1] 详细求解方法可参考 Evans & Honkapohja (2001) 和 Giannitsarou (2005) 等人的研究。

[2] 这里的目标制规则是根据利率与利率调控对象之间的关系来确定的。而 Svensson (1999) 给出的经典目标制定义是依据中央银行目标函数中产出缺口与通货膨胀权重大小确定的，根据这一传统定义可推导出各目标制对应的最优利率规则，具体可参考 Honkapohja & Mitra (2001)、Evans & Honkapohja (2006) 等人的研究。

[3] g 介于 0—1 之间，但越接近 1，所得参数实际值与均衡值的偏离程度也将迅速扩大。借鉴 Orphanides & Williams (2004) 将 g 设为 0.025、0.05 和 0.075 的做法，本节也将 g 设在一较小区间内，这一做法只是为了数据表达的简洁，而不会影响最终结论。

模型参数必须满足以下条件：

$$\delta_y < \frac{1}{\varphi}(1 + \frac{1}{\beta}) \tag{3.37}$$

$$\lambda(\delta_\pi - 1) + (1 - \beta)\delta_y < \frac{2}{\varphi}(1 + \beta) \tag{3.38}$$

$$\lambda(\delta_\pi - 1) + (1 - \beta)\delta_y > 0 \tag{3.39}$$

（3.37）式—（3.39）式是预期均衡的确定性条件，（3.39）式同时也是预期均衡的稳定性条件。从中可以看出，中央银行对产出缺口预期或通胀预期的过度反应将导致模型出现多重均衡。经计算，本节设定的灵活通货膨胀目标制、混合名义收入目标制和灵活产出缺口目标制满足条件（3.37）式—（3.39）式，而在严格通货膨胀目标制和严格产出缺口目标制下，模型将出现多重均衡解。

由于中央银行在货币政策实践中需要同时兼顾各方面的考虑，因而实际货币政策操作不会在完全满足（3.37）式—（3.39）式的条件下实行。国内不少经验文献表明，我国利率对通货膨胀反应不足，泰勒规则会使模型出现多重解（谢平和罗雄，2002；陆军和钟丹，2003；卞志村，2006等）。郑挺国和刘金全（2010）采用区制转移形式的泰勒规则进一步分析了我国货币政策操作，他们发现我国在1992年4季度—1993年3季度、1997年4季度—1999年4季度和2008年4季度—2009年2季度的泰勒规则是稳定的，在其他区间内呈现出不稳定性。因此，我国货币政策操作在有些时期的确不会完全满足条件（3.37）式—（3.39）式。即使中央银行的货币政策操作会导致经济出现多重均衡，但将其中满足稳定性条件的解作为公众可学习均衡解，就可进一步深入评判各目标制下经济对均衡水平的偏离程度，从而避免为满足（3.37）式—（3.39）式条件而将货币政策参数人为限制在理想水平的做法[①]。因此，为进一步比较各目标制的优劣，在进行货币政策模拟时，本节将多重均衡解中满足预期稳定性条件的解作为公众的可学习均衡解，从而将评判最优货币政策的标准由是否满足预期确定性和稳定性条件拓展为实际经济对理性预期均衡水平的偏离度最小化。

---

① 在完全满足预期确定性和稳定性条件下进行分析虽然符合理论需要，但实际上，货币政策实践并不一定完全满足这些条件，因而无法与不稳定的货币政策操作进行对比。

（二）偏离度分析

接下来，我们通过模拟试验比较不同中央银行政策反应类型和适应性学习参数 g 构成的组合中实际经济对理性预期均衡水平的偏离程度，并依据偏离度最小化准则甄别最优货币政策。为比较不同组合的实际值对均衡水平的偏离程度，本节作如下定义：

$$产出缺口偏离度 = \sum \left| \frac{实际产出缺口 - 均衡产出缺口}{均衡产出缺口} \right|$$

$$通货膨胀偏离度 = \sum \left| \frac{实际通货膨胀 - 均衡通货膨胀}{均衡通货膨胀} \right|$$

产出缺口偏离度越小，说明实际产出缺口与均衡水平越接近，对应的货币政策也就越优；同理，通货膨胀偏离度越小，说明实际通货膨胀与均衡水平越接近，对应的货币政策也越优。

表 3.7　各目标制下的可学习均衡解与二阶矩阵

政策反应类型	可学习均衡解 $\bar{\varphi}$	二阶矩阵 $M(\bar{\varphi})$
严格通货膨胀目标制	$\begin{pmatrix} 4 & 0 \\ 2.6998 & 2.1598 \end{pmatrix}$	$\begin{pmatrix} 0.0266 & 0.0014 \\ 0.0014 & 0.0254 \end{pmatrix}$
灵活通货膨胀目标制	$\begin{pmatrix} 3.125 & 0 \\ 2.1092 & 2.1598 \end{pmatrix}$	$\begin{pmatrix} 0.0269 & 0.0037 \\ 0.0037 & 0.0245 \end{pmatrix}$
混合名义收入目标制	$\begin{pmatrix} 2.5641 & 0 \\ 1.7306 & 2.1598 \end{pmatrix}$	$\begin{pmatrix} 0.0367 & -0.0012 \\ -0.0012 & 0.0254 \end{pmatrix}$
灵活产出缺口目标制	$\begin{pmatrix} 2.9175 & 0.4411 \\ 1.9692 & 2.4575 \end{pmatrix}$	$\begin{pmatrix} 0.0247 & -0.001 \\ -0.001 & 0.0328 \end{pmatrix}$
严格产出缺口目标制	$\begin{pmatrix} 3.384 & 1.0232 \\ 2.284 & 2.8505 \end{pmatrix}$	$\begin{pmatrix} 0.0245 & 0.003 \\ 0.003 & 0.023 \end{pmatrix}$

表 3.7 给出了由（3.22）式和（3.23）式构成的基本模型的理性预期均衡可学习解 $\bar{\varphi}$ 和对应二阶矩阵 $M(\bar{\varphi})$ 在各目标制下的最终结果[①]。图 3.4—图 3.8 分别给出了各目标制下参数 φ_t 的实际走势与对应均衡水平的比

[①]　由于在部分目标制下模型存在多重均衡解，这里给出的可学习解是其中满足预期稳定性条件的均衡解，具体求解利用了 MATLAB 软件，相关理论可参考 Evans & Honkapohja（2001）、Giannitsarou（2005）等经典文献。

较。其中，虚线表示 φ_t 的均衡值，实线表示 φ_t 的实际走势。各图从左至右依次为 g＝0.01、0.05、0.25 时的情形。从 φ_t 的均衡值大小来看，混合名义收入目标制下 φ_t 的均衡值最小，灵活通货膨胀目标制和灵活产出缺口目标制其次，而严格通货膨胀目标制和严格产出缺口目标制最大。从组间对比来看，对应位置的参数 φ_t 波动趋势基本一致；从组内比较来看，φ_1 和 φ_3、φ_2 和 φ_4 的数值水平各不相同，在波动趋势上也存在较大差异。

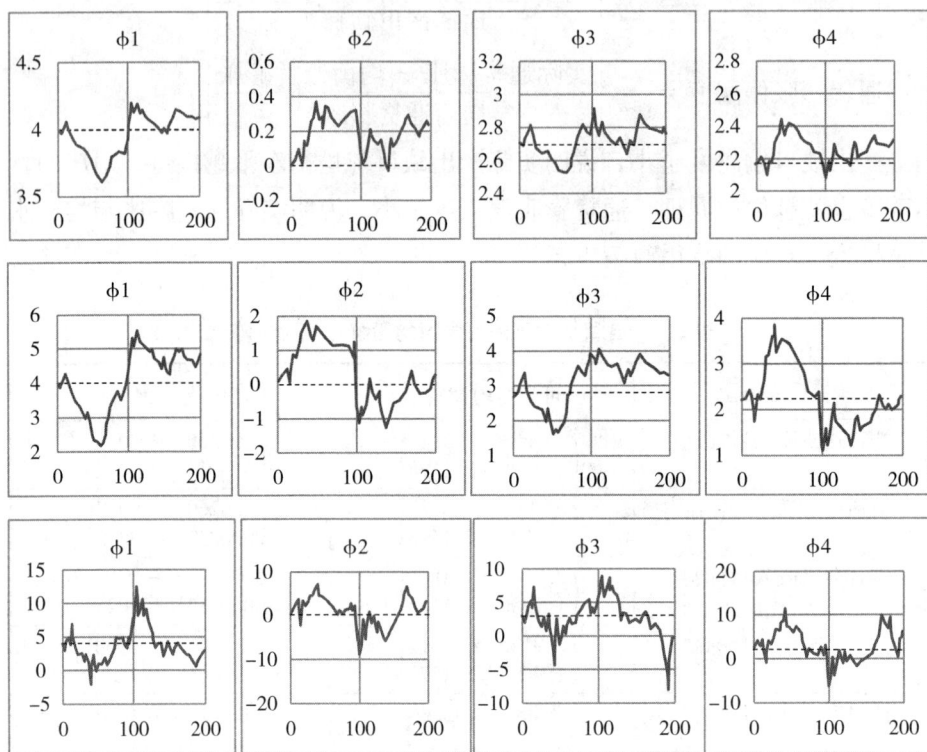

图 3.4　严格通货膨胀目标制下参数 φ_t 的实际走势与均衡值

　　图 3.9—图 3.13 分别给出了各目标制下产出缺口和通货膨胀实际值与对应均衡水平的比较。将适应性学习引入新凯恩斯模型后，代表公众预期理性程度的核心参数 g 的具体大小将影响经济的实际走势与对应均衡水平的关系。从图 3.9—图 3.13 可以看出，当 g 变大后，实际经济走势将越发偏离均衡水平。至于各目标制下实际经济偏离均衡水平的具体程度以及产出缺口和实际通货膨胀本身的波动情况将在下文进行具体分析。

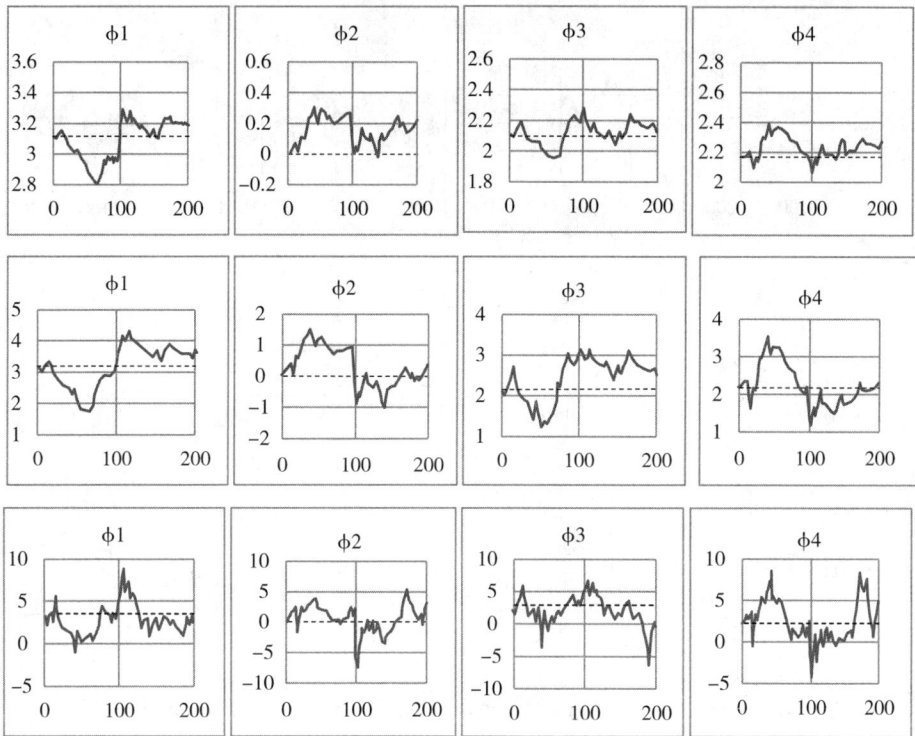

图 3.5　灵活通货膨胀目标制下参数 φ_t 的实际走势与均衡值

表 3.8 显示的是根据前文定义的偏离度指标计算出的产出缺口与通货膨胀偏离度。从中可以看出：

（1）在各种目标制下，无论对于产出缺口还是通货膨胀，随着适应性学习中的关键常数 g 变大，经济偏离理性预期均衡水平的程度也随之变大。这表明参数 g 很好地刻画了公众预期的理性程度：在其他条件不变时，随着 g 增大，预期的理性成分逐渐降低，导致经济偏离理性预期均衡水平的程度也随之变大。

（2）从产出缺口来看，当中央银行执行灵活产出缺口目标制时，对应各层次的参数 g，实际产出缺口对理性预期均衡水平的偏离程度均是最小的。在前四类目标制中，随着利率反应函数中产出缺口预期的相对权重不断增大，实际产出缺口偏离度显著降低。但如果中央银行完全忽视应对经济中存在的通胀预期，而只关注产出缺口预期（即实行严格产出缺口目标制），却

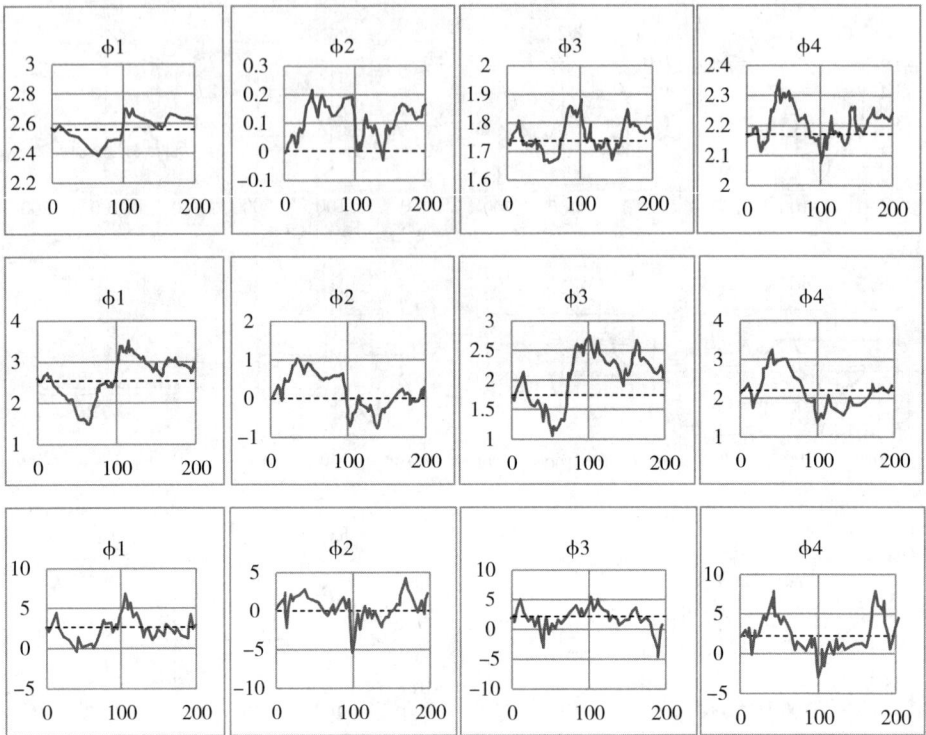

图 3.6 混合名义收入目标制下参数 φ_t 的实际走势与均衡值

反而难以促进产出缺口在均衡水平运行。这表明过分重视产出目标将无法有效减小产出缺口偏离度，如果中央银行给予通货膨胀足够的重视、努力为经济发展营造良好的货币环境，将会促使经济更好地在均衡水平附近运行①。

表 3.8 经 1000 次重复试验后的模拟结果

政策类型	g	偏离度		
		产出缺口	通货膨胀	Σ
严格通货膨胀目标制	0.01	21.2385	22.2878	43.5263
	0.05	79.4391	162.7696	242.2087
	0.25	364.0928	1026.619	1390.712

① Orphanides & Williams（2004）的研究也表明，在公众不完美认知视角下，过分重视产出的货币政策产生的效果将不尽如人意。

续表

政策类型	g	偏离度		
		产出缺口	通货膨胀	Σ
灵活通货膨胀目标制	0.01	20.1202	22.7981	42.9183
	0.05	71.3188	84.3682	155.687
	0.25	306.8904	302.1169	609.0073
混合名义收入目标制	0.01	17.411	62.6332	80.0442
	0.05	63.3407	374.9351	438.2758
	0.25	257.962	1023.606	1281.568
灵活产出缺口目标制	0.01	14.4504	62.2939	76.7443
	0.05	52.2033	391.8111	444.0144
	0.25	157.8792	1235.698	1393.577
严格产出缺口目标制	0.01	34.9727	100.8552	135.8279
	0.05	103.3056	423.6484	526.954
	0.25	188.7323	1440.64	1629.372

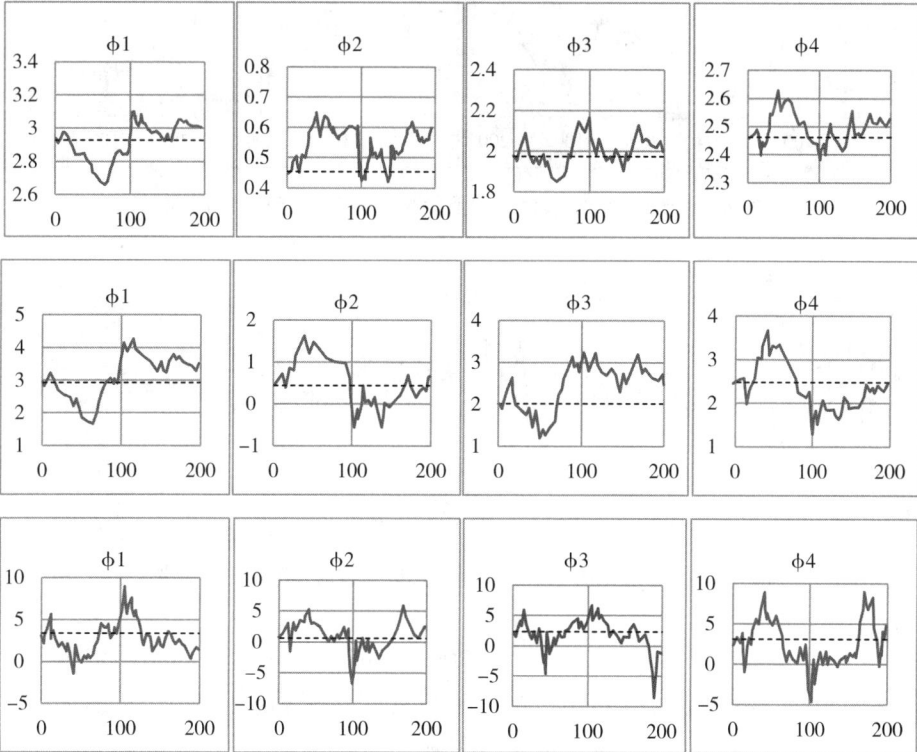

图 3.7 灵活产出缺口目标制下参数 φ_t 的实际走势与均衡值

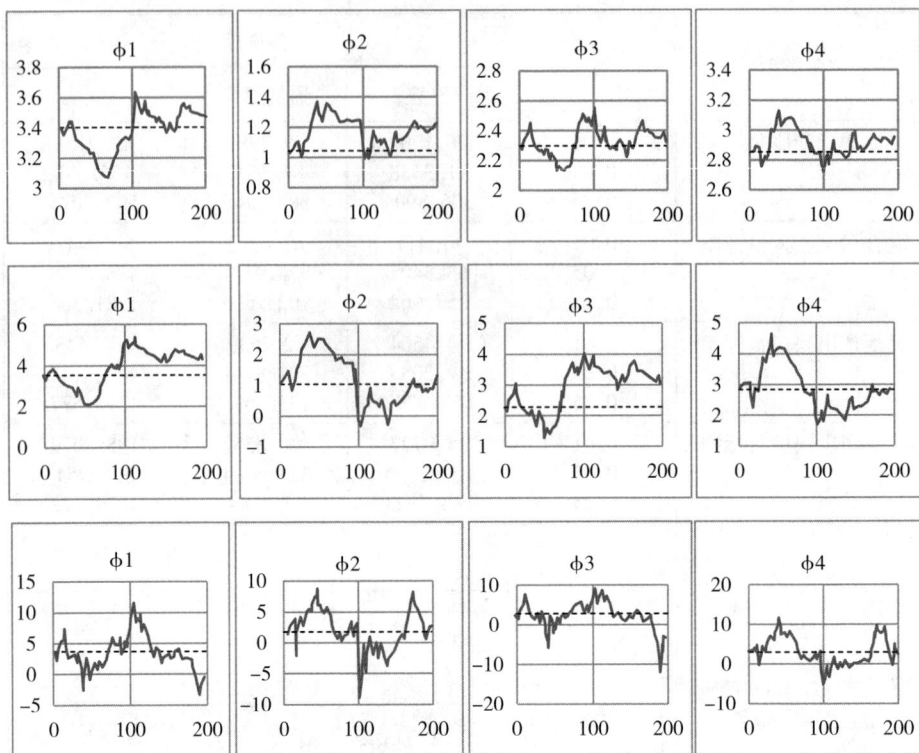

图 3.8　严格产出缺口目标制下参数 φ_t 的实际走势与均衡值

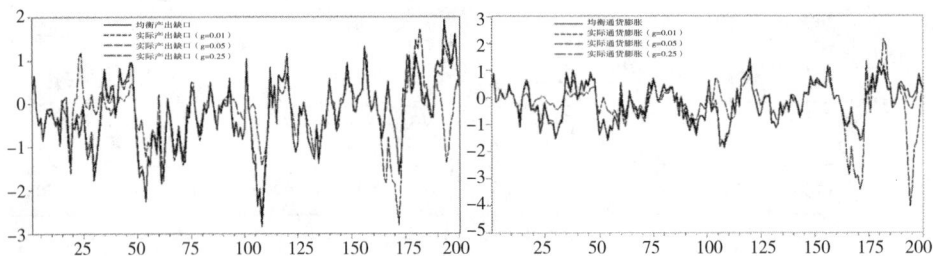

图 3.9　严格通货膨胀目标制下产出缺口和通货膨胀拟合效果

（3）从通货膨胀来看，中央银行执行灵活通货膨胀目标制的效果要显著优于其他目标制。可以看出，严格通货膨胀目标制在 g 取 0.01 时效果略微优于灵活通货膨胀目标制，但当 g 取 0.05 或 0.25 时，效果则明显不如灵

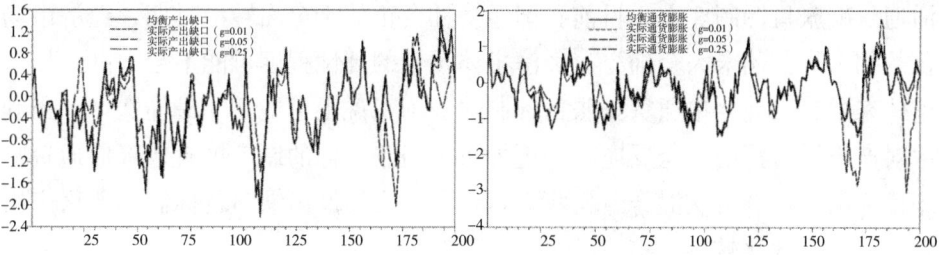

图 3.10　灵活通货膨胀目标制下产出缺口和通货膨胀拟合效果

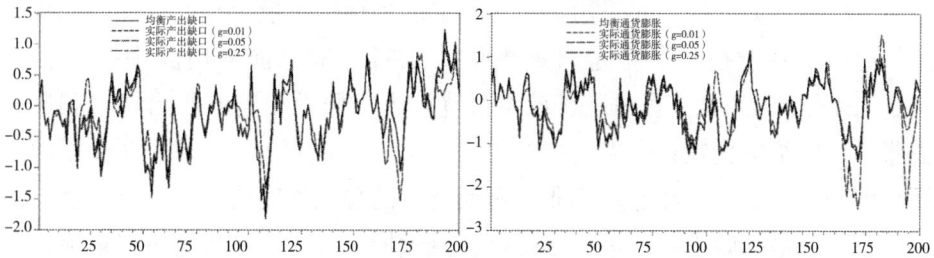

图 3.11　混合名义收入目标制下产出缺口和通货膨胀拟合效果

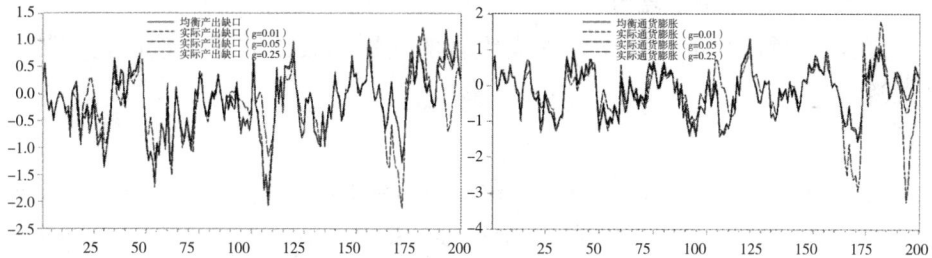

图 3.12　灵活产出缺口目标制下产出缺口和通货膨胀拟合效果

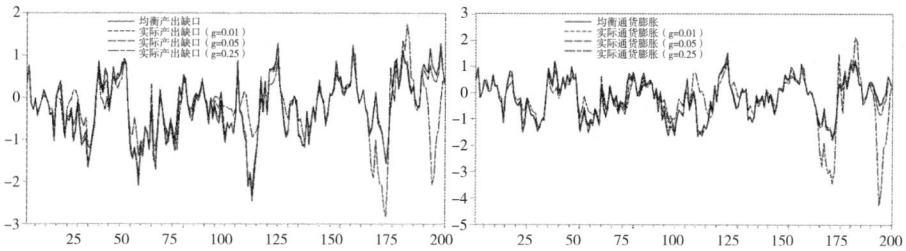

图 3.13　严格产出缺口目标制下产出缺口和通货膨胀拟合效果

活通货膨胀目标制。由于目前我国经济社会正处于全面转型时期，经济市场化的相关规范还未完全确立，经济主体预期的理性程度可能不会太高，故从整体来看，实施严格通货膨胀目标制对我国来说很可能并非最佳选择。当利率对产出缺口预期完全反应时，更加重视通胀目标的制度可有效降低通货膨胀偏离度，这点可从混合名义收入目标制、灵活产出缺口目标制和严格产出缺口目标制的比较中得出。

综上分析，当前我国中央银行如采用灵活产出缺口目标制可最为有效地降低产出缺口偏离度；而采用灵活通货膨胀目标制可最为有效地降低通货膨胀偏离度。鉴于在某段特定时期内中央银行一般只能采用其中一种目标制①，因此，为甄别究竟哪一种政策最优，本节假设相同的产出缺口和通货膨胀偏离度给中央银行带来的损失等价。由表3.8可知，不管公众预期的理性程度如何，实施灵活通货膨胀目标制产生的总偏离度最小，效果最优；而在给定这一最优政策后，进一步提高公众预期的理性程度将会更好地促进实际经济向均衡水平发展。

（三）均值—标准差分析

在传统货币政策分析中，中央银行的效用损失函数通常被假定为如下形式：

$$V = Var(y_t) + \omega Var(\pi_t) \qquad\qquad (3.40)②$$

参数 ω 反映了中央银行对通货膨胀的相对重视程度。当 ω 为1时，表明产出缺口和通货膨胀每变化1%给中央银行带来的效用损失相同。这一损失函数暗示中央银行希望维持经济中的产出缺口和通货膨胀波动最小化，此时随着自然产出水平的提高，经济中的实际产出也将增加，同时不会带来价格水平的过度波动。我国的《中国人民银行法》明确规定我国货币政策目标是"保持货币币值的稳定，并以此促进经济增长"。稳定币值是货币政策的直接目标，经济增长是其最终目标，把稳定币值作为促进经济增长的重要保证，其本质是要为经济增长提供稳定的货币金融环境。在偏离度分析中，本

① 另外，出于维护中央银行声誉的考虑和理论分析的便利性，本节限定一定时期内中央银行只能采用某一特定目标制。

② 关于中央银行效用损失函数的设定，请参见 Ball（1999）、Orphanides & Williams（2004）、Gaspar，Smets & Vestin（2010）、Walsh（2012）等人的研究。

节也发现过分重视产出目标无法有效减小产出缺口偏离度，相反如果中央银行给予通货膨胀足够的重视，将能有效降低产出缺口偏离度，促进经济更加平稳增长。但是，现实中出于各种考虑，中央银行往往希望得到较高的产出缺口和较低的通货膨胀，即中央银行一般都希望能够在低通货膨胀的基础上进一步提高产出，有时甚至为提高产出而牺牲物价稳定。

考虑到产出缺口与通货膨胀的水平值以及波动率是中央银行的重要观测对象。本节进一步引入均值和标准差指标以分析各目标制下的货币政策效果，并比较偏离度分析与均值—标准差分析所得结论的异同。在分析前，我们首先假定中央银行更偏好产出缺口的（高均值、低波动）组合，同时也希望通货膨胀接近 0 且波动越小越好。

表 3.9　产出缺口与通货膨胀的均值和标准差情况

政策类型	g	产出缺口			通货膨胀	
		均值	标准差	均值/标准差	均值	标准差
严格通货膨胀目标制	0.01	−0.2282	0.7936	−0.2876	−0.1789	0.6842
	0.05	−0.2384	0.7667	−0.3109	−0.2008	0.6581
	0.25	−0.2017	0.6823	−0.2956	−0.1911	0.8568
灵活通货膨胀目标制	0.01	−0.1786	0.6209	−0.2877	−0.1458	0.5954
	0.05	−0.1877	0.6069	−0.3093	−0.1678	0.5819
	0.25	−0.1644	0.5399	−0.3045	−0.1683	0.7278
混合名义收入目标制	0.01	−0.1455	0.5078	−0.2865	−0.1222	0.5407
	0.05	−0.1529	0.4994	−0.3062	−0.1428	0.5303
	0.25	−0.1378	0.4601	−0.2995	−0.1520	0.6525
灵活产出缺口目标制	0.01	−0.1708	0.5888	−0.2901	−0.1401	0.6203
	0.05	−0.1836	0.5794	−0.3169	−0.1642	0.6043
	0.25	−0.1787	0.5392	−0.3314	−0.1805	0.7693
严格产出缺口目标制	0.01	−0.2050	0.7089	−0.2892	−0.1637	0.7130
	0.05	−0.2270	0.7005	−0.3241	−0.1944	0.6914
	0.25	−0.2319	0.6944	−0.3339	−0.2165	0.9109

从表 3.9 可以看出：（1）各目标制下的通货膨胀均值水平与常数 g 大致成反向关系，而产出缺口却表现出较强的非单调特征。与此相反的是，各目标制下的产出缺口标准差与常数 g 大致成反向关系，而通货膨胀却表现出较强的非单调特征。

（2）从产出缺口来看，均值与对应标准差之间的关系呈现出较强的非单调特征，为进一步分析，本节定义一个指标：$\dfrac{\text{均值}}{\text{标准差}}$。这一指标表示单位波动对应的均值水平，对产出缺口来说，这一指标值越大，对应的目标制则越优。从这一指标判断，实行混合名义收入目标制最优，而偏重通胀目标的制度要优于偏重产出目标的制度。

（3）从通货膨胀来看，混合名义收入目标制无论在均值水平还是波动程度上都是最优的，因此中央银行可通过实施混合名义收入目标制以有效控制通货膨胀，而灵活通货膨胀目标制的效果稍逊于混合名义收入目标制，但相对其他三类目标制则明显占优。

综合来看，在均值—标准差分析中，混合名义收入目标制的政策效果最优，灵活通货膨胀目标制的效果总体来看是次优的。这一结论与偏离度分析得出的结果有所不同，但两种分析都验证了灵活通货膨胀目标制和混合名义收入目标制相对其他目标制来说都占优，而偏重或完全盯住产出的政策都是非有效的。此外，从预期确定性和稳定性条件来看，这两类目标制也都是有效的。因此，灵活通货膨胀目标制和混合名义收入目标制均可成为我国中央银行货币政策的有效实现形式。

以上分析表明，无论是中央银行的政策反应类型还是公众预期的理性程度都会对货币政策效果产生影响。从偏离度分析来看，最优货币政策是执行灵活通货膨胀目标制；而在均值—标准差分析中，混合名义收入目标制是最优的。无论中央银行是采用灵活通货膨胀目标制还是混合名义收入目标制，其要旨都是在兼顾产出的同时也要重视通货膨胀，从而使我国经济更加平稳、协调发展。本节的政策模拟所得出的只是定性结论，至于在实际操作中利率究竟应对产出和通货膨胀进行多大程度的反应还须作进一步深入研究。

六、结　论

本节在新凯恩斯主义模型框架内分析了我国最优货币政策选择问题。在模型预期项的处理上，通过引入适应性学习以替代传统的理性预期假设，这一做法不仅是对理性预期假设的适当放松，而且通过其中关键参数 g 的设定可以实现对预期理性程度的定量描述。通过利率反应函数中产出缺口预期和通胀预期权重的改变，本节将中央银行政策反应类型分为严格通货膨胀目标制、灵活通货膨胀目标制、混合名义收入目标制、灵活产出缺口目标制和严格产出缺口目标制等五类，并进行了比较分析。当引入适应性学习后，由中央银行决定的政策参数将直接影响实际经济对理性预期均衡水平的偏离程度，因此中央银行采用何种货币政策以确保实际经济对均衡水平的偏离最小化应成为货币政策选择的重要考虑方向。在实证研究时，本节使用了偏离度、均值和标准差等指标多角度分析了货币政策效果。

本节的模拟研究得出了灵活通货膨胀目标制和混合名义收入目标制较其他目标制更优的结论。我国中央银行可考虑采用既重视产出因素也重视通胀因素的目标政策，以促进经济平稳增长。无论在何种目标制下，只要公众预期的理性程度越高，实际经济偏离理性预期均衡水平的程度就越小。因此，货币政策要取得最佳效果，不仅取决于中央银行货币政策工具的使用，同时也取决于社会公众的预期行为，而货币政策在引导公众预期方面应当有所作为。为提高经济运行质量，中央银行应着力降低公众预期中的参数 g，为此应增强自身声誉机制建设、进一步完善信息披露制度、拓宽与公众沟通的渠道并提高沟通频率，通过及时更新信息披露内容引导公众更新信息并迅速调整预期和决策。从长远角度来看，为提高我国居民的宏观预期水平，政府应着力提高教育质量、提升公众的市场意识，同时为保证信息披露的准确性，还须进一步构建科学的、多层次的宏观数据调查统计体系，努力提高数据的精确性、及时性和有效性。

在偏离度分析中，货币政策效果不仅取决于中央银行政策类型而且也受到公众预期的理性程度影响，因此其在用于分析货币政策调控优劣的同时也更加凸显了货币政策的预期引导功能，这是均值—标准差分析以及传统的最优货币政策分析框架所不具备的特点。然而，通过偏离度分析和均值—标准差分析所得到的结论存在一定的冲突，因此如何将评判最优货币政策的各种标准纳入一个统一的框架应成为未来货币政策分析的重要研究方向。此外，适应性学习中的关键参数 g 虽然可以定量描述预期的理性程度，但其本身却是外生给定的，事实上，随着货币政策预期引导功能的重要性日益凸显，g 的取值在分析货币政策效果时将产生十分重要的影响。因此，如何将适应性学习的关键参数 g 内生于一个统一的完整框架，从而更加全面、系统地评判货币政策优劣将成为适应性学习理论今后的重要发展方向之一。最后，从货币政策实践来看，如何测算当前我国公众宏观经济预期的整体理性程度，从而将其量化结果反映在参数 g 的取值上以便精确分析政策效果，值得深入研究。

第四节　物价调控、金融形势指数与中国最优货币政策规则

一、研究背景

上世纪末以来，金融自由化、金融创新和金融全球化促进了各国资本市场的发展，全球金融体系之间的联系愈发紧密，资产价格波动成为各国实体经济发展的重要挑战。始发于美国的次贷危机最终演化成全球性金融危机，对全球实体经济造成了深重的负面影响，凸显资产价格因素对宏观经济运行的重大影响。

自 1996 年 6 月 1 日人民银行放开了银行间同业拆借利率起，我国利率市场化进程得到有序进展，利率变化可以影响未来实际产出并且引导通胀预期的变动。2005 年 7 月 21 日起，我国开始实行以市场供求为基础、参考一篮子货币进行调节、有管理的浮动汇率制度。几年来，人民币汇率形成机制改革有序推进并取得了预期的效果。随着人民币汇率形成机制的进一步完善，实际有效汇率的变动能够引起国际收支和产出的变化，并通过汇率传递效应影响国内价格水平，汇率指数将成为更为有效的传递实际经济运行信息的重要指标。1998 年房改后，我国房价连年上涨，并一直维持高位运行，房地产行业作为推动经济发展的重要力量同时，也加剧了通胀风险。房地产预期收益与通货膨胀率预期之间存在长期稳定关系（王维安等，2005），长期内，房地产价格对通货膨胀和产出产生重要影响（段忠东，2007）。我国股票市场经历二十多年的发展，正在逐步走向有效的市场，股票市场在整个国民经济和金融体系中的地位越来越突出，股票价格变化即使不能对实体经济产生重要影响，也仍可能包含重要信息。本节将首先利用包括利率、汇率、股价和房价在内的资产价格因素，构建可以反映我国整体金融宽松程度

的金融形势指数，检验其宏观经济预测能力，并将其作为货币政策的参考指标纳入到货币政策反应函数，实证检验包含金融形势指数的货币政策反应函数在中国的适用性问题。

二、文献回顾

艾卡和尼蒙（Eika & Nymoen，1996）、埃里克森和詹森（Ericsson & Jansen，1998）利用加权平均的短期利率和汇率构建了货币形势指数（monetary condition index，MCI），玻尔（Ball，1999）对如何修正泰勒规则进行了研究，曾建议用 MCI 代替利率作为货币政策规则。实践中加拿大和新西兰中央银行曾把 MCI 作为货币政策操作目标。国内方面，陈雨露和边卫红（2003）基于 MCI 探讨了开放经济中货币政策操作目标理论，认为我国中央银行应适时将 MCI 作为参考指标，货币当局应避免追求精确 MCI 的误区，保持在一个弹性区间将是一个更佳的选择。卜永祥和周晴（2004）在估计中国总需求曲线和菲利普斯曲线之后，综合考虑利率、汇率和货币供应量，分别定义了实际 MCI 指数和名义 MCI 指数，并建议将 MCI 指数作为我国制定货币政策时的重要参考指标。在开放经济下最优货币政策探讨的基础上，卞志村（2008）推导得到修正的 MCI，其与传统的 MCI 有着明显的区别，修正的 MCI 中实际汇率的权重取决于所有的模型参数及货币当局的偏好，通过分别构造实际 MCI 与名义 MCI，发现虽然基于传统 MCI 的货币政策操作在中国是行不通的，但可用名义 MCI 来监测通货膨胀率的变动情况，以最终提高我国货币政策的操作效率。

为了探索资产价格的货币政策信息作用，古德哈特和霍夫曼（Goodhart & Hofmann，2000）最早提出金融形势指数（financial condition index，FCI），在 MCI 的基础上加入资产价格变量，即除了包含 MCI 中的短期实际利率与实际有效汇率外，还加入了房价与股价等资产价格，并指出金融形势指数对于 G7 国家的 CPI 通货膨胀率在样本内具有良好的预测效果。王玉宝（2005）分别用 OLS 与 VAR 的方法初步估算了中国的 FCI，认为包含真实短期利率、真实汇率、真实房地产价格和真实股权价格的 FCI 可以作为货币政策的辅助参照指标。封北麟等（2006）运用 VAR 模型估计了中国的 FCI，研究表明 FCI 对通货膨胀率具有良好的预测能力。在此基础上，将 FCI 作为目标和信息变量纳入泰勒规则，结果表明 FCI 与短期利率存在正向关系，可以作为货币政策的短期指示器。何平等（2007）基于 FCI，运用 VAR 模型分别构建了包含房价与不包含房价的两个 FCI，结果表明包含房价指数的 FCI 更适合作为未来通货膨胀率的先行指标。陆军等（2007）通过一个简单的静态模型，从各变量的传导机制入手推导其在 FCI 的符号，在此基础上，通过综合总需求模型与超额需求模型构建了中国的 FCI，研究发现在样本期内 FCI 与 GDP 增长率走势较吻合，且 FCI 对 CPI 有较强的预测能力，并建议将 FCI 作为中国货币政策的一个重要参考指标。戴国强等（2009）运用 VECM 模型构建了我国的金融形势指数，比较发现我国 FCI 中汇率指标系数普遍高于国外相关研究，认为可能是人民币未国际化以及我国外贸依存度高的原因。同样，其结果也表明金融形势指数能够对通货膨胀率做出及时、有效的预测。

通过上述文献可以发现，学界已基本达成一点共识，即 FCI 包含着未来通货膨胀的信息。但是以上文献中所估计的 FCI 的权重都是固定的，未能反映出经济和金融结构的变化，为此，王雪峰（2009）基于状态空间模型估计了中国参数时变的 FCI，同样发现 FCI 可以充当中国货币政策中介目标的辅助目标。此外，陆军等（2011）采用递归广义脉冲响应函数方法构建了中国动态金融形势指数。国内出现过关于包含金融形势指数 FCI 的货币政策反应函数研究（封北麟等，2006；王彬，2009），但尚无学者将 FCI 同时纳入数量型和价格型的货币政策反应函数作对比分析。本节在构建我国参数时变金融形势指数的基础上，比较分析包含 FCI 的麦克勒姆规则与泰勒规则在中国的适用性问题。

三、FCI 的构建与实证分析

古德哈特和霍夫曼（Goodhart & Hofmann，2000）把金融形势指数 FCI 定义成真实短期利率、真实有效汇率、真实房地产价格和真实股票价格的加权平均数，并用这个指数作为未来通货膨胀水平和经济运行情况的先行指标，其具体形式为：

$$FCI_t = \sum_{i=1}^{n} \omega_{it}(\frac{\Gamma_{it} - \bar{\Gamma}_{it}}{\bar{\Gamma}_{it}}) \tag{3.41}$$

其中，FCI_t 为 t 时刻的金融形势指数，ω_{it} 为 t 时刻 Γ_{it} 变量的权重，Γ_{it} 为 t 时刻 Γ_i 变量的取值，$\bar{\Gamma}_{it}$ 为 t 时刻 Γ_i 变量的长期均衡值，$\dfrac{\Gamma_{it} - \bar{\Gamma}_{it}}{\bar{\Gamma}_{it}}$ 为 t 时刻 Γ_i 变量对其长期均衡值的相对偏离程度。

本节将采用同样的变量，构造中国的金融形势指数，具体形式如下：

$$FCI_t = \omega_{1t}\, ri_t + \omega_{2t}\, re_t + \omega_{3t}\, rh_t + \omega_{4t}\, rs_t \tag{3.42}$$

其中，ri 为真实利率，re 为真实有效汇率，rh 为真实房价，rs 为真实股价。

首先，借鉴古德哈特和霍夫曼（Goodhart & Hofmann，2001）的简化总需求方程构建状态空间模型，设定量测方程为：

$$Y_t = c + \sum_{j=1}^{m} \alpha_j\, Y_{t-j} + \sum_{i=1}^{p} \sum_{k=1}^{} \beta_{ik}\, X_{i,\,t-k} + \varepsilon_t \tag{3.43}[1]$$

其中，Y_t 代表产出变量，Y_{t-j} 表示产出的 j 期滞后变量，$X_{i,\,t-k}$ 为自变量 i 的第 k 期滞后变量，α_j、β_{ik} 为各变量系数。

状态方程设为：

$$\alpha_j = A_1\, \alpha_{j-1} + u_1 \tag{3.44}$$

$$\beta_{ik} = A_2\, \beta_{ik-1} + u_2 \tag{3.45}$$

其中，A_1、A_2 分别为参数 α_j、β_{ik} 的系数向量，u_1、u_2 为白噪声序列。在以方程（3.43）、方程（3.44）、方程（3.45）构成的状态空间模型基础上，可以利用卡尔曼滤波算法计算出时变参数，最后确定 FCI 中各个变量的权重。为了更恰当地体现资产价格因素对总需求的影响，本部分尝试将简化总需求方程的产出变量滞后期系数纳入到权重计算公式的分母中，具体形式为：

$$\omega_i = \frac{\displaystyle\sum_{k=1}^{n} \beta_{ik}}{\displaystyle\sum_{j=1}^{m} \alpha_j + \sum_{i=1}^{p} \sum_{k=1}^{n} |\beta_{ik}|} \tag{3.46}$$

（一）数据选取与处理

本节以季度数据为样本，相关变量的数据取 1996 年第一季度至 2011 年

---

[1] 本节在构建简化总需求方程时，对 m，n 和 p 分别作如下设定：设定 m，n 都为 8，即（3.43）式中各变量的最大滞后期为 8；设定 p 为 4，因为本节在构建 FCI 时具体涉及四个变量，即实际利率、实际有效汇率、真实房价与真实股价。

第四季度，样本容量为64。除了利率外，各变量都进行了对数化处理。实际有效汇率数据源自国际货币基金组织的《国际金融统计》，其它原始数据均取自中经网。

1. 真实通货膨胀。本节利用CPI代替真实通货膨胀水平，但我国并没有编制定基CPI，我们利用CPI月度环比计算出月度CPI，再对其取算术平均数得到季度CPI，选取1995年第四季度为基期。

2. 真实产出。本节将季节调整后的名义GDP除以定基CPI作为真实产出的代理变量。

3. 实际短期利率。名义利率数据采用7天银行间同业拆借利率的季度平均数，真实短期利率由名义利率减去当期CPI通胀率水平计算求得。

4. 真实有效汇率。本节选取国际货币基金组织在《国际金融统计》中公布的人民币真实有效汇率。

5. 房地产价格。本节选取国房景气指数中的房地产销售价格指数作为房地产价格的代理指标。

6. 股票价格。本节采用上证综指每季度最后一个交易日收盘价格作为名义股票价格指数代理指标，并通过上证综指除以当期CPI计算得到真实股票价格指数。

（二）实证分析

1. 平稳性检验

为了避免宏观经济变量的不平稳产生伪回归，我们首先采用单位根检验判断数据的平稳性。本节利用ERS点最优检验判断数据的平稳性，发现经季节差分后各变量均平稳（见表3.10），可以有效避免伪回归。

表3.10　季节差分后各变量的平稳性检验

变量	ERS 统计值	检验形式	平稳性
$\Delta_4\ln(cpi)$	0.959 ***	$(C,\ 0,\ 2)$	平稳
$\Delta_4\ln(gdp)$	2.533 **	$(C,\ 0,\ 0)$	平稳
$\Delta_4 ri$	1.133 ***	$(C,\ 0,\ 5)$	平稳
$\Delta_4\ln(re)$	3.165 *	$(C,\ 0,\ 0)$	平稳

续表

变量	ERS 统计值	检验形式	平稳性
$\Delta_4 \ln(rs)$	6.430^*	$(C, T, 3)$	平稳
$\Delta_4 \ln(rh)$	0.207^{***}	$(C, 0, 5)$	平稳

注：Δ_4 表示季节差分；"*"、"**" 和 "***" 分别表示 10%、5% 和 1% 的显著性水平（下表同）；（C，T，L）中的"C"表示 ERS 最优点检验时含常数项，"T"表示含趋势项（T = 0 表示不含趋势项），"L"表示滞后阶数。

2. 构建 FCI

由表 3.10 显示，各变量稳定性良好，这说明本节的状态空间模型不会产生伪回归。为了确定方程（3.43）中各变量具体的滞后形式，我们采取从一般到特殊的方法，得出了量测方程的具体形式：

$$\Delta_4 \ln(gdp) = c(1) + sv7 \Delta_4 \ln[gdp(-7)] + iv1 \Delta_4 ri(-1) +$$
$$ev8 \Delta_4 \ln[re(-8)] + gv1 \Delta_4 \ln[rs(-1)] +$$
$$fv2 \Delta_4 \ln[rh(-2)] + [var = exp(c(2))] \qquad (3.47)$$

相应地，状态方程的递归形式如下：

$$sv7 = sv7(-1)$$
$$iv1 = iv1(-1)$$
$$ev8 = ev8(-1) \qquad (3.48)$$
$$gv1 = gv1(-1)$$
$$fv2 = fv2(-1)$$

其中，$sv7$、$iv1$、$ev8$、$gv1$ 和 $fv2$ 为量测方程（3.47）中各相应变量的时变系数。由卡尔曼滤波算法对状态空间模型进行估计，估计结果见表 3.11。

表 3.11 卡尔曼滤波算法估计结果

因变量	$\Delta_4 \ln(gdp)$					
自变量系数	C（1）	sv7	iv1	ev8	gv1	fv2
最终系数	9.179	0.204	−0.245	−0.115	0.025	0.067
Z 检验量	8.04^{***}	11.12^{***}	-2.68^{***}	-2.98^{***}	4.83^{***}	1.92^{**}
极大似然值	−147.85					
AIC 值	5.764					
SC 值	5.839					

　　由表 3.11 可知，方程（3.43）的各变量系数都已通过显著性检验，极大似然值也很大，而赤池信息量（AIC）和施瓦茨信息量（SC）分别为 5.764 和 5.839，在所有模型形式中为最小，表明模型的统计性能良好。

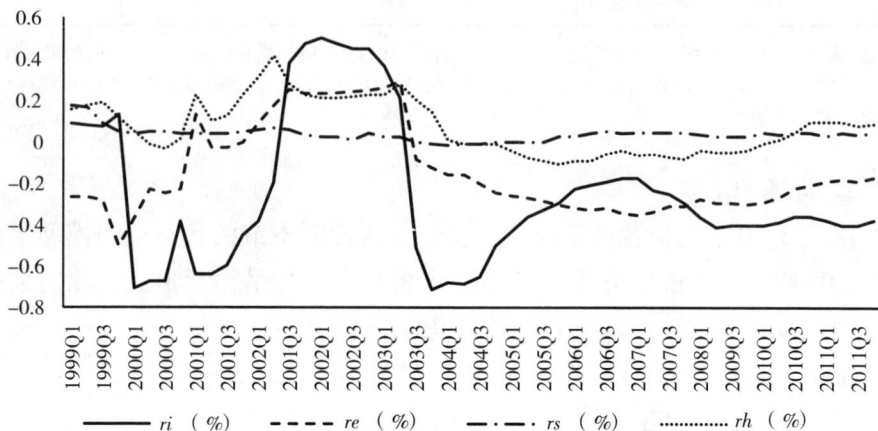

图 3.14　FCI 中各变量的时变权重

　　利用方程（3.43）估算出来的各变量时变参数，再结合方程（3.46）给定的 FCI 中各变量时变权重的计算公式，我们求得了各变量的相应时变权重，如图 3.14 所示。由图 3.14 可以清晰地看到，各变量对 FCI 的贡献度不是固定的，而是动态变化的，总体来讲，各变量符号也与经济意义基本相符。房地产价格、股票价格的上升会通过财富效应、托宾 Q 效应以及信贷渠道带动宏观经济走向扩张，导致金融扩张；而利率的提高和汇率的升值是典型的金融收缩行为，无疑会导致 FCI 的下行。从图 3.14 还可以得出，在样本观测期内，股票市场对 FCI 的影响相对较小，表明随着资本市场的进一步发展，其对金融形势的影响有较大上升空间。

　　知道各变量的权重，我们就可求得 FCI，如图 3.15 所示①。1999 年前两个季度国内国际因素共同推动 FCI 上扬：一方面为治理亚洲金融危机所引发的通货紧缩，我国实施了扩张性的货币政策，1998 年末人民银行开始降息；另一方面，由于盯住单一美元货币，1998 年末由于部分国家汇率对美元汇

---

①　图中将 FCI 值与零值比较，零以上部分表示金融形势宽松，零以下部分表示金融形势趋紧。

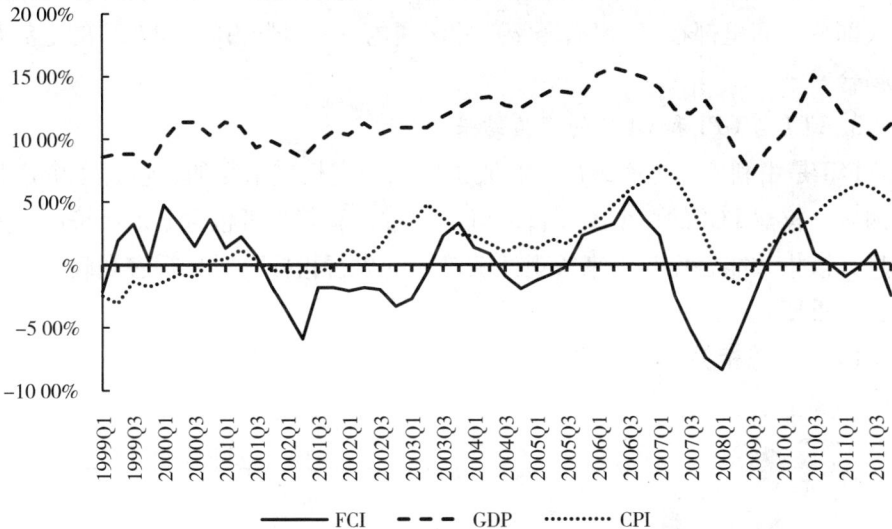

图 3.15　金融形势指数 FCI

率回升间接导致我国实际有效汇率下降。不过到了下半年，FCI 下行，金融
形势趋紧，这可能由于金融危机后房地产市场持续低迷。2000 年末美元逐
步走强而导致人民币实际有效汇率上升，带动金融形势趋紧。2002 年末至
2004 年末两年间，FCI 虽为负值，但呈现上扬趋势，这主要由于自 2002 年
第二季度开始，美元持续两年的下跌趋势带动人民币贬值，以及 2003 年
SARS 期间的银行信贷猛增及其年末开始的房价攀升。2005 年第二季度到
2006 年第三季度期间，FCI 呈现负值状态，表示当时我国整体金融形势趋
紧。2006 年第三季度到 2007 年第四季度，中国股市迎来了繁荣期，2007 年
10 月 16 日股市达到了 6124.04 点的历史高点，期间 FCI 呈现正值状态，我
国整体金融形势宽松。但是随后美国次贷危机逐步向金融危机转变，全球金
融形势恶化，我国作为全球第二大经济体难脱影响，金融形势恶化，2009
年第一季度，FCI 一度逼近-9%的十年低点。紧接着，为了稳定经济运行态
势，政府采取了一系列扩张性宏观经济政策，FCI 止跌上升，2009 年第三季
度 FCI 由负转正，金融形势得到好转。2010 年一季度以后，随着经济复苏
进程中的通胀风险日益加剧，为了抗通胀，货币政策基调相应地由宽松转为
稳健，人民银行连续上调存款准备金率以及人民币升值趋势明显共同导致了

FCI 的下降。总体来看，中国金融运行基本平稳，金融形势指数的波动幅度在大部分时间里都在（-5%，5%）的区间内，并且与 GDP 和 CPI 的走势基本吻合。

3. FCI 与 CPI 和 GDP 的经验结果

FCI 是由利率、汇率、房价和股价按照一定权重求得的，包含了资产价格因素。构建 FCI 的一个主要目的就是通过检验其是否包含未来经济趋势的信息，该指数能否作为未来宏观经济趋势的先行指标，对央行宏观政策有效性具有重要意义。

（1）动态相关性

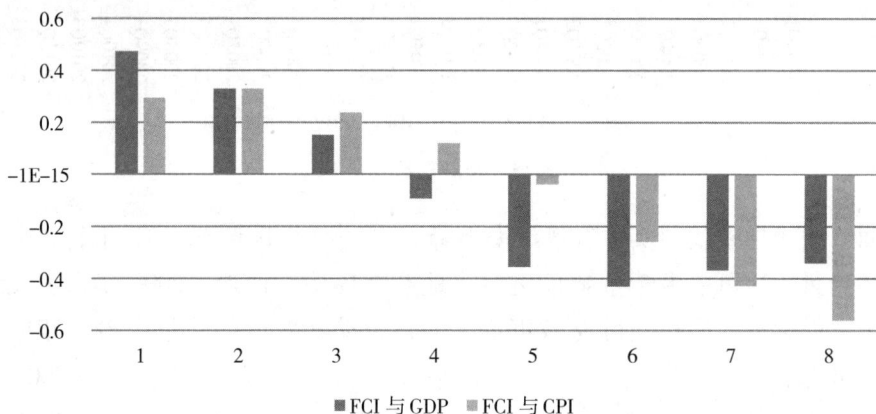

图 3.16　FCI 与 GDP 和 CPI 的动态相关系数

时间序列分析中，判断一个变量对其他变量的预测能力，变量间的相关性是一个重要指标。为此，我们计算了不同滞后期 FCI 与通货膨胀和 GDP 之间的相关系数（见图 3.16）。图 3.16 显示，本期的 FCI 与 1 个季度后的实际 GDP 相关系数达到最高为 0.469，与其他各季度后的 GDP 相关系数逐渐呈现下降趋势，在四个季度后为负值；与 CPI 的相关系数总体上也为下降趋势，与两个季度后 CPI 的相关系数达到最高值为 0.319，与五个季度后的 CPI 相关系数皆为负值。这表明 FCI 作为反映整体金融宽紧程度的指标，对未来宏观经济信息进行预测时，短期内较为准确，但长期稳定性不足，一定程度上可以作为中央银行调控通货膨胀和保持经济平稳增长的指示器。

（2）因果检验

　　图 3.16 揭示了 FCI 与 GDP 和 CPI 的动态相关系数，只能说明他们具有一定的相关性，为了检验他们之间是否存在因果关系，我们还需要严格的检验。为此，我们将 FCI 与 CPI 和 GDP 分别作了格兰杰因果关系检验，表 3.12 结果显示，在 5% 与 10% 的显著性水平下，FCI 分别是 CPI 和 GDP 的格兰杰原因。随后，我们构造两变量 VAR 模型，观察 CPI 和 GDP 对 FCI 变化的脉冲响应（如图 3.17 所示）。基于 VAR（2）模型的脉冲响应检验显示，CPI 和 GDP 均对来自 FCI 的冲击产生了较为显著的脉冲响应。其中，CPI 对 FCI 的脉冲响应在 2 个季度后达到高点，9 个季度后逐渐消失并趋于平稳；GDP 对 FCI 的脉冲响应在 2 个季度后达到高点，7 个季度后影响显著减少，最终呈现趋零的收敛趋势。这再次表明 FCI 作为反应金融形势宽松程度的指标，包含着未来宏观经济信息，其变动可以影响未来通胀和产出水平，一定程度上可以作为中央银行调控通货膨胀和保持经济平稳增长的指示器。

表 3.12　FCI 与 GDP 和 CPI 的格兰杰因果检验

原假设	滞后值	F 统计量	P 值
FCI 不是 CPI 的格兰杰原因	1	4.743**	0.034
CPI 不是 FCI 的格兰杰原因		5.094**	0.029
FCI 不是 GDP 的格兰杰原因	1	3.963*	0.052
GDP 不是 FCI 的格兰杰原因		0.979	0.327

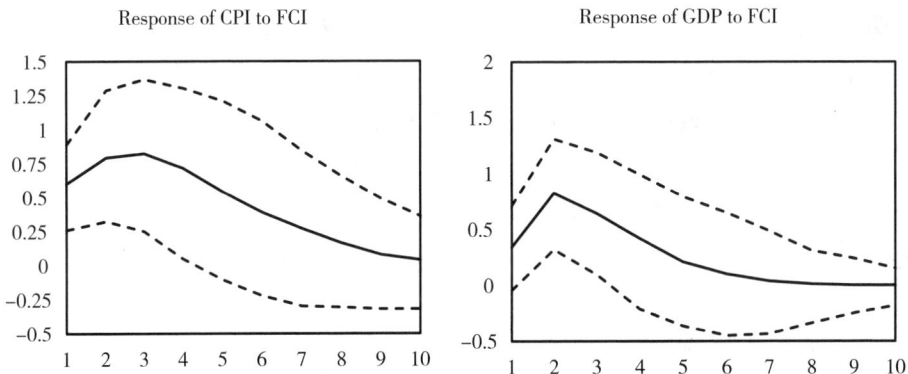

图 3.17　CPI 和 GDP 对 FCI 冲击的脉冲响应

四、FCI 与货币政策反应函数

货币政策反应函数是一种外生设定的货币政策规则，主要指货币当局通过承诺的货币政策工具对与货币政策目标紧密相关的主要经济变量做出反应的货币政策规则，主要有价格型和数量型之分，如泰勒规则和麦克勒姆规则（Taylor，1993，1999；McCallum，1988，1997）。资产价格包含未来产出与通货膨胀的有用信息，本节构建的 FCI 作为各资产价格的综合测度，实证研究已表明其包含着未来宏观经济信息，可以作为货币政策的重要参考指标。接下来我们进一步尝试将 FCI 纳入到货币政策反应函数中，以泰勒规则和麦克勒姆规则为基础，对比研究价格型和数量型货币政策规则在中国的适用性问题。

（一）包含 FCI 的麦克勒姆规则

麦克勒姆规则是麦克勒姆（McCallum，1984）提出的一种以名义收入为目标、以基础货币为操作工具的货币政策工具规则，其形式可表达为：

$$\Delta b_t = \Delta b_{t-1} + \lambda(x_{t-1} - x_{t-1}^*)，\lambda < 0 \tag{3.49}$$

其中，b_t 是 t 期的基础货币对数值，x 为名义 GNP 对数，x^* 为 x 的目标路径值，λ 是客观选择的系数，作为基础货币增长对名义 GNP 偏离值的反应系数。随着后续研究的继续，学者们对该规则进行了不同形式的扩展。考虑央行在调控宏观经济时，不仅关注经济增长，而且需要控制通货膨胀，江曙霞等（2008）参照 Judd & Motley（1991），设定了如下模型：

$$\Delta mbr_t = \lambda(y_{t-1} - y_{t-1}^*) + \gamma(\pi_{t-1} - \pi_{t-1}^*) + \varepsilon_t \tag{3.50}$$

其中，$y_{t-1} - y_{t-1}^*$ 表示上期实际 GDP 对目标路径的偏离，$\pi_{t-1} - \pi_{t-1}^*$ 表示上期通货膨胀对目标路径的偏离。$\Delta mbr_t^* = \Delta mbr_t - \Delta \nu_t$，$\Delta mbr_t$ 为本期基础货币增长率与上期基础货币增长率之差，$\Delta \nu$ 为货币流动速度的变化。考虑到 FCI，本节在（3.50）式的基础上，拓展麦克勒姆规则如下：

$$\Delta mbr_t^* = \lambda(y_{t-1} - y_{t-1}^*) + \gamma(\pi_{t-1} - \pi_{t-1}^*) + \tau(f_{t-1} - f_{t-1}^*) + \varepsilon_t \tag{3.51}$$

其中，$f_{t-1} - f_{t-1}^*$ 为上期 FCI 对目标路径的偏离。实证分析中，我们沿用第三部分相关数据[①]，运用 Eviews6.0 对（3.51）式中各变量系数值进行

---

① 这里比本节第三部分增加了两组数据：基础货币，即央行资产负债表中的储备货币；货币流通速度，由 V = 名义 GDP /M 计算求得。在进行 GMM 估计前，已对各变量进行平稳性检验，皆为平稳数据，限于篇幅，没有列出。

GMM 估算，估计结果见表 3.13。

表 3.13 包含 FCI 的麦克勒姆规则的 GMM 估计结果

λ	γ	τ	调整 R^2	DW 值
-0.371	-0.504^{**}	0.987^{***}	0.296	1.997

注：工具变量分别选取产出缺口、通胀率缺口和 FCI 缺口的一期滞后值，表中第二行为估计系数。

（二）包含 FCI 的泰勒规则

泰勒规则（Taylor Rule）最初是由泰勒（1993）提出的，其简单形式可表述为：

$$i_t^* = r^* + \pi_{t-1} + \alpha_1(\pi_{t-1} - \pi_{t-1}^*) + \alpha_2(y_{t-1} - y_{t-1}^*) \tag{3.52}$$

其中，i_t^* 表示名义联邦基金利率，r^* 表示均衡的实际联邦基金利率，π_t 表示前四个季度的平均通货膨胀率，π^* 表示目标通货膨胀率，$y_{t-1} - y_{t-1}^*$ 表示上期实际 GDP 对其目标路径的偏离。

考虑到加入 FCI，拓展泰勒规则（3.52）式如下：

$$i_t^* = r^* + \pi_{t-1} + \alpha_1(\pi_{t-1} - \pi_{t-1}^*) + \alpha_2(y_{t-1} - y_{t-1}^*) + \alpha_3(f_{t-1} - f_{t-1}^*) \tag{3.53}$$

其中，$f_{t-1} - f_{t-1}^*$ 为上期 FCI 对目标路径的偏离。

由于保持利率运动的方向能维护中央银行的信誉（Williams，1999）以及考虑到实际经济运行的非确定性，中央银行将倾向于通过缓慢调整利率以实现调控目标，中央银行在调整利率水平时一般会遵循平滑行为：

$$i_t = \rho\, i_{t-1} + (1 - \rho)\, i_t^* + \varepsilon_t \tag{3.54}$$

其中，参数 $\rho \in (0, 1)$，反映平滑程度，ε_t 为白噪音扰动项，i_t 为货币当局设定的当前利率水平。

考虑到利率平滑行为，把（3.53）式代入（3.54）式，有：

$$i_t^* = \beta_0 + \rho\, i_{t-1} + (1 - \rho)\, \pi_{t-1} + \beta_1(\pi_{t-1} - \pi_{t-1}^*) + \beta_2(y_{t-1} - y_{t-1}^*) + \beta_3(f_{t-1} - f_{t-1}^*) + v_t \tag{3.55}$$

其中，$\beta_0 = (1-\rho) r^*$；$\beta_1 = (1-\rho)\alpha_1$；$\beta_2 = (1-\rho)\alpha_2$；$\beta_3 = (1-\rho)\alpha_3$；设 Ω_t 是中央银行决定利率时的信息集合向量，则（3.55）式存在隐含的正交条件 $E(v_t \mid \Omega_t) = 0$。同样，运用 Eviews 6.0 对（3.55）式中各变量系数

值进行 GMM 估算，估计结果见表 3.14。

表 3.14   包含 FCI 的泰勒规则的 GMM 估计结果

平滑系数 ρ	β_1	β_2	β_3	调整 R^2	DW 值
0.884***	−0.059***	0.030	0.053*	0.888	1.420

注：工具变量分别选取各变量一期滞后值，表中第二行为估计系数。

（三）实证结果比较分析

就麦克勒姆规则而言，其内在稳定条件为 $\lambda < 0, \gamma < 0, \tau < 0$，因为当 GDP 增长率小于目标值或通货膨胀率小于目标通货膨胀率时，在其他条件不变的情况下，为稳定宏观经济运行，货币当局应采取逆周期的货币政策，通过增加基础货币投放来改善宏观经济环境。表 3.13 显示，我国中央银行在调整基础货币时，对产出缺口和通胀缺口的反应系数分别为 −0.371 和 −0.504，符合麦克勒姆规则的稳定性要求，但产出缺口系数不显著；对 FCI 缺口代表的金融形势宽松度的反应系数为 0.987，这是一种顺周期的货币政策行为，没能起到稳定市场波动的逆周期效果。我们认为由于外汇储备占款等问题，我国基础货币投放的内生性可能是导致这种现象的一个重要原因。

包含 FCI 的泰勒规则估计结果如表 3.14 所示，利率对 FCI 代表的金融整体形势的反应系数为 0.053，表明在产出缺口和通货膨胀率保持不变的情况下，当金融整体形势高于其长期趋势或均衡水平 1% 时，中央银行将提高名义短期利率约 0.053%，显然这是一种逆周期的货币政策行为，对金融市场而言，是一种稳定化政策；利率对通胀缺口的反应系数为 −0.059，这是一种顺周期行为，不具备内在稳定性；利率对产出缺口的反应系数虽然为正，符合泰勒规则的稳定性要求，但是估计结果显示系数不显著。总体来说，本节拓展的泰勒规则的调整拟合优度为 0.888，如果仅考虑调整的拟合优度，可以得出包含 FCI 的泰勒规则拟合效果良好，能够很好地描述我国短期利率具体走势的结论，但是如果综合考虑利率对各变量偏离均衡时的反应系数，我们会发现，泰勒规则在我国货币政策实践中，同样缺乏内在稳定性。

五、结　论

本节利用状态空间模型构建了时变系数的金融形势指数（FCI），较好地反映了我国经济金融形势的变化。实证结果表明，作为各资产变量综合测度的 FCI，包含着未来宏观经济信息，监测对产出和通胀有预示作用的 FCI，有助于央行及时采取措施控制物价波动，保持经济平稳较快增长。

随后，我们将 FCI 纳入到货币政策反应函数中，以泰勒规则和麦克勒姆规则为基础，对比研究价格型和数量型货币政策规则在中国的适用性问题。结果表明：（1）较纳入 FCI 的麦克勒姆规则而言，泰勒规则对以综合各类资产价格的 FCI 为代表的整体金融形势作出了逆周期的政策反应，表明目前条件下，价格型货币政策操作规则在我国货币政策的资产价格传递效应较为理想。（2）纳入 FCI 的麦克勒姆规则和泰勒规则 GMM 估计的调整拟合优度分别为 0.296 和 0.888，很明显，从模型拟合效果角度看，较麦克勒姆规则而言，泰勒规则在我国的货币政策实践中具有更好的适用性。（3）虽然纳入 FCI 的泰勒规则中各变量的系数具有一定的不稳定性，但是产出缺口和金融形势指数缺口的反应系数均为正，我们相信随着利率市场化改革的不断推进，泰勒规则将能更好地刻画我国货币政策的变化规律。

着眼长远，我们认为，随着各类金融创新快速发展，弹性汇率制度的逐步建立和利率市场化改革的不断推进，资产价格在货币政策传导中会发挥更为重要的作用，价格型工具将会成为未来中国货币政策的主要调控手段。FCI 综合反映了金融市场的宽松程度，较包含 FCI 的麦克勒姆规则而言，包含 FCI 的泰勒规则将会在我国未来货币政策实践中发挥重要作用。

第五节　结论与政策建议

国外近期研究表明，货币政策透明度、公众预期形成机制以及宏观金融形势等因素均对通胀形成机制以及货币政策调控效果存在重要影响，但国内关于这些问题的研究尚不充分。本章综合考虑影响物价波动和货币政策调控效果的多种因素，结合中国实际经济运行数据，通过理论与实证分析系统探讨了公众预期、通货膨胀与最优货币政策之间的关系。

本章第二节采用 C-P 概率转换法估计出了我国通胀预期数据，运用措辞提取法构建了我国央行的信息披露指数，基于这些数据，运用 SVAR 方法比较分析了央行信息披露与传统货币干预工具管理通胀预期的效果；本章第三节基于新凯恩斯分析框架，将适应性学习引入公众预期形成过程，通过动态数值模拟计算了不同货币政策目标制下实际经济对均衡水平的偏离程度以及相应的均值和波动水平，并据此分析甄选出我国最优货币政策；本章第四节首先利用状态空间模型构建了中国的时变系数金融形势指数（FCI），并将 FCI 纳入货币政策反应函数，运用 GMM 估计方法比较了扩展型麦克勒姆货币规则、扩展型泰勒货币规则在我国的适用性和政策效果。综合全章研究，得到以下几点结论与政策建议：

（1）基于 SVAR 的实证研究发现，央行信息披露比传统货币政策工具在引导居民预期方面时滞更短，但利率工具对通胀预期的影响程度从长期来看大于信息披露。为此，央行在管理通胀时应综合发挥央行信息披露即时生效、长期内利率调节影响程度较强的优势，稳健地搭配使用信息披露和实际干预工具，以使通胀预期在短期和长期内都能得到良好锚定。未来央行可通过增强货币政策透明度和提高信息披露准确度来降低央行与私人部门间的信息不对称性，增强央行良好信誉，起到有效管理通胀预期的作用。

（2）基于新凯恩斯框架下动态数值模拟分析表明，灵活通货膨胀目标制和混合名义收入目标制较其他目标制更优，为此我国中央银行货币政策选择应采用既重视产出因素也重视通胀因素的目标政策，以促进经济平稳增长；无论在何种目标制下，只要公众预期的理性程度越高，实际经济偏离理性预期均衡水平的程度就越小，为此货币政策调控时应注重公众预期管理以提升货币政策调控效果；中央银行应着力降低公众预期中的参数 g，应增强自身声誉机制建设、进一步完善信息披露制度、拓宽与公众沟通的渠道并提高沟通频率，通过及时更新信息披露内容引导公众更新信息并迅速调整预期和决策以提高经济运行质量。

（3）基于 GMM 估计方法的比较分析发现，作为各资产变量综合测度的 FCI，包含着未来宏观经济信息，监测对产出和通胀有预示作用的 FCI，有助于央行及时采取措施控制物价波动，保持经济平稳较快增长；较纳入 FCI 的麦克勒姆规则而言，泰勒规则对以综合各类资产价格的 FCI 为代表的整体金融形势作出了逆周期的政策反应，也即价格型货币政策操作规则在我国货币政策的资产价格传递效应较为理想；纳入 FCI 的麦克勒姆规则和泰勒规则 GMM 估计的调整拟合优度分别为 0. 296 和 0. 888，表明泰勒规则较麦克勒姆规则在我国的货币政策实践中具有更好的适用性；鉴于 FCI 综合反映了金融市场的宽松程度且资产价格在货币政策传导中发挥着重要作用，为此我国货币当局应在关注 FCI 的同时推进货币政策操作逐步向价格型调控工具转型，以有效疏通货币政策传导机制、提高货币政策调控效率。

第 四 章

物价波动与中国财政政策操作转型

第一节 研究概述

回顾改革开放以来中国物价水平的演变历程和调控物价的政策操作实践，可以发现物价水平不仅仅由货币政策所决定，财政政策在物价水平决定过程中也起着重要作用。近年来，我国物价调控效果并不尽如人意，在很大程度上是由于货币政策独挑大梁而财政政策严重缺位所致。有鉴于此，一些学者开始从财政政策角度探讨中国的物价调控问题（方红生和朱保华，2008；张志栋和靳玉英，2011；毛泽盛等，2013）。事实上，早在上世纪90年代，包括利珀（Leeper）在内的许多著名经济学家就已经开始从财政视角分析物价水平决定问题（Leeper，1991；Sims，1994；Woodford，2001），进而提出了物价水平决定的财政理论——FTPL（Fiscal theory of the price level）。物价水平决定的财政理论究竟在中国是否适用？政府在管理通胀时是否应考虑财政政策的影响？财政政策应如何转型以有效引领新常态经济发展？本章将针对这些问题展开系统分析。

本章第二节结合物价波动和宏观经济政策实践从经验视角讨论财政政策影响物价水平的作用机制。本节首先通过比较物价波动与货币发行走势判断物价水平是否完全由货币政策决定，研究结果表明物价水平并非仅由货币政策决定；其次，从国库资金、税收和债务三个方面阐述财政政策对货币运行的影响；最后，通过剖析近年来财政政策操作实践和物价波动状况，得出了我国物价波动由财政政策主导的结论。

本章第三节基于中国现实经济数据通过实证分析检验物价水平决定的财政理论在我国的适用性。本节首先讨论财政政策影响物价水平的现实路径；然后从家庭部门出发运用状态空间模型检验李嘉图等价定理在我国的适用性；随后从政府部门视角出发运用马尔科夫区制转移方法甄别我国财政政策操作的属性，即判定我国财政政策操作遵循"李嘉图"属性抑或"非李嘉图"属性；最后通过建立同时包含财政变量、货币变量以及物价水平的状态空间模型探究财政政策对物价水平的时变影响。

本章第四节系统研究结构性财政工具对价格、债务、消费、产出等主要经济变量的宏观效应，探究财政政策如何在有效防范债务和通胀风险的基础上破解我国消费长期不足的难题、促进需求结构由投资驱动向消费驱动转型。本节首先基于新凯恩斯动态随机一般均衡模型尝试构建一个较为系统的结构性财政宏观调控经济效应研究框架；其次，参照反映中国现实经济特征的文献和实际经济运行数据对模型中的经济参数和稳态值进行校准，并用贝叶斯估计方法对本节分析的六种结构性财政工具的政策行为参数进行估计；最后，将校准和估计所得的参数代入对数线性化之后的模型进行结构性财政冲击动态模拟分析，对各类财政政策工具的宏观效应和风险进行比较。

第二节　财政政策影响物价水平的经验分析

一、物价水平未必仅由货币政策决定

关于 2009 年以来物价上涨的原因，观点之一便是货币发行过多。单从数字层面来看，这一观点显然有其合理性，2009 年、2010 年，我国 M1 分别增长 32.4% 和 21.2%，M2 分别增长 27.7% 和 19.7%，均接近历史最高水平，M2 的净增量是这两年 GDP 增量的 2.6 倍。2011 年后我国货币供应增速降低，M1 年增长率在 7% 左右，M2 年增长率不超过 14%，与之直接对应的结果是物价在 2012 年后的波动趋缓。如图 4.1 所示，巨额货币供给增长带来物价上升，货币供给增速放缓则致使物价下跌，这完全符合货币论的逻辑。但这是否说明我国物价水平由货币政策决定，从而政策体制属于"货

币主导区制"呢？本章认为未必如此。

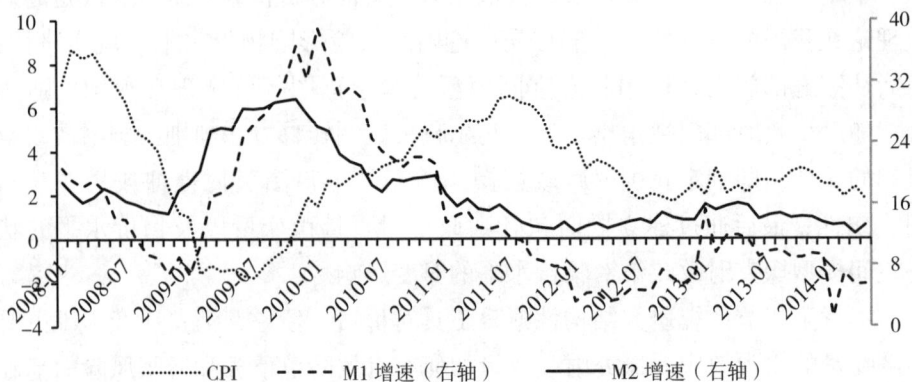

图 4.1　我国货币增长率与物价水平波动①

　　物价水平未必仅由货币政策决定。传统货币数量论认为，货币供应量与物价之间存在稳定的对应关系，超出经济交易所需要的货币供给就会导致物价上升。正如弗里德曼所说："价格水平或名义收入的大幅度变化几乎总是名义货币供给变化的结果"。而费雪认为，在给定时期内，价格和货币供给量完全正相关，价格水平的变化只是因为货币供给在变化，即货币供应增长率等于物价增长率和经济增长率之和。这一结论应用到我国，却出现了令经济学家困惑不已的问题，如图 4.2 所示，改革开放以来我国货币增长率大大超过物价和经济的增长率之和，而持续的超额货币供应却没有引起不断加剧的通货膨胀。

　　围绕货币供应与物价变动之间反常规关系——"中国之谜"的研究方兴未艾。传统货币数量论者辩称"中国之谜"只是短期现象。还有学者从经济货币化角度来分析，认为经济活动中以货币为媒介的交易份额逐步增加导致货币超额供应，但货币化不会永远持续，最终会出现一个拐点，之后"超额货币供应"现象就会逐渐消失，有学者判断此拐点在 1985 年。但是实际上，中国的历史数据表明，超额货币供应并没有在出现所谓拐点之后消失，超额货币供应现象不仅短期存在，长期也仍然存在，甚至在 1998—

――――――――――
　　① 本节所有图表数据均来源于中经网统计数据库。

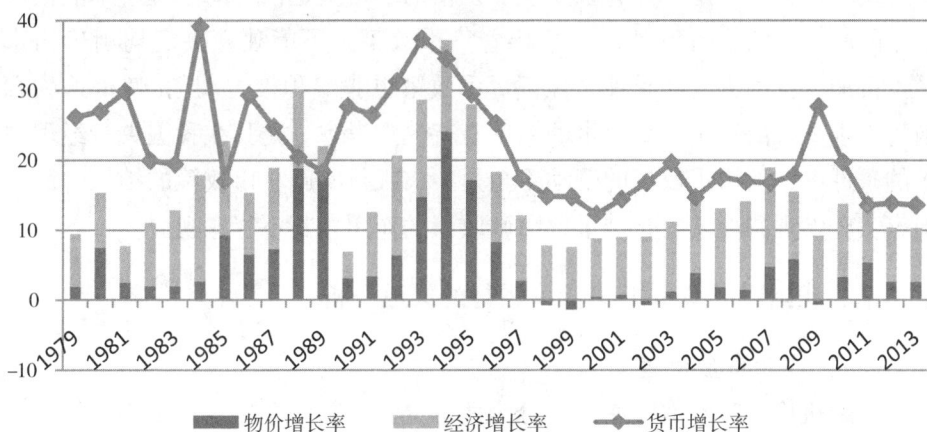

图 4.2　大量超额货币供应和低物价并存

2002 年出现通货紧缩时依然存在。不仅在中国，20 世纪七八十年代的美国和巴西均出现了货币供应量与通货膨胀不相关或负相关的经验证据。

　　在"中国之谜"面前，传统货币数量论显得毫无说服力，而物价水平的财政理论则登上了历史舞台。财政论认为货币主义理论存在一个巨大的缺陷——没有考虑财政政策因素，忽略了政府预算约束对价格水平的影响。除了来自经验层面的质疑外，财政论学者所采用的动态一般均衡理论的发展也否定了货币数量论。与静态一般均衡理论不同，在动态一般均衡理论中，即便是最简单的货币政策规则，比如假设货币供给固定不变，物价水平的决定也会存在不可决定解。也就是说，对既定的名义货币量以及货币供求相等条件，可能对应着多个价格水平，财政政策可能会决定其中的某一均衡价格水平，而非货币数量论所断言的价格只和货币供给相关。

　　利珀（Leeper，1991，1993）认为物价水平仅由货币政策决定这一命题必须满足两大条件：

　　其一，要求货币政策积极主动、财政政策消极被动，其中积极货币政策定义为"央行的名义利率对通货膨胀率的反应程度大于 1"。而国内已有经典研究指出，无论在封闭还是开放经济下，考虑固定参数还是时变参数情形，我国的短期名义利率对通货膨胀率的反应系数均显著小于 1。从利珀（Leeper）所给的定义来看，我国货币政策还算不上"积极货币政策"。

其二，央行一定要拥有独立性。价格的不可决定性有助于理解不能被通常原因所解释的物价波动，这意味着货币政策并不能独立决定均衡价格水平。再加上我国央行缺乏独立性，货币政策也非"积极主动"，使得认为我国物价水平仅由货币政策决定的结论有待慎重考虑。尤其在我国央行经理国库的条件下，货币投放量的变动不全是中央银行实施货币政策的结果，而是国家实施宏观调控的综合结果，财政政策的作用尤其不容忽视。

二、我国财政政策影响货币运行的渠道分析

（一）国库资金渠道

金融机构所吸收的国库资金分为两部分，一部分全额划缴中央银行，包括中央预算收入、地方金库存款和代理发行国债款项等，这部分国库资金是中央银行的重要资金来源，在央行资产负债表中表现为"政府存款"项；另一部分归为金融机构一般存款，只需缴纳相应存款准备金，包括机关团体存款和财政预算外存款等。2001年底我国政府存款为2850.5亿元，到2013年底已突破4万亿元，十余年间增长13倍多。这固然体现了我国坚持改革的巨大成就和财政实力的增强，同时也对中央银行货币政策的实施效果产生了日益突出的影响。

一方面，政府存款作为央行负债类项目，与储备货币（基础货币）成反向运作。政府存款增加意味着商业银行居民或企业存款的减少，基础货币相应减少；反之，政府存款减少则基础货币相应增加。不仅如此，财政政策还会通过政府存款的变动对货币政策效果产生放大或抵消效应。当政策搭配为同向操作时，财政政策会放大货币政策的实施效果，2008年金融危机后，我国实施积极的财政政策和适度宽松的货币政策，宽松的货币政策增加了经济中的流动性，而积极财政政策又相应减少了政府存款，这使得经济中的流动性进一步增加；当政策搭配为逆向操作时，财政政策则会抵消货币政策的实施效果。由于政府存款波动性较大，且中央银行难以控制，故其波动对货币供应量的影响十分明显。

另一方面，国库库存的变动影响存款准备金的变动，进而影响基础货币的投放，最终对整个货币供应量产生影响。近年来，预算外资金收入越来越成为财政收入中不可或缺的重要组成部分，这部分资金按照规定会变为商业

银行的一般性存款项目。一般性存款需按存款准备金率要求向中央银行缴存存款准备金，其增加会产生大量派生存款，从而引起全社会的货币扩张。另外，由于全额划缴中央银行的政府存款属无息资产，为增加低成本信贷资金来源，以获取利润为首要目标的金融机构往往通过各种手段将政府存款项"移花接木"至一般存款项。政府存款的流失，无形中会造成银行体系流动性的扩张，在部分存款准备金制度下又会产生大量派生存款，这就大大增加了央行运用货币政策实施宏观调控的难度。

（二）税收渠道

加入世贸组织以来，我国外汇资产经历了一个迅猛增长过程，十年间新增外汇储备达 3.03 万亿美元。这与我国旨在促进对外经贸发展的积极税收政策息息相关，其中包括外资所得税优惠政策与出口退税政策。外商直接投资、外商投资企业出口是我国资本项目和经常项目顺差的重要因素，而低所得税税率则是吸引外商直接投资的重要原因。改革开放以来我国外商投资企业的税收政策较为优惠，外商投资企业可按投资地域或项目的不同，享受不同的企业所得税优惠，因此外商投资企业出口占我国出口总额比重节节攀升。与此同时，作为我国外贸出口宏观调控重要"法宝"的出口退税率不断上调，导致出口增加以及贸易顺差扩大，从而造成外汇储备的大幅增长。

此外，税收政策还会对储备货币产生影响。在我国货币当局的资产负债表中，存款性公司存款占储备货币的比重较高（超过 60%），且占总负债的比重逐年增长，由 2008 年的 44% 上涨至 2013 年的 65%。存款性公司存款是以储蓄存款为基础的，税收政策对储备货币的影响，首先表现为其对储蓄存款的影响。当前我国调节收入分配的主要税种是个人所得税，而个人所得税的占比份额却很小（仅占总税收 7% 不到），有效调节收入分配的税收政策体系尚未形成。与此同时，酝酿多年的与个人所得税相互协调、相互配合的其他税种，如房产税、遗产税等，迟迟难以出台。在当前社会保障程度总体较低的情况下，我国城乡居民人均储蓄水平总体较高便不难理解。而储蓄存款的增加，首先表现为基础货币增加，从而间接引起经济体内流动性的扩张。

（三）国家债务渠道

1994 年以前，中央政府的财政赤字基本上是通过向中央银行借款或透支来弥补,《中国人民银行法》出台以后,财政赤字只能通过发行政府债券来弥补,这一变化相对增强了中央银行控制基础货币的独立性。表面上看,似乎割断了财政赤字与基础货币发行之间的纽带关系,实际上,中央银行借助公开市场操作买卖政府债券,仍然可以在短期内收放基础货币。长期来看,国债政策不仅没有回笼货币,相反还创造了更多的派生货币。

为应对亚洲金融危机,我国于1998—2004年实施了积极的财政政策,共发行长期建设国债9100亿元。长期建设国债的发行改善了基础设施,并拉动了国民经济稳定增长。为应对由美国次贷危机引发的国际金融危机,2008年底我国再次启动积极财政政策,2009年国债发行量达1.6万亿元,比2008年增长了一倍。包括发行长期建设国债在内的国债政策,是国家实施积极财政政策的典型代表,同时得到货币政策的积极配合,中央银行通过信贷政策积极引导商业银行调整信贷资产结构,加大对基础设施和基础产业的贷款投资。同时,由财政发行国债,银行配套贷款,以国债项目投入带动全社会投资,从实践来看,国债政策确实引起了全社会流动性的扩张。

三、我国物价水平由财政政策主导

纵观我国货币当局2008年以来的资产负债表,不难发现,最突出的运行特征便是外汇储备和基础货币投放量持续大幅增长,而由于前文所述三大渠道的存在,这种运行特征与财政政策休戚相关。从国库资金渠道来看,2009年以来央行实行宽松的货币政策,年均新增基础货币投放量约为2.8万亿元,而积极财政政策使得政府存款同比增长不断下降,等同于向经济体注入大量流动资金,由此产生的放大效应使得全社会的基础货币投放进一步增加,流动性进一步扩张。与此同时,国家财政部、税务总局不断调整我国出口退税政策,从2008年8月到2009年4月,我国六次上调出口退税率,在全球经济衰退背景下,我国出口强势反弹,外汇储备得以不断大幅上涨。

积极的财政政策还表现为扩大政府固定资产投资规模,用以拉动经济增长。2008年11月国务院公布十项扩内需保增长的宏观经济措施,其中最著名的当属中央政府计划分两年以1.18万亿元财政资金,拉动社会配套资金以形成4万亿元基础设施建设投资计划,并以此带动地方政府及全社会增加投资超过20万亿元。同时,为解决地方政府项目资金来源不足的问题,中央财政还连续几年为地方政府代发 2000 亿元地方债券。但现实情况是，地方政府配套资金很有限，通过发行债券筹集资金的进展又很缓慢。因此，鼓励或直接要求银行增加贷款投放、参与财政刺激计划的模式迅速被各级地方政府采用，银行信贷出现了井喷。2009 年新增 GDP 总额约 2.7 万亿元，而同期新增贷款却高达 9.6 万亿元，为当年新增 GDP 的 3.6 倍；到 2011 年年底，3 年间我国信贷规模累计扩张了 24.5 万亿元，同期 GDP 累积仅增长 15.9 万亿元。在以大量发行国债为代表的强烈刺激性财政政策推动下，我国基础货币规模空前翻番，最终造成全社会流动性的泛滥。基础货币投放量从 2008 年底的 12.9 万亿元一路高歌猛进，到 2013 年底已达 27 万亿元，短短五年间，基础货币增加了一倍多。过多的货币追逐过少的商品，必然导致物价上涨。

综上所述，国际金融危机以来，我国的物价变动虽然直观上对应着经济体内货币供给的波动，货币供给又与央行控制的基础货币息息相关，但由于我国的特殊国情，财政政策可以通过多种渠道来对货币政策的实施加以影响，经济体内的流动性、信贷量乃至整个货币供应量都受到财政政策的影响。正是基于积极财政政策的影响，我国的物价水平波动曲线在 2009 年前后走出了一条典型的"V 型"轨迹，故本章认为我国物价水平是由财政政策主导的。

四、结论与启示

经济理论告诉我们，当人类经济社会进入信用货币阶段后，货币主要是通过商业银行贷款创造银行存款而内生产生，传统的通过中央银行主动向经济体内外生注入货币的形式则退居其次。具体到我国，财政政策扩张或收缩直接导致基础货币以及银行贷款的膨胀或萎缩，基础货币和贷款的波动造成全社会货币供应量的波动，而后者直接导致物价水平变动。在此背景下，欲寻求更好的政策措施来治理我国通货膨胀或通货紧缩问题，高度重视财政政策尤为重要。

经典研究表明，一国中央银行的独立性与熨平通胀波动的能力成正比，我国央行迫切需要完善自身独立性，方能承担发行货币并对物价实行有效控制和管理的重任。同时，考虑到刺激性财政政策对物价存在的深远影响，故当前选取恰当财政政策意义重大。政府要与市场"换手"，尊重市场主体选择，减少政府微观干预，不出台刺激政策，坚持不扩大赤字，实行结构性减税，调整支出结构，压缩行政开支，加大保障民生支出，适度压缩国债规模等政策措施以有效预防通货膨胀、引导通胀预期。

第三节　物价水平决定的财政理论在中国的适用性检验

一、价格水平决定的财政理论模型

在实证检验 FTPL 理论在我国的适用性之前，本节首先参照现有研究文献对价格水平决定的财政理论进行系统论述。完整的 FTPL 理论由弱式 FTPL 和强式 FTPL 共同构成，这两种情形均可证明物价水平不仅仅由货币当局决定，财政政策也是决定物价的重要因素。以下，本节将分别从两种理论情形出发，系统阐述财政政策如何对物价水平产生影响。

（一）弱势价格水平决定的财政理论

弱式 FTPL 认为政府盈余和当期政府债务没有关系，财政当局先行，根据经济状况自主设定政府盈余，货币当局为满足预算约束不得不调整铸币税的规模，进而改变货币供给量，可见财政政策通过影响货币供应量来决定物价。因此，弱式 FTPL 认为财政政策影响货币政策从而决定物价，而非货币政策对价格起主导作用。

假定经济体中存在两大部门：家庭和政府。设定家庭部门的预算约束为：

$$Y_t + (1 - \delta) K_{t-1} + \frac{(1 + i_{t-1}) B_{t-1}}{P_t} + \frac{M_{t-1}}{P_t} = C_t + K_t + \frac{M_t}{P_t} + \frac{B_t}{P_t} \tag{4.1}$$

其中，Y_t 是总产出，K_{t-1} 是当期初始资本存量，δ 是物资资本的折旧率，M_t 是当期货币供应量，i_t 是当期名义利率，P_t 是当期物价水平，B_t 是当期债务量，C_t 是当期消费。

由于忽略了劳动与闲暇的选择，总人口 N_t 可以代表就业量。则总量生产函数可表示为：

$$Y_t = F(K_{t-1}, N_t) \tag{4.2}$$

假定规模报酬不变，则人均产出 y_t 可表示为：

$$y_t = f(\frac{k_{t-1}}{1+n}) \tag{4.3}$$

将预算约束式（4.1）两边同时除以 N_{t-1}，则人均预算约束为：

$$\eta_t = f(\frac{k_{t-1}}{1+n}) + (\frac{1-\delta}{1+n}) k_{t-1} + \frac{(1+i_{t-1}) b_{t-1} + m_{t-1}}{(1+\pi_t)(1+n)} = c_t + k_t + m_t + b_t \tag{4.4}$$

由于代表性家庭在该预算约束下要对消费与实际货币余额进行选择，故假设代表性家庭的总效应函数形式为：

$$E = \sum_{t=0}^{\infty} \gamma^t u_t(c_t, m_t) \tag{4.5}$$

其中，γ 是主观贴现率，c_t 是 t 时期人均消费，我们在（4.4）式约束下，通过选择 C_t、M_t、B_t、K_t，以使（4.5）式最大化。

设定价值函数为：

$$V(\eta_t) = max\{u(c_t, m_t) + \gamma V(\omega_{t+1})\} \tag{4.6}$$

其中，$u(c_t, m_t) = \dfrac{[\alpha c_t^{1-\beta} + (1-\alpha) m_t^{1-\beta}]^{(1-\Phi)/(1-\beta)}}{1-\Phi} \tag{4.7}$

求解该价值函数在约束条件（4.4）式下的最优化问题，可得：

$$\frac{u_{m(c_t, m_t)}}{u_c(c_t, m_t)} = \frac{i_t}{1+i_t} \tag{4.8}$$

该式表明货币与消费之间的边际替代率等于持有货币的边际成本，而持有货币的成本取决于名义利率。

假定效用函数为：

$$u(c_t, m_t) = \frac{[\alpha c_t^{1-b} + (1-\alpha) m_t^{1-b}]^{(1-\Phi)/(1-b)}}{1-\Phi} \tag{4.9}$$

可以得到：$m_t = \dfrac{M_t}{P_t} = \left[\left(\dfrac{i_t}{1+i_t}\right)\left(\dfrac{\alpha}{1-\alpha}\right)\right]^{-1/\beta} c_t \tag{4.10}$

令 $h(R_m) = \left[\left(\dfrac{R_m-1}{R_m}\right)\left(\dfrac{\alpha}{1-\alpha}\right)\right]^{-1/\beta} c_t \tag{4.11}$

其中 $R_m = 1 + i$。该模型处于稳态时，该式可写成：

$$m_t = \frac{M_t}{P_t} = h(R_{m,t}) \tag{4.12}$$

传统货币数量论的核心在于名义货币供给量在决定均衡价格水平方面有着重要作用，从（4.12）式可知名义利率能够影响名义货币供给量与均衡价格之间的具体关系，然而名义利率并不是外生变量，因此，除了（4.12）式，还要寻找其他条件，故需要引入政府部门的预算约束。

考虑政府部门预算约束恒等式：

$$G_t + i_{t-1} B_{t-1} = T_t + (B_t - B_{t-1}) + (M_t - M_{t-1}) \tag{4.13}$$

其中，G_t 表示政府的财政支出和转移支付，由该式可知通过三种方式可以偿付政府支出和政府负债：当期税收；向私人部门筹措资金；货币当局发行的铸币税。

将式两边同时除以 P_t 可得政府部门实际预算约束恒等式：

$$g_t + r_{t-1} b_{t-1} = t_t + (b_t - b_{t-1}) + m_t - (\frac{1}{1+\pi_t}) m_{t-1} \tag{4.14}$$

其中，$r_{t-1} = [(1 + i_{t-1})/(1 + \pi_t)] - 1$。在均衡状态下，政府实际债务和货币价值保持不变，财政支出和财政赋税也保持不变。

由于 $R_m = (1 + \pi_t)/\gamma$，且货币供给必须与（4.12）式一致。故均衡状态下的预算约束式（4.14）可改写为：

$$g + (\frac{1}{\gamma} - 1)b = t + (\frac{\pi_t}{1+\pi_t})m = t + (\frac{\gamma R_m - 1}{\gamma R_m})h(R_m) \tag{4.15}$$

假定政府确定了税收，财政支出和有息债务，名义利率 R_m 自然由（4.15）式确定，此时货币当局必须发行 $g + \left(\frac{1}{\gamma}\right) b - t$ 的铸币税才能保证等式成立，名义利率伴随着发行铸币税数量的确定而确定。可见，物价和货币供应量成正比关系，但这种正比关系的具体情况则通过财政政策决定，财政政策通过影响铸币税的发行进而决定了未来货币供给和物价变动的路径。

（二）强势价格水平决定的财政理论

与弱式 FTPL 相比较，由利珀（Leeper，1991）、西蒙斯（Sims，1994）等人提出的强式 FTPL 更加强调财政政策的独立性，跨期预算方程并非是约束条件。首先假设经济体中仅有家庭和政府，政府部门存在财政与货币当局两部门。考虑财政当局面临的预算约束：

$$G_t + i_{t-1} B_{t-1}^T = T_t + (B_t^T - B_{t-1}^T) \tag{4.16}$$

其中，B_t^T 为当期家庭与央行持有的总负债，B_t^M 为央行持有的政府债务，G_t 为当期政府支出和转移支付，T_t 为当期税收收入。同时中央银行也面临一个资产负债的恒等式：

$$B_t^M - B_{t-1}^M = i_{t-1} B_{t-1}^M + (M_t - M_{t-1}) \tag{4.17}$$

其中，M_t 为当期央行货币存量。将财政当局与货币当局的预算约束式相加，得到政府部门预算恒等式：

$$G_t + (1 + i_{t-1}) B_{t-1} = T_t + M_t - M_{t-1} + B_t \tag{4.18}$$

其中，$B = B_t - B_m$，代表家庭持有的政府负债。等式两侧同时除以 P_t 得到实际的政府预算等式：

$$g_t + d_t = \tau_t + s_t + (\frac{1}{1 + i_t}) d_{t+1} \tag{4.19}$$

其中，铸币税为 $s_t = \frac{i_t m_t}{(1 + i_t)}$。对（4.19）式进行迭代，得到：

$$d_t + \sum_{i=0}^{\infty} r_{t,\,t+i} [g_{t+i} - \tau_{t+i} - s_{t+i}] = \lim_{T \to \infty} r_{t,\,t+T} d_T \tag{4.20}$$

其中，$r_{t,\,t+i} = \prod_{j=1}^{i} \frac{1}{(1 + i_{t+j})(1 + \pi_{t+1+j})}$，物价决定"财政论"的关键假设是政府预算平衡条件并不需要在任何时点上都满足，即（4.20）式并不要求在任何路径下都成立。

对于家庭部门，其面临的预算约束为：

$$W_t + P_t y_t - T_t = P_t c_t + M_t^d + B_t^d \tag{4.21}$$

W_t 为家户当期持有的金融资产，M_t^d、B_t^d 分别为家庭对货币的需求和对债券的需求。考虑到：

$$W_{t+1}^d = (1 + i_t) B_t^d + M_t^d \tag{4.22}$$

故预算约束以实际值可表示为：

$$w_t + y_t - \tau_t = c_t + (\frac{i_t}{1 + i_t}) m_t^d + \frac{1}{(1 + i_t)(1 + \pi_{t+1})} w_{t+1}^d \tag{4.23}$$

由于折现率 $r_{t,\,t+i} = \prod\limits_{j=1}^{i} \dfrac{1}{(1 + i_{t+j})(1 + \pi_{t+1+j})}$ ，迭代后家庭预算约束可表示为：

$$w_t + \sum_{t=0}^{\infty} r_{t,\,t+i}(y_{t+i} - \tau_{t+i}) = \sum_{t=0}^{\infty} r_{t,\,t+i}\left[c_{t+i} + \left(\frac{i_{t+i}}{1 + i_{t+i}} \right) m_{t+i}^d \right] \tag{4.24}$$

在跨期预算约束下，家庭部门对消费和资产进行最优的选择，该等式要求家庭消费与对流动性偏好的折现值等于家庭当期所拥有的金融财产与税后收入的折现值。

考虑到该经济体没有资本，我们仅需考虑商品市场和货币商场。商品市场均衡需要满足：

$$y_t = c_t + g_t \tag{4.25}$$

同时货币市场均衡需要满足：

$$m_t^d = m_t \tag{4.26}$$

将 (4.25) 式、(4.26) 式带入 (4.24) 式整理可得：

$$w_t + \sum_{t=0}^{\infty} r_{t,\,t+i}(g_{t+i} - \tau_{t+i} - s_{t+i}) = 0 \tag{4.27}$$

由此得到该模型一个均衡条件：

$$\frac{W_t}{P_t} = \sum_{i=0}^{\infty} r_{t,\,t+i}(s_{t+i} - \tau_{t+i} - g_{t+i}) \tag{4.28}$$

政府名义债务已经确定，当政府自主确定未来收支时，对作为唯一内生变量的当期物价作出调整，以确保该式成立。

由 (4.12) 式可知货币需求取决于名义利率，考虑货币市场均衡，得到模型的另一个均衡条件：

$$\frac{M_t}{P_t} = h(1 + i_t) \tag{4.29}$$

模型达到均衡状态时要求 (4.28) 式、(4.29) 式均成立，考虑财政当局决定未来各期的支出和税收，货币当局设定名义利率为 $i_{t+i} = \bar{i}$，此时铸币税为 $\dfrac{\bar{i}f(1 + \bar{i})}{(1 + \bar{i})}$。由于期初 W_t 已经设定，故得到：

$$P_t^* = \frac{W_t}{\sum_{i=0}^{\infty} r_{t,\,t+i}(s_{t+i} - \tau_{t+i} - g_{t+i})} \tag{4.30}$$

而名义的货币供应量由（4.29）式决定：

$$M_t = P_t^* h(1 + \bar{i}) \tag{4.31}$$

在均衡状态下时，当财政支出或者财政收入这些财政变量发生改变时，即使铸币税没有发生变化，均衡价格也随之改变，从而形成了新的唯一物价水平，货币供应量随着名义利率的确定而确定，为了保证货币市场均衡，调整货币需求确保（4.31）式成立，此时的价格即是均衡价格。

二、FTPL 理论在中国的适用性检验：基于家庭部门视角

物价水平决定的财政理论成立的前提在于李嘉图等价定理不成立。因此，物价水平决定的财政理论在中国适用与否取决于李嘉图等价定理成立与否。巴罗（Barro，1978）、麦克勒姆（Mccallum，1984）等提出由于消费者具有理性预期，根据李嘉图等价定理，他们意识到当前政府以发行债务的方式来融资会导致未来税负的增加，而未来的增税会减少他们的可支配收入，因此理性消费者就会平滑整个周期内的消费，则发行国债对总需求没有影响，财政政策不会产生财富效应，因此债务融资产生的赤字不会对通货膨胀产生影响。但无论从理论还是实证角度看，李嘉图等价定理的存在性一直受到质疑。若国债购买者并非完全理性，当政府用债务融资取代税收融资，则持有国债的消费者会将国债视作金融财富，即认为自己未来收益将增加，此时财富效应的存在将增加居民的消费支出，产生扩张性效应从而引发通货膨胀。

因此验证李嘉图等价定理的存在性能为财政政策对物价影响提供理论支撑，即若李嘉图等价定理不成立，则物价水平决定的财政理论在我国适用；若李嘉图等价定理成立，则物价水平决定的财政理论在我国不适用。为此，本节通过构建状态空间模型验证李嘉图等价定理是否成立，继而检验物价水平决定的财政理论在我国是否适用。

（一）李嘉图等价理论基础

通过借鉴坎贝尔和曼昆（Campbell & Mankiw，1990）提出的 λ 模型以

及学习王芳（2007）对消费敏感性的推导方式，我们逐步建立模型。步骤如下：首先假设市场中存在三类消费者，分别是完全理性消费者（即认可李嘉图等价定理）、非完全理性消费者（即认可国债的财富效应）以及持中立态度者（即以闲置储蓄购买消费国债者）。然后，我们分别设定三类不同形态的消费函数及各自所占比例。最后，通过合并整理得出总消费函数的形式。具体过程如下：

第一类消费者是完全理性的，其严格遵循李嘉图等价定理，他们始终相信政府发行国债欠下的债务会在未来以征收更高的税收来偿还，因此理性的消费者会在当期把与未来需要额外支出的税收相当的那部分资金先积累起来，这样一来该类消费者的当期消费就会受到限制。这里把其消费模型简单化为：

$$\triangle C_{1t} = - \alpha \cdot \triangle D_{1t} \tag{4.32}$$

其中，C_{it} 表示第 i 类消费者在第 t 期的消费总量，$\triangle C_{it}$ 是消费的变动量，即 $\triangle C_{it} = C_{it} - C_{it-1}$；$D_{it}$ 表示第 i 类消费者在第 t 期购买的国债总量，$\triangle D_{it}$ 是国债的变动量；α 表示第一类消费者的消费弹性系数，为正值，即一单位国债的变动能引起 α 单位居民消费量的变动；负号表示国债发行对居民消费的抑制作用。

第二类消费者认定国债具有财富效应，政府当期减少税收增加国债的融资方式会增加消费者的当期收入，从而使消费者增加消费；另外国债的价格上涨也会使公众预期未来收入的增加，依据永久性收入假说，未来收入的增加也会促使居民在当期增加对产品和劳务的消费。因此把该类消费模型简记为：

$$\triangle C_{2t} = \beta \cdot \triangle D_{2t} \tag{4.33}$$

其中，$\triangle C_{it}$ 与 $\triangle D_{it}$ 的含义同上，β 为正值，表示第二类消费者的消费弹性系数，（4.33）式表示国债发行变动对居民消费水平的拉动作用。

第三类消费者对国债发行持中立的态度，购买国债只是使自己的投资更加多元化，其购买国债的资金一般是闲置储蓄，消费资金不会发生变化。因此消费增量的变化只取决于有关国债发行的信息发布，与国债发行增量无关。因此，消费模型简记为：

$$\triangle C_{3t} = e_t \tag{4.34}$$

其中，e_t 表示国债发行时新信息的冲击，第三类消费者可以是持中立态度的国债购买者也可以是未购买国债但受国债信息冲击的消费者，为简化分析，此处把他们统一归为第三类消费者。

根据以上各类消费模型假设，总消费可表示为：

$$C_t = C_{1t} + C_{2t} + C_{3t} \tag{4.35}$$

假设第一、二、三类消费者人数分别为 N_{1t}、N_{2t}、N_{3t}，总消费人数表示：

$$N_t = N_{1t} + N_{2t} + N_{3t} \tag{4.36}$$

D_t 为 t 期国债发行数量，因此各类消费者人均国债负担率为 $d_{1t} = \dfrac{D_{1t}}{N_{1t}}$、

$d_{2t} = \dfrac{D_{2t}}{N_{2t}}$、$d_{3t} = \dfrac{D_{3t}}{N_{3t}}$，各类消费者人均实际消费量为 $c_{1t} = \dfrac{C_{1t}}{N_{1t}}$、$c_{2t} = \dfrac{C_{2t}}{N_{2t}}$、$c_{3t} =$

$\dfrac{C_{3t}}{N_{3t}}$，在（4.35）式左右同除以总消费人数 N_t，可以得到：

$$\frac{C_t}{N_t} = \frac{C_{1t}}{N_t} + \frac{C_{2t}}{N_t} + \frac{C_{3t}}{N_t} \tag{4.37}$$

通过整理可得：

$$\frac{C_t}{N_t} = \frac{N_{1t}}{N_t}\frac{C_{1t}}{N_{1t}} + \frac{N_{2t}}{N_t}\frac{C_{2t}}{N_{2t}} + \frac{N_{3t}}{N_t}\frac{C_{3t}}{N_{3t}} \tag{4.38}$$

若三类消费者占总人口的比例为 $\lambda_{it} = \dfrac{N_{it}}{N_t}$，则（4.37）式可以写成：

$$c_t = \lambda_{1t} c_{1t} + \lambda_{2t} c_{2t} + \lambda_{3t} c_{3t} \tag{4.39}$$

其中，$1 = \lambda_{1t} + \lambda_{2t} + \lambda_{3t}$，上式表示人均消费量是各类消费者人均消费量的加权平均。同理可得：

$$\triangle c_t = \lambda_{1t}\triangle c_{1t} + \lambda_{2t}\triangle c_{2t} + \lambda_{3t}\triangle c_{3t} \tag{4.40}$$

根据（4.32）式、（4.33）式和（4.34）式可得：

$$\triangle c_t = -\lambda_{1t}\alpha\triangle d_{1t} + \lambda_{2t}\beta\triangle d_{2t} + \lambda_{3t} e_t \tag{4.41}$$

为了方便理解，考虑特殊情况如下：即假设三类消费者的人均国债负担率相等，$d_{1t} = d_{2t} = d_{3t}$，另外令 $\xi_t = \lambda_3 e_t$，因此，（4.41）式可以写成：

$$\triangle c_t = (-\alpha\lambda_{1t} + \beta\lambda_{2t})\triangle d_{it} + \xi_t \tag{4.42}$$

该模型能直观地反映居民消费变动受国债增量的挤入效应和挤出效应的共同影响。其中挤出效应的因子包括第一类消费者的人数比重 λ_{1t} 和消费的挤出弹性系数 α；挤入效应也受两部分因素影响，分别是第二类消费者的人数比重 λ_{2t} 和第二类消费者的消费挤出弹性系数 β。当系数 $(-\alpha\lambda_{1t}+\beta\lambda_{2t})$ >0 时，国债的挤入效应大于挤出效应，即国债的财富效应占优，而当 $(-\alpha\lambda_{1t}+\beta\lambda_{2t})<0$ 时，国债的挤出效应大于挤入效应，此时李嘉图等价效应占主导。由于居民消费水平还在很大程度上受到产出水平的影响，因此本节设立的基本模型为：

$$\triangle c_t = (-\alpha\lambda_{1t}+\beta\lambda_{2t})\triangle d_{it} + \gamma\triangle gdp + \xi_t \tag{4.43}$$

其中，$\triangle gdp$ 为人均国内生产总值的增长率，其他变量含义同上。本节对李嘉图等价定理的检验起到两个作用：（1）理论模型的设立以消费需求函数为基本模型，因此能检验社会需求这一传导渠道是否通畅；（2）若检验结果为李嘉图等价效应在中国尚未完全显现，则给财政政策影响物价波动提供了理论支撑。

（二）状态空间模型实证分析

在估计上述模型时，考虑到模型参数可能随时间推移而呈现变化，因此不能简单使用线性计量模型进行估计。在一般的非线性模型中，状态空间模型能利用卡尔曼（Kalman）滤波估计的方法灵活地修正状态向量的估计，因此具有很强的适用性，此处利用空间状态模型完成对时变参数的估计。

1. 状态空间模型介绍

状态空间模型由量测方程和状态方程构成，与固定参数模型不同的是解释变量的参数是可变的，用 Kalman 滤波估计出的可变参数值能灵活的反映在外部经济环境不断发生变化时自变量对因变量的动态影响。具体状态空间形式如下：

量测方程：$y_t = c + z_t\alpha + x_t\beta_t + \varepsilon_t$ （4.44）

状态方程：$\beta_t = \gamma + \varphi\beta_{t-1} + \nu_t$ （4.45）

$$(\varepsilon_t, \nu_t) \sim N\left(\begin{pmatrix}0\\0\end{pmatrix}, \begin{pmatrix}\sigma^2 & 0\\0 & R\end{pmatrix}\right), \ t=1, \cdots, T \tag{4.46}$$

在（4.44）式的量测方程中，z_t 是带有固定参数 α 的解释变量，而 x_t 是带有可变参数的解释变量，可变参数 β_t 就被称为状态向量，由于 β_t 是不可观测的系数变量因此必须利用可观测的变量 y_t、x_t 来估计，并假设系数向量 β_t 的变动服从（4.45）式所示的 AR（1）模型，其中 ε_t 和 ν_t 分别是量测方程和状态方程的扰动项，服从（4.46）式所示的正态分布。

利用 Kalman 滤波方法可以实现对状态空间模型的估计，其中 Kalman 滤波方法可以描述为，基于 t 时刻可以得到的所有信息计算状态向量的最理想的递推过程。它的主要作用是在扰动项及初始状态向量均服从正态分布时能够通过预测误差分解计算出似然函数，从而对模型中的所有未知参数进行估计，并且当新的观测值一旦得到，就可以利用 Kalman 滤波连续地修正状态向量估计。因此状态空间模型的优点在于，可以将无法观测到的状态变量并入可观测模型与其一起得到估计结果；其次可以利用 Kalman 滤波估计出由被解释变量过去信息得到的状态变量的最佳趋势值。

2. 状态空间模型设定

根据研究需要，本节选择人均消费增长率 $\triangle c_t$ 为被解释变量，人均国债持有增长率 $\triangle d_t$ 和人均国内生产总值增长率 $\triangle gdp$ 为解释变量，样本区间为 1981—2013 年，原始数据均来源于中经数据库，由各原始数据与当期人口数额之比再取增长率得出所需序列 $\triangle c_t$、$\triangle d_t$ 及 $\triangle gdp$。建立的状态空间模型形式如下：

量测方程：$\triangle c_t = \alpha + \beta_t \triangle d_t + \gamma \triangle gdp + u_t$　　　　　　　　　　（4.47）

状态方程：$\beta_t = \gamma + \varphi \beta_{t-1} + \nu_t$　　　　　　　　　　　　　　　　　（4.48）

$$(\varepsilon_t, \ \nu_t) \sim N\left(\begin{pmatrix} 0 \\ 0 \end{pmatrix}, \begin{pmatrix} \sigma^2 & 0 \\ 0 & R \end{pmatrix}\right), \ t = 1, \ \cdots, \ T \qquad (4.49)$$

其中，β_t 为时变参数，利用 Kalman 滤波迭代法可以估计出每个时点上的相应值。该系数代表居民消费受国债发行的影响程度，也被称为动态弹性。若 $\beta_t > 0$，国债发行对居民消费的正向拉动效应大于挤出效应，即总体上表现为净财富效应；而若 $\beta_t < 0$，国债的挤出效应大于其拉动效应，总体上抑制了居民消费的增长，即李嘉图等价效应占主导地位；当 $\beta_t = 0$ 时，国债对消费的挤出与挤入效应相当，综合来看即国债对消费无影响。

3. 状态空间模型估计

空间状态模型对时间序列的平稳性有要求，非平稳的序列可能会造成伪回归的现象，故需先对两序列进行平稳性检验。平稳性检验结果如表 4.1 所示，序列 $\triangle c_t$、$\triangle d_t$ 和 $\triangle gdp$ 分别在1%、5%的显著性水平上拒绝非平稳假设，因此时间序列在5%的显著性水平下均是平稳序列。

表4.1　$\triangle c_t$、$\triangle d_t$ 及 $\triangle gdp$ 序列的单位根检验结果

序列	1%临界值	5%临界值	ADF 统计量	P 值
$\triangle c_t$	−3.653	−2.957	−7.696	0.000 ***
$\triangle d_t$	−3.661	−2.960	−3.324	0.022 **
$\triangle gdp$	−3.662	−2.960	−3.607	0.011 **

根据（4.47）式、（4.48）式构造的模型，利用 Eviews8.0 软件估计得出以下结果：

量测方程：$\triangle c_t = \beta_t \triangle d_t + \underset{(0.000)}{0.840} \triangle gdp$ 　　　　　　　　（4.50）

状态方程：$\beta_t = \underset{(0.051)}{0.007} + \underset{(0.000)}{0.868} \beta_{t-1}$ 　　　　　　　　　（4.51）

其中，括号内为显著性概率统计值，可以看出参数估计值均较为显著，因此估计结果有效。

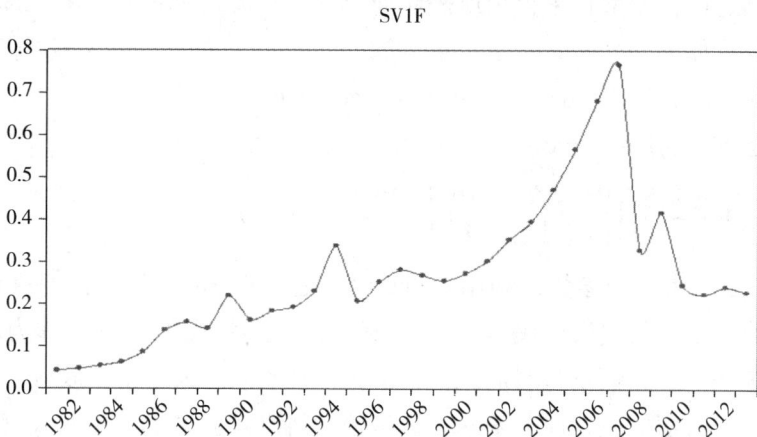

SV1F

图4.3　居民消费的国债弹性净效应

图4.3显示，国债发行影响居民消费的弹性系数在每个时点上都不相同，但整个样本区间内，该弹性系数均大于0，根据理论分析可知，国债对居民消费的挤入效应大于挤出效应，国债的财富效应占优，李嘉图等价定理

在样本区间内不成立。此外，人均 GDP 增长对人均消费的影响系数为 0.84，且统计上显著，即人均 GDP 变化率每增长 1 单位，人均居民消费变化率就会增加 0.84 个单位，可见影响居民消费的主要因素仍然是收入水平。

4. 实证检验结果分析

由时变系数图 4.3 可知，增发国债对居民消费的总效应为正，由此可判断积极财政政策的实施效果并非中性，其对经济发展有着主动的正向引导作用，但是由于各个时期政策实施背景各异及实施力度不同，其对经济的作用效果也有明显的差异，具体可以反映在图 4.3 中参数值的变化走势上。我们大致可以将样本区间划分为三个阶段：1981—1996 年、1997—2006 年和 2007—2013 年。

1981—1996 年期间国债的发行对居民消费起拉动作用但总体程度较低，这与国债发行所处的历史阶段有关，当时国债的发债主要为弥补财政赤字、支持国民经济重建，且前期主要以行政摊派为主，发行制度仍不完善，一系列的原因导致国债发行效用没有充分显现。

1997—2007 年期间，政府先后实施了积极的财政政策和稳健的财政政策，这一时期国债效应充分发挥，国债对消费影响的弹性系数为正且总体拉动程度较高。这一期间国债被赋予了重要使命，其资金用于基础设施建设、改造传统工业技术、加大西部开发、发展科技教育事业、提高低收入居民基本生活水平等等，政府连续高强度发行国债、积极救市的举措，让人们增强了经济回暖的预期。2003 年稳健财政政策的实施，适度控制了国债的规模，但由于国债市场的不断发展，国债慢慢融入居民的生活中，激发了居民的投资热情。

2008—2013 年期间，国债的消费弹性系数仍为正，但呈现下降的趋势。国债的宏观经济效应渐趋饱和，2008 年再次实施积极的财政政策没有以发行国债为主要措施，而是投入四万亿元，并采用结构性减税的措施来减轻企业压力，因此国债的经济效应弱化。

综上所述，李嘉图等价定理在中国并不成立，政府发行国债与征集税收并不等价，国债对于民众来说具有明显的财富效应。这表明以发行国债为重要手段的财政政策实施具有明显的经济效应，国债发行的初、中期，由于各项体制与措施的不完善，导致国债资金运用效率不高；为应对亚洲金融危机，以发行国债为主的扩张性财政政策充分发挥了国债的经济效应；而面对2008年全球金融危机，国债资金的效用已达饱和，由此出现了弹性系数下降的现象。总之，国债发行可以通过影响居民消费需求的变化引起物价水平的变动，李嘉图等价定理在中国并不成立，物价水平决定的财政理论在中国具有适用性。

三、FTPL 理论在中国的适用性检验：基于政府部门视角

根据本节第一部分关于物价水平决定的财政理论机制的讨论，当财政当局执行"非李嘉图"财政政策或"主动型"财政政策时，财政政策会对物价水平决定产生影响。这种影响来源于两个方面：一是当财政政策操作遵循主动型（财政当局相机决定财政支出或赤字，不完全考虑政府预算约束和债务稳定）而货币政策操作遵循被动型（货币当局被动调整以满足政府预算约束且对通胀偏离反应不足）时，财政政策通过影响货币政策（赤字货币化）对物价水平产生影响，这种情形被称为弱式 FTPL；二是当财政政策操作遵循主动型且货币政策也遵循主动型（货币当局保持较高独立性不考虑政府预算约束平衡且对通胀偏离完全反应）时，市场均衡意味着价格需自动调整以改变实际债务余额水平，从而满足政府预算约束平衡，即财政政策通过债务通胀化以决定价格水平，这种情形即被称为强式 FTPL。

$$\frac{M_{t-1} + (1 + i_{t-1}) B_{t-1}}{P_t} = E_t \sum_t^T \left[q_{t,\ T} (T_t - G_t + \frac{i_t}{1 + i_t} \times \frac{M_t}{P_t}) \right] \quad (4.52)$$

结合政府预算约束平衡式（4.52），可深入理解这一影响机制。据此，无论货币政策主动与否，只要财政政策保持主动，财政政策就能决定价格水平，物价水平决定的财政理论就会成立。因此，检验物价水平决定的财政理论在中国的适用性相当于证明我国政府所实行的财政政策为"主动型财政政策"。在探究我国财政政策对物价水平的影响之前，本小节首先从政府视角出发识别改革开放以来我国财政政策的操作属性，并以此初步判断物价水平决定的财政理论在我国的适用性。

关于财政政策操作属性的识别，Davig & Leeper（2011）在讨论不同财政货币政策体制下财政政策冲击的影响时便已基于马尔科夫方法对美国财政货币政策操作规则属性进行了甄别，发现在美国主动型财政操作规则与被动

型操作规则的区制概率较为接近，被动型财政操作规则概率略高于主动型。为此，本节参照该文的方法对我国财政政策操作规则属性进行识别，并针对研究结果进行具体分析。假设政府遵循如下财政规则形式：

$$r\tau_t = \rho_\tau r\tau_{t-1} + \varphi_b r b_{t-1} + \varphi_y y_t + \varphi_g r g_t + \varepsilon_t^\tau \tag{4.53}$$

其中，$r\tau_t$、rb_t、rg_t 分别表示政府税收比率、政府债务产出比、政府支出产出比相对各自稳态水平的偏离；$y_t = (Y_t - Y_{ss})/Y_{ss}$ 为产出缺口，ε_t^τ 表示随机税收政策冲击；ρ_τ 为平滑参数，φ_b、φ_y、φ_g 分别为税收比率对债务、产出、公共支出的反应系数。（4.53）式表示财政当局税收政策调整，一方面对上期税收进行平滑，另外一方面对上期债务缺口、本期产出缺口以及政府支出缺口进行反应。参照 Davig & Leeper（2011），本节采用单方程马尔科夫区制转移方法对中国财政政策规则进行估计。在估计之前首先对变量数据进行说明和处理，数据主要来源于中经网统计数据库，样本区间为 1980—2015 年，估计中所涉及的观测变量主要有税收、债务、产出和政府支出，所有变量在估计前均采用 HP 滤波进行处理后再用于估计。

表 4.2　财政政策规则参数估计结果

参数 体制	l_1	l_2	l_3	l_4	区制 转移概率	平均 持续期	Log likelihood
Regime1- 被动型财政 体制（PF）	-0.0506	0.4946	0.4934	1.7205	[P（1，1）= 0.5838；　P（1， 2）= 0.4162]	2.4026	67.2650
Regime2- 主动型财政 体制（AF）	0.0301	0.0472	0.1939	0.4705	[P（2，1）= 0.0863；　P（2， 2）= 0.9137]	11.5821	

根据利珀（Leeper，1991）和刘斌（2009），当财政政策操作不考虑政府预算约束以及非致力于保持债务稳定时，这种财政政策即为"主动型财政政策"，具体表现为税收比率调整对政府支出偏离反应不足并且对债务偏离反应系数较小；反之，即为"被动型财政政策"。表 4.2 列出了基于单方程马尔科夫区制转移方法的两区制下财政政策规则系数估计结果。重点观察财政规则系数中的 φ_g 和 φ_b，我们可以发现在区制一下 $\varphi_g^1 = 1.7205 > 1$，$\varphi_b^1 = 0.4946$，这表明该区制下我国税收政策对财政公共支出反应充足且对债务稳

定的考虑程度亦较高；在区制二下 $\varphi_g^2 = 0.4705 < 1$，$\varphi_b^2 = 0.0472$，这表明该区制下我国税收政策对财政公共支出反应不足且对债务稳定的考虑程度较低。为此，根据"主动型财政政策"的定义和特征，不难判断区制一即为"被动型财政规则"区，区制二为"主动型财政规则区制"。其中，"被动型财政规则"区制保持自我状态的概率为 58.38%，由"被动型财政规则"区制转换至"主动型财政规则"区制的概率达到 41.62%；而"主动型财政规则"区制保持自我状态的概率高达 91.37%，由"主动型财政规则"区制转换至"被动型财政规则"区制的概率仅为 8.63%。从平均持久期来看，"被动型财政规则"区制的平均持久期为 2.4026 年，而"主动型财政规则"区制的平均持久期达到 11.5821 年。由此可见，我国财政政策操作主要遵循"主动型"财政规则。根据物价水平决定的财政理论演变机制，不论货币政策主动与否，只要财政政策操作遵循"主动型"规则，物价水平决定的财政理论即成立。为此，FTPL 理论在我国具有适用性。

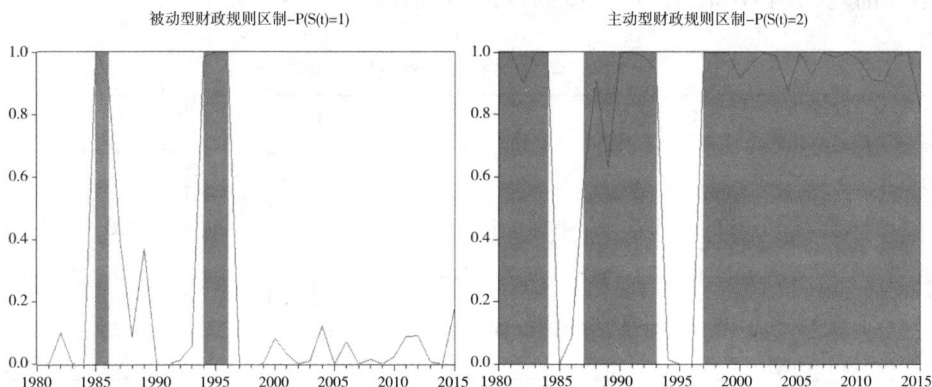

图 4.4　财政政策规则概率区制图

图 4.4 具体刻画了 1980—2015 年间我国财政规则的区制概率转移情况，可以发现财政政策在 1985—1986 年间以及 1994—1996 年间遵循"被动型"操作规则，而在 1980—1984 年、1987—1993 年和 1997—2015 年间遵循"主动型"操作规则。这一实证结果与我国财政政策实践基本一致，改革开放以来，为促进经济快速增长我国主要实行了赤字型财政政策，仅少数年份略有财政盈余，政府债务也在不断积累。同时，结合图 4.1 所刻画出的"我国

物价波动与财政支出增长率在很多大程度上具有协同性"这一现象，不难发现改革开放以来政府以"主动型财政政策"为主的操作规则通过赤字货币化、债务通胀化等途径对我国物价水平决定产生了很大影响，物价水平在很大程度上表现为一种财政现象。

四、FTPL 理论在中国的适用性检验：现实分析

价格水平如何被决定一直以来都是经济学界争论的焦点之一。著名经济学家弗里德曼认为"通货膨胀总是，而且永远是一个货币现象"，其理论基础是古典货币数量论。然而自 20 世纪 90 年代开始，FTPL 理论的出现对传统货币主义理论带来了巨大挑战，并由此引发了对价格水平决定问题的重新思考和广泛讨论。FTPL 理论最早由利珀（Leeper，1991）提出，随后西蒙斯（Sims，1994）、伍德福德（Woodford，2001）等经典文献对这一理论作了进一步的深化，由是该理论逐渐发展成为成熟的理论。FTPL 理论的研究主要遵循两条思路：一是基于财政政策和货币政策不同搭配视角研究价格水平的决定问题；二是基于政府预算约束方程研究价格水平由什么政策决定。

利珀（Leeper，1991）从政策搭配角度研究了价格水平决定问题，认为通货膨胀永远只是货币现象的观点正确与否取决于特定条件，这个特定条件就是主动型货币政策（active monetary policy）与被动型财政政策（passive fiscal policy）的组合（简称 AM/PF）。在这一政策组合下，财政政策只是起到平衡正负现值预算约束的作用，对价格水平的决定不起任何作用。然而，当被动型货币政策与主动型财政政策的政策组合（简称 PM/AF）或者主动型货币政策与主动型财政政策组合出现时，通货膨胀便成为一种主要由财政政策决定的财政现象，从而得到利珀（Leeper）基于政策搭配定义的价格水平决定的财政理论（FTPL）。而不同的价格水平决定理论意味着政府针对自身财政赤字状况会采取不同的政府融资策略和制度安排，继而形成所谓的李嘉图制度与非李嘉图制度。

在萨金特和华莱士（Sargent & Wallace，1981）的李嘉图制度定义下，财政当局关于政府支出、政府税收和生息债务等一系列决策集合构成了财政政策，财政政策的调整往往会确保跨期政府预算约束始终处于平衡状态，而货币当局可以自由地确定名义货币存量和名义利率，货币政策将改变政府的

负债总额。这种情形也即上文中所提到的被动型财政政策和主动型货币政策的组合，此时财政政策不影响价格水平。而非李嘉图制度是由 Aiyagari & Gertler（1985）首先提出，他们认为在非李嘉图制度下财政当局进行收支决策时无需顾及跨期政府预算约束，如果未来税收的折现值不足以满足政府支出的需要，可以通过调整铸币税以使政府跨期预算约束等式得到满足。这是一种财政主导型制度，财政政策具有主动性。西蒙斯（Sims，1994）在前人的基础上对非李嘉图制度进行了修正，认为政府跨期预算约束等式已经不是一个对于任何价格水平下都必须满足的约束条件，而只需在均衡状态下满足即可。政府部门与私人部门的不同之处在于政府部门通过国债等方式取得收入的举债能力不会受到任何的限制，政府预算约束等式并不会对政府的支出决策或税收决策产生真正的制约。财政政策在做税收、支出和负债决策时就已经决定了未来的价格水平，货币政策将完全处于从属地位，对应于 FTPL 理论中的 PM/AF 组合。

就我国而言，目前关于货币政策对物价水平影响的研究较多，但关于财政政策对物价水平影响的研究相对较少。方红生和朱保华（2008）采用五变量 VAR 和两变量 SVAR 方法研究了 FTPL 理论在中国的适用性，并据此提出了治理通货膨胀的政策建议。张兵（2010）应用五变量 VAR 模型对中国财政政策的通货膨胀效应进行研究，指出中国的通货膨胀是一个财政现象，财政手段有助于治理通货膨胀。张志栋和靳玉英（2011）应用 MS-VAR 方法检验了我国财政政策和货币政策在价格决定中的作用区制。综合而言，目前有关 FTPL 理论的实证分析尚不多见，研究视角也存在一定的局限性。为此，本小节基于家庭视角、政府视角检验非李嘉图财政政策在中国的适用性，并构建包含通胀指数、产出、财政变量和货币变量的状态空间模型分析财政货币政策影响物价水平的路径。

本节基于 FTPL 理论，建立状态空间模型估计财政因素与货币因素对价格水平的时变影响参数，并通过参数估计结果识别我国财政制度的属性。参照 Davig & Leeper（2006，2011）中的模型，本节选择居民消费价格指数（π_t）为被解释变量，国债余额缺口（B_t）、广义货币量 M2 缺口（M_t）和产出缺口（Y_t）为解释变量，样本区间为 1985—2015 年，数据主要来源于中经网数据库和国家统计年鉴。需要说明的是，国债余额缺口和广义货币量 M2 缺口序列主要通过对各变量占当期 GDP 比值进行 HP 滤波处理获得。本节构建的状态空间模型形式如下：

量测方程：$\pi_t = \pi_{t-1} + \varphi_t^f B_{t-1} + \varphi_t^m M_t + \varphi_y Y_t + \mu_t$ （4.54）

状态方程：$\varphi_t^f = \alpha + \beta \varphi_{t-1}^f + \nu_t$ （4.55）

$\varphi_t^m = \gamma + \varphi \varphi_{t-1}^m + \omega_t$ （4.56）

其中，φ_y、α、β、γ 和 φ 均为常数项，φ_t^f 和 φ_t^m 为时变参数，利用 Kalman 滤波我们可以估计出各个时点上时变参数的值。该参数度量了我国物价水平受国债余额缺口或广义货币量缺口影响的程度，参数值越大则影响越大。

为保证状态空间模型中的时间序列是平稳的，避免模型的伪回归，先对模型中的各序列进行平稳性检验。

表 4.3　单位根检验结果

变量	检验形式	T 统计量	临界值	结论
π_t	（C 0 0）	−3.094284	−2.967767 （5%）	平稳
B_t	（C 0 0）	−3.790229	−3.699871 （1%）	平稳
M_t	（C 0 0）	−3.120079	−2.963972 （5%）	平稳
Y_t	（C 0 0）	−3.606085	−2.967767 （5%）	平稳

表 4.3 的结果表明，序列 π_t、B_t、M_t 和 Y_t 均至少在 5% 的显著性水平上拒绝非平稳假设，因此各时序数据在 5% 的显著性水平下为平稳序列。

将上述序列代入构建的状态空间模型中，利用 Eviews8.0 进行估计，得出下列结果：

量测方程：$\pi_t = \pi_{t-1} + \varphi_t^f B_{t-1} + \varphi_t^m M_t + \underset{(0.000)}{0.278} Y_t + \mu_t$ （4.57）

状态方程：$\varphi_t^f = \underset{(0.000)}{0.036} + \underset{(0.000)}{0.828} \varphi_{t-1}^f + \nu_t$ （4.58）

$\varphi_t^m = \underset{(0.000)}{0.020} + \underset{(0.000)}{0.974} \varphi_{t-1}^m + \omega_t$ （4.59）

其中，括号内为显著性概率统计值，可以看出参数估计相当显著，也即模型估计结果有效。

图 4.5 刻画了我国 1985—2015 年间通货膨胀对财政政策变量 π^e 的反应弹性演变路径，可以发现通货膨胀与债务率波动存在显著正向关系，即财政

债务弹性系数估计

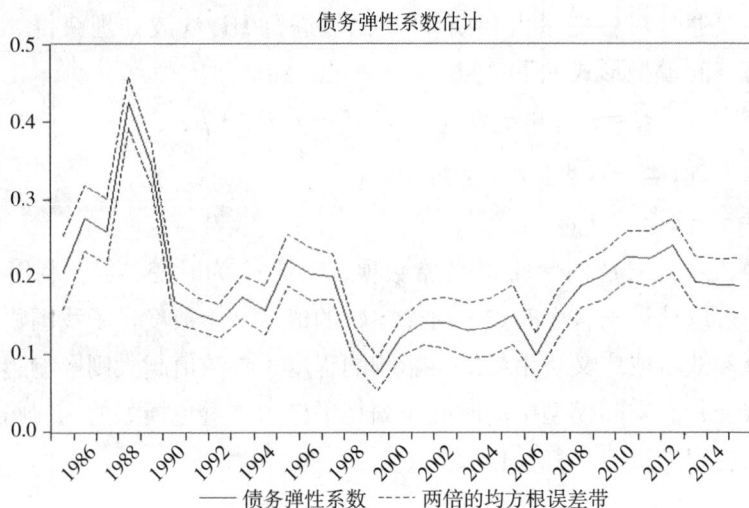

图 4.5　通货膨胀对债务反应弹性的时变参数估计结果

货币弹性系数估计

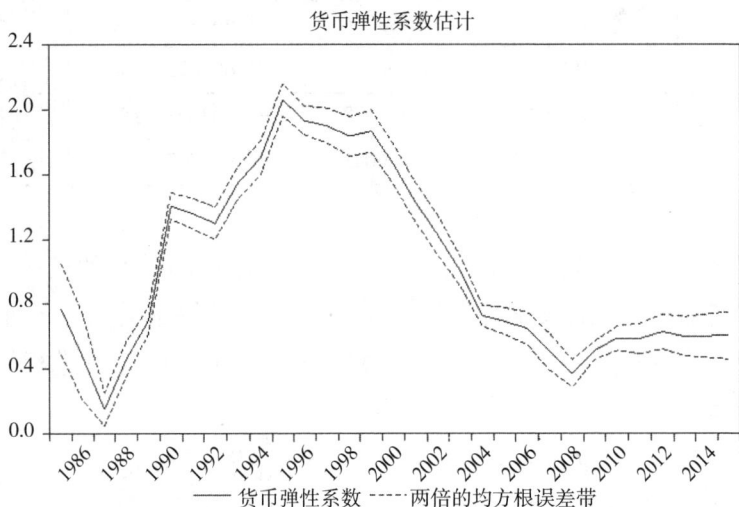

图 4.6　通货膨胀对 M2 反应弹性的时变参数估计结果

政策运行会通过影响债务水平导致物价波动；同时还可发现，债务弹性系数在 1985—1988 年间呈上升趋势，1989—1998 年间呈下降趋势，1999—2015 年间又呈上升趋势。图 4.6 刻画了我国 1985—2015 年间通货膨胀对货币政策变量 π^e 的反应弹性演变路径，可以发现通货膨胀与货币缺口演变也存在显著正向关系；进一步观察货币弹性系数的时变特征，可发现其在 1985—1987 年间呈下降趋势，1988—1995 年间呈上升趋势，而在 1996—2015 年间则呈下降趋势。

据此不难看出，从 1996 年开始，货币供应量缺口对价格水平的影响系数呈现出明显的下降趋势，而从 2000 年开始，国债余额缺口对价格水平的影响系数逐年增大。这与张志栋和靳玉英（2011）、储德银和刘宏志（2013）的研究结果基本一致。结合我国国情，自 1994 年开始我国国债规模不断扩大，尤其在 1998 年和 2008 年前后为应对金融危机实施了积极财政政策，大量增发国债，加强基础设施建设，加大财政投资，扩张性的财政政策不可避免地对通货膨胀造成了一定影响。综合通货膨胀对财政货币政策变量的反应系数的演变路径，可以发现我国财政货币政策均对物价波动具有重要影响，通货膨胀不仅仅是一种货币现象；此外，参数的时变特征表明，1996 年以来货币政策对物价水平的影响逐渐削弱，而财政政策对物价水平的决定效应在不断增强。因此，物价水平决定的财政理论在中国具有适用性。

五、结　论

本节基于中国现实经济数据探究物价水平决定的财政理论在中国的适用性。本节首先阐述财政政策决定物价水平的理论机制，随后基于家庭部门决策视角采用状态空间模型方法检验了李嘉图等价定理在我国的适用性，然后从政府视角出发运用单方程马尔科夫区制转移方法甄别了我国财政政策操作属性，最后建立同时包含物价、产出、财政变量、货币变量的四变量状态空间模型探究了我国财政货币政策对物价水平影响的演变路径和时变特征。

综合本节的研究，得到如下几点结论与政策建议：

（1）基于家庭部门视角的检验，发现李嘉图等价定理在中国并不成立，政府发行国债与征税并不等价，国债对于民众而言具有明显的财富效应。这表明以发行国债为重要手段的财政政策实施具有明显的经济效应。我国国债发行的初、中期，由于各项体制与措施的不完善，导致国债资金运用效率不高；为应对亚洲金融危机，以发行国债为主的扩张性财政政策充分发挥了国债的经济效应；而面对 2008 年全球金融危机，国债资金的效用已达饱和，出现弹性系数下降的现象。总之，家庭部门的行为决策并未遵循李嘉图等价定理。

（2）通过采用单方程马尔科夫区制转移方法对我国财政政策操作规则进行估计，不难发现我国财政政策呈现出"主动型"抑或"非李嘉图"属性。这一实证结果与我国财政政策实践基本一致，改革开放以来为促进经济快速增长我国主要实行了赤字型财政政策，仅少数年份略有财政盈余，政府债务也在不断积聚。根据物价水平决定的财政理论，不论货币政策主动与否，只要财政政策操作遵循"主动型"，物价水平决定的财政理论即成立。为此，FTPL 理论在我国具有适用性，政府在管理通胀时不应仅依赖货币政策，还应考虑财政政策的影响。

（3）根据所构建的同时包含物价、产出、财政变量、货币变量的四变量状态空间模型的估计结果，可以发现通货膨胀不仅仅是一种货币现象，我国财政货币政策均对物价波动具有重要影响，债务量和货币供应量的正向增长都会造成通货膨胀；此外，待估参数的时变特征表明，1996 年以来货币政策对物价水平的影响逐渐削弱，而财政政策对物价水平的影响不断增强。因此，现实分析结果表明，物价水平决定的财政理论在中国具有适用性。在当前货币政策管理通胀屡屡失效的情形下，政府应重视财政政策操作对物价波动的影响，稳定物价需要搭配使用财政政策和货币政策工具。

第四节　结构性财政调控与新常态下
财政政策操作转型

一、研究背景

改革开放以来，中国宏观经济跌宕起伏，财政政策不断相机抉择，充分展示出灵活性和针对性。然而，政策实施效果与政策基调的初衷屡存偏差，近年来财政调控的有效性逐步降低（栗亮和刘元春，2014）。为应对全球金融危机，我国于 2008 年底开始出台多项强刺激政策，如投资 4 万亿用于大量基础设施建设、产业振兴计划等。积极的财政政策持续运行 7 年来，中国宏观经济逐渐显现出经济增速放缓、物价波动剧烈、产能过剩凸显、债务风险积聚等诸多问题，并呈现出"经济增速换挡、结构调整阵痛、前期政策消化"三期叠加特征。为此，政府一改以往经济发展策略和政策思路，明确提出我国经济步入"新常态"，要求宏观政策调控兼顾经济发展总量和质量。当前宏观经济形势提醒学界和实务界亟须对前期刺激政策进行反思和探讨，并系统审视我国财政政策效应。

2015 年 12 月 21 日，中央经济工作会议明确指出，要主动认识、适应和引领经济发展新常态，宏观政策应在着力扩大总需求的同时注重供给侧结构性改革；继续实施积极的财政政策和稳健的货币政策。这意味着财政政策要继续发挥重要作用。2015 年 10 月 29 日，党的十八届五中全会审议通过《中共中央关于制定国民经济和社会发展第十三个五年规划的建议》，提出要创新和完善宏观调控方式：按照总量调节和定向施策并举、短期和中长期结合、国内和国际统筹、改革和发展协调的要求，完善宏观调控，采取相机调控、精准调控措施，适时预调微调，更加注重扩大就业、稳定物价、调整结构、提高效益、防控风险、保护环境。从近期的货币政策实践可以看出，全面笼统的刺激、调控政策正逐步淡出，货币政策调控更显专业化和定向化。新常态下财政政策调控也应创新思路、精准发力，从而为宏观经济转型、经济结构调整和全面深化改革发挥应有作用。

从各国实践来看，在出现需求低迷时，除采用财政支出扩张外，还可以通过减税刺激消费和投资需求，以实现经济复苏和稳增长。就我国而言，积极性财政政策采取哪种调控方式更为有效？在投资动力微弱、出口表现差强人意的形势下，财政调控如何能够有效防范风险并改善我国消费长期不足困境，促使需求结构向消费驱动转型？当前宏观经济运行情况表明，仅关注总量政策调控难以对以上问题作出有效回答，还要对政府支出、税收等结构性财政工具的宏观效应展开深入讨论和比较。目前，国内文献对这些问题的研究还缺乏系统性，本节内容将基于新凯恩斯动态随机一般均衡模型对不同类型的财政工具进行系统探究，深入考察各种结构性财政工具对主要宏观经济变量的影响及其传导路径，并据此提出新常态下财政政策转型的操作建议。本节其余部分安排如下：第二部分为文献综述，第三部分为新凯恩斯 DSGE 模型的构建；第四部分为财政政策动态模拟分析；第五部分为结论与政策建议。

二、文献综述

上世纪大萧条使凯恩斯的需求管理财政政策大为盛行，其原理主要在于支出和税收变化通过乘数效应引致产出倍数调整。20世纪60年代后期开始，新古典主义理论在批判凯恩斯主义浪潮中兴起，该理论反对政府相机行事的宏观经济政策，认为政策往往具有时间非一致性，居民的理性预期最终使得政府得不到经济增长的好处。随后，基德兰德和普雷斯科特（Kydland & Prescott，1982）进一步提出RBC理论，认为经济中的产出、消费等大部分宏观变量仅受技术冲击影响，任何试图影响经济的宏观调控政策都是无效、甚至是有害的。为答复20世纪70年代所谓的"凯恩斯主义理论危机"，80年代以来新凯恩斯主义宏观经济学逐步崭露头角，在继承原凯恩斯主义思想和广泛汲取新古典主义关于"经济人最大化原则"、"理性预期"等假设下以不完全竞争、名义价格粘性等实际市场不完全性来解释经济波动，主张政府应通过财政货币政策调控对经济周期作出反应以稳定经济增长，引导产出趋于均衡（Mankiw et al.，1988；Gali，2007等）。

目前，基于上述理论研究财政政策经济效应的经验分析不可胜数。已有基于VAR、SVAR等宏观计量模型的研究一致认为正向支出冲击会产生正向产出效应，但关于消费、就业、私人投资和工资对政府支出冲击的反应则莫衷一是。佩罗蒂（Perroti，2007）研究发现，私人消费、产出和实际工资会同财政支出冲击正向运动。雷米（Ramey，2011）基于事件研究法发现，财政支出增加会减少私人消费和实际工资，增加就业和非住宅投资。芒福德和乌利希（Mountford & Uhlig，2002）则发现财政支出会挤出就业和非住宅投资，但几乎不改变消费。这些结论的异质性启发学界关于财政支出效应的进一步讨论，大多学者开始采用动态随机一般均衡模型展开研究。埃德伯格等（Edelberg et al.，1999）基于RBC模型发现私人消费和实际工资对支出反应为负，就业对支出反应为正。拉文等（Ravn et al.，2006）将消费习惯引入垄断竞争的新凯恩斯模型，认为对于较大习惯参数值，政府支出冲击会引致私人消费、实际工资和就业增加。加利等（Gali et al.，2007）将经验消费者引入名义价格粘性的新凯恩斯模型，发现只要经验消费者比例足够大，私人消费、实际工资和就业就会增加。就国内相关研究而言，学术界对政府支出经济效应的强弱、正负同样尚存分歧（李广众，2005；杨子晖等，2009；胡永刚等，2013）。考虑到不同类型财政支出工具对实体经济作用路径不同，基于支出总量的研究无法洞悉这一差异化影响，从而所得政策建议缺乏操作针对性，近年来部分学者开始关注结构性财政支出的经济效应。王国静和田国强（2014）基于动态随机一般均衡模型考察了政府消费性支出、政府投资性支出两类支出工具的乘数效应。饶晓辉和刘方（2014）则重点讨论了政府生产性支出对我国宏观经济波动的影响。

关于税收政策的宏观经济效应分析，国外研究主要集中于税收对经济增长的自动稳定效应以及不同税制结构对经济增长的差异影响。泰勒（Taylor，2000）、布兰查德和佩罗蒂（Blanchard & Perotti，2002）等对美国的研究发现，由于其税制的较强累进性以及社会保障体系相对完善，财政政策主要通过税收自动稳定器功能发挥作用，政府主动调节经济的作用微乎其微。中国的情况则截然相反：1994 年以流转税为主体的税制改革，在税种设计上过于突出增值税的作用，而对经济具有内在稳定功能的所得税比重过低，从而造成我国税收体系总体上累进特征较弱，这也导致我国税收政策自动稳定效应不明显（金人庆，2005；岳希明等，2014）。关于不同税制结构对经济增长的差异影响，国外学者基于不同国家数据研究发现，当税收结构发生变动时，经济增长的路径也会相应变动，且不同税种对经济增长影响不同（Lee & Gordon，2005；Leeper et al.，2010；Forni & Pisani，2012）。国内关于税收政策的相关研究也不少，严成樑和龚六堂（2012）研究发现我国税收政策的经济增长效应较小，而社会福利损失较大，适当降低税率有利于提振经济增长并大幅改善社会福利水平。刘怡和聂海峰（2004）、王剑锋（2004）分析了间接税、流转税的经济效应，发现低收入家庭负担增值税和消费税比例大于高收入家庭，但高收入家庭负担营业税比例大于低收入家庭，整个间接税恶化了居民收入分配。李春根和徐建斌（2015）利用地级城市个体层面微观数据考察了税制结构与居民再分配的关系，指出当前财税体制改革的关键在于优化税制结构。国内已有文献表明，适当降低相关税种税率、优化税制结构有利于经济增长和社会福利改善，但鲜有文献明确就如何进行结构性减税提出合理政策建议。而在动态随机一般均衡框架下研究结构性减税的政策选择则更为匮乏，黄赜琳和朱保华（2015）基于 RBC 模型研究了资本收入税率和劳动收入税率调整的宏观经济效应，但他们未考虑消费税的影响。

以上综述表明，国内外学者已就财政支出和税收的宏观经济效应展开较为丰富的讨论，但建立在微观基础上将不同类型支出、税收工具完整置于同一框架分析比较的文献不多，对结构性财政工具调控效应的研究尚缺乏系统性。另外，大多数模型分析财政政策效应时都假定财政支出和税收外生，而忽略财政规则内生性将对财政乘数估计造成严重偏误（王国静和田国强，2014）。并且，已有文献基于动态随机一般均衡模型进行经济分析时大多假定消费者为同质、无限存活式李嘉图个体，这一假设对于分析收入分配差距较大的我国而言既不实用、也不合理。根据万广华等（2001）、李永友和丛树海（2006）等人的研究，中国居民消费行为受流动性约束影响较大。在全部消费者中，受流动性约束的消费者占比非常高，这一比重自改革开放以来一直保持在60%以上；随着中国市场化改革不断深入，这一比重还会不断上升，流动性约束使得居民消费行为对当前收入变化表现出较高敏感性。这表明我国消费者主要以受流动性约束的非李嘉图个体为主，故单纯基于李嘉图框架分析我国宏观政策效应并不合适。此外，国内外诸多学者通过理论和经验分析证明货币政策并非控制通货膨胀的唯一途径，财政政策在价格水平决定中同样起着重要作用（Leeper，1991；Woodford，2001；龚六堂和邹恒甫，2002；方红生等，2008），但在动态随机一般均衡模型中系统探究不同财政冲击对我国不同价格水平影响的文献寥寥无几。

建立在垄断竞争、名义价格粘性等基础上的新凯恩斯模型从一般均衡理论出发，通过最优化方法推导出各经济主体的跨期最优条件，所得最优行为方程拥有较强微观基础且表现出前瞻性特点，逐步成为近年来宏观政策分析的重要框架。该框架摆脱了传统凯恩斯主义缺乏微观基础、局限于变量相互外生假设下静态分析方法的缺陷，放松了新古典主义价格弹性的苛刻假设，在动态系统中研究变量内生交互影响以贴切描述现实经济运行（Gali，2015）。因此，用建立在新凯恩斯框架下的宏观经济模型分析我国财政政策经济效应及工具选择更具现实意义。本节在已有文献研究基础上，充分考虑财政政策效应分析的不足，尝试构建一个比较系统、完整的新凯恩斯主义框架以探讨财政政策结构性调控的宏观经济效应和新常态下最优财政工具选择问题。这一框架假设经济体存在李嘉图和非李嘉图两类居民，存在消费者和生产者两种价格水平，将财政支出细分为投资性支出、消费性支出、转移支付三类支出，将政府税收细分为消费税、资本税、劳动税三类税种，并充分考虑各种财政工具的内生性。

三、新凯恩斯框架下 DSGE 模型的构建

（一）居民的经济问题

基于万广华等（2001）和李永友等（2006）的研究，本节假设模型存在李嘉图和非李嘉图两类居民，两类居民分别满足同质、理性特征。其中，李嘉图居民从一般产品消费以及享受闲暇（本节表示为居民在提供劳动时获得负效用）中获取效用，通过选择消费、劳动、投资和债券持有额以追求生命期内效用最大化为最终目标；非李嘉图居民无法参与资本、债券投资，每期仅依赖其税后可支配收入和政府转移支付进行消费。

1. 李嘉图居民

假设李嘉图居民消费、劳动效用可分，其目标效用函数为：

$$E_t \sum_{s=0}^{\infty} \beta^s \left[\frac{1}{1-\sigma} \left(C_{t+s}^R(i) - h\, C_{t+s-1}^R(i) \right)^{1-\sigma} - \chi \frac{L_{t+s}^R(i)^{1+\eta}}{1+\eta} \right] \tag{4.60}$$

其中，β 为主观贴现因子，h 为外部消费习惯参数，σ 为跨期消费替代弹性的倒数，η 为 Frisch 劳动供给弹性的倒数，χ 为家庭提供劳动力的相对效用权重；满足 $\beta \in (0, 1)$、$h \in [0, 1]$、$\sigma, \eta \geq 0$、$\chi > 0$。$C_t^R(i)$、$L_t^R(i)$ 分别表示李嘉图类居民的消费水平和劳动供给时长。

该类居民所面临的预算约束为：

$$(1 - \tau_t^W)\, W_t(i)\, L_t^R(i) + (1 - \tau_t^K)\, R_t^K K_t^R(i) + B_{t-1}^R(i) + TR_t^R(i)$$

$$= \widetilde{P}_t I_t^R(i) + B_t^R(i) / R_{t-1} + P_t C_t^R(i) \tag{4.61}$$

资本积累规律为：$K_{t+1}^R(i) = (1 - \delta_K) K_t^R(i) + I_t^R(i)$。其中，$K_t^R(i)$、$B_{t-1}^R(i)$、$TR_t^R(i)$、$I_t^R(i)$ 为李嘉图类居民个体的资本存量、一年期债券持有量、政府转移支付水平、投资品数量；$W_t(i)$、R_t^K、R_t 分别为名义工资、资本收益率和毛利率；δ_K 为私人资本折旧率。考虑到消费税属于价内税，本节假定生产者价格 $\widetilde{P}_t$ 和最终消费者价格 P_t 之间满足：$P_t = (1 + \tau_t^C)\, \widetilde{P}_t$。$\tau_t^C$、

τ_t^K、τ_t^W 分别表示消费、资本、劳动税率。

在预算约束条件下，依次求一阶最优消费、最优劳动供给、最优资本投资方程可得：

$$\frac{(C_t^R - h C_{t-1}^R)^{-\sigma}}{(C_{t+1}^R - h C_t^R)^{-\sigma}} = \frac{\beta R_t P_t}{P_{t+1}}; \qquad \frac{\chi L_t^\eta}{(C_t^R - h C_{t-1}^R)^{-\sigma}} = \frac{W_t}{P_t}(1 - \tau_t^W);$$

$$(1 - \tau_{t+1}^K) R_{t+1}^K + \frac{P_{t+1}}{(1 + \tau_{t+1}^C)}(1 - \delta_K) = R_t \frac{P_t}{(1 + \tau_t^C)}$$

2. 非李嘉图居民

本节参考坎贝尔和曼昆（Campbell & Mankiw, 1989），假设非李嘉图居民由于其固有局限性不能进行跨期优化决策。该类居民所面临的预算约束为：

$$(1 - \tau_t^W) W_t(i) L_t^{NR}(i) + TR_t^{NR}(i) = P_t C_t^{NR}(i) \tag{4.62}$$

（二）厂商的经济问题

假定私人部门厂商遵循引入政府资本的柯布-道格拉斯生产函数形式，政府投资通过积累政府资本直接作用于生产函数，具体形式如下：$Y_t(j) = A_t (K_t(j))^\alpha (L_t(j))^{1-\alpha} (GK_t)^{\alpha_{GK}}$，其中 A_t 为全要素生产率，假定其对数形式服从一阶自回归过程，$\ln A_t = \rho_A \ln A_{t-1} + \varepsilon_t^\alpha$，$(\varepsilon_t^\alpha \sim N(0, 1))$；$\alpha$、$\alpha_{GK}$ 分别为私人资本和政府资本的产出弹性。

同私人资本积累规律一样，假定政府资本积累过程为：$GK_{t+1} = (1 - \delta_{GK}) + GI_t$，其中 GK_t、GI_t 分别表示政府资本和政府投资，δ_{GK} 为政府资本折旧率。

根据厂商成本最小化原则，求得其要素需求函数为：

$$K_t(j) = \frac{Y_t(j)}{A_t}\left(\frac{W_t}{R_t^k}\frac{\alpha}{1-\alpha}\right)^{1-\alpha}(GK_t)^{-\alpha_{GK}}, \quad L_t(j) = \frac{Y_t(j)}{A_t}\left(\frac{W_t}{R_t^k}\frac{\alpha}{1-\alpha}\right)^{-\alpha}(GK_t)^{-\alpha_{GK}}$$

厂商的名义边际成本为：

$$MC_t = A_t^{-1} W_t^{1-\alpha} (R_t^K)^\alpha (GK_t)^{-\alpha_{GK}} (1 - \alpha)^{-(1-\alpha)} \alpha^{-\alpha}$$

根据卡尔沃（Calvo, 1983），假定每一期有 $(1 - \varphi)$ 比例的企业可以调整其价格，其余 φ 比例的企业无法对其产品调整定价，且 φ 独立于历史更新次数。据此粘性价格假定，可得生产者价格 $\widetilde{P}_t$ 满足表达式：$\widetilde{P}_t^{1-\theta} \equiv \int_0^\varphi \widetilde{P}_{t-1}^{1-\theta} dj +$

$\int_{\varphi}^{1} (\widetilde{P}_t^*)^{1-\theta} dj = \varphi \widetilde{P}_{t-1}^{1-\theta} + (1 - \varphi)(\widetilde{P}_t^*)^{1-\theta}$。其中，$\widetilde{P}_t^*$ 表示所有在 t 期可以调整价格企业的新定价格，θ 为产品需求弹性。基于上述生产函数和要素选择，可以具体分析调价厂商定价过程。其通过选择生产价格 $\widetilde{P}_{jt}^*$ 以最大化跨期生产利润：

$$\max_{\widetilde{P}_t^*} E_t \sum_{s=0}^{\infty} (\beta \varphi)^s \frac{\lambda_{t+s}}{\lambda_t} [\widetilde{P}_{jt}^* Y_{t+s}(j) - MC_{t+s} Y_{t+s}(j)] \tag{4.63}$$

其中，$Y_t(j) = (\widetilde{P}_{jt}^* / \widetilde{P}_t)^{-\theta} Y_t$。通过求导可得调价企业最优定价的欧拉条件：

$$\widetilde{P}_t^* = \widetilde{P}_{jt}^* = \frac{\theta}{\theta - 1} \frac{E_t \sum_{s=0}^{\infty} (\beta \varphi)^s \lambda_{t+s} MC_{t+s} \widetilde{P}_{t+s}^{\theta} Y_{t+s}}{E_t \sum_{s=0}^{\infty} (\beta \varphi)^s \lambda_{t+s} \widetilde{P}_{t+s}^{\theta} Y_{t+s}} \tag{4.64}$$

（三）财政当局的政策问题

考虑到国内外大多数财政政策研究仅局限于总量分析，无法对财政政策具体实施给予结构性导向建议，本节将财政支出细分为投资性支出、消费性支出、转移支付，将税收细分为消费税、资本税、劳动税，以深化分析财政政策行为。财政当局通过对私人消费、资本、劳动征税以及发行债券为政府投资、消费、转移支付三类支出融资，并满足如下政府预算约束：

$$(\frac{B_t}{R_{t-1}} - B_{t-1}) + \tau_t^c \widetilde{P}_t C_t + \tau_t^K R_t^K K_t + \tau_t^W W_t L_t + \frac{\tau_t^C}{1 + \tau_t^C}(P_t GC_t + P_t GI_t) = P_t G$$

$C_t + P_t GI_t + TR_t \tag{4.65}$

王国静和田国强（2014）认为，忽略财政规则内生性可能对财政政策效应估计造成严重偏误。故本节对各类财政规则做出内生假定，以考虑宏观经济变量与财政变量间的内生交互作用。对于财政支出规则，本节参考王国静和田国强（2014）设定为如下形式：

$$\widehat{GI} = -\psi_{GI} \widehat{Y}_t - \varphi_{GI} \widehat{B}_{t-1} + \widehat{u}_t^{GI}, \ \widehat{u}_t^{GI} = \rho_{GI} \widehat{u}_{t-1}^{GI} + \nu_t^{GI} \tag{4.66}$$

$$\widehat{GC}_t = -\psi_{GC} \widehat{Y}_t - \varphi_{GC} \widehat{B}_{t-1} + \widehat{u}_t^{GC}, \ \widehat{u}_t^{GC} = \rho_{GC} \widehat{u}_{t-1}^{GC} + \nu_t^{GC} \tag{4.67}$$

$$\widehat{TR_t} = -\psi_{TR} \widehat{Y_t} - \varphi_{TR} \widehat{B_{t-1}} + \widehat{u_t^{TR}} , \quad \widehat{u_t^{TR}} = \rho_{TR} \widehat{u_{t-1}^{TR}} + \nu_t^{TR} \qquad (4.68)$$

其中，"$\wedge$"表示各经济变量对稳态的偏离，下同；反应参数 $\psi_{GI} \geq 0$、$\psi_{GC} \geq 0$、$\psi_{TR} \geq 0$ 和 $\varphi_{GI} \geq 0$、$\varphi_{GC} \geq 0$、$\varphi_{TR} \geq 0$ 分别刻画财政支出政策变量对产出和债务缺口的反应弹性；$\widehat{u_t^{GI}}$、$\widehat{u_t^{GC}}$、$\widehat{u_t^{TR}}$ 表示外生的财政支出政策冲击，ρ_{GI}、ρ_{GC}、ρ_{TR} 为对应一阶自回归系数，扰动项 ν_t^{GI}、ν_t^{GC}、ν_t^{TR} 均假定为服从均值为 0、标准差为 1 的相互独立正态分布。

参照利珀等（Leeper et al., 2010），我们将消费、资本、劳动三类税收规则具体设定为如下形式：

$$\widehat{\tau_t^C} = \psi_C \widehat{Y_t} + \varphi_C \widehat{B_{t-1}} + \widehat{u_t^C} , \quad \widehat{u_t^C} = \rho_C \widehat{u_{t-1}^C} - \nu_t^C \qquad (4.69)$$

$$\widehat{\tau_t^K} = \psi_K \widehat{Y_t} + \varphi_K \widehat{B_{t-1}} + \widehat{u_t^K} , \qquad \widehat{u_t^K} = \rho_K \widehat{u_{t-1}^K} - \nu_t^K \qquad (4.70)$$

$$\widehat{\tau_t^W} = \psi_W \widehat{Y_t} + \varphi_W \widehat{B_{t-1}} + \widehat{u_t^W} , \quad \widehat{u_t^W} = \rho_W \widehat{u_{t-1}^W} - \nu_t^W \qquad (4.71)$$

其中，反应参数 $\psi_C \geq 0$、$\psi_K \geq 0$、$\psi_W \geq 0$ 和 $\varphi_C \geq 0$、$\varphi_K \geq 0$、$\varphi_w \geq 0$ 分别刻画消费、资本、劳动税收政策对产出、债务变量的反应弹性；$\widehat{u_t^C}$、$\widehat{u_t^K}$、$\widehat{u_t^W}$ 表示外生的税收政策冲击，ρ_C、ρ_K、ρ_W 为对应一阶自回归系数，扰动项 ν_t^C、ν_t^K、ν_t^W 均假定为服从均值为 0、标准差为 1 的相互独立正态分布。

（四）货币当局的政策问题

参照马文涛（2011）、王君斌等（2013）的研究，本节采用泰勒前瞻形式的价格型政策规则以刻画货币政策操作，具体货币政策反应函数满足如下表达式：

$$\widehat{r_t} = \rho_r \widehat{r_{t-1}} + \rho_\pi E_t \widehat{\pi_{t+1}} + \rho_Y \widehat{Y_t} + \widehat{u_t^m} , \quad \widehat{u_t^m} = \rho_m \widehat{u_{t-1}^m} + \nu_t^m \qquad (4.72)$$

（4.72）式表明货币当局利率调整主要参照预期通胀率和产出缺口，ρ_r、ρ_π、ρ_Y 分别度量利率平滑系数、利率对预期通胀反应弹性、利率对产出缺口反应弹性；$\widehat{u_t^m}$ 为外生货币政策冲击，ρ_m 为一阶自回归系数，扰动项 ν_t^m 假定服从均值为 0、标准差为 1 的独立正态分布。

（五）市场出清

如前所述，模型综合考虑经济体中两类家庭行为与宏观经济变量间的内生关系，据此探究结构性财政政策的宏观经济效应差异并尝试对其作出解释。本节假定经济体中李嘉图居民占比为 $1 - \gamma$，非李嘉图居民占比为 γ。要素和产品市场出清要求下列条件对所有 t 均成立：

$$C_t = \int_0^1 C_t(i) \, \mathrm{d}i = (1 - \gamma) C_t^R + \gamma C_t^{NR} \tag{4.73}$$

$$B_t = \int_0^1 B_t(i) \, \mathrm{d}i = (1 - \gamma) B_t^R + \gamma B_t^{NR} = (1 - \gamma) B_t^R \tag{4.74}$$

$$I_t = \int_0^1 I_t(i) \, \mathrm{d}i = (1 - \gamma) I_t^R + \gamma I_t^{NR} = (1 - \gamma) I_t^R \tag{4.75}$$

$$K_t = \int_0^1 K_t(i) \, \mathrm{d}i = (1 - \gamma) K_t^R + \gamma K_t^{NR} = (1 - \gamma) K_t^R \tag{4.76}$$

$$L_t = \int_0^1 L_t(i) \, \mathrm{d}i = (1 - \gamma) L_t^R + \gamma L_t^{NR} = L_t^R = L_t^{NR} \tag{4.77}$$

$$TR_t = \int_0^1 TR_t(i) \, \mathrm{d}i = (1 - \gamma) TR_t^R + \gamma TR_t^{NR} = TR_t^R = TR_t^{NR} \tag{4.78}$$

$$Y_t = C_t + I_t + GC_t + GI_t \tag{4.79}$$

四、财政政策动态模拟分析

（一）基本参数校准

本部分在对以上模型求解所构成的动态系统脉冲响应分析前，首先对参数进行校准。须校准的模型参数大小可体现当前我国经济运行状况的基本特征，因此本节校准结果主要选自有关中国现实经济分析的经验文献。在参数校准过程中，本节保证了模型存在唯一稳定均衡解。

对于李嘉图居民外部消费习惯参数，本节参照福尼（Forni，2009）取 $h = 0.7$。对于居民跨期贴现率，本节取 $\beta = 0.962$。参照李春吉、孟晓宏（2006）和 Zhang（2009），取跨期消费替代弹性倒数 $\sigma = 2$。由于已有文献对劳动供给弹性倒数的估计一般介于（0.5，6.5）之间，我们令 $\eta = 1.5$。国外对私人资本折旧率估计值一般为 0.1 左右。黄勇峰等（2002）通过估计发现，由于我国经济发展和产业结构独特性，制造业折旧率高达 0.17，考虑到技术进步、劳动力专业素质提升以及企业对设备保养的重视，本节取 $\delta_K = 0.12$。而政府投资性支出主要用于基础设施、能源、水利水电建设等方面，相对私人投资而言，这些投资的折旧率较低，故对于政府资本折旧率，本节参照武晓利、晁江锋（2014）取 $\delta_{GK} = 0.05$。

对于非李嘉图居民占比 γ，本节参照反映我国居民流动性约束比率的社会财富分配结构来校准。根据 Wind 数据库，我国近十年来居民收入基尼系数平均值为 0.4815，明显高于 0.4 的贫富差距警戒线。更为甚之，北京大学中国社会科学调查中心发布的《中国民生发展报告 2014》指出中国财产不平等程度在迅速升高：1995 年我国财产的基尼系数为 0.45，2002 年为 0.55，2012 年我国家庭净财产的基尼系数达到 0.73。以上数据表明，我国贫富差距较大，居民财产不平等程度较为严重，绝大多数居民面临流动性约束，消费行为受限于其可支配收入。因此，本节取非李嘉图居民占比 γ = 0.7，不受流动性约束的李嘉图居民比例为 0.3。

模型中企业部门参数校准。关于每期保持价格不变的厂商所占比重，根据 Zhang（2009）和王君斌（2010）校准取 φ = 0.67。对于资本份额占比，Chow & Li（2002）利用中国数据对总量生产函数进行估计求得资本份额占比为 0.55，本节基于我国宏观数据及模型均衡取 α = 0.585。对于政府资本产出弹性，本节参照王国静和田国强（2014）取 α_{GK} = 0.06。对于全要素生产率一阶自回归参数，本节取 ρ_A = 0.8。

对于货币当局政策参数，参照王君斌等（2013）取 ρ_r = 0.75、ρ_π = 0.65、ρ_Y = 0.15。

此外 ρ_m = 0.8。关于消费、资本、劳动税率[①]稳态值，岳树民和李静（2011）对我国劳动、资本和消费的税负进行估计，发现资本税负高于劳动和消费税负，消费税负略高于劳动税负，我们参照该文取 τ_{ss}^C = 0.125、τ_{ss}^K = 0.22、τ_{ss}^W = 0.07。对于相关经济变量稳态值，本节基于中国现实经济数据取稳态时消费、私人投资、政府消费性支出、政府投资性支出、政府转移支付、政府债务余额占产出比率依次为 κ_C = 0.467，κ_{IV} = 0.336，κ_{GC} = 0.074，κ_{GI} = 0.123，κ_{TR} = 0.011，κ_B = 0.226。对于生产者价格稳态值，本节不失一般性取 $\widetilde{P}_{ss}$ = 1。关于私人名义资本回报率稳态值，Bai 等（2006）利用国民

---

① 就我国而言，劳动税负主要包括工资薪金所得、对企事业单位的承包经营和承租经营所得、劳务报酬和稿酬四项以及社会保障缴款等；资本税负主要包括企业所得税、资源税、城镇土地使用税、土地增值税、房产税、印花税、契税和耕地占用税，间接税中对资本分摊的部分以及对股息利息红利所得、财产租赁所得、财产转让所得、特许权使用费所得、个体工商户生产经营所得课征的个人所得税；消费税负主要包括消费税，间接税中消费分摊的部分以及车船税、车辆购置税中消费分摊的部分。

收入核算的宏观数据测算了资本回报率，估计结果表明名义资本回报率在1979—1992 年间约为 0.25，在 1993—1998 年间逐渐降到 0.2，1998 年之后保持在 0.2 左右，本节取 $R_{ss}^{K} = 0.2051$。

（二）财政政策行为参数估计

本节在财政政策规则函数设定时，不再假定政策外生，以充分考虑财政变量与宏观经济变量间的内生影响。由于国内文献目前对税收规则研究相对匮乏，无法进行有效的税收参数校准，同时为避免参数校准的主观性和研究过程中参数的非可变性问题，本节采取贝叶斯方法对主要分析的六种结构性财政工具政策参数进行估计。即给定先验分布，然后基于 MCMC 模拟方法进行 MH 随机抽样，得到后验分布。估计过程中本节选取的观测变量主要包括产出、债务余额、政府投资性支出、政府消费性支出、政府转移支付支出、消费税率、资本税率以及劳动税率。对于观测变量，均取对数并用 HP滤波过滤后再用以估计参数。对于估计参数的先验分布类型、均值以及标准差，主要参照利珀等（Leeper et al.，2010）、王国静和田国强（2014）进行设定。表 4.4 列出了参数的先验分布和后验估计结果，可以发现大部分参数的后验均值和置信区间明显异于先验分布设定，这表明本节的估计结果是稳健的，也说明我们所使用的观测变量数据包含关于待估参数真实值的信息。

表 4.4　参数先验分布与后验估计结果

参数	先验分布	先验均值	标准差	后验均值	置信区间
ψ_{GI}	Gamma	0.4	0.2	0.2926	[0.0708, 0.5045]
ψ_{GC}	Gamma	0.6	0.2	0.4561	[0.2250, 0.6701]
ψ_{TR}	Gamma	0.4	0.2	0.4764	[0.0681, 0.9384]
φ_{GI}	Gamma	0.3	0.2	0.1377	[0.0120, 0.2539]
φ_{GC}	Gamma	0.3	0.2	0.3595	[0.0603, 0.6478]
φ_{TR}	Gamma	1.8	0.2	1.7794	[1.4737, 2.0967]
ρ_{GI}	Beta	0.7	0.2	0.9815	[0.9642, 0.9988]
ρ_{GC}	Beta	0.7	0.2	0.1182	[0.0270, 0.9381]
ρ_{TR}	Beta	0.7	0.2	0.9100	[0.8782, 0.9381]

参数	先验分布	先验均值	标准差	后验均值	置信区间
ψ_C	Gamma	0.6	0.2	0.7834	[0.4295，1.1109]
ψ_K	Gamma	1.0	0.3	1.1193	[0.6675，1.5981]
ψ_W	Gamma	0.5	0.25	0.5222	[0.0966，0.9697]
φ_C	Gamma	1.2	0.2	1.5063	[1.2639，1.7601]
φ_K	Gamma	0.4	0.2	0.0818	[0.0245，0.1338]
φ_W	Gamma	0.4	0.2	0.2480	[0.0633，0.4428]
ρ_C	Beta	0.7	0.2	0.8756	[0.8360，0.9166]
ρ_K	Beta	0.7	0.2	0.9742	[0.9307，0.9992]
ρ_W	Beta	0.7	0.2	0.6546	[0.3620，0.9682]

（三）结构财政冲击模拟分析

1. 结构支出政策宏观经济效应分析

本节将政府投资、消费、转移支付三大财政支出变量视为内生，以此分析不同支出结构冲击对宏观经济的影响，并解释不同冲击作用下模型的传导机制和动态特征。图4.7、图4.8及图4.9分别刻画了政府投资、消费、转移支付三大财政支出冲击（冲击大小均为1单位正的标准差）下各主要经济变量的脉冲响应。

（1）政府投资性支出冲击

图4.7显示政府投资性支出冲击对消费者价格、生产者价格、居民消费、李嘉图居民消费、非李嘉图居民消费、就业、产出、私人投资、政府债务等主要宏观变量的经济效应。可以发现，政府投资性支出增加对李嘉图居民消费表现为挤入效应，而对非李嘉图居民消费则是挤出效应。这是由于政府投资外部性挤入私人投资，李嘉图居民资产财富效应大于政府投资增加引致的债务融资负财富效应，从而使得李嘉图居民消费总体表现为挤入；政府投资挤入私人投资，资本对劳动的替代导致就业降低，非李嘉图居民消费随之挤出。大规模的政府投资引致私人投资上升，李嘉图居民财富效应增加明显，非李嘉图居民对就业敏感，社会财富差距逐步扩大。由于我国非李嘉图

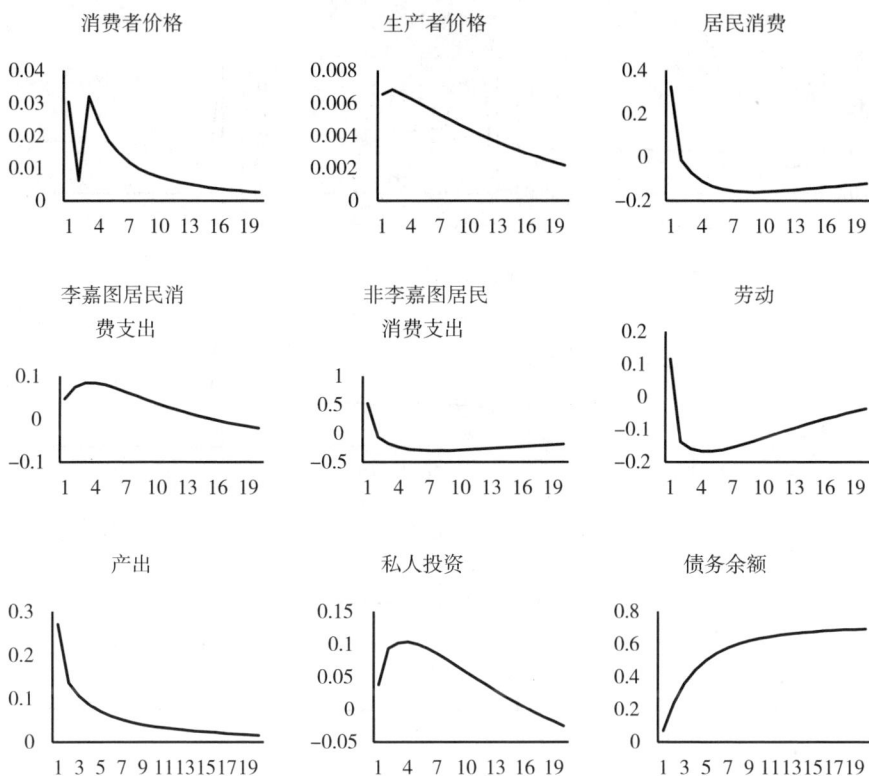

消费者价格

生产者价格

居民消费

李嘉图居民消费支出

非李嘉图居民消费支出

劳动

产出

私人投资

债务余额

图 4.7　政府投资性支出冲击脉冲响应图

居民占比较大，而财富急剧增加的李嘉图居民边际消费倾向较小，以致我国长期面临消费需求不足局面。此外，政府投资和私人投资增加引致的需求效应大于对居民消费的挤出效应，导致总需求增加，产出增加，两类价格水平上升。

（2）政府消费性支出冲击

如图 4.8 所示，政府消费性支出增加对主要宏观经济变量影响相对投资性支出呈现差异性。增加政府消费性支出挤出李嘉图居民消费，而于非李嘉图居民消费则是先挤入后挤出。李嘉图居民消费降低主要源于资本投资减少以及政府支出融资的负财富效应，非李嘉图居民消费随劳动的变化先挤入后挤出。最终，政府消费性支出冲击引致产出先挤入后挤出。消费性支出增加对生产者价格影响不明显，而消费者价格随居民消费变化先增后减。通过比较可

消费者价格 生产者价格 居民消费

李嘉图居民消费支出 非李嘉图居民消费支出 劳动

产出 私人投资 债务余额

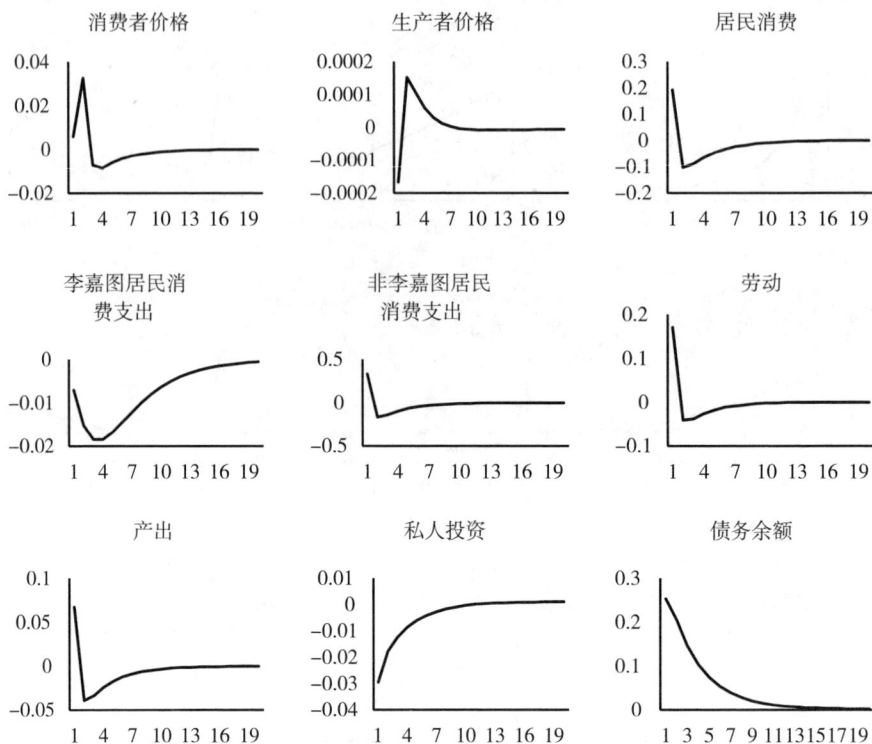

图 4.8 政府消费性支出冲击脉冲响应图

发现，政府消费性支出增加相对投资性支出引致的债务负担较小，但对投资、产出等主要经济变量挤出效应明显，此外二者均易引致消费者价格水平上涨。

（3）政府转移支付冲击

根据图 4.9 可知，政府转移支付冲击相对前两种结构性支出挤入效应更为明显，除因支出融资而引致利率上升微幅挤出私人投资外，对消费、就业、产出均为挤入。增加转移支付对消费挤入主要表现为对非李嘉图居民的消费挤入，对李嘉图居民消费影响不明显。由于对消费的挤入效应大于对投资的挤出，产出短期有正向效应，但随后衰减为零，就业短期显著上升随后围绕零值波动。另外，政府转移支付冲击对经济体的两种价格水平影响均不明显，且因其融资而引致的债务负担较低。

比较三种结构性支出的脉冲响应结果，可发现不同财政支出政策的宏观

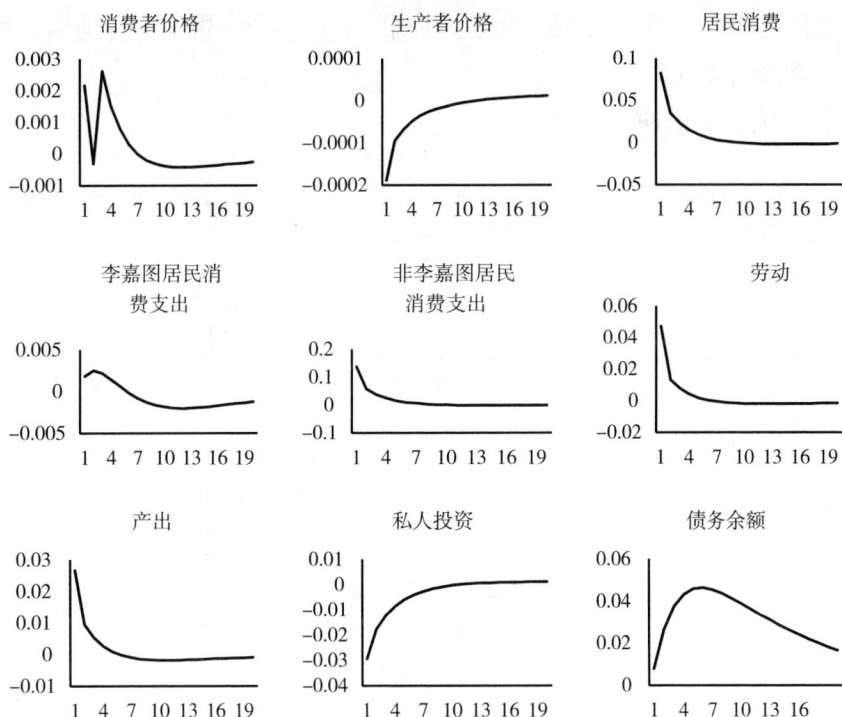

图 4.9　政府转移支付冲击脉冲响应图

经济效应呈现出显著差异。政府投资性支出对产出挤入最为明显，但会挤出就业、非李嘉图居民消费从而挤出全社会居民消费。当前我国消费者主要以非李嘉图居民为主，若继续使用以投资性支出为主的政府支出政策将会加剧社会福利分化，不利于解决内需不足问题，且易积聚债务风险。政府消费性支出扩张对产出、消费冲击周期内主要表现为挤出，仅在初期对产出、消费正向挤入，对私人投资则基本表现为挤出。因此，我国现阶段应适度缩减政府消费性支出，合理控制"三公"消费。相对而言，增加转移支付对宏观经济影响主要表现为挤入，既不明显挤出私人投资、亦不至于引发通货膨胀，故财政当局应适当扩大政府转移支付规模以增加非李嘉图居民消费，并有效引导消费内需提升。

2. 结构税收政策宏观经济效应分析

同上文研究一致，我们采用同样思路探究不同类型税收政策对主要宏观经济变量的影响，并通过比较分析尝试对我国财政税收政策调控提出合理化建议。图 4.10、图 4.11、图 4.12 分别刻画了对消费、资本、劳动结构性减税的宏观经济效应。

（1）消费减税冲击

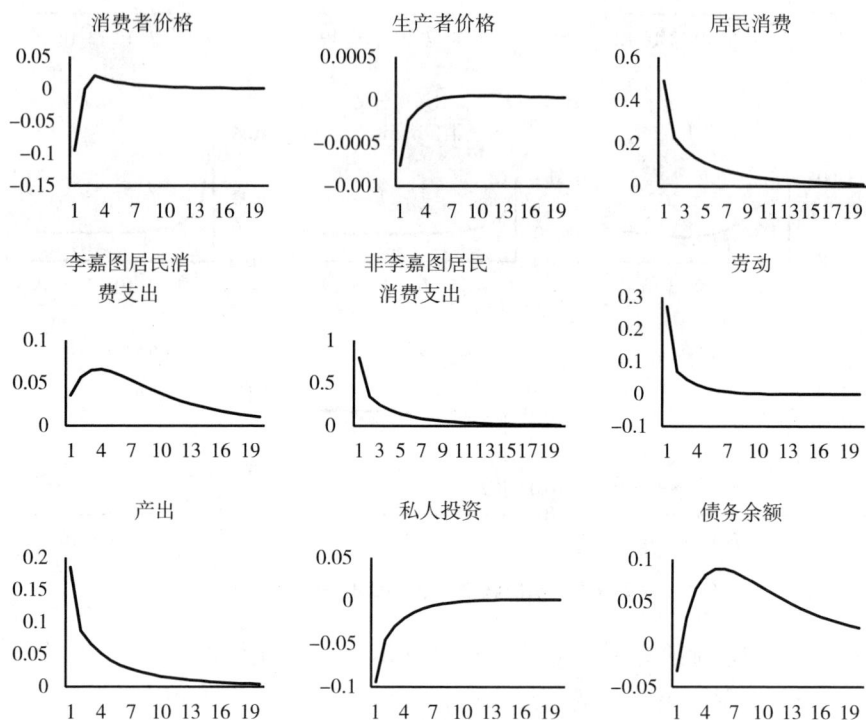

图 4.10　消费减税冲击脉冲响应图

观察图 4.10，直接对消费减税在当期对消费者价格降低效果达到最大，随后迅速衰减为零；对生产者价格影响效应不明显。除对投资微幅挤出外，对消费、产出、就业均为挤入，主要因为对消费减税能大幅增加非李嘉图居民消费从而拉动社会总消费，消费需求增加效应大于对私人投资的挤出，最终就业增加，产出增加。与结构性支出冲击不同，对消费减税通过对主要宏观经济变量挤入增加了税收基数，进而初期财政盈余增加债务余额降低，且随后债务负担积聚效应亦相对较小。

（2）资本减税冲击

根据图 4.11，资本减税对李嘉图居民消费、非李嘉图居民消费、居民

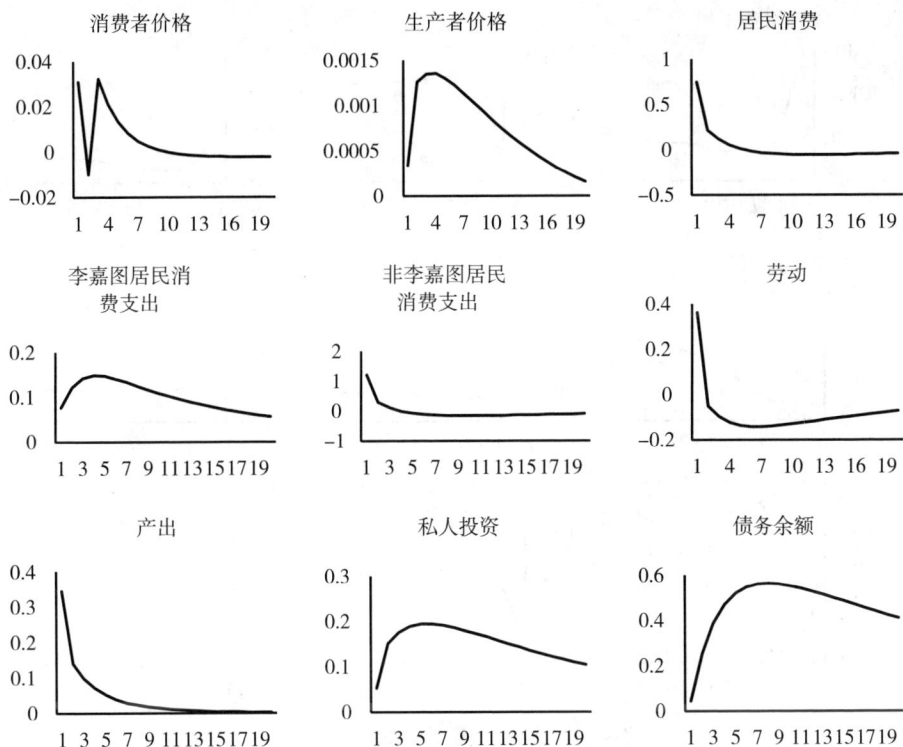

图 4.11　资本减税冲击脉冲响应图

总体消费均表现为挤入，对私人投资、社会总产出挤入明显，但易引致较重的债务压力。脉冲响应结果暗含的机理为：资本减税冲击挤入私人投资，资本投资财富效应使得李嘉图居民消费增加，非李嘉图居民消费随就业变化先大幅挤入后微幅挤出，因此社会居民消费总体呈现为挤入；资本减税冲击通过刺激消费和私人投资引致消费者、生产者价格水平上涨。

（3）劳动减税冲击

图 4.12 刻画了劳动减税对主要宏观经济变量的冲击影响。如图所示，劳动减税不论是对居民消费抑或社会总产出，挤入效应均不及对消费或资本减税明显。对劳动减税将直接增加居民的税后劳动收入，刺激居民劳动供给增加，均衡就业扩大。劳动减税对两类价格水平、李嘉图居民消费冲击效应不明显。

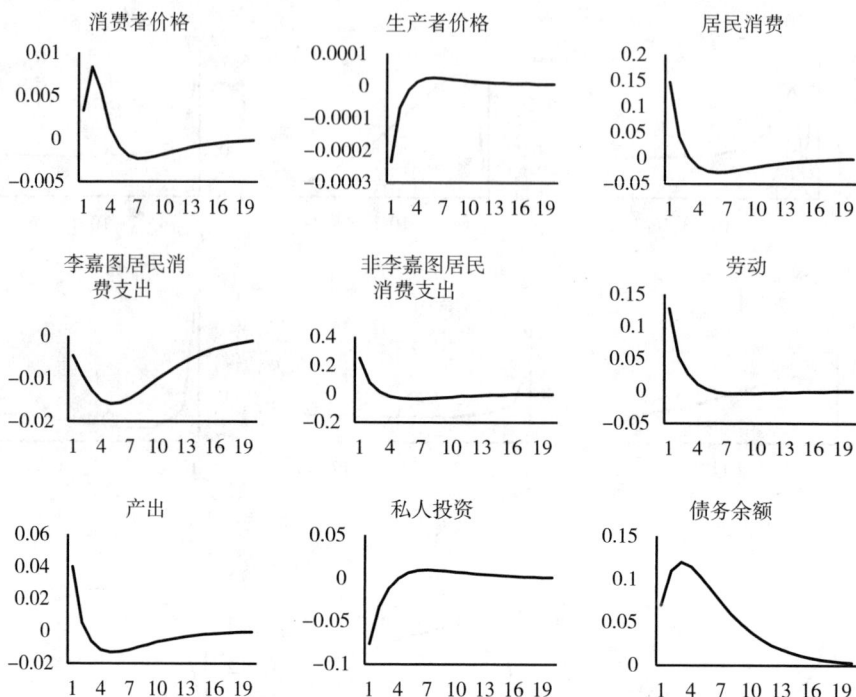

图 4.12 劳动减税冲击脉冲响应图

以上分析表明，主要经济变量对消费减税冲击、资本减税冲击和劳动减税冲击的反应完全不同，其作用机理亦不相同。通过对不同类型税收冲击的脉冲响应比较分析可以得出，在税收结构中对消费进行减税不论是对消费还是产出挤入效应均较为明显，并且有利于增加就业，且在短期可有效降低通胀水平，长期有利于营造一个温和通胀的经济环境。这对我国当前"新常态"下调整需求结构，促使消费成为经济增长主要推动力有着重要的政策借鉴意义。资本减税短期内对非李嘉图居民消费挤入明显，长期对李嘉图居民消费、私人投资和产出挤入最为明显，但会挤出就业并引致较高债务负担。对劳动减税能提高就业，但对消费、产出等主要宏观经济指标挤入效应相对较为微弱，长期甚至会出现一定程度的挤出效应。

3. 不同财政冲击的预测方差分解

本节将各种财政冲击源对主要经济变量波动影响的方差进行分解，结果如表 4.5 所示。

表 4.5　各冲击源对实际经济变量波动影响的方差分解

（单位:%）

经济变量	政府支出冲击			财政税收冲击		
	投资性支出	消费性支出	转移支付	消费减税	资本减税	劳动减税
消费者价格	20.86	7.07	0.09	55.13	16.08	0.77
生产者价格	96.43	0.01	0.01	0.13	3.39	0.01
居民消费	42.03	3.24	0.44	18.99	33.90	1.39
李嘉图居民消费	66.16	0.23	0.01	4.02	29.37	0.22
非李嘉图居民消费	37.64	3.42	0.48	18.02	38.95	1.50
劳动	56.78	2.66	0.20	6.39	32.38	1.59
产出	37.37	2.34	0.24	14.94	44.40	0.71
私人投资	66.20	3.97	0.08	0.64	28.74	0.38
债务余额	86.86	0.28	0.04	0.13	12.55	0.14

　　由表 4.5 可知，对于价格而言，消费减税冲击（贡献度占 55.13%）、投资性支出冲击（20.86%）、资本减税冲击（16.08%）是消费者价格波动方差的主要贡献来源；政府投资性支出冲击（96.43%）、资本减税冲击（3.39%）是生产者价格波动方差的主要贡献来源。财政冲击源中的政府投资性支出冲击对我国物价水平波动影响明显。

　　政府投资性支出冲击（依次为 42.03%，66.16%）、资本减税冲击（33.90%，29.37%）、消费减税冲击（18.99%，4.02%）是居民消费和李嘉图居民消费波动方差的主要贡献来源；资本减税冲击、政府投资性支出冲击、消费减税冲击是非李嘉图居民消费波动的主要贡献来源，贡献度分别占 38.95%、37.64% 和 18.02%。

　　对于劳动而言，政府投资性支出冲击、资本减税冲击以及消费减税冲击是其方差波动的主要贡献来源，贡献程度分别达 56.78%、32.38%、6.39%，作用机理在于三个冲击源通过影响投资进而引致劳动需求变化，其中政府投资性支出冲击对就业影响最为明显。对于社会总产出，资本减税冲击（44.40%）、政府投资性支出冲击（37.37%）以及消费减税冲击（14.94%）是产出波动方差的主要贡献来源，这也表明中国经济多年以来的高速增长主要源于投资需求拉动，消费需求在需求结构中尚未起到决定性作用。对于私人投资而言，政府投资性支出冲击、资本减税冲击、消费性支出冲击是其波动方差的主要贡献来源。投资性支出冲击、资本减税冲击是债务余额波动方差的主要贡献来源，贡献程度分别为86.86%、12.55%，这表明我国债务余额的日益攀升主要来源于政府大规模投资支出背后巨额的融资需求。

五、结　　论

本节构建了具有微观基础的新凯恩斯动态随机一般均衡模型，假设经济体存在生产者和消费者两种价格，微观居民分为李嘉图型和非李嘉图型，将财政支出细分为政府投资、消费、转移支付三类支出，将税收细分为消费税、资本税和劳动税，形成了一个较为系统、完整的结构性财政政策经济效应研究框架。基于此框架，本节分析了不同结构性财政冲击对主要宏观经济变量的影响并进行差异比较，主要得到以下几点结论与建议：

（1）比较不同类型财政支出工具调控效应可发现，尽管政府投资性支出产出增长效应最为明显，且有利于挤入私人投资，但会对消费、就业等造成较大挤出，并会由此带来较大债务负担和通货膨胀；增加政府消费性支出除了会挤出私人投资、居民消费外，还可能带来经济负增长；增加政府转移支付会给经济主体带来较为明显的社会福利，有利于促进需求结构向消费驱动型转变。因此，本节认为政府大规模的投资、消费性支出刺激政策应逐步淡出，同时加快服务型政府建设，财政支出重点应向社保、医疗、养老及公共服务倾斜。

（2）不同类型税收冲击的模拟结果显示，在税收结构中对消费减税不论是对消费、就业、产出挤入响应均较为明显，并且有利于缓解债务压力，此外在短期可有效降低通胀水平，长期有利于营造一个温和通胀的经济环境；资本减税短期对消费、产出促进效应最为明显，但会挤出就业并造成较重的债务负担[1]；对劳动减税可提高就业，且长期有利于挤入私人投资，但

---

① 根据李芝倩（2006）、岳树民和李静（2011）等的研究，财政收入结构中资本税负占比较高，资本减税会造成政府资金来源大幅减少，由此引致政府债务融资大幅增加。

对消费和产出促进效应相对微弱。基于"新常态"下经济增速放缓、债务风险积聚以及需求结构改善的考虑，积极性税收政策应以对消费进行结构性减税为主，对资本减税为辅。

（3）本节还探讨了不同财政冲击对生产者和消费者两类价格水平的影响，结果表明二者存在较为明显的联动效应，消费税率变化是造成二者差异的重要因素，投资端和消费端供求状况差异亦会导致两种价格水平非一致性波动。我国 PPI 与 CPI 的传递关系长期以来处于背离状态（吕捷和王高望，2015），探究生产者与消费者价格水平之间的差异对准确把握我国宏观经济运行状况具有重要意义，但鲜有文献在动态随机一般均衡框架下展开系统分析，限于篇幅本节未对其进行细化深入研究，后续研究可以进行尝试。

（4）综合不同类型财政支出和税收的模拟冲击结果，本节发现不同财政工具冲击的宏观经济效应存在显著差异，政府在进行财政宏观调控时应区别对待，审慎选择恰当的财政工具，避免政策实施的盲目性。比较支出、税收结构性调控效果，亦可发现减税效应相对优于支出扩张效应。在当前经济放缓，而以政府支出为主的刺激政策渐显乏力之际，政府应转变以往财政政策调控思路，深入推行 PPP 合作模式，逐步由大规模政府支出刺激政策向结构性减税政策调整，以在有效改善需求结构的同时加强供给侧调控，助力宏观经济提质增效。

第五节　结论与政策建议

本章系统研究了物价水平决定的财政理论在中国的适用性以及财政政策操作转型问题，主要从三个章节分别展开研究：在本章第二节，我们从经验视角出发探讨了财政政策影响物价水平的现实路径；本章第三节分别从理论视角、家庭部门决策视角、政府部门决策视角以及现实分析视角等四个角度深入研究了物价水平决定的财政理论在中国的适用性情况；本章第四节通过构建新凯恩斯 DSGE 模型，将财政支出细分为政府投资性支出、消费性支出、转移支付三类，将政府税收细分为消费税、资本税、劳动税三类，形成了一个系统的结构性财政政策效应研究框架。本章研究得出如下几点结论与政策建议：

（1）财政政策扩张和收缩通过国库资金、税收以及国家债务等渠道导致基础货币以及银行贷款的膨胀或萎缩。基础货币和贷款的变动会造成全社会货币供应量的波动，进而导致物价水平变动。这意味着，欲有效治理我国的通货膨胀或通货紧缩问题，高度重视财政政策尤为重要。为此，我国财政当局需要尊重市场主体选择，减少政府的微观干预，不出台刺激政策，坚持不扩大赤字，实行结构性减税等措施以防范债务和通胀风险。

（2）基于家庭部门视角和政府部门视角的分析表明李嘉图等价定理在我国并不成立，我国财政政策操作具有"非李嘉图"属性，物价水平决定的财政理论在我国具有适用性。物价波动与债务水平演变显著正相关，且1996年以来货币政策对物价水平的影响逐渐削弱，而财政政策对物价水平的决定效应在不断增强。有鉴于此，政府应重视财政政策操作对物价波动的影响，综合运用财政政策和货币政策工具，实现物价稳定目标。

（3）不同财政政策工具的宏观经济调控效应存在显著差异，政府进行宏观调控时应审慎选取恰当的财政政策工具，做到精准发力，避免政策实施的盲目性。税收工具的结构性调控效果要优于财政支出工具。在当前经济增速放缓、债务风险积聚且以政府支出为主的刺激政策渐显乏力之际，政府应转变以往财政政策调控思路，逐步由大规模政府支出刺激政策向结构性减税政策调整。具体而言，应深入推行政府和社会资本合作（PPP）模式，支出重点向社保、医疗、养老及公共服务倾斜，促进政府逐步向服务型政府转型；税收政策应主要以对消费结构性减税为主，从而有效促进需求结构由投资驱动转向消费驱动。

第　五　章

汇率传递、物价波动与宏观政策调控

第一节　研究概述

改革开放以来，中国经济对外开放程度不断加深，与世界各国贸易往来日益频繁。自 2001 年加入 WTO 至今，中国进出口贸易额增长已超 7 倍，上海、广东、天津、福建自贸区的创设为中国对外贸易增长注入了新动力，而中日韩自贸区谈判又为中国对外贸易腾飞进一步拓宽了想象空间。随之而来的是，国际因素对中国物价水平的影响更加显著。一方面，国外物价水平通过汇率的物价传递效应可以直接影响到我国物价水平，另一方面，汇率调控目标增加了央行政策干预的难度，开放的经济环境为财政货币政策的选择和实施带来了新挑战。在开放的经济环境中对物价水平进行有效管控，需要厘清国际因素通过汇率对本国物价产生影响的传导途径，分析开放条件下财政货币政策在不同时期、不同经济环境下对物价水平的调控效果。为此，本章分别从人民币汇率传递效应和我国财政货币政策对物价水平的非对称性影响两个视角出发，探究开放经济下我国物价水平的决定问题，并给出财政和货币政策的操作建议。

本章第二节基于人民币汇率对物价的传递效应视角分析我国物价水平的决定问题。该节以交错定价理论为微观基础，利用平滑转换自回归（STAR）方法对人民币汇率的物价传递效应进行了实证检验，证实了汇率传递效应的大小与我国通货膨胀密切相关，同时汇率波动对物价的传导具有

明显的顺周期特性。本章第三节则从财政和货币政策视角出发，运用
MSVAR 模型探讨了开放经济背景下财政货币政策的非对称效应。模型以通
货膨胀率、股市收益率和人民币兑美元汇率升值速度为描述经济状态的指
标，将样本期间划分为三类区制，通过对比不同区制下各内生变量对通胀冲
击、货币供给冲击、财政支出冲击、汇率冲击响应方式的差异，实证检验了
我国财政货币政策在开放条件下的非对称效应。本章第四节在开放经济条件
下探讨了最优货币政策目标制的选择问题。本节首先通过理论上的分析，阐
明通胀目标与汇率目标二者无法长期共存的机理；随后构建开放经济下的
NK-DSGE 模型并进行动态模拟，比较了四种不同目标体系下宏观经济的运
行情况。结果表明，灵活通胀目标、资本自由流动和完全浮动汇率制构成的
目标体系能够更好地吸收冲击。

第二节　人民币汇率对物价的传递效应研究

一、研究背景

20 世纪 90 年代初期，各主要工业化国家加强了对通货膨胀的控制，使
物价水平居于相对稳定的状态。90 年代后期，美国、日本等国均出现了经
济增长和低通货膨胀并存的现象。许多研究者认为低通胀现象受诸多因素影
响，但普遍认可稳定可信的货币政策是主要原因。这些工业化国家的低通胀
阶段适逢较大幅度的汇率贬值，但是汇率变动导致的国际市场价格波动对消
费者价格的影响比预期小。自此，汇率及国际市场价格波动对一国通胀水平
的影响开始受到越来越多的关注，汇率传递作为宏观经济国际传导的重要机
制也成为了国际经济领域的热点问题。

1994 年之前，人民币汇率由国家实施严格控制。1994 年 1 月人民币官
方汇率和官方调剂价格正式并轨，我国开始实施以市场供求为基础的、单一
的、有管理的浮动汇率制。2005 年 7 月，我国为完善人民币汇率形成机制，
开始实行以市场供求为基础、参考一篮子货币进行调节、有管理的浮动汇率
制。2010 年 6 月，央行宣布进一步推进人民币汇率形成机制改革，增强人
民币汇率弹性，2014 年的政府工作报告更是首次明确提出扩大人民币汇率

双向浮动区间。随着时代的发展，孙刚（2011）认为汇率已经具备了两重性质和两种功能，汇率不仅仅是其他货币的价值尺度，还是政府进行宏观调控的重要工具。逐渐开放的经济和更具弹性的汇率制度给我国国内货币政策的实施带来了更多的不确定性，如何在转型期确定各种纷繁复杂的因素对货币政策的影响成为货币当局制定政策的关键。探索汇率传递和一国国内宏观经济的相互影响机制，对于利用汇率传导机制稳定我国物价水平具有重要的参考作用。

克鲁格曼（Krugman，1986）、多恩布什（Dornbush，1987）作为汇率传递的早期研究者，从微观角度研究了汇率传递效应。后来由奥伯斯菲尔德和罗戈夫（Obstfeld & Rogoff，1995）、雷恩（Lane，2001）和萨诺（Sarno，2001）等发展起来的新开放宏观经济学（NOME），将名义价格粘性、厂商定价行为和不完全竞争等因素加入到动态一般均衡模型，为汇率传递效应研究提供了新范式。泰勒（Taylor，2000）考虑通胀环境对传递效应影响的研究更是成为后续研究的重要参考。以上研究均得出汇率传递不完全的结论，但是大部分文献假设模型参数在样本期内保持不变，即采用分阶段样本估计（黄寿峰等，2011）或者是滚动回归估计（倪克勤等，2009）等方法。考虑到汇率传递效应可能在不同时期受不同因素影响而呈现出时变特征，本节将采用非线性 STAR 模型，进一步为汇率传递效应研究增加微观视角，从国内不同货币政策环境出发，探讨不同阶段汇率传递效应出现差异的原因，同时也分析已有文献得出不同结果是否是因为模型选取的不同。

本节其余部分安排如下：第二部分梳理国内外相关研究文献；第三部分介绍本节采用的理论模型；第四部分是计量模型说明；第五部分是实证研究，分析人民币汇率传递效应变化的原因并解释相关现象；第六部分为结论及政策建议。

二、文献回顾

汇率作为一国货币对外价值的表现，物价作为一国货币对内价值的表现，两者之间存在着密切联系。对汇率传递理论的早期研究主要基于微观视角。自克鲁格曼（Krugman，1986）提出依市定价理论开始，学界开始了对汇率不完全传递的深入研究。依市定价理论认为市场垄断力强的厂商为稳定价格和保持自身的市场份额可能会调整其利润率，从而吸收一部分汇率波动，导致汇率变动的不完全传递。后来，从宏观视角考察汇率传递的研究大量增加。从定价方式出发，贝特和德弗罗（Bett & Devereux，1996，2000）和奥伯斯菲尔德和罗戈夫（Obstfeld & Rogoff，1995）分别基于当地货币定价和生产者货币定价假设条件分析了需求对汇率传递的影响。从通货膨胀环境角度出发，泰勒（Taylor，2000）认为通货膨胀率影响汇率对进口价格的传递，更低的通货膨胀率将减少汇率对进口价格的传递效应。从货币政策角度出发，Bouakez（2005）发现货币政策的变化是使加拿大汇率传递效应下降的主要原因。

随着对汇率传递效应研究的深入，大量研究发现汇率传递效应具有不完全特征，并且具有递减趋势。坎帕和戈德伯格（Gampa & Goldberg，2002）、米什金（Mishkin，2008）等均发现在发达国家，一国的国内环境对汇率传递效应存在影响。当一国致力于实施稳健的货币政策时，汇率对一国物价水平的影响程度就会相对较低。马拉齐和西特（Marazzi & Sheet，2007）通过对美国样本数据的研究发现汇率对进口价格的传递系数由20世纪80年代的0.5以上下降到过去十年的0.2；大谷等（Otani et al.,2003）的研究也表明汇率传递系数存在下降趋势。这些相对一致的研究结果普遍认为下降的汇率传递效应不仅与粘性价格和厂商的依市定价行为有关，也与样本期间内的低通胀环境相关（Taylor，2000）。国内学者大都集中在采用单方程回归直接分析汇率变动对通货膨胀的影响，如卜永祥（2001）通过误差修正模型考察了汇率变动对零售物价水平和生产者物价水平的影响，认为汇率变动显著影响国内价格水平，刘亚等（2008）、施建淮等（2008）均采用单方程考察了人民币汇率对国内物价的传递效应。也有部分文献考虑到汇率在传递过程中可能出现的变化情况，如黄寿峰等（2011）通过多结构变化协整回归考虑不同经济冲击的影响并将样本期间划分为5段，认为汇率传递效应虽然总体趋减，但仍会出现反复。

最新的研究除了发现通胀环境会影响汇率传递效应之外，还发现汇率传递效应具有不对称的非线性特征。卡尔沃和莱因哈特（Calvo & Reinhart，2002）、德弗罗和耶特曼（Devereux & Yetman，2010）考察了汇率传递效应与通胀环境之间的关系。特别地，新谷等（Shintani et al.,2013）基于理论模型同时采用对称的非线性模型和不对称的非线性模型考察了通胀环境对汇率传递的影响。国内利用非线性模型捕捉通胀环境对汇率传递效应影响的文献还非常少。王胜和田涛（2013）借鉴马尔科（Marko，2010）的理论模型捕捉到通胀环境的门限值为 0.00197。类似地，项后军和许磊（2011）得到的门限值为 0.0096。综上看来，国内的研究已经注意到通胀环境对汇率传递效应的影响，并采用较为合理的模型进行深入研究。但总体而言，对国内环境如何影响汇率传递效应的研究还较少，严格按照理论模型进行实证研究的文献更不多见。一般认为人民币升值有利于缓解国内通货膨胀，贬值会导致国内物价水平上升。但是国内文献得出的汇率传递效应有正有负表明这种经验性结论并不成立。那么结论的不一致性是否因为变量选取不同？是否因为未考虑国内的货币政策环境？本节将从汇率传递视角，采用非线性模型，区分通胀环境影响的对称性特征，探讨汇率传递效应是否受国内通胀环境的影响，以及通胀环境如何影响汇率传递效应。

三、理论模型

借鉴 Shintani et al.（2013）的理论框架，假设进口商所面临的市场是垄断竞争的，他们在 [0，1] 内连续，且进口的商品 i 是有差异的。根据交错定价理论，进口商每次签订有效期为 N 的合同（$N \geqslant 2$），在有效期内的每一间隔期，部分厂商会按照约定价格履行合同，其余厂商则选择支付固定成本 F 以终止合同或重新签订合同。那么在 $t-j(j=0，1，\cdots，N-1)$ 时刻签订合同并进口商品 i 的进口商在 t 时刻面临的需求为：

$$Q_t(i，t-j) = \left[\frac{P_t(i，t-j)}{P_t(t-j)} \right]^{-\theta} Q_t(t-j) \tag{5.1}$$

其中，$\theta > 1$ 表示替代弹性，$P_t(i，t-j)$ 表示在 $t-j$ 时刻签订合同的进口商品 i 在 t 时刻的价格，$P_t(t-j) = (\int_0^1 P_t(i，t-j)^{1-\theta} \mathrm{d}i)^{\frac{1}{(1-\theta)}}$ 表示在 $t-j$ 时刻签订合同的所有商品在 t 时刻的总体价格，$Q_t(t-j)$ 表示所有商品在 t 时刻的总需求。假定所有进口商销售的商品在有效期内每一期的替代弹性为 1，那么 t 时刻的总价格指数为 $p_t = N^{-1} \sum_{j=0}^{N-1} p_t(t-j)$，$p_t = \ln P_t(t-j)$。

所有的进口商品都以同一种不受进口国控制的外币计价，表示为 P_t^*。那么 t 时刻以本币表示的进口商利润可以表示为：

$$\pi_t(i, \ t-j) = p_t(i, \ t-j) * Q_t(i, \ t-j) - (1+\tau) S_t * P_t^* * Q_t(i, \ t-j)$$

$$(5.2)$$

S_t 是以直接标价法表示的名义汇率，即一单位外币可兑换的本币量；τ 表示进口商承受的运输成本等。那么进口商的利润最大化条件可以表示为：

$$\hat{P}_t(i, \ t-j) = \frac{\theta}{\theta-1}(1+\tau) S_t * P_t^*$$

$$(5.3)$$

其中，$\frac{\theta}{\theta-1}$ 表示成本加成，$(1+\tau) S_t P_t^*$ 表示边际成本。通过对最优价格取对数，$s_t = \ln S_t$，$\mu = \ln(\theta/(1-\theta)) + \ln(1+\tau)$，可以得到 $\hat{p}_t = s_t + p_t^* + \mu$，假定 s_t 和 p_t 都服从随机游走过程，定义 $\sigma^2 = Var(\triangle(s_t + p_t^*))$。

假定价格只受当期的通胀率影响，而不是滞后的通胀规则。那么在第一期，进口商会将进口商品最优价格设定为 $\hat{p}_t$，但是在合同的剩余期，进口商会根据通胀率（$\pi_t = p_t - p_{t-1}$）来改变初始价格。

由于支付固定的成本 F 可以在合约期的任何时刻终止合同或者重新签订价格，F 是独立同分布的。在价格设定的第二期，厂商均面临着终止前期合同的可能性。假设当期处在合同期内，$\kappa^{(t)}$ 表示继续合同约定价格的概率。在 t 时刻设定新的合同价格 $\hat{p}_t$ 后，厂商通过观察到的通胀率 π_t，选择 $\kappa^{(t)}$ 取得最大化利润。我们可以通过每期预期价格与实际价格水平偏差的平方项来得到跨期利润最大化条件。

（一）两期合同

$N = 2$ 时，最优 $\kappa^{(t)}$ 可以由下式的预期损失最小化函数得出：

$$L_t = E_t[\beta \kappa^{(t)} (\hat{p}_t + \pi_t - \hat{p}_{t+1})^2 + \beta(1 - \kappa^{(t)}) F]$$

$$= \beta F - \beta(F - \sigma^2 - \pi_t^2) \kappa^{(t)}$$

$$(5.4)$$

其中，β 是折现因子。当 $F < \sigma^2$ 时，企业可以完全调整合同使损失最小化，即 $\kappa^{(t)} = 0$；当 $F \geqslant \sigma^2$ 时，如果 $\pi_t^2 \leqslant F - \sigma^2$，则 $\kappa^{(t)} = 1$，如果 $\pi_t^2 > F - \sigma^2$，则 $\kappa^{(t)} = 0$。所以对于给定的 F 和 σ^2，$\kappa^{(t)}$ 是 π_t 的简单函数。因而，进口厂商在任意 $t-j$ 时刻是否继续合同约定的价格均为 π_{t-j} 的函数。

$$p_t = \frac{1}{2}(p_t(t) + p_t(t-1)) = (s_t + p_t^*) - \frac{\kappa(\pi_t)}{2}\triangle(s_t + p_t^*) + \frac{\kappa(\pi_{t-1})}{2}\pi_{t-1}$$

$$(5.5)$$

新签订合同的厂商会将价格确定为 $\hat{p}_t = s_t + p_t^* + \mu$，之前签订合同的厂商会将价格确定为 $p_t(t-1) = (1 - \kappa(\pi_{t-1}))\,\hat{p}_t + \kappa(\pi_{t-1})(\hat{p}_{t-1} + \pi_{t-1})$。由此可得通胀机制的表达式为：

$$\pi_t = \left(1 - \frac{\kappa(\pi_{t-1})}{2}\right)\triangle(s_t + p_t^*) + \frac{\kappa(\pi_{t-2})}{2}\triangle(s_{t-1} + p_{t-1}^*)$$

$$+ \frac{\kappa(\pi_{t-1})}{2}\pi_{t-1} - \frac{\kappa(\pi_{t-2})}{2}\pi_{t-2} \qquad (5.6)$$

从（5.6）式可以看出，短期汇率传递效应为 $1 - \frac{\kappa(\pi_{t-1})}{2}$。长期汇率传递效应为 $1 - \frac{\kappa(\pi_{t-1})}{2} + \frac{\kappa(\pi_{t-2})}{2}$。

（二）N 期合同

基于相同的理论，对于一般的合同期限 N，我们可以得到 N 期的通胀机制表达式：

$$\pi_t = \left(1 - \frac{\sum_{j=1}^{N-1}\kappa(\pi_{t-j})^j}{N}\right)\triangle(s_t + p_t^*) + \frac{\sum_{j=1}^{N-1}\kappa(\pi_{t-j-1})^j - \sum_{j=2}^{N-1}\kappa(\pi_{t-j})^j}{N}$$

$$\triangle(s_{t-1} + p_{t-1}^*) + \cdots + \frac{(-\kappa(\pi_{t-N})^{N-1})}{N}(\triangle s_{t-N-1} + \triangle p_{t-N-1}^*) +$$

$$\frac{\sum_{j=0}^{N-1}j\,\pi_{t-j} - \sum_{j=0}^{N-1}j\,\pi_{t-j-1}}{N}$$

$$(5.7)$$

由此可得短期的汇率传递效应为：

$$1 - \frac{\sum_{j=1}^{N-1}\kappa(\pi_{t-j})^j}{N}$$

$$(5.8)$$

四、计量模型介绍

平滑转换自回归模型（Smooth Transition Auto-Regressive Model）可以较好地捕捉到上文理论模型在推导过程中体现出的平滑转换非线性特征。该模型是在匡特（Quandt，1958）提出的转换回归模型基础上进一步扩展而成。现在，STAR 模型已被运用到奥肯定律、经济周期等诸多领域（刘柏等，2008），而汇率仍是该模型运用的主要领域。标准的 STAR 模型定义如下：

$$y_t = \varphi' z_t + \theta' z_t G(\gamma, c, s_t) + u_t, u_t \sim iid(0, \sigma^2) \tag{5.9}$$

其中，$z_t = (W_t', X_t')$，是（$(m + 1) \times 1$）阶解释变量向量，$W_t' = (1, y_{t-1}, \cdots y_{t-p})'$，$X_t' = (x_{1t}, \cdots x_{kt})'$。$\varphi$ 和 θ 分别是线性和非线性部分的参数向量。转换函数 $G(\gamma, c, s_t)$ 是取值范围为 $[0, 1]$ 的连续有界函数，其大小取决于斜率参数 γ，定位参数向量 c 和转换变量 s_t，γ 衡量了两个制度之间的平滑程度和速度。我们将 $G(\gamma, c, s_t)$ 的形式设定为：

$$G(\gamma, c, s_t) = (1 + exp(-\gamma(s_t - c)))^{-1}, \gamma > 0 \tag{5.10}$$

此非线性 STAR 模型即为 Logisitic 平滑转换自回归模型（LSTAR）。$s_t \to +\infty$ 时，$G(\gamma, c, s_t) \to 1$，传递效应为 $\varphi + \theta$，此时对应高区制；$s_t \to -\infty$ 时，$G(\gamma, c, s_t) \to 0$，传递效应为 φ，此时对应低区制，仅线性部分存在影响。

五、实证研究

（一）数据说明

本节选取 1995 年 3 月至 2013 年 12 月的月度数据进行实证分析，所有数据均以 2010 年全年为基期，具体的指标选取和处理如下。

（1）通货膨胀率 π。我们选用消费者价格指数 CPI 作为国内价格指数和通胀环境的代理变量，根据同比数据和环比数据定基后进行季节性调整，数据来源于国家统计局。

（2）人民币汇率 s。选取名义有效汇率作为代理变量，汇率采用直接标价法，汇率上升表示人民币贬值。对数据定基后取一次差分，并进行季节性调整，数据来源于国际清算银行。

（3）进口价格指数 p^*。采用进口价格指数作为进口商品价格变化的代理变量。根据以上年为基期的环比数据和同比数据推算出以上月为基期的环比数据，其中缺失的 1 月份数据通过简单插值法得到，最后进行季节性调整。数据来源于中经网。

经检验，所用数据在 1% 的显著性水平下均为平稳序列①。

（二）模型设定

为消除残差自相关的影响，我们进行了残差相关性检验，设定最大滞后阶数为 8，检验结果如表 5.1 所示。综合考察 AIC、SC 准则和 LM 检验②结果，我们选择模型滞后阶为 6 期。

线性检验拒绝了线性模型假设，检验结果表明转换变量（CPI）最优滞后阶为 5 期③。

表 5.1　不同滞后期下模型线性部分回归结果

	1	2	3	4	5	6	7	8
AIC	−7.9524	−8.0088	−8.0764	−8.0935	−8.0938	−8.1035	−8.0942	−8.0724
SC	−7.8917	−7.9174	−7.9542	−7.9402	−7.9093	−7.8875	−7.8466	−7.7930
LM（2）	16.95***	11.47***	5.25***	4.10**	2.98*	1.52	0.53	2.29

注：（1）LM（P）中 P 表示滞后阶数；（2）*、** 和 *** 分别表示显著性水平 10%、5% 和 1%。

（三）汇率传递效应实证检验结果

本节采用迭代的 BFGS 法来估计模型的非线性部分，转换函数对初值的设定具有较强依赖性。设定定位参数 c 的取值范围为转换变量的值域，即 $c \in [-0.0322, 0.0262]$，斜率参数 $\gamma \in [0.5, 100]$，在此区间内等距离选取 500 值进行格点搜索，确定最优参数④，并代入方程对模型系数进行回归估计，相关检验结果如式（5.11）式所示。

---

① 限于篇幅所限，变量平稳性检验从略。

② LM 检验的原假设为"残差不存在序列相关性"，因而应该接受原假设。

③ 限于篇幅所限，模型非线性检验结果从略。

④ 将每对定位参数和斜率参数值代入（13）式中，选择残差平方和最小的那对作为最优参数值。

$$\pi_t = \left[-\underset{(0.0000)}{0.5428}\pi_{t-1} - \underset{(0.0000)}{0.6605}\pi_{t-2} - \underset{(0.0000)}{0.5931}\pi_{t-3} - \underset{(0.0000)}{0.4935}\pi_{t-4} - \underset{(0.0035)}{0.2070}\pi_{t-5} \right.$$

$$-\underset{(0.0000)}{0.3843}\pi_{t-6} + \underset{(0.1539)}{0.0260}\triangle(s_t + p_t^*) + \underset{(0.0079)}{0.0579}\triangle(s_{t-1} + p_{t-1}^*)$$

$$+ \underset{(0.0071)}{0.0609}\triangle(s_{t-2} + p_{t-2}^*) + \underset{(0.0001)}{0.0681}\triangle(s_{t-3} + p_{t-3}^*) \left] + \right[\underset{(0.0729)}{0.0170} + \underset{(0.0006)}{0.9971}\pi_{t-1}$$

$$+ \underset{(0.0199)}{1.1957}\pi_{t-4} + \underset{(0.0000)}{0.3843}\pi_{t-6} - \underset{(0.0097)}{0.2252}\triangle(s_t + p_t^*) - \underset{(0.0054)}{0.3787}\triangle(s_{t-1} + p_{t-1}^*)$$

$$- \underset{(0.0046)}{0.4120}\triangle(s_{t-2} + p_{t-2}^*) - \underset{(0.0106)}{0.3407}\triangle(s_{t-3} + p_{t-3}^*) \left] \times G(s_t, \gamma, c) + \varepsilon_t \quad (5.11) \right.$$

其中, $G(s_t, \gamma, c) = \{1 + e(-\underset{(0.2351)}{25.9660}(\pi_{t-5} - \underset{(0.0000)}{0.0115}))\}^{-1}$

$pLJB = 0.1005, p\,LM_{ARCH}(6) = 0.1274$

表 5.2　残差平稳性检验

变量	检验类型	t 统计量	临界值		
	(C, T, L)		1%	5%	10%
ε_t	(0, 0, 0)	-9.7454^{***}	-2.5756	-1.9423	-1.6157

注：(1) 检验类型中的 C, T, L 分别为序列的截距项、趋势项及 ADF 检验最优滞后阶数, 0 表示没有 C 或 T; (2) *、** 和 *** 分别表示显著性水平 10%、5% 和 1%。

(5.11) 式括号中为待估参数显著性的 p 值, 除 $\triangle(s_t + p_t^*)$ 系数和斜率参数不显著外, 其余变量均通过检验。pLJB 是正态检验的 p 值, 残差的 JB 值显示接受原假设, 即残差序列服从正态分布, 符合 STAR 模型建模要求。p LM_{ARCH} 表明模型不存在异方差性。表 5.2 显示模型残差序列平稳。综合看来,

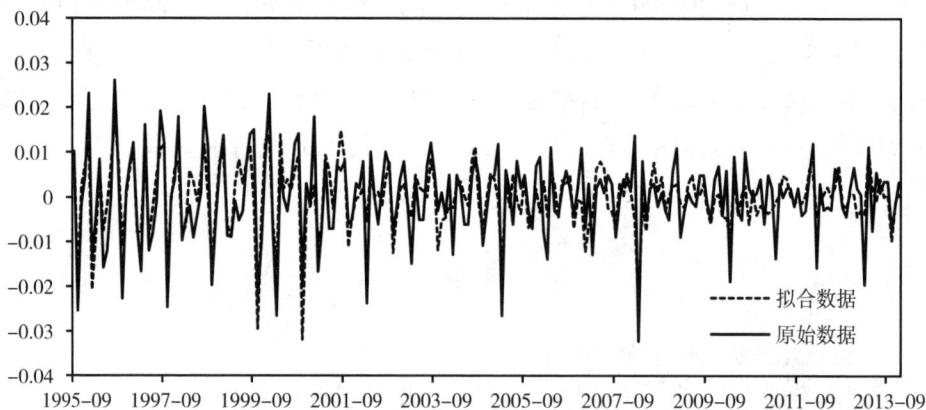

图 5.1　通货膨胀率原始数据与拟合数据比较图

模型通过了稳定性检验。由图 5.1 可知，LSTAR 模型对于汇率传递效应模型的拟合较好，原始数据和拟合数据在动态特征上有较高的相似性。

从估计结果看来，在低通胀时期，短期汇率传递效应较小，汇率贬值 1 个单位仅引起通货膨胀率上升 0.0260 个单位。但在高通胀时期，短期汇率传递效应变大且引起通货膨胀率反向变动，汇率升值 1 个单位将引起通货膨胀率上升 0.1992 个单位。从长期汇率传递效应看来也如此（忽略线性部分系数不显著的情况）。低通胀时期的长期汇率传递效应为 0.1869，高通胀时期的长期汇率传递效应为 -1.1697。值得注意的是，如果汇率传递系数为正，说明汇率升值可以有效改善国内通货膨胀；反之，则汇率升值会加剧通货膨胀，表现出顺周期效应，这值得货币部门警惕。汇率传递效应在高、低通胀时期的差异性也表现在弹性的变化，高通胀时期汇率传递的弹性较低通胀时期高。

另一方面，从图 5.1 可以看出，数据的波动性在 2001 年前后存在显著的变化。在 2001 年之前，数据在 -0.025 至 0.030 之间上下震荡；2001 年之后，基本都在 -0.01 至 0.01 之间震荡。这一现象说明我国的汇率传递效应在 2001 年之前受通货膨胀环境影响显著，从而表现出较强的非线性特征，在 2001 年之后汇率传递效应的非线性特征减弱，呈现较为平稳的状态。这一变化可能是由于我国加入世贸组织导致经济开放度增大，人民币汇率对国内物价的传递效应减弱。这与大部分文献得出的汇率传递效应递减的结论基本一致。

估计结果中定位参数 $c = 0.0115$，意味着通货膨胀率低于 0.0115 时，汇率传递处于低区制状态，当通货膨胀率高于 0.0115 时，汇率传递处于高区制状态。由于在定位参数附近的观察值较少，较难得到斜率参数的精确值，因而其估计值不显著。但是斜率参数对转换函数仅产生较小的影响，对其的精确估计也并非必要。从图 5.2 可以明显地看到，当通货膨胀率为 0.0115 时，转换函数迅速由 0 向 1 转换。汇率传递效应受通货膨胀环境的影响呈现出平滑转换的特征，这与理论模型中（5.10）式体现的特征一致。纵观通货膨胀的历史数据，可以发现高于 0.0115 的时间段都基本集中于 2001 年之前，其余零星地散布在剩余年份。高区制的时间段也对应于样本期内较高的通货膨胀时期或者较大的通货膨胀波动时期（例如 1996 年 1 月、8 月，

1997 年 7 月、8 月，2001 年 4 月等）。为何高通胀时期会产生较高的汇率传递效应？本节认为可以从菜单成本的角度考虑这个问题。由于厂商调整价格存在一定的菜单成本，出口厂商获得以自身货币计量的利润最大化是最优策略。只有当因汇率变动导致的收益变动超过改变定价的菜单成本临界值时，出口企业才会改变定价，从而表现出较高的汇率传递效应。

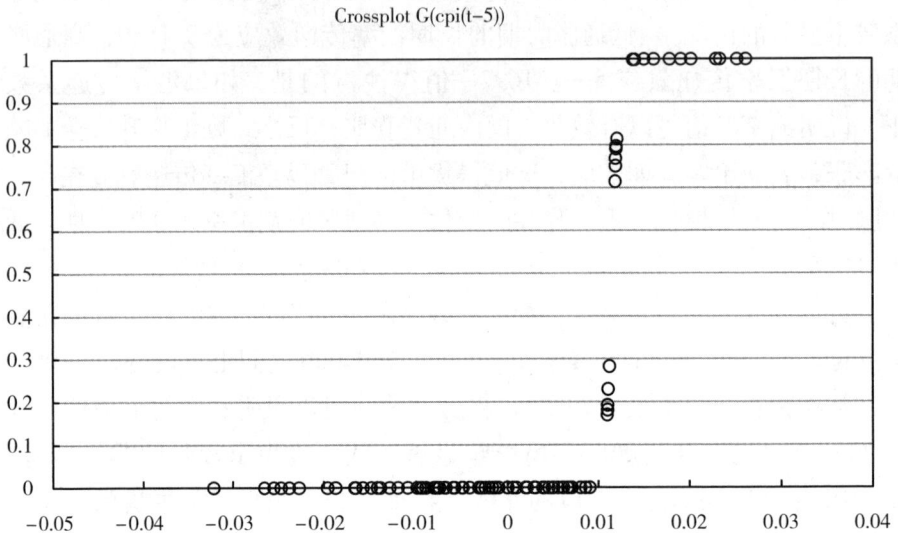

图 5.2　转换函数图

汇率传递效应表现出的非线性特征表明在较高的通货膨胀环境或者通胀波动较大时，采取交错定价的厂商调整价格的频率加快，越来越多的厂商重新定价，价格粘性降低，因而国内物价对汇率波动的吸收程度加大。另一方面，也反映了在高通货膨胀环境下，厂商为避免汇率波动给自身利润带来的负面影响而将汇率波动传递到价格上，将自身利润损失减小。而在较低的通货膨胀环境下，厂商认为较低的通货膨胀率具有长期性和稳定性，并相信货币当局会致力于保持这种态势，将汇率波动传递到价格上引起的份额损失或者变动成本相对较大，因而调整自身利润吸收了一部分汇率波动。

六、结　　论

通过对交错定价合同模型的扩展和国内外文献的梳理，本节对人民币汇率的国内价格传递效应进行了实证研究。研究发现，汇率传递效应的大小与我国的通货膨胀环境密切相关，汇率波动对物价的传导具有明显的顺周期效应。LSTAR 模型可以较好地拟合 1995 年以来我国汇率传递效应的变化。

在考察的样本区间内，较低的通货膨胀环境对应较低的汇率传递效应，较高的通货膨胀环境对应较高的汇率传递效应。在低通货膨胀时期，模型的线性部分起主要作用，人民币汇率升值可以缓解国内通货膨胀压力；在高通货膨胀时期，模型的非线性部分起主要作用，人民币升值会加剧通货膨胀。在由低通货膨胀向高通货膨胀转换时，汇率传递效应也会逐渐由正转负，划分高、低通胀时期的阈值为 0.0115。汇率传递效应的正负转换并非偶然，而是与国内通胀水平相对应。这是单方程回归方法无法捕捉到的变化，即使采用分阶段样本回归方法，也无法具体捕捉每一期对应的细微变化。汇率传递效应为负的情况更应该引起足够的注意，因为此时国内较高的通货膨胀无法通过汇率升值得到缓解，汇率升值反而会进一步加剧通货膨胀。

依据以上实证结果，本节得出以下结论与政策建议：

第一，治理国内通货膨胀需要综合运用多种货币政策工具，并在不同时期灵活选取。值得一提的是，低通胀时期不适宜采用汇率工具来调控物价水平。虽然在较低的通货膨胀环境下，汇率升值有利于控制物价，但由于此时的汇率传递效应较低，通过汇率升值缓解通货膨胀的效果有限，货币当局此时应当更多地依靠可信、透明的货币政策来控制通货膨胀。

第二，维持较低的通胀水平，有益于营造良好的对外经贸环境。交错定价模型表明，在较高的、不稳定的通货膨胀环境下，为避免汇率波动给自身造成利润损失，厂商会选择频繁地变动价格，这会给贸易双方带来更大的不确定性，造成无谓的福利损失。稳定的国内通胀环境有利于贸易双方建立长期有效的合作关系，促进国内对外经济部门的稳健运行。

第三节　开放经济条件下物价水平的非对称效应研究

一、研究背景与意义

为了应对 2008 年金融危机引致的全球性经济衰退，世界各国相继推出积极的财政政策和宽松的货币政策组合提振经济。随后几年，世界经济复苏进程呈现不均衡的特点：以中国和印度为代表的新兴市场国家经济增长强劲，而美国、日本和欧洲等发达国家和地区仍然面临经济低迷、失业率居高不下的窘境。随后，亚洲国家为了应对通胀预期纷纷加息并引导货币条件回归常态，发达国家却在酝酿重新开启量化宽松货币政策的大门。在国内方面，政府投资优先着眼于"保增长"而未能及时有效优化经济结构，中国开始进入经济转型的阵痛期。内外多重矛盾叠加下，中国的货币财政政策陷入诸多两难之中。

宏观经济政策在操作方向上的选择，依赖于我们对货币财政政策在不同经济周期阶段、资本市场态势以及制度框架下作用机制的分析和判断。面对纷繁复杂的利害权衡、政策取舍，传统的基于线性假设的经济学分析视角已经无法有效地解决中国当前的宏观经济现实。理论和实证研究均表明，中国的货币财政政策操作存在明显的非对称性，具有很强的非线性特征。

基于衡量货币政策的变量（货币供应量、利率或者货币政策状况指数）不同，货币政策非对称性的研究成果较为繁杂。绝大多数文献专注于研究货币供应量冲击对产出和价格水平的非对称效应，按其性质可以划分为正负向冲击、不同规模冲击、不同预期冲击以及不同经济周期下冲击的非对称性效应。卡沃（Cover，1992）、拉文和苏拉（Ravn & Sola，1996）实证研究了正负向、不同规模以及是否预期到的货币政策冲击对产出的非对称性效应。托马（Thoma，1994）、加西亚和沙勒（Garcia & Schaller，2002）、韦泽（Weise，1999）考查了货币供给冲击在不同经济增长阶段的非对称效应。玻尔和曼昆（Ball & Mankiw，1994）、Tsiddon（1993）认为货币冲击对通货膨胀的效应是非对称的，即通货膨胀对正向货币冲击的反应要比对负向货币冲击的反应更强。

在其他货币政策变量选择上，摩根（Morgan，1993）分别选取联邦基金利率和基于政策制定者申明编制的描述性指数来度量货币政策的状态，均证实紧缩性货币政策能够显著地减少产出，而宽松性货币政策的产出效应有限；Choi（1999）基于 MIMC 模型构建了美联储的货币政策状况指数，并将其划分为宽松、紧缩和中性的货币政策区制，通过门限自回归证实了在不同的政策区制下货币供给冲击对利率的非对称性影响。此外，货币政策冲击不仅仅对产出和价格水平具有非对称性的影响，加里波第（Garibaldi，1997）、弗洛里奥（Florio，2006）、戴尔和加里波第（Dell & Garibaldi，1998，2000）研究发现以市场利率变动为代表的货币政策冲击对劳动力市场、金融资产定价以及银行信贷行为均会产生非对称的效应。

国内学者对于中国货币政策的非对称效应也展开了深入的研究。在以货币供给量为政策变量的产出效应方面，陆军和舒元（2002）、刘金全和刘兆波（2003）、刘金全和郑挺国（2006）研究发现，正负向货币供给冲击对产出影响存在明显的非对称性；郑挺国和刘金全（2008）研究得出我国货币对产出的影响关系的非对称性依赖于经济周期的高速增长和低速增长阶段、货币供给的高速增长和低速增长阶段以及通货膨胀率的加速和减速阶段。在价格非对称效应方面，谢平（2000）、万解秋和徐涛（2001）研究认为，货币政策表现出明显的非对称性，与治理通货膨胀相比，扩张性货币政策应对通货紧缩的效果不明显。有学者同时研究了货币供给对产出和价格的非对称效应，冯春平（2002）采用滚动 VAR 方法对货币供给冲击对产出和价格的影响进行实证研究，发现货币冲击的影响有明显的变动性，自引导检验（Bootstrapping Test）强烈拒绝产出与价格脉冲响应不变的零假设；刘金全等（2009）基于 1990—2008 年间月度数据，采用 Logistic 平滑迁移向量自回归（LSTVAR）模型检验发现，随着货币供给冲击方向、规模以及经济周期阶段的变化，货币政策对实际产出和通货膨胀序列的作用具有非对称性。

同时，学者也逐渐意识到仅以货币供应量作为衡量货币政策意图的指标有失偏颇，货币供应量变化并不总能反映货币政策的调整。赵进文和闵捷（2005a，2005b）同时选取货币供应量和利率两个货币政策工具变量，分别运用 LSTAR 模型和 T-O-O 网格点搜索法得出我国货币政策操作效果呈现出明显的非对称和非线性特征。石柱鲜和邓创（2005）基于对我国自然利率的定量估计研究发现，在经济繁荣阶段，紧缩性货币政策可以有效地抑制经济过热和通货膨胀，而在经济萧条阶段，扩张性货币政策刺激经济增长的作用不大，还会引起物价水平的大幅上涨。吴婷婷（2009）研究得出，正负向利率冲击对我国宏观经济的影响也呈现非对称效应，且利率冲击对物价的非对称效应强于利率冲击对产出的非对称效应。

刘金全和范剑青（2001）认为中国经济周期的非对称，主要是由于财政政策、货币政策以及固定资产投资的非对称性造成的，而价格水平和总需求等因素却表现出较为明显的稳定性。对财政政策非对称性的研究大多集中在财政收支变动对产出、私人消费和储蓄的非对称影响，代表性文献有阿莱西亚和佩罗蒂（Alesina & Perotti, 1997）、贾瓦齐和帕加诺（Giavazzi & Pagano, 1996）、塔卡拉基斯（Tagkalakis, 2004）、贾瓦齐等（Giavazzi et al., 2000）。学者还研究发现，财政调整（减少公共财政的不平衡）对经济增长的影响存在门限效应，例如贾瓦齐和帕加诺（Giavazzi & Pagano, 1990）、阿莱西亚和佩罗蒂（Alesina & Perotti, 1996）、Rzonca & Cizkowicz（2005）等。还有学者试图研究财政政策变量在经济周期不同阶段的非对称变动，Sorensen & Yosha（2001）选取美国48个州的数据研究发现，在经济繁荣时期，州政府税收收入立即上升而支出基本保持不变；在经济下行时，税收收入和支出都会下降。刘金全等（2003）研究发现，中国财政收入和财政支出在经济扩张和收缩阶段具有非对称的反应，而且预算盈余也表现出明显的非对称迹象。

本节对财政政策非对称性的研究定位于财政支出冲击在不同的区制下对产出和价格等宏观经济变量的非对称性影响。佩罗蒂（Perotti, 1999）选取19个OECD国家年度数据研究发现，相对于正常时期，政府财政收支冲击在财政紧张阶段对私人消费的影响更大。王立勇和李富强（2009）实证得出，无论是产出效应还是通货膨胀效应，我国财政政策均存在明显的非对称性：扩张性财政政策的产出效应明显大于紧缩性财政政策的产出效应，且对产出的影响也更为持久，同样，扩张性财政政策对价格的影响也比紧缩性财政政策的影响要显著持久。王立勇和刘文革（2009）选取1952—2008间年度数据通过区制转移向量自回归模型和区制转移向量误差修正模型验证了我国财政政策具有显著非线性效应，按照财政政策对经济增长的效应可以划分为凯恩斯效应区制和非凯恩斯效应区制。

中国股票市场经过二十几年的发展逐渐成为宏观经济晴雨表，宏观经济政策调控与股票市场存在强相关性（周晖，2010）。在传统研究货币供应量、利率和银行信贷等对中国股票价格影响的基础上，学者开始关注于当股票市场处于不同的区制（低迷期和膨胀期）货币政策工具对股票价格影响的非对称性（崔畅，2007；贺晓波和许晓帆，2009；倪玉娟等，2010）。董直庆和王林辉（2008）研究发现，我国财政货币政策对股市作用存在阶段性，且表现出非中性和非对称性特征，两者对股市冲击的持续时间有较大差异，财政政策冲击往往只存在短期效应，而货币政策冲击对股市长期波动具有显著影响，相比之下，财政政策对我国股市影响力相对更小。股票市场的存在使得货币政策与通货膨胀的关系变得更加复杂，易纲等（2002）指出，货币供给数量与通货膨胀的关系不仅取决于商品和服务的价格，而且在一定意义上取决于股市：通过相当一部分在股票市场溢出，货币供给量的增加会部分转化为普通商品价格的上升。历史数据和模型仿真也证实，在股市繁荣时通货膨胀往往处于较低的水平（Christiano et al., 2010）。

基于已有文献，本节对货币财政政策非对称效应的研究做了以下三个方面的拓展。首先，我们在考察货币政策非对称效应时引入了信贷变量。信贷渠道在中国货币政策传导中占据主导地位（周英章和蒋振声，2002；蒋英琨，2005），然而国内鲜有文献具体研究银行信贷对产出和价格的非对称效应，本节填补了这一空白。第二，在研究货币财政政策非对称性的框架下，引入股票市场行情的代理变量。股票市场能够影响货币财政政策的作用效力，股票市场处于不同的状态区制时，货币财政政策可能会对经济变量产生非对称的影响。在货币财政政策非对称性效应方面，引入股票市场变量将是全新的研究视角。第三，引入汇率变量研究开放经济条件下货币财政政策的非对称性效应。综合现有文献，仅王立勇等（2010）做过类似的研究尝试。在经济金融全球化的今天，中国货币财政政策的制定和实施效果越来越受到外部经济环境和货币政策的影响，汇率渠道在中国货币政策传导途径中发挥越来越重要的作用。另外，国际宏观政策协调的重要性在金融危机后显得愈加重要，在开放经济条件下考查货币财政政策的非对称效应有助于分析中国当前宏观经济政策面临的诸多两难选择，以期找寻能够有效缓解调控矛盾、避重就轻的政策方向。

为了研究在不同区制下货币财政政策冲击对于产出和价格的非对称效果，运用传统的常系数线性模型（包括 VAR 和非 VAR 方法）可能造成设定误差，更不能准确刻画经济变量之间的关系。采用变参数模型或非线性模型能够在一定程度上解决货币财政效应的不确定性问题，常见的非线性模型主要包括两类：一类是汉密尔顿（Hamilton，1989）提出的马尔可夫区制转移（Markov Regime Switching）模型，另一类是包括门限自回归模型在内的平滑迁移自回归（Smooth Transition Auto Regressive，简称 STAR）模型。本节选取马尔可夫向量自回归模型方法，借助分区制脉冲响应函数来全面分析宏观经济政策的非对称效应。

基于此，本节拟对开放经济下中国货币财政政策的非对称效应做进一步研究，结构安排如下：第二部分构建马尔可夫区制转移向量自回归模型；第三部分是数据说明、MSVAR 模型估计和分区制的累计脉冲响应函数分析；最后是结论及政策建议。

二、马尔可夫区制转移模型构建

马尔可夫区制转移向量自回归（MS-VAR）模型可以被认为是对基本的有限阶向量自回归（VAR）模型的发展，其主要特征是模型回归参数依赖于不可观测的区制变量而发生变化，而且该区制变量的实现服从于一个离散时间、离散状态马尔可夫随机过程。

MSVAR 模型的一般形式可以表示为：

$$y_t - \mu(s_t) = A_1(s_t)(y_{t-1} - \mu(s_{t-1})) + \cdots + A_p(s_t)(y_{t-p} - \mu(s_{t-p})) + u_t \tag{5.12}$$

其中，$u_t \mid s_t \sim NID\left(0, \sum(s_t)\right)$，参数转移函数 $\mu(s_t)$，(s_t)，

$A_1(s_t), \cdots A_p(s_t)$ 依赖于区制变量 s_t 所处的状态：$\mu(s_t) = \begin{cases} \mu_1 \ s_t = 1 \\ \vdots \quad \vdots \\ \mu_p \ s_t = M \end{cases}$ (5.13)

其中，区制变量 $s_t \in \{1, \cdots, M\}$ 服从离散时间、离散状态的马尔可夫链过程，各状态间的转变通过转移概率表示，从区制 i 到区制 j 的转移概率为：

$$p_{ij} = Pr(s_{t+1} = j \mid s_t = i), \quad \sum_{j=1}^{M} p_{ij} = 1, \quad \cdots, \ i, \ j \in \{1, \cdots, M\} \tag{5.14}$$

对于 MSVAR 模型，要对上述 M 状态的马尔可夫链过程附加遍历性和不可约性的假设（Krolzig，1998）。进而，转移矩阵可表示如下：

$$P = \begin{bmatrix} p_{11} & p_{12} & \cdots & p_{1M} \\ p_{21} & p_{22} & \cdots & p_{2M} \\ \cdots & & & \\ p_{M1} & p_{M2} & \cdots & p_{MM} \end{bmatrix} \tag{5.15}$$

其中，P 满足正则性约束，即：$p_{iM} = 1 - p_{i1} - \cdots - p_{iM-1}$，$i = 1$，$2$，$\cdots$，$M$。

根据均值、截距、自回归参数和方差是否依赖转移变量 s_t 所处的状态，MSVAR 模型可以表现多种具体形式：MSM-VAR、MSI-VAR、MSA-VAR、MSH-VAR；不同搭配组合又可以细分为 MSMH-VAR、MSIH-VAR、MSMA-VAR、MSIA-VAR 及 MSMAH-VAR 和 MSIAH-VAR 等具体形式。例如，2 区制、滞后 3 阶的截距和方差调整的 MSIH（2）—VAR（3）模型形式为：

$$y_t = v(s_t) + A_1 y_{t-1} + A_2 y_{t-2} + A_3 y_{t-3} + u_t \tag{5.16}$$

其中，$u_t \sim NID\left(0, \sum(s_t)\right)$。当 $s_t = 1$ 时，$v(s_t) = v_1$，$\sum(s_t) = \sum_1$；当 $s_t = 2$ 时，$v(s_t) = v_2$，$\sum(s_t) = \sum_2$。

三、实证检验

（一）数据说明及变量平稳性检验

本节构建的模型主要包括产出增长率、通货膨胀率、财政支出增长率、货币供给增长率、信贷增长率、利率、股市收益率和人民币汇率升（贬）值速度等八个变量，囿于数据可得性，选择 1996 年 1 月—2015 年 12 月的月度数据作为样本。其中，本节利用财政支出的累积同比增长率衡量财政支出增长率（g），由于体制性等因素造成中国财政预算支出呈现 1、2 月份低，12 月份高的特点，我们借鉴李晓芳等（2004）消除经济指标中春节因素的方法[①]，对原始数据进行了预处理。基于居民消费价格同比指数（CPI）获得通货膨胀率序列（pai），即 $pai_t = \dfrac{CPI - 100}{100}$。由于无法获得 GDP 的月度统计数据，本节利用月度工业企业增加值同比增速表示产出增长率（y）。对于货币和信贷变量，分别利用货币 M1 和金融机构人民币各项贷款

[①]　详细处理过程见参考文献。

的同比增长率表示货币供给增长率（m）和信贷增长率（l）。由于我国存贷款基准利率长期保持不变，选择银行间七天内同业拆借加权平均利率（r）代替利率变量。对于股市收益率，选取上证指数的对数收益率（r_s）表示。基于人民币兑美元汇率在中国货币政策操作中的重要性，我们选取人民币兑美元的加权平均汇率同比升（贬）值速度（ex）表示汇率变量。以上数据除上证指数取自锐思数据库外，其他均来自中经网统计数据库。

在建立 MSVAR 模型之前，有必要对所有数据进行平稳性检验，ADF 单位根检验结果表明，产出增长率、通货膨胀率、财政支出增长率、货币供给增长率、信贷增长率、利率、股市收益率和人民币汇率升值比率在 5% 的显著性水平下都是平稳序列（检验结果略）。

（二）MSVAR 模型选择及估计

本节构建包含产出增长率等八个变量的 MSVAR 模型，又以均值、截距、回归系数和方差是否区制相依进一步划分为具体的形式。在转移区制个数的选择上，郭明星等（2005）、刘金全等（2006）研究认为，三区制划分的做法更加适合我国经济增长过程和经济周期波动的特点；刘金全（2009）研究得出我国通货膨胀过程可以划分为"通货膨胀区制"、"通货紧缩区制"和"通货变化适中区制"三区制。本节借鉴已有的经验成果，结合研究实际初步选择三区制模型[①]，并依据对数似然值、AIC、HQ、SC 准则，在兼顾计量和现实意义的前提下判定滞后阶数，最终选定 MSIH（3）—VAR（4）模型。在这一模型下，LR 线性统计量的值为 2630.8272，卡方统计量的 P值和 Davies 检验 P 值均为 0.0000，显著地拒绝线性模型的假设，说明设定非线性模型是合适的。

MSVAR 模型的估计是通过 EM 算法实现的，本节利用 OX-MSVAR 软件包进行了模型的参数估计和检验，详细估计方法可参见 Krolzig（1997）。表5.3 给出了基于不同被解释变量的 MSIH（3）—VAR（4）模型的截距项和标准差的估计结果。根据图 5.3 给出的不同区制下样本划分情况，计算出各区制下相应变量的均值水平，如表 5.4 所示。

---

① AIC、HQ 和 SC 等准则判定结果同样支持文章的初步假定，三区制模型优于同类型的两区制模型。

表 5.3　MSIH（3）—VAR（4）模型截距项和标准差估计结果

		通货膨胀率	产出增长率	上证指数收益率	人民币升（贬）值比率
截距	区制 1	−2.893994	−4.371147	−0.233389	−0.011177
	区制 2	−0.062118	0.257184	0.000084	0.051074
	区制 3	12.883558	5.522768	0.003660	0.384997
标准差	区制 1	0.014337	0.006820	0.000155	0.000419
	区制 2	0.016194	0.037909	0.000280	0.000595
	区制 3	0.038281	0.020942	0.000201	0.000607

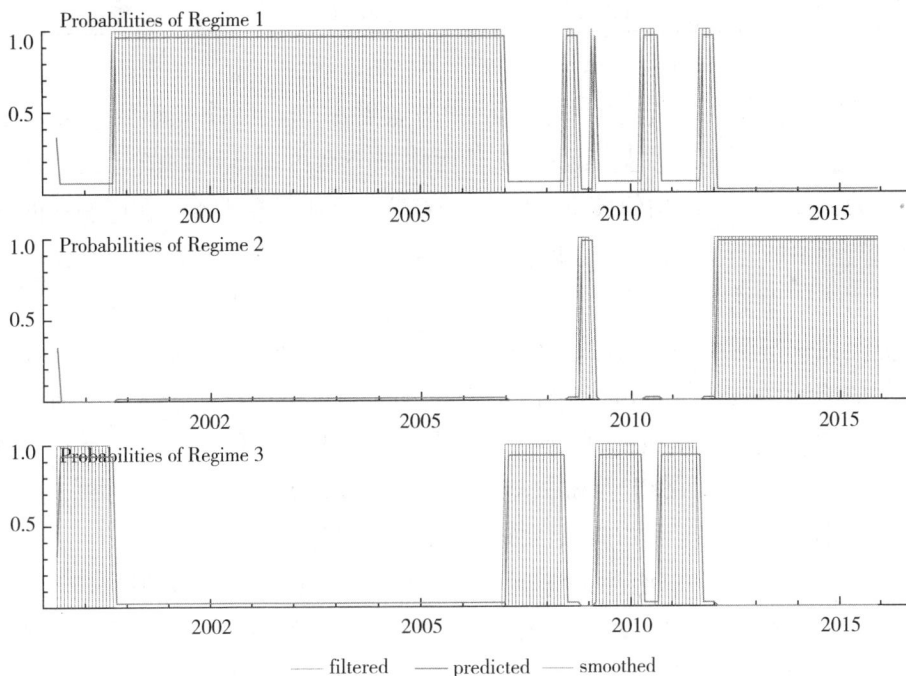

图 5.3　各区制的概率估计

表 5.4　分区制的变量均值水平

	pai*	y	g	m	l	rs*	r	ex*
区制 1	0.0073	0.1204	0.1581	0.1510	0.1355	−0.0022	0.0369	0.0012
区制 2	0.0161	0.1467	0.1773	0.1679	0.1711	0.0004	0.0199	0.0277
区制 3	0.0632	0.1501	0.1950	0.1804	0.2196	0.0467	0.0684	0.0311

注：* 表示该变量在不同区制存在显著的差异。

表 5.5　区制转移概率矩阵

	区制 1	区制 2	区制 3
区制 1	0.9804	0.0678	0.0439
区制 2	0.0158	0.9126	0.0240
区制 3	0.0038	0.0196	0.9321

表 5.4 显示，通货膨胀率、上证指数收益率和人民币汇率升（贬）值速度在三个区制中存在显著差异。通货膨胀率在区制 3 的均值最大，达到 0.0632，在区制 1 的均值最小，仅为 0.0073。上证指数收益率在区制 3 的均值达到 0.0467，区制 2 下近似于 0，区制 1 的平均收益率为负值，股市低迷。对人民币兑美元汇率来说，在区制 1 的平均升值速度仅为 0.0012，人民币兑美元汇率基本保持固定，在区制 3 人民币汇率则大幅升值。回归方程截距项的估计结果（见表 5.3）与上述描述相一致。由此可知，区制 1 描述的状态是"低通胀（紧缩）、股市低迷、人民币汇率基本稳定"的状态；区制 2 代表"通胀适中、股市温和、人民币汇率稳步升值"的状态；区制 3 描述的状态是"高通胀、股市膨胀、人民币大幅升值"的状态。

图 5.3 给出了各区制的概率估计结果。回顾近 20 年中国经济历程，1996 年我国经济顺利实现"软着陆"以后，通货膨胀一直处于较低水平，1997 年下半年甚至出现了轻微的通缩，人民币汇率盯住美元、波动较小，股票市场低位运行；2007 年国际金融危机爆发，我国一系列财政货币刺激操作快速推高通胀水平，股票指数直上六千点，资本市场活跃，人民币升值势头明显；2010 年后，经济刺激措施开始"适时退出"，经济增速开始回落，2012 年后宏观经济政策重点开始转向"稳增长"。结合数据分析与中国

经济历史情况，可知三区制划分能够较好地吻合经济现实。

（三）分区制脉冲响应分析

1. 一单位通货膨胀冲击的脉冲响应

图 5.4 给出了不同区制下系统对通货膨胀率一单位正向冲击的累计脉冲响应。通货膨胀对来自自身的冲击均有较强的反应，尤以高通胀时期（区制 3）最为明显，中低通胀区制在 15 期后趋于稳定。在三种区制下，通胀对产出表现出明显的负向影响，高通胀时期尤甚。在通胀冲击下，货币供应量和信贷的响应不尽相同：货币供应量在区制 1 和区制 2 中均在 10 期后呈现下降趋势，信贷增长率水平在区制 1 中表现出正向反应，区制 2、3 为负。通胀对股指收益率和人民币兑美元汇率的影响极为微弱，总体来看，股指收益率响应为负，印证了通胀率与股票收益率之间的"代理效应"假说。

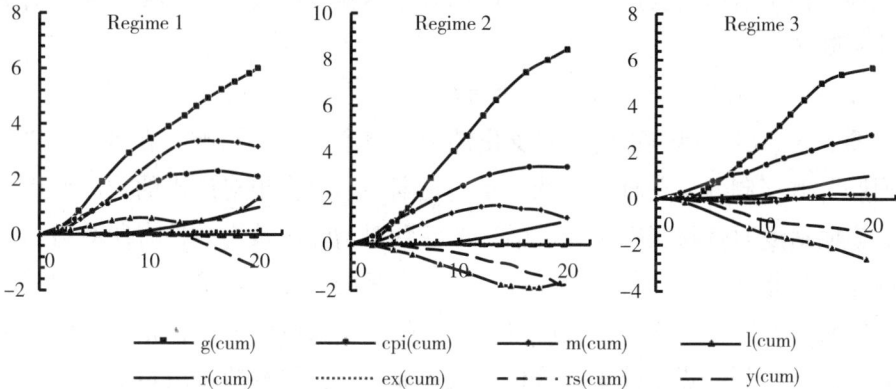

图 5.4　各区制下对通货膨胀冲击的累计脉冲响应

2. 一单位货币供给冲击的脉冲响应

如图 5.5 所示，在正向货币供给冲击下，通货膨胀率在三种区制下均立即上升，且高通胀区制（区制 3）中幅度最大。高通胀状态下，进一步的货币扩张虽然在短期内能刺激产出，但长期中反而会导致产出下降，这说明货币政策在不同的经济周期阶段对产出的效应具有非对称性。在 2、3 区制下，货币供应增长率的上升会带来估值收益率的提高，并降低人民币升值速度，这说明货币供给能催生股市繁荣，并通过供求机制等冲抵人民币汇率升值压力。信贷增速的响应轨迹表明，在区制 1、2 的状态下，货币供给增速上升

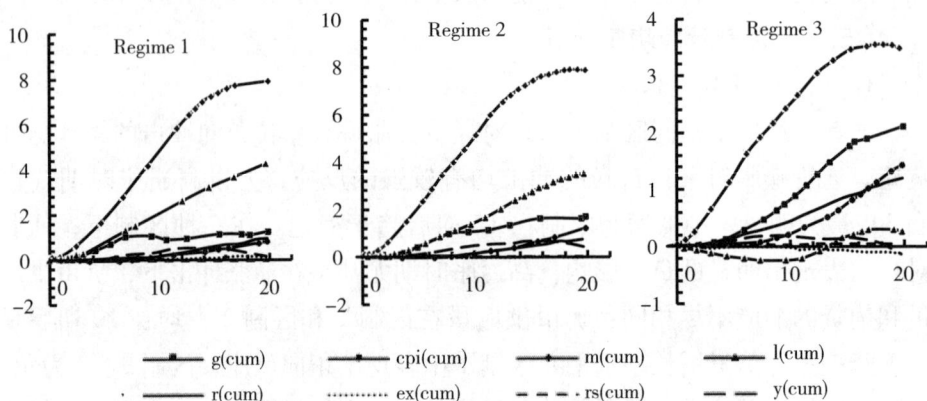

图 5.5　各区制下对货币供给量冲击的累计脉冲响应

导致银行信贷增速的快速上升，在高通胀（区制 3）状态下，反而导致信贷增速下降。

3. 一单位财政支出冲击的脉冲响应

图 5.6 给出一单位正向财政支出冲击对整个系统的影响。在区制 2 "适度通胀" 和区制 3 "高通胀" 状态下，短期中财政支出对产出的拉动作用明显，说明适度通货膨胀带来经济活动的活跃对增强政策有效性有所裨益。通货膨胀对扩张性财政政策的响应存在约 5 个月的时滞，经济越高涨，这一时滞就越短。通过与图 5.5 比较可以发现，就产出效应而言，扩张性财政政策的效果优于扩张性货币政策；就价格效应而言，扩张性货币政策更容易带来总体价格水平的上升。人民币汇率升值幅度的响应在不同区制中正负互现，也呈现出非对称特征。

4. 一单位人民币汇率冲击的累积脉冲响应

如图 5.7 所示，在人民币加速升值的冲击下，通货膨胀率经过约 10 个月的时滞后趋于上升，这表明人民币 "外升内贬" 特征明显。货币供应量显著的正向响应暗示了这一现象背后的原因：外汇占款的上升导致货币供应量显著增长、进而推高物价水平，这与我国 2013 年之前外汇储备不断攀升、通胀压力居高不下的经济现实相一致。在三种区制下，产出对正向汇率冲击的响应均为负，这也与我国对外经贸的实践相一致。

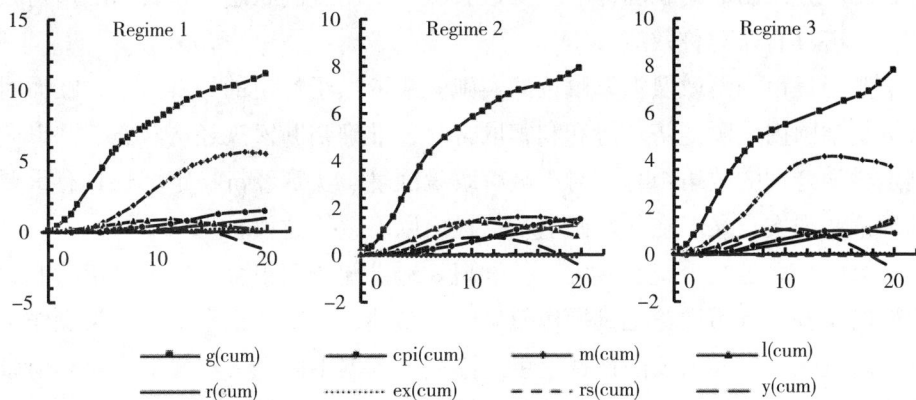

图 5.6　各区制下对财政支出冲击的累积脉冲响应

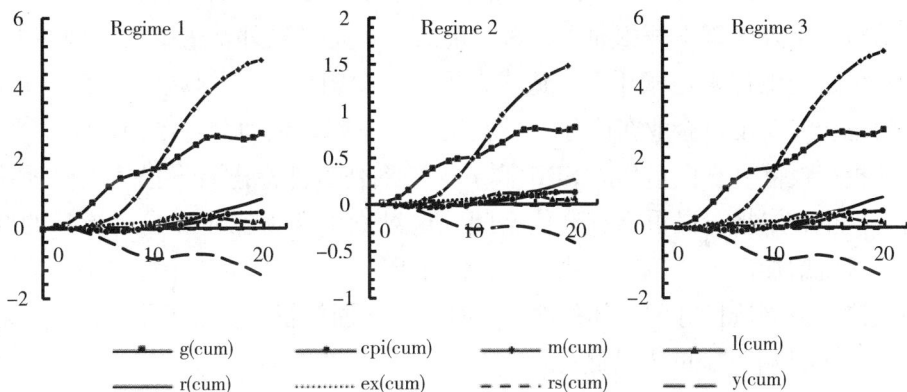

图 5.7　各区制下对汇率冲击的累积脉冲响应

四、结论与政策建议

本节选取我国月度数据，构建了包含产出增长率、通货膨胀率、财政支出增长率、货币供给增长率、信贷增长率、利率、股市收益率和人民币汇率升（贬）值速度共八个变量的马尔可夫区制转移向量自回归（MSVAR）模型，非线性检验结果表明，MSIH（3）—VAR（4）的模型形式能够较好地拟合数据和经济运行特征。以通胀水平、股市收益率和人民币兑美元汇率升值速度作为划分区制的主要指标，三区制分别表征紧缩、温和和膨胀三种经济状况。分区制的累积脉冲响应函数表明，不同区制状态下，我国货币财政政策冲击具有非对称效应。

鉴于货币、财政及汇率政策的实施效果依赖于特定的经济区制，在面对纷繁复杂国内国际经济形势和利害取舍时，准确判断宏观经济状态，并以此制定科学合理的政策组合，对于破解政策困境、实现经济稳定增长具有重要的理论和现实意义。在此基础上本节提出以下政策建议：

第一，立足政策交互效应，科学高效地搭配政策组合。货币政策的非对称性以及各种货币政策工具操作效果的差异性，要求我们在货币政策操作工具、时机、方向和力度的选择上更加谨慎，依据不同经济状态下货币和财政政策分别在产出和价格效应方面的比较优势，加强调控的针对性、科学性和前瞻性。

第二，增强人民币汇率弹性，加强汇率政策与货币政策配合。人民币的升值将吸引外国资本争相涌入，对汇市的干预将导致外汇占款的被动增加，这不可避免地带来通胀压力，造成人民币"外升内贬"的局面；另一方面升值也会使得出口企业在国际市场上竞争力下降、继而降低国内产出水平。但亚投行设立、人民币加入 SDR 篮子等一系列事件标志着人民币国际地位与日俱增，未来人民币仍有升值空间，这对货币政策操作提出了更高的要求。适度增加汇率弹性，有助于降低央行干预汇市的压力，为稳定国内货币与经济环境创造良好的外部条件。同时应探索创新新型货币操作工具，丰富央行"工具箱"中的工具储备。

第四节　开放经济下中国货币政策目标制的选择

20 世纪 90 年代以来，伴随着以经济全球化与技术创新为核心的新经济时代的到来，许多国家的宏观经济政策有了重大调整，表现在货币政策方面，一个新的货币政策框架——通货膨胀目标制得以推行。自 20 世纪 90 年代初新西兰率先采用通货膨胀目标制作为货币政策框架以来，已有越来越多的工业化国家和中等收入国家开始采用这种新的货币政策制度。及至 21 世纪初，通货膨胀目标制俨然已成为当今世界最流行的目标规则。尽管如此，开放经济体中的另一种目标制度——汇率目标制仍值得研究。目前西方发达国家的汇率浮动程度都较高，而一些新兴市场经济国家却依然采取固定汇率制或管制程度较高的汇率制度，汇率波动程度较小。固定汇率制度或管理程度较高的浮动汇率制度是否会造成经济福利的损失？在这些国家经济向前发展或转型过程中是否需要改变当前的汇率制度，建立通货膨胀目标制的框架？本节将对此进行实证判断。

一、开放经济下政策目标回顾

第二次世界大战之后，为促进世界经济复兴，西方各国建立了布雷顿森林体系，即美元与黄金挂钩、其他货币与美元挂钩的固定但可调整的国际汇率制度，减少汇率波动，维持经济稳定。但由于布雷顿森林体系内在矛盾及无法解决的"特里芬难题"，其于 20 世纪 70 年代崩溃，西方主要国家纷纷开始实行浮动汇率制。20 世纪 80 年代，新兴国家开始使用通货膨胀目标制的同时又对外汇市场频繁干预、维系钉住汇率制度，固定汇率制重新登上历史舞台。人们不禁疑惑，汇率目标制有何优点，能够博得新兴国家的青睐？

根据克鲁格曼"三元悖论"，开放经济下一国在资本完全流动时，无法同时保证汇率固定和货币政策独立。既然需要牺牲货币政策自由，为什么很多国家仍试图钉住某一外国货币，维持固定汇率制度？主要有以下三个原因，第一，汇率波动的不确定性会降低本国国际贸易规模，减少国际投资。此外，基于汇率波动带来收益不确定性，工人和企业常要求政府限制进口，实施贸易保护政策。而锁定一国汇率可以降低贸易波动，从稳定的市场中获得最大收益，这也是布雷顿森林体系建立固定汇率体系的原因。第二，钉住汇率制理论上可以将本国通货膨胀程度锁定在目标国的水平，不论本国通货膨胀是由于政府预算赤字还是私人部门工资价格上涨引起的，这对一些欠发达国家特别是政局动荡的国家尤为重要。第三，钉住汇率制能够稳定国际贸易商品价格，稳定私人部门通货膨胀预期（Bruno，1991）。

基于以上三个原因，固定汇率制度曾得到各国青睐。但自 20 世纪 90 年代，很多新兴市场国家开始摒弃汇率目标制。我们认为主要原因有三个。首先，全球资本市场的发展使固定汇率制度在技术上就难以维系。每天外汇市场上数以十万亿美元成交额，已远超过任一国中央银行的外汇储备额。其次，国际金融市场上的对冲基金拥有资金数量也相当庞大，相对于一些小国，对冲基金拥有资金量已远远超出它们的储备额，一旦这些投机者冲击这些国家的汇率制度，这些国家很可能无法坚持固定汇率的承诺，带来恐慌性抛售，短期内使本国货币急剧贬值，形成货币危机。1997 年东南亚金融危机就是典型的例子。最后，汇率目标制与本国货币政策其他目标可能相冲突。奥伯斯菲尔德和罗戈夫（Obstfeld & Rogoff，1995a）认为，即使本国在每次投机冲击发生时都有足够资源来抵御对本国固定汇率的影响，一国也是很难坚持固定汇率目标制，因为本国中央银行仍需考虑除汇率以外的其他经济目标。当本国面临投机性冲击时，中央银行为了抵御冲击，需要提高本国短期利率，这对以借短贷长的银行体系会产生巨大冲击，进而影响到投资、就业、政府财政及收入分配等领域。本国政府不可能为了维持汇率稳定而无视这些副作用，正因如此，固定汇率的承诺面对冲击将显得不可信，这也是世界上大多数国家固定汇率制走向崩溃的主要原因。

鉴于此，很多国家在 20 世纪 90 年代开始，采取了另一种货币政策框架——通货膨胀目标制。其中多数新兴市场国家最初采用通货膨胀目标制的同时仍然试图维系钉住汇率制度。这些国家制定货币政策的理论基础在于，通货膨胀目标与汇率目标是可以并存的。一般来说，通货膨胀目标被摆在首位，当其与汇率目标相互冲突时，放弃汇率目标。

德贝尔（Debelle，1997）认为两种政策目标共存并不现实。从实践经验来看，中央银行很难向公众明确传达其稳定物价而非其他货币政策目标的意图。当汇率目标遭受压力时，货币当局面临两种选择，一是维持名义汇率目标，二是使汇率波动超出先前目标范围，但这两种方式都无法向公众传递中央银行稳定通货膨胀的意图和可信度。中央银行对外汇市场频繁干预和过分关注会向公众传递错误信息，即汇率稳定优先于物价稳定目标，进而削弱了通货膨胀目标制实际效果。而且汇率目标另一个问题在于，当汇率变动原因不同时，货币政策需要作出的反应也必须不同。如果一国货币贬值是由于纯粹的资产组合变动引起的，国内通货膨胀率将上升，货币当局的合理反应是紧缩银根、提高利率以控制通货膨胀；反之，若贬值由实际冲击引发，通货膨胀率没有明显上升，则此时需要中央银行以扩张性的政策加以应对。

以上分析结论主要有两个，第一，开放经济下固定汇率制是不稳定的货币政策选择，不仅在于其技术上的不可行，更重要的是，汇率目标很可能与本国货币政策其他目标相冲突；第二，开放经济下汇率目标制与通货膨胀目标制无法长期共存，当本国中央银行为减少汇率波动而频繁干预本国外汇市场时，这一行为将降低通货膨胀目标制的可信度，进而使通货膨胀制对预期稳定的效力丧失。所以，对开放经济下各国来说，汇率目标制度并不是最优的货币政策体系。

本节中我们将实证不同政策目标体系对开放经济体的影响。第二部分将建立开放经济下的新凯恩斯模型，第三部分分析实证结果，第四部分将阐述本节结论。

二、新凯恩斯模型的建立

我们首先建立开放经济体的新凯恩斯模型，与标准的新凯恩斯模型相同，包括垄断竞争和名义价格粘性等假设。

（一）居　　民

模型中组成包括：代表性居民 j、垄断竞争型的企业和货币当局。模型中不含资本，居民可以在世界债券市场上进行借贷，因此居民可持有两种类型的资产：货币和外国债券。所有居民在 [0，1] 上连续分布。模型采用货币效用函数（money in utility）的方式将货币引入，闲暇和劳动供给呈负相关关系，所以劳动供给以负效用进入个体偏好，同时假设所有居民消费偏好相同，所以代表性居民 j 的效用函数与个人消费、持有的货币余额和劳动供给相关，具体形式如下：

$$U_j = E_t \sum_{i=0}^{\infty} \beta^i \left[\frac{C_{j,\,t}^{1-\sigma}}{1-\sigma} + \delta \frac{(M_{j,\,t+i} / P_{t+i})^{1-\kappa}}{1-\kappa} - \chi \frac{N_{j,\,t+i}^{1+\eta}}{1+\eta} \right] \tag{5.17}$$

其中，$C_{j,\,t}$ 为居民 j 在 t 期合成消费品，包括 $C_{Hj,\,t}$ 和 $C_{Fj,\,t}$。$C_{Hj,\,t}$ 代表本国居民 j 在 t 期消费的国内商品，$C_{Fj,\,t}$ 是本国居民 j 在 t 期消费的国外商品，按迪克希特和斯蒂格利茨（Dixit & Stiglitz，1977）定义得：$C_{H,\,j} = \left[\int_0^1 C_{Hj,\,t}^{\frac{\varphi-1}{\varphi}} \mathrm{d}j \right]^{\frac{\varphi}{\varphi-1}}$，$C_{F,\,t} = \left[\int_0^1 C_{Fj,\,t}^{\frac{\varphi-1}{\varphi}} \mathrm{d}t \right]^{\frac{\varphi}{\varphi-1}}$，其中 φ 为本国垄断厂商面临的需求价格弹性。国内总消费指数 C_t 由 $C_{H,\,t}$ 和 $C_{F,\,t}$ 构成，$C_t = \left[(1-w)^{\frac{1}{\varepsilon}} (C_{H,\,t})^{\frac{\varepsilon-1}{\varepsilon}} + w^{\frac{1}{\varepsilon}} (C_{F,\,t})^{\frac{\varepsilon-1}{\varepsilon}} \right]^{\frac{\varepsilon}{\varepsilon-1}}$，其中 w 为本国消费品中进口商品的

比重，ξ 为本国商品对外国商品的替代弹性。$\dfrac{C_{j,t}^{1-\sigma}}{1-\sigma}$ 代表国内居民 j 消费 $C_{j,t}$ 获得的效用。本国消费价格指数为：

$$P_t = [(1-w)(P_{H,t})^{1-\xi} + w(P_{F,t})^{1-\xi}]^{\frac{1}{1-\xi}} \tag{5.18}$$

其中，$P_{H,t}$ 和 $P_{F,t}$ 分别代表国内外产品价格指数，$P_{H,t} = \left(\int_0^1 P_{Hj,t}^{1-\varphi}\mathrm{d}j\right)^{\frac{1}{1-\varphi}}$，

$P_{F,t} = \left(\int_0^1 P_{Fj,t}^{1-\varphi}\mathrm{d}j\right)^{\frac{1}{1-\varphi}}$。

将（5.18）式对数线性化可得：

$$p_t = (1-w)p_{H,t} + w p_{F,t} \tag{5.19}$$

其中，p_t、$p_{H,t}$ 和 $p_{F,t}$ 分别为 P_t、$P_{H,t}$ 和 $P_{F,t}$ 的对数形式。由（5.19）式可得：

$$\pi_t = (1-w)\pi_{H,t} + w\pi_{F,t} \tag{5.20}$$

其中，$\pi_t = p_t - p_{t-1}$，表示本国通货膨胀水平。

本国居民可以在世界债券市场进行借贷，所以居民 j 可以在消费、本国货币、国际债券持有以及商品 j 产量（或者价格）之间选择，即本国居民预算约束条件为：

$$P_t C_{j,t} + M_{j,t} + TR_t + P_t B_{j,t} \leqslant (1-\tau)W_t N_t + R_{t-1}P_t B_{j,t-1} + M_{j,t-1} \tag{5.21}$$

其中，R_t 为总实际收益率，$t-1$ 期购买的债券 $B_{j,t-1}$ 产生的实际收益为 $B_{j,t-1}R_{t-1}$，TR_t 为 t 期与 $t-1$ 期转移支付的差额，τ 为本国居民名义收入的税收比例。将（5.21）式两边同除以 P_t 可得：

$$C_{j,t} + \frac{M_{j,t}}{P_t} + tr_t + B_{j,t} \leqslant (1-\tau)\frac{W_t}{P_t}N_t + R_{t-1}B_{j,t-1} + \frac{M_{j,t-1}}{P_t} \tag{5.22}$$

本国居民在（5.22）式的约束下，通过选择每一期的消费、货币余额和劳动供给量实现效用最大化。我们可由此推导出模型的欧拉方程：

$$E\left[\left(\frac{C_{t+1}}{C_t}\right)^{\sigma}\frac{P_{t+1}}{P_t}\right] = \beta R_t \tag{5.23}$$

$$\delta^{\kappa} C_t^{\frac{\sigma}{\kappa}}\left(1 + \frac{1}{R_t}\right)^{\frac{1}{\kappa}} = \frac{M_t}{P_t} \tag{5.24}$$

$$N_t^s = \frac{1-\tau}{\chi} \frac{W_t}{P_t} C_t^{-\sigma} \tag{5.25}$$

（5.23）式是本国代表性居民最优消费选择的欧拉条件，（5.24）式是本国实际货币需求的欧拉条件，（5.25）式是本国居民最优劳动供给的欧拉条件。

此外，居民在效用最大化时还需满足（5.26）式的横截条件，保证居民预期支出的现值大于等于零：

$$\lim_{T \to \infty} E_t \left[\frac{R_{T-1}(B_T + M_T)}{P_T} \frac{P_t}{P_T} \right] = 0 \tag{5.26}$$

同样，国外居民最优消费选择方程为：

$$E\left[\left(\frac{C_{t+1}^*}{C_t^*} \right)^\sigma \frac{P_{t+1}^*}{P_t^*} \frac{S_{t+1}}{S_t} \right] = \beta R_t \tag{5.27}$$

联立方程（5.23）和方程（5.27）可得：

$$\left(\frac{C_t}{E_t C_{t+1}} \right)^\sigma \frac{E_t Q_{t+1}}{Q_t} = \left(\frac{C_t^*}{E_t C_{t+1}^*} \right)^\sigma \tag{5.28}$$

其中，Q 为直接标价法下的本国实际汇率。

（二）企　　业

本节假定模型中本国代表性垄断竞争企业通过 CES 生产函数生产：

$$Y_{H,t}(j) = A_t \left[\int_0^1 N_t(l)^{\frac{\theta-1}{\theta}} \mathrm{d}l \right]^{\frac{\theta}{\theta-1}} \tag{5.29}$$

其中，A_t 是外生变量，代表制度、技术等长期因素对潜在产出的影响，l 代表劳动时间。

企业面临的需求函数为：

$$Y_{H,t}^d(j) = \left[\frac{p_{H,t}(j)}{P_t} \right]^{-\varphi} C_{H,t}^A \tag{5.30}$$

其中，$C_{H,t}^A = C_{H,t} + C_{H,t}^*$，企业遵循卡尔沃（Calvo，1983）的交错定价过程，即每个企业都能够在前期价格的基础上依据某一概率独立于其他企业和时间变化改变当期价格水平，即：

$$p_{H,t}(j) = \left[\lambda p_{H,t-1}(j) + (1-\lambda) p_{H,t}(j) \right]^{1/(1-\varphi)} \tag{5.31}$$

则每个代表性企业的预期利润函数为：

$$E_t\left\{\sum_{k=0}^{\infty}\lambda^k\beta^k\frac{1}{P_{t+k}}\left[p_{H,\,t}(j)\,Y_{H,\,t+k}^d(j)\,-\,W_{t+k}\,N_{t+k}\left(\frac{Y_{H,\,t+k}^d(j)}{A_t}\right)\right]\right\} \tag{5.32}$$

其中，λ 是代表性企业维持当期价格与前一期价格不变的概率。企业通过选择最优价格 $p_{H,\,t}(j)$ 实现利润最大化的目标。我们可推导出代表性企业利润最大化的必要条件：

$$E_t\left[\sum_{k=0}^{\infty}\lambda^k\beta^k\,Y_{H,\,t+k}^d(j)\,\frac{p_{H,\,t}(j)}{P_{t+k}}\,-\,\frac{\varphi}{\varphi-1}\,\frac{W_{t+k}}{P_{t+k}}\,N'\left(\frac{Y_{H,\,t+k}^d(j)}{A_t}\right)\right]=0 \tag{5.33}$$

将（5.33）式对数线性化可得：

$$E_t\left[\sum_{k=0}^{\infty}\lambda^k\beta^k\left[(1+\vartheta\varphi)\left(\hat{p}_{H,\,t}(j)-\hat{p}_{H,\,t}-\sum_{s=1}^{\infty}\pi_{t+s}\right)-\vartheta\,y_{H,\,t+k}^d\,-\right.\right.$$
$$\delta(q_{t+k}-s_{t+k})\bigg]\bigg]=0 \tag{5.34}$$

其中，ϑ 为 N' 对 Y_t^d 的弹性，$\hat{p}_{H,\,t}(j)$ 和 $\hat{P}_{H,\,t}$ 为相应变量的对数线性化形式，$q_t=s_t+p_t^*-p_t$。

将（5.31）式两边除以 $p_{H,\,t-1}$，可得：

$$\frac{P_{H,\,t}}{P_{H,\,t-1}}=\lambda^{\frac{1}{1-\varphi}}\left[1-(1-\lambda)\left(\frac{p_{H,\,t}(j)}{P_{H,\,t}}\right)^{1-\varphi}\right]^{\frac{1}{\varphi-1}} \tag{5.35}$$

对（5.35）式对数线性化可得：

$$\pi_{H,\,t}=\frac{1}{\varphi-1}\frac{-(1-\lambda)}{[1-(1-\lambda)]}(1-\varphi)(1+\hat{p}_{H,\,t}(j)-\hat{P}_{H,\,t})$$
$$=\frac{1-\lambda}{\lambda}(\hat{p}_{H,\,t}(j)-\hat{P}_{H,\,t}) \tag{5.36}$$

将（5.36）式代入（5.34）式得：

$$\frac{\lambda}{1-\lambda}\pi_t=\frac{\lambda}{1-\lambda}\beta E_t\pi_{t+1}+\frac{1-\lambda\beta}{1+\vartheta\varphi}(\vartheta\,x_t+w\,E_t\,q_{t+1}) \tag{5.37}$$

其中，x_t 是本国产出缺口的对数形式。

（三）货币当局

本节假定本国政府部门仅包含货币当局，而且其将短期名义利率作为货币政策调节工具。利率政策中最具代表性的当属泰勒规则，标准泰勒规则假定，货币当局运用利率围绕两大关键目标函数，即实际通货膨胀率和目标通货膨胀率之间的偏离程度以及实际产出和潜在产出之间的偏离程度，作出调整。本节在标准泰勒规则的基础上，假定货币当局政策方程如下：

$$i_t = \rho_i\, i_{t-1} + (1 - \rho_i)\, \Phi_\pi\, E_t\, \pi_{t+1} + (1 - \rho_i)\, \Phi_x\, E_t\, x_{t+1} +$$

$$(1 - \rho_i)\, \Phi_s (E_t\, s_{t+1} - s_t) + \mu_t \qquad\qquad (5.38)$$

与标准泰勒规则不同，（5.38）式中引入利率平滑项和汇率项。利率平滑项解释了货币当局在调整利率水平时的平滑行为，这一行为往往是由于货币当局顾及到利率调整对资本市场的扰动、对货币当局信誉的影响以及货币当局的利率政策需要社会各方面的支持等。汇率项反映了本国货币政策对名义汇率变动的敏感度，若系数 $\Phi_s = 0$，央行不关心名义汇率变动，即本国实行完全浮动的汇率制度；若 $\Phi_s > 0$，央行面对名义汇率偏离目标值或稳态值时会采取相应措施，即本国实行有管理的汇率制度，管理程度取决于系数 Φ_s 的大小，$\Phi_s \to \infty$ 表示固定汇率制度。

（四）利率平价条件与资本管制

如果资本市场完全开放，资本自由流动，本国利率完全受制于世界利率水平；相反，如果本国是完全封闭的经济体，不存在资本跨境流动，利率将完全由国内资本市场供求决定。我国尚未放开对资本和金融账户的管制，对FDI 等资本流动采取了宽进严出的措施，而对短期或投机性资本的管制更为严格。按照 IMF 划分的资本账户 7 大类 43 项来看，中国实际上是一个资本不完全自由流动的半开放国家（李婧，2006）。为体现中国经济特征，本节采用融入资本管制的无抛补利率平价描述资本流动的情况：

$$i = \omega[\, i_t^* + E_t\, s_{t+1} - s_t\,] + (1 - \omega)\, i^{'} \qquad\qquad (5.39)$$

其中，i_t^* 代表国外名义利率，$i^{'}$ 表示本国经济在完全封闭条件下的利率水平，它由国内的货币供求关系决定[①]，ω 代表本国资本市场开放程度，$0 < \omega < 1$，$(1 - \omega)$ 则体现了本国资本管制有效程度，$(1 - \omega)$ 越大，表明本国资本管制程度越强，本国利率受国外利率的影响就越小。

我国资本管制在抵御国外金融冲击、维持金融市场稳定方面成效显著，短期内我国仍会维持资本账户管制，但是，资本管制只能作为我国转型期的过渡手段。逐步放松资本账户管制是我国经济发展的长远目标，也是我国积极响应世界贸易组织框架要求的客观选择。当资本自由流动时，本国利率应

---

① 完全封闭下的利率计算参考孙立坚（2005）的方法。

满足：

$$i_t = i_t^* + E_t s_{t+1} - s_t \tag{5.40}$$

（5.40）式为资本自由流动时的无抛补利率平价条件[①]。考虑到我国资本市场完全开放的必然趋势，引入（5.40）式是为了比较不同资本管制程度下的货币政策目标体系。（5.40）式可看作（5.39）式在 $\omega = 1$ 时的特殊情况。

（五）国内外冲击

为比较不同货币政策、汇率制度和资本管制条件下，国内外各种冲击对本国宏观经济变量的影响，本节分别模拟了国内利率政策、技术、国外产出、国外通货膨胀和国外实际利率冲击发生时本国经济波动情况。

国内利率政策冲击由利率政策规则方程的残差 μ_t 构成，μ_t 代表规则方程中未预测到的部分。国内利率政策冲击的引入能够有效反映未预期到的央行政策对模型内各种经济变量的影响。本节假设 μ_t 是独立同分布的时间序列，均值为 0，方差为 0.25。

技术冲击体现技术变迁对经济内各种变量的影响。技术变迁取决于当前经济发展状况和技术水平，其常表现出自相关特征。本节假设技术冲击 a_t 满足（5.41）式的一阶自回归过程：

$$a_t = \rho_a a_{t-1} + \varepsilon_t^a \tag{5.41}$$

其中，ε_t^a 为独立同分布，均值为 0，方差为 0.5。

本节假定国外产出、通货膨胀和实际利率均为外生变量，且满足一阶自回归过程：

$$y_t^* = \rho_y y_{t-1}^* + \varepsilon_t^{y^*} \tag{5.42}$$

$$\pi_t^* = \rho_\pi \pi_{t-1}^* + \varepsilon_t^{\pi^*} \tag{5.43}$$

$$r_t^* = \rho_r r_{t-1}^* + \varepsilon_t^{r^*} \tag{5.44}$$

其中，$\varepsilon_t^{y^*}$、$\varepsilon_t^{\pi^*}$、$\varepsilon_t^{r^*}$ 均为均值为 0 的独立同分布，假设方差分别为 0.25、0.5 和 0.25。

---

① 考虑到中国仍处于转型期，本节假设模型中的开放经济体缺乏成熟的外汇衍生品交易市场，本国利率只满足无抛补利率平价条件。

（六）参数校准

本节采用詹诺尼和伍德福德（Giannoni & Woodford，2003）的研究结论，采用 0.99 作为贴现因子 β 的值。w 为外国商品在本国消费品中的比率，我们使用 1996 年至 2008 年我国进口额占 GDP 的平均比重来计算，得出 $w = 0.22$，企业不改变其价格的概率为 $\lambda = 0.75$，表明价格调整频率是 4 个季度。需求价格弹性或垄断竞争程度 $\varphi = 1.5$。根据秦宛顺等（2003）的估计，本节选取国内商品对外国商品的替代弹性 $\xi = 1.5$。

由于偏好的信息往往难以直接从数据中得到，效用函数中参数 σ 的值，只能依据经济理论和其他研究的经验结果确定。众多研究发现，消费的跨期替代弹性很小，家庭的风险规避系数 σ 比较大（Kocherlakota，1996）。相关的早期分析多采用对数效用函数形式（$\sigma = 1$），后来的拓展研究 σ 一般在 0—3 之间取值（King & Rebelo，1999）。吴利学（2009）考虑到居民收入水平越低通常风险规避倾向越强，认为中国家庭的风险规避系数应比发达国家略大，取 $\sigma = 2$。本节选择 σ 为 0—3 之间的均值 1.5。

在政策规则方程（5.38）中，$\rho_i = 0.9$，通货膨胀系数 $\Phi_\pi = 1.5$，通过模拟比较 $\Phi_x = 0.5$ 与 $\Phi_x = 0$，比较 $\Phi_s = 0$ 和 $\Phi_s = 3$。

假设利率对通货膨胀的反应系数为 1.5，这与我国当前的实际有一定差距。谢平和罗雄（2002）、陆军和钟丹（2003）、卞志村（2006）的研究结果都表明，我国利率对通货膨胀的反应系数是小于 1 的。但由于小于 1 的利率规则会使模型出现多重解，所以本节使用了泰勒（1993）提出的假设，即利率对通货膨胀的系数为 1.5。

根据孙立坚（2005）的估计，我国资本管制大约在 0.52。李婧（2006）从我国资本项目可兑换方面，估计较多限制和严格限制的项目占全部项目的比例为 0.558。范从来、刘晓辉（2007）取 0.539 作为我国资本管制程度的度量。在资本不完全流动时，本节选取 $\omega = 0.46$。

技术、国外产出、国外通货膨胀和国外实际利率自回归系数分别为 ρ_a、ρ_{y^*}、ρ_{π^*} 和 ρ_{r^*}，值均为 0.8。

（七）经济均衡条件

将（5.23）式、（5.27）式和（5.28）式对数线性化，并结合（5.20）式、（5.37）式、（5.38）式、（5.39）式和（5.40）式以及模型中各经济变量的关系，经济均衡的条件可表示为：

$$\sigma(E_t c_{t+1} - c_t) + E_t p_{t+1} - p_t = r_t \tag{5.45}$$

$$\sigma(E_t c_{t+1}^* - c_t^*) + E_t p_{t+1}^* - p_t^* + E_t s_{t+1} - s_t = r_t \tag{5.46}$$

$$\sigma(E_t c_{t+1}^* - c_t^* - E_t c_{t+1} + c_t) = q_t - q_{t+1} \tag{5.47}$$

$$\pi_t = (1 - w) \pi_{H,t} + w \pi_{F,t} \tag{5.20}$$

$$\frac{\lambda}{1-\lambda} \pi_t = \frac{\lambda}{1-\lambda} \beta E_t \pi_{t+1} + \frac{1-\lambda\beta}{1+\vartheta\varphi}(\vartheta x_t + w E_t q_{t+1}) \tag{5.37}$$

$$i_t = \rho_i i_{t-1} + (1 - \rho_i) [\Phi_\pi E_t \pi_{t+1} + \Phi_x E_t x_{t+1} + \Phi_s(E_t s_{t+1} - s_t)] + \mu_t \tag{5.38}$$

$$i = \omega[i^* + E_t s_{t+1} - s_t] + (1 - \omega) i' \quad \omega = 0.46 \text{ 或 } 1 \tag{5.39}/(5.40)$$

$$y_t = (1 - w) c_{H,t} + w c_{H,t}^* \tag{5.48}$$

$$c_t = (1 - w) c_{H,t} + w c_{F,t} \tag{5.49}$$

$$y_t^* = w c_{F,t}^* + (1 - w) c_{F,t} \tag{5.50}$$

三、实证结果

本节通过前文的动态一般均衡模型，模拟开放经济体在面临国内利率政策冲击、技术冲击、外国产出、通货膨胀和实际利率冲击下各种经济变量的波动情况。本国在面对各种冲击时，可选择的政策包括：限制资本流动或允许资本自由流动、制定严格通货膨胀目标或灵活通货膨胀目标、有管理的汇率制或完全浮动汇率制。本节选取 ω 反映资本流动程度，当 $\omega = 1$ 时，本国资本完全流动；当 $0 < \omega < 1$ 时，本国资本流动受到管制[①]。通货膨胀目标的管理程度和汇率目标制度由政策方程系数反映：浮动汇率制，$\rho_i = 0.9$，$\Phi_\pi = 1.5$，$\Phi_x = 0.5$，$\Phi_s = 0.0$；有管理的汇率制，$\rho_i = 0.9$，$\Phi_\pi = 1.5$，$\Phi_x = 0.5$，$\Phi_s = 3.0$；严格通货膨胀目标制，$\rho_i = 0.9$，$\Phi_\pi = 1.5$，$\Phi_x = 0.0$，$\Phi_s = 0.0$；灵活通货膨胀目标制，$\rho_i = 0.9$，$\Phi_\pi = 1.5$，$\Phi_x = 0.5$，$\Phi_s = 0.0$。

严格通货膨胀目标下，本国货币当局不关心产出和汇率的波动情况。所以当本国遵守严格通货膨胀目标时，本节只讨论限制资本流动和允许资本自由流动两种情况。但当本国遵循灵活通货膨胀目标时，本国仍可就是否管制

---

① 结合我国实际，本节选取 $\omega = 0.46$。

资本流动和汇率浮动作出选择。但需要注意的是，开放经济体无法在资本完全流动时，选择有管理的汇率目标制①。同时，管理资本流动时汇率自由浮动也不合逻辑。所以本节在灵活通货膨胀目标制的框架下，只比较资本自由流动时的完全浮动汇率制和限制资本流动时的有管理的浮动汇率制。图5.8—图5.12显示了不同政策搭配下，各种冲击对本国经济变量产生的影响。SR代表严格通胀目标下，限制资本流动的情况；SU代表严格通胀目标下，资本自由流动的情况；RM代表灵活通胀目标下，限制资本流动和管制汇率浮动的情况；UF代表灵活通胀目标下，资本自由流动和汇率完全浮动的情况。

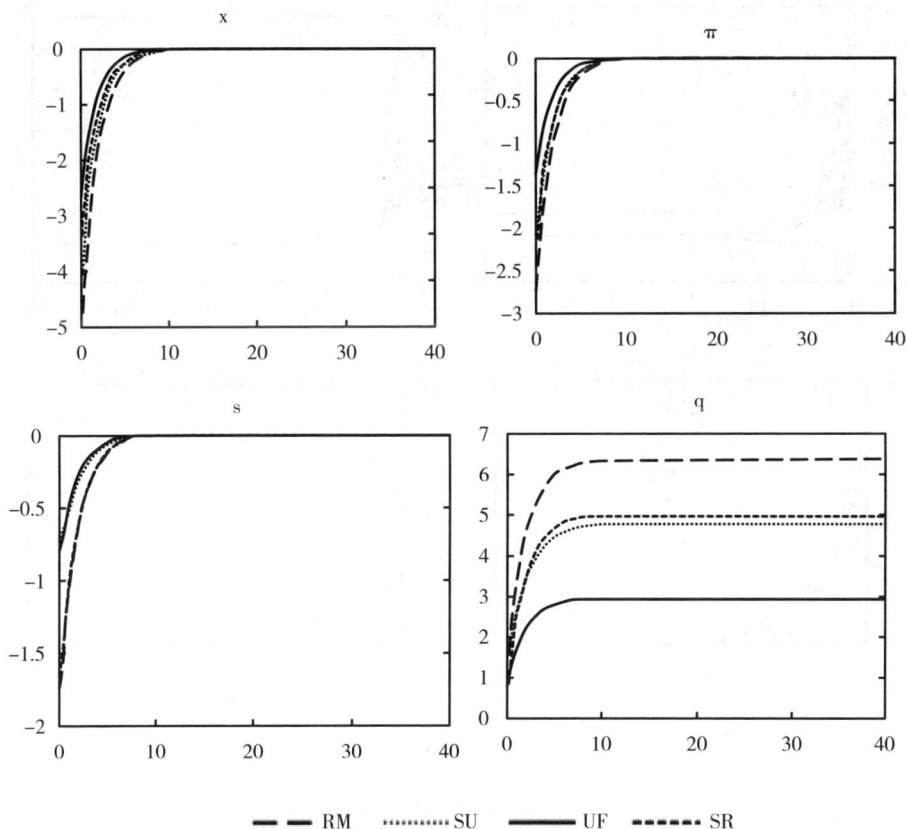

图5.8　本国利率冲击

① 1997年的东南亚金融危机已充分证明，资本完全流动与有管理的汇率制将会带来灾难性的后果。

图 5.8 表明，面对未预期到的本国利率政策冲击时，UF 曲线波动幅度最小，说明资本自由流动和汇率完全浮动的灵活通货膨胀目标制，能够有效化解本国政策冲击对产出、通货膨胀和汇率的影响。RM 曲线的波动幅度最大，说明在资本不完全流动和有管理的浮动汇率制下，本国利率政策变化对经济变量的冲击最强烈。SR 曲线和 SU 曲线的走势显示，在严格通货膨胀目标之下，无论本国是否限制资本流动，产出缺口与国内通货膨胀的波动都几乎毫无差别。

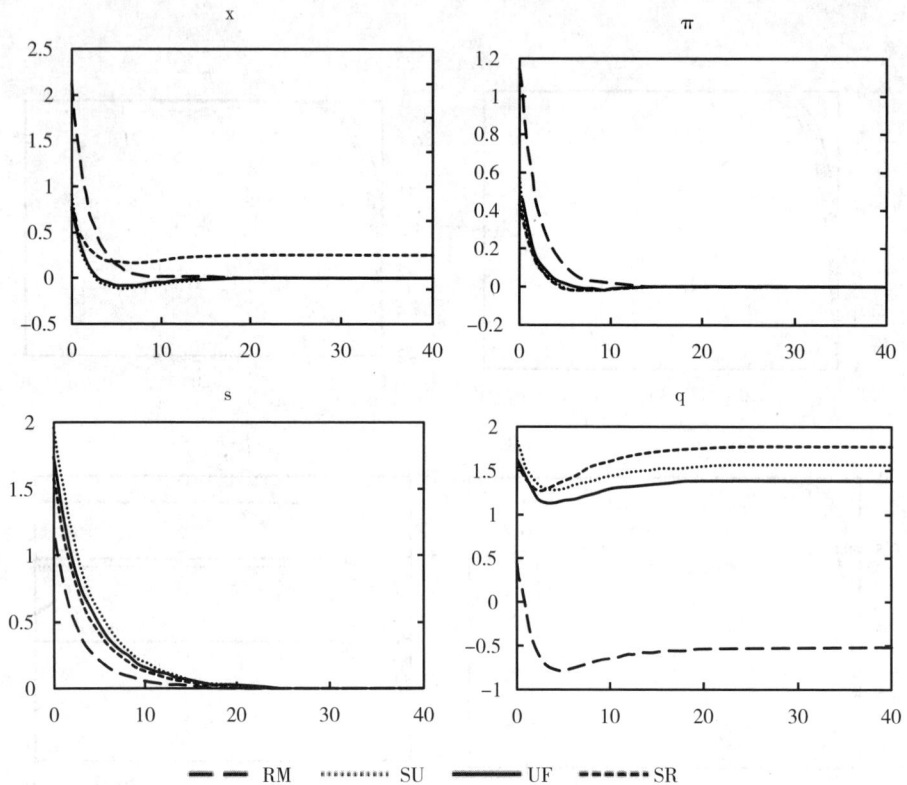

图 5.9　国外通货膨胀冲击

图 5.9 和图 5.10 显示，面对国外价格和实际利率冲击时，对于本国产出缺口和通货膨胀，RM 曲线波动强烈，说明资本不完全流动和有管理的浮动汇率制度不能有效削弱国外价格和利率对于本国产出和价格的冲击。考虑

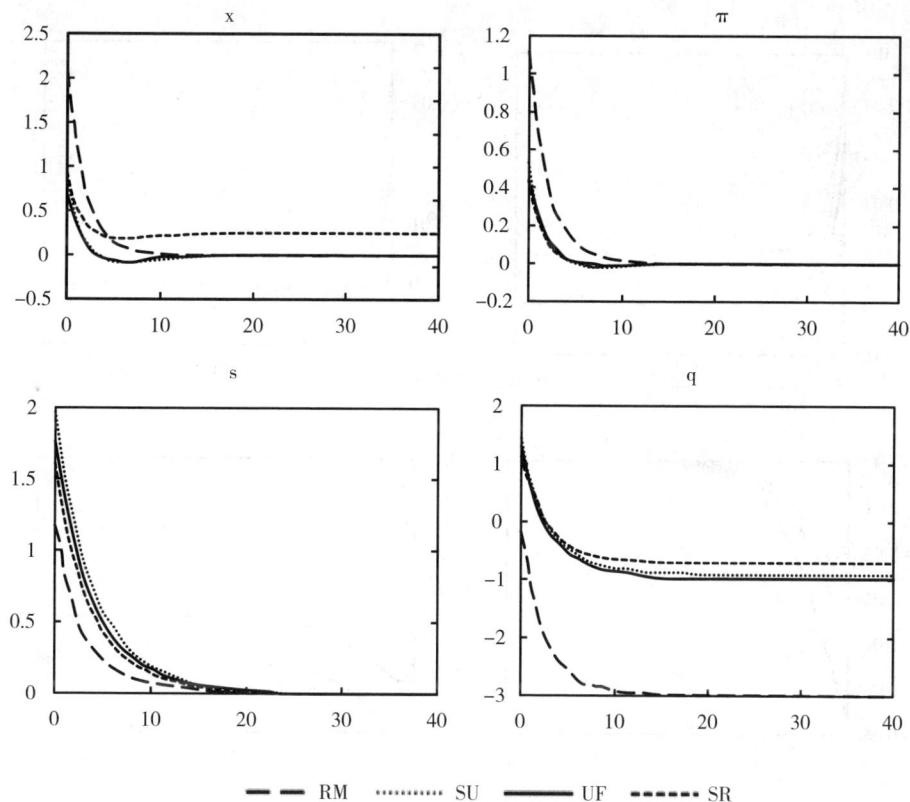

图 5.10　国外实际利率冲击

对汇率的影响，RM 曲线相对平稳，说明资本不完全流动和有管理的浮动汇率制度在一定程度上有助于抵御外部冲击，维护国内金融稳定。图 5.9 和图 5.10 同样显示，汇率波动水平在不同的政策搭配下有显著差异。

图 5.11 表明，面对国外产出冲击时，产出缺口、通货膨胀和名义汇率的 RM 曲线和 UF 曲线相对于 SR 曲线和 SU 曲线波动较小，说明灵活通货膨胀目标制能够有效吸收国外产出波动对上述经济变量的影响；同时，RM 曲线和 UF 曲线的对比也显示，就稳定产出、通货膨胀和名义汇率而言，资本不完全流动和有管理的浮动汇率制度相对于自由流动下的完全浮动汇率制度效果更好。

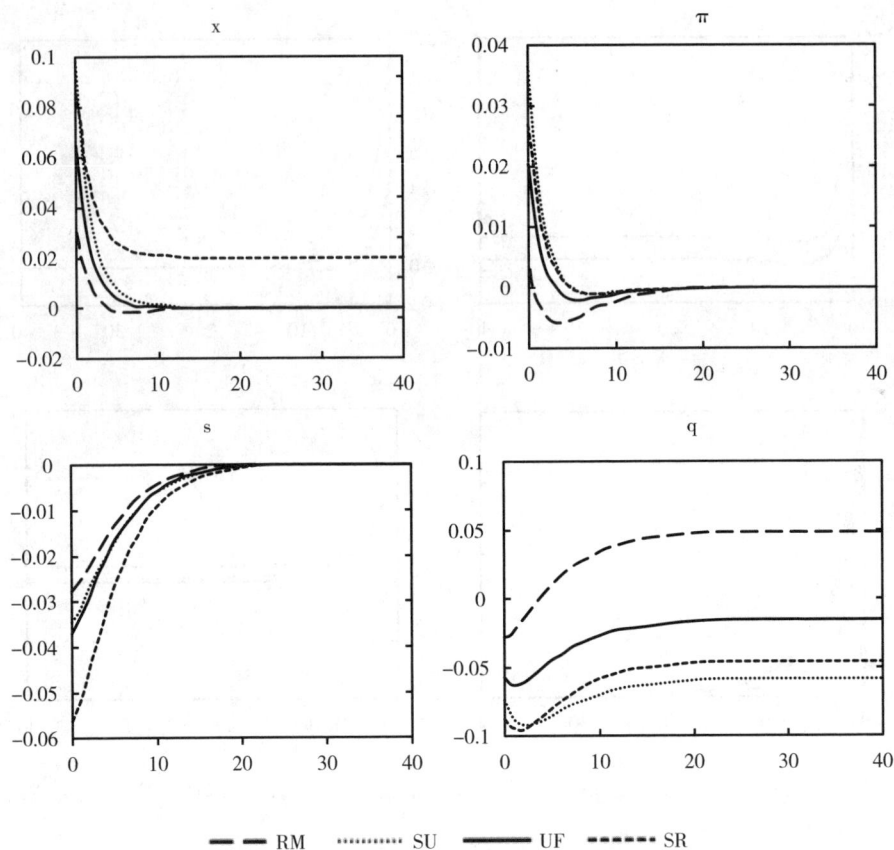

图 5.11 国外产出冲击

图 5.12 表明，面对本国技术冲击时，对产出和通货膨胀来说，SR 曲线和 SU 曲线的波动几乎没有差别，说明在严格通货膨胀目标制下是否存在资本管制，不改变国内技术冲击对产出和价格水平的影响效果。对汇率来说，SR 曲线较 SU 曲线的波动较大，说明严格通货膨胀目标制下，资本管制并不能有效抵御技术冲击对汇率水平的影响。图 5.12 同样表明，实际汇率对技术冲击的反应程度对于不同的政策搭配差异显著。

为更清楚比较各种政策制度下，本国经济变量面临内外部冲击时的综合表现，本节接下来将比较四种政策体系下本国产出缺口和通货膨胀波动的标准差。结果如表 5.6 所示。

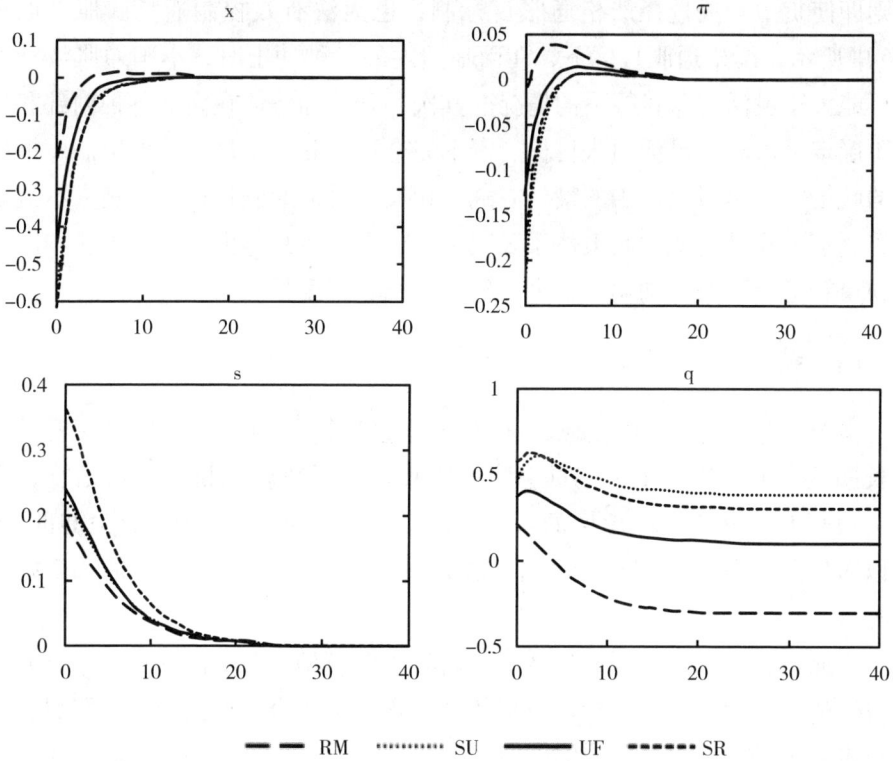

图 5.12　本国技术冲击

表 5.6　本国经济变量对国内外各种冲击的标准差

政策目标		产出缺口	通货膨胀
严格通胀目标	资本完全流动	5.1697	2.5553
	资本不完全流动	5.6373	2.7583
灵活通胀目标	资本完全流动 汇率自由浮动	3.5049	1.7239
	资本不完全流动 有管理浮动汇率	8.7744	4.3693

　　表 5.6 结果说明，首先，从通货膨胀目标制度上来看，不能简单地说严格通胀目标和灵活通胀目标孰优孰劣。通胀目标必须与其他制度配套实施，

否则即使货币当局选择严格通胀目标制，也无法有效控制通货膨胀。如表5.6中所示，严格通胀目标下，在面临国内外各种冲击时，本国通胀波动甚至可能大于灵活通胀目标下的情况。其次，开放经济体在面临各种内部和外部不确定冲击时，灵活通胀目标、资本完全流动和自由浮动的汇率制度搭配成的政策组合是吸收冲击的最佳方式。相反，灵活通胀目标、限制资本流动和管制汇率浮动组成的政策体系表现最差，面临经济体内外的冲击，本国产出缺口和通货膨胀波动幅度最大，经济不稳定程度最高。

四、结　论

本节首先通过对通货膨胀目标与汇率目标性质的分析，指出二者是无法长期共存的，因为汇率目标会降低中央银行通货膨胀目标的可信度，而中央银行有关通货膨胀承诺的可信程度是通货膨胀目标制的最关键部分。所以对实行通货膨胀目标制的开放经济体来说，固定汇率制不是一个好的选择。

进而，我们构建了开放经济下的新凯恩斯模型，对不同政策体系下开放经济体的社会福利进行比较。目标体系包含四种组合：严格通货膨胀目标制下资本自由流动，严格通货膨胀下限制资本流动，灵活通胀目标、资本自由流动和完全浮动汇率制，灵活通胀目标、限制资本流动和管制汇率浮动。通过对模型参数的校准，我们实证分析了当开放经济体面临冲击时，不同目标体系下本国各经济变量的反应程度。结果表明，灵活通胀目标、资本自由流动和完全浮动汇率制构成的政策目标体系能够更好地吸收冲击。此外，严格通货膨胀目标制无法组成吸收国内外冲击的最优政策体系。这说明，我国中央银行遵循最优货币政策规则选择货币政策目标时，并不一定要选择严格通货膨胀目标制。目前情况下，产出因素和通货膨胀因素都应是我国中央银行执行货币政策的重要权衡因素。故我们可以选择一些灵活通货膨胀目标的政策框架，如混合名义收入目标框架（卞志村，2005）作为向通货膨胀目标制转型的过渡安排。此外，灵活通胀目标、资本自由流动和完全浮动汇率制政策体系的优点也为我国货币政策和汇率制度改革提供了方向。

第五节 结论与政策建议

本章对开放经济条件下我国物价水平的决定因素进行了深入探析。首先，本章通过构建交错定价合同模型对人民币汇率的价格传递效应进行了实证研究，试图探寻汇率传递效应大小与国内通胀环境之间的关系；随后，利用 MS-VAR 模型将经济内生地划分为紧缩、温和、膨胀三种区制状态，考察不同区制下通货膨胀、货币供给、财政支出、汇率升值等冲击对各内生经济变量的非对称性影响；最后，通过构建包含居民、企业、货币当局、对外部门的四部门 DSGE 模型，比较分析了不同的货币政策目标制在平抑外部冲击中的作用效果。通过分析，本章得到以下结论：

第一，汇率传递效应与我国通货膨胀环境密切相关，传导效果具有明显的顺周期特性。具体而言，低通胀状态下，升值有利于抑制通胀，但作用效果轻微；高通胀状态下，传递效应明显，但升值却进一步推高了通胀水平。

第二，在紧缩、温和和膨胀区制下，财政货币政策在调控通胀中的作用效果存在非对称性。特别地，在膨胀区制下，通胀水平对货币供给冲击的响应最为显著，对财政支出冲击的响应时滞最短。本币升值冲击下，人民币"外升内贬"特征明显。

第三，严格通胀目标制和固定汇率制不可兼得，灵活通胀目标、资本自由流动和完全浮动汇率制构成的政策目标体系能够更好地吸收外部冲击。

根据以上结论，本章提出如下有针对性的政策建议：

第一，明确政策目标指派，货币政策和汇率政策应独立自主。汇率管理应服务于对外经贸，其政策目标不应该包含物价因素。

第二，适度增加汇率弹性，完善有管理的浮动汇率制。人民币升值会吸引外国资本争相涌入，外汇占款不可避免地带来通胀压力，造成人民币"外升内贬"的局面。适度增加人民币汇率弹性，有助于降低央行干预汇市的压力，为稳定国内货币与经济环境创造良好的外部条件。

第三，渐进放松资本管制，为人民币国际化奠定基础。伴随着亚洲基础设施投资银行设立、"一带一路"战略顺利推进、人民币加入 SDR 篮子等一系列举措，人民币国际地位显著提升。将人民币打造为新的世界货币，符合我国的战略利益。对于世界货币，自由流动、可兑换既是其基本要求，也是有效平抑外部冲击的必然选择。

第　六　章

中国广义价格指数的编制及货币政策应用

第一节　研究概述

准确地测度通货膨胀是有效治理通货膨胀、实现物价稳定的基础和前提。但如何全面、准确地衡量通货膨胀一直是一个难度相当大的问题（张晓慧，2009）。目前，我国国家统计局公布的用于测度通货膨胀的价格指数包括居民消费价格指数（CPI）、商品零售价格指数（RPI）、农业生产资料价格指数（AMPI）、工业生产者价格指数（PPI）、原材料、燃料、动力购进价格指数、固定资产投资价格指数、房地产价格指数、农产品出售价格指数等。其中，最为重要的是 CPI，它反映了以消费品零售价格和服务价格变动为代表的城乡居民实际生活费支出的变动程度，同时也是央行进行宏观调控的依据。从公布的 CPI 看，有两个现象值得注意：一是 CPI 波动性很大，难于判断 CPI 未来的走势，这给中央银行制定合理的调控决策带来困难；二是我国公布的物价指数与民众对物价的感受有偏差，这可能与民众对于物价指数的编制过程缺乏了解有关，更与 CPI 的统计中可能存在的缺陷有关。从这个角度看，对我国的物价指数进行修正无疑是有意义的。关于 CPI 修正问题的研究成果十分丰富，但本章的研究发现，由于近年来通货膨胀机理已经发生深刻变化，对 CPI 自身的修正难以实质性解决 CPI 测度总体通胀水平存在的偏差问题。有鉴于此，本章编制广义价格指数，尝试更准确地测度总体价格水平，并讨论广义价格指数在货币政策中的应用。

本章第二节对中国物价指数体系的现状与存在的问题进行阐述。基于对现有通货膨胀衡量核心指标 CPI 的测度目标、编制程序方面的剖析，本节发现其在通货膨胀测度方面存在不足，进而阐述对 CPI 进行修正的必要性。近年来通货膨胀形成机理正在逐步发生深刻的改变，在居民消费价格指数 CPI 保持相对稳定的同时，资产价格波动频繁，通货膨胀更多地表现为"结构性"通货膨胀，因而央行继续盯住 CPI 将可能导致政策制定出现偏差。仅对 CPI 进行修正，并不能真正解决 CPI 在测度通货膨胀方面所存在的问题。为此，本章第三节与第四节编制了纳入资产价格的广义价格指数，并讨论了其在货币政策操作过程中的应用。

第二节　中国物价指数体系的现状与问题

一、中国现行居民消费价格指数体系

为了反映我国物价的波动状况，我国国家统计局从不同的角度编制了一系列的物价指数。从国家统计局公布的统计资料来看，我国现行的物价指数体系主要包括居民消费价格指数（CPI）、城市居民消费价格指数、农村居民消费价格指数、商品零售价格指数（RPI）、农产品收购价格指数、农村工业品零售价格指数、工业品出厂价格指数（PPI）等。其中，居民消费价格指数由于与居民生活密切相关，尤其受到关注，也成为中央银行调控政策实施的重要依据，企业和居民也将 CPI 作为自己的消费与投资预算等安排的重要参考。

居民消费价格指数既是测度总体通货膨胀水平的指标，也是衡量城乡居民生活成本变化的指标，这也就意味着 CPI 的测度目标具有双重性。从央行货币政策实施来看，主要关注的是 CPI 的通胀测度功能，但由于中国 CPI 的编制在衡量生活成本变化与测度通胀水平两个目标之间摇摆，致使其在通货膨胀测度方面存在偏差，这种偏差会误导货币政策的制定与施行。近年来关于 CPI 的修正研究很多，但本章认为对 CPI 自身进行的修正并不能实质性地解决 CPI 测度通胀方面的偏差，主张将关注焦点从 CPI 自身修正转向通货膨胀指标的重新选择，编制广义价格指数。在对广义价格指数进行进一步探讨前，有必要先对居民消费价格指数编制目的及方法以及在通胀测度方面的偏差等内容进行概述。

（一）中国 CPI 的测度目标

美国著名经济学家弗里希指出，价格指数编制不仅仅是统计问题，同时也是理论问题（Frisch，1936）。作为宏观经济调控的重要参考指标，居民消费价格指数（CPI）的编制过程涉及一系列的理论与技术问题。而编制 CPI 的目的，即 CPI 的测度目标是首先需要明确的重大问题，不同的测度目标会导致 CPI 编制过程中一系列环节的差异。总体而言，CPI 的测度目标可以归纳为三个方面：

其一，编制 CPI 将其作为补偿指数。实际上，编制 CPI 最初的目的是对生活费用变动和消费品及服务项目价格变动进行补偿。即相关部门通过 CPI 指数对工资、税收等流量指标以及某些资产和债务等存量指标进行调整，以补偿生活费用变动和消费品及服务项目价格变动给人们福利水平带来的不利影响。

其二，编制 CPI 用以测度总体通胀水平。通货膨胀是指物价水平普遍和持续的上涨。CPI 指标能够度量消费品和服务项目价格水平的变动，可以提供住户部门的通货膨胀信息，并可用于社会总体通货膨胀水平的测度。

其三，编制 CPI 将其作为一个缩减指数。在国民经济核算的过程中，为了提高核算的准确程度，往往需要剔除价格变动的干扰，测算出以不变价衡量的经济增加值。CPI 及其分类指数可以用来对住户部门的名义最终消费值进行缩减，得到住户部门的以不变价表示的最终真实消费值。

为保证国民经济核算的一致性，需要采用帕氏指数编制缩减指数，但 CPI 是采用拉氏指数编制出来的，因此尽管理论上存在三种 CPI 测度目标，但在实际的 CPI 编制过程中，通常不考虑第三种目标，而是聚焦于前两个目标。

在世界各国的统计实践中，有些国家的统计部门进一步明确了本国的 CPI 测度目标，譬如美国、瑞典以及荷兰等国明确指出本国 CPI 主要用于测度生活成本的变化，而澳大利亚的统计机构明确指出其编制的 CPI 测度的是总体通胀水平；但另外一些国家并未明确说明本国 CPI 的测度目标。当前，中国的统计部门并未明确 CPI 的测度目标，导致中国的 CPI 是多种目标的折衷结果。这使得现行 CPI 既不能完全适用于居民生活费用变化之衡量，亦无法完全适用于总体通胀水平的测度。从央行货币政策实施来看，主要关注的是 CPI 的通胀测度功能，但由于中国 CPI 的编制在衡量生活成本变化与测度通胀水平两个目标之间摇摆，致使其在通货膨胀测度方面存在偏差。CPI 在通胀测度方面的偏差会误导货币政策的制定与施行。

（二）中国 CPI 的编制程序

现阶段中国 CPI 的编制遵循以样本推断总体的总原则，采用抽样调查和重点调查相结合的方式获取样本数据，具体的编制程序可以分为五个基本步骤，分别是价格调查地区与调查点的确定、代表商品的选择、代表商品价格数据的收集和整理、代表商品权重的确定、CPI 的计算。

1. 价格调查地区与调查点的确定

由于中国幅员辽阔，各地区经济发展水平不尽相同，各地的同类商品价格也存在差异性，要编制准确反映居民生活成本与总体价格水平的居民消费价格指数，需要合理确定商品以及服务项目价格调查地区和价格调查点。现阶段中国编制 CPI 过程中，价格调查地区和调查点的确定采用分层抽样的方法，一方面涵盖了所有省市主要的消费品市场；另一方面，主要选择那些商品种类多样、规格齐全、销售金额较大的消费品市场，以符合全面性和代表性并重的原则。

2. 代表商品的选择

现阶段可供居民消费的商品与服务项目种类繁多，而将所有的商品价格都纳入 CPI 指数的编制过程是不现实的，因此需要选择进入"商品篮子"的代表性商品。现阶段中国统计部门编制 CPI 时代表性商品的选择一方面是基于对 5.6 万户城市居民和 6.8 万户农村居民消费支出构成的调查；另一方面还考虑了商品的消费量以及商品价格变动的影响力。

3. 代表商品价格数据的收集和整理

代表性商品价格数据是否真实准确直接关系到编制出的 CPI 的真实性和准确性。为了保证"消费篮子"中代表性商品价格数据的真实性，统计部门在进行价格数据采集时需要遵守两个准则：第一，直接采价原则。即所有代表性商品的价格数据都必须是统计部门价格调查人员在消费品市场采集到的第一手价格数据，在直接采价的过程中，需要采用定点、定时和定人的原则。第二，同质可比原则。价格调查人员不同时点得到的代表性商品的价格数据，需要确保代表性商品在规格、类型以及品质方面的同一性，从而确保编制的价格指数具有可比性。

4. 代表商品权重的确定

由于消费篮子中各代表商品的消费支出在居民总的消费支出中的比例不尽相同，因此不能将这些代表性商品的价格进行简单的算术平均得到 CPI 数据，而是必须根据各代表性商品的重要程度即权重的测算，运用加权平均的方法由代表性商品的价格数据得到 CPI 数据。具体而言，某类商品的消费支出在居民消费总支出的比重越大，则在 CPI 中的权重就越大。现阶段中国 CPI 编制过程中，各代表性商品权重主要是根据对 5.6 万户城市居民和 6.8 万户农村居民消费支出构成的调查来确定。此外，伴随着中国经济的快速发展，居民的消费结构不断发生改变，从而导致同类商品的消费支出在居民消费总支出中的比例也发生变化。因此，CPI 中各子项的权重需要及时调整，从而更加及时地反映居民消费结构的改变，使 CPI 指数得以更加准确地反映居民生活成本的变化和总体价格水平的变动。

5. CPI 的计算

在完成价格调查地区与调查点的确定、代表商品的选择、代表商品价格数据的收集和整理、代表商品权重的确定这四个步骤之后，可着手进行 CPI 的最终计算。CPI 的最终计算是按照单项商品与服务价格、小类价格指数、中类价格指数、大类价格指数、价格总指数的计算顺序逐层推进的。CPI 的最终计算所采取的方法是固定加权算术平均法，也就是说将各分类价格指数汇总为价格总指数时，各分类指数的权重保持相对固定。

二、CPI 指标测度通胀水平存在偏差

通过吸收和借鉴发达国家编制消费价格指数的先进经验以及结合中国的实际情况对编制方法进一步的调整，中国现行的居民消费价格指数能够相对准确地衡量总体通胀水平，并为相关部门进行决策提供一定的参考。但不可否认，中国目前的 CPI 指标在通货膨胀测度方面依然存在一定的缺陷，还有进一步完善的空间。针对中国消费价格指数（CPI）所存在的问题与缺陷，许多文献进行了一定的探讨。譬如，王军平（2006）认为中国消费价格指

数（CPI）编制过程中关于自有住房消费的度量方法存在缺陷，目前的 CPI 编制体系并未考虑因住房价格上涨而带动的居住类价格指数的上升，但却统计了由于住房价格上涨产生的挤出效应所导致的某些消费品及服务的价格下降，致使 CPI 官方统计结果与实际不符，也和居民的实际感受相背离。高艳云（2009）指出中国消费价格指数（CPI）的编制过程中，各子类权重以及产品篮子的代表性方面存在不足。这些研究对于理解中国 CPI 编制体系所存在的问题具有相当重要的参考价值，但这些研究大多数都是从统计技术角度出发的。弗里希（Frisch，1936）指出价格指数的构造与编制既是一个统计技术问题，也是一个经济理论问题。基于已有研究，本节结合 CPI 的测度目标，剖析 CPI 在通货膨胀测度方面的缺陷。

如前文所述，可以将 CPI 测度目标主要归纳为两个：其一，衡量总体通胀水平，为货币当局实现物价稳定提供决策依据；其二，充当补偿指数，用以调整工资、税收、利息、租金、社会保障福利、合同付款等，以补偿生活费用或消费品价格的变动。在具体的统计实践过程中，中国的统计部门并未明确中国的 CPI 的测度目标。因此，中国的 CPI 是多种目标折中的结果，致使 CPI 在测度通货膨胀和补偿生活费用变动两个方面都存在一定程度的偏差。其中，CPI 在通货膨胀测度方面的偏差更为明显，且更为社会各界所关注。总体而言，CPI 的通货膨胀测度偏差可以主要归为以下几个方面：

其一，CPI 编制中自有住房费用处理方法不尽合理。中国 CPI 编制过程中所采用的自有住房费用核算方案主要基于 SNA（1993）。按照 SNA（1993），居民新购买的住房属于资本品，从而由此相关的支出属于投资支出，不应体现在居民消费价格指数之中。因此，我国目前 CPI 体系中对自有住房的处理方法是虚拟租金法，只包括虚拟折旧、修理维护费和管理费。实际上，关于自有住房属于资本品抑或耐用消费品，或者是二者的结合，理论界与实践界并未达成一致。因此，对于在 CPI 中如何处理自有住房费用并不存在统一的国际惯例。不同国家的统计机构对 CPI 中是否包括自有住房，以及在考虑自有住房费用的情形下如何处理这种费用，呈现众说纷纭、莫衷一是的格局。此外，同一国家和地区在自有住房相关费用的处理方法上也并不是一成不变的，不同时期的市场条件和政策需求可能导致不同的方法偏好（徐强，2007）。

　　从理论上探讨 CPI 编制中自有住房费用的处理，需要回到 CPI 测度目标上来。在 CPI 编制中，不同的测度目标会导致自有住房费用测度方法的不同。因此，从某种程度上讲，消费者价格指数中对自有住房采取何种处理方法关键取决于统计部门的政策取向。对于一国货币当局而言，商品特别是耐用消费品的实际消费或者使用时间并不重要，而消费价格指数是否能够"实时"记录价格变动过程及程度更受其关注。换言之，商品以及服务实际交易时的价格水平高低以及变动趋势才是货币当局所关注的焦点问题。因此，从理论上看，如果 CPI 主要用于通货膨胀测度，应该采用"净购置法"将自有住房价格变动纳入居民消费价格编制中。而当 CPI 主要用于衡量居民生活费用的变动，且该国处于房地产价格相对稳定、自有住房人口比例相对稳定的状态，则只需将使用自有住房所产生的费用纳入 CPI 编制，具体而言可以选择等值租金法或者消费成本法。具体到中国的实际情况，伴随着经济的持续高速增长，中国的房地产市场处于快速发展过程中，中国的自有住房比率不断提高，早在 2011 年就已经超过了 80%，这一比例甚至高于包括美国、德国在内的绝大多数发达国家，但中国相应的 CPI 自有住房费用权重却显著低于将自有住房费用纳入 CPI 的绝大多数发达国家。在自有住房比率高而 CPI 中自有住房费用权重低的情况下，房地产价格上涨通过自有住房向 CPI 的传导渠道并不通畅、传导效应显著下降，从而导致 CPI 的通胀测度功能受限（陈立双和祝丹，2014）。近年来，中国的房价呈现出持续上涨态势，由虚拟折旧、修理维护费以及虚拟租金等相对稳定的费用指标作为居住类费用测算出的 CPI 会与普通民众实际感受到的通胀压力相背离，也会对消费者的实际收入和福利水平产生高估。这一方面会对央行治理通货膨胀货币政策的实施产生误导，另一方面也难以为社会保障部门制定经济补偿政策提供可靠的数据支撑，从而难以实现政府的政策初衷。

　　其二，CPI 编制中的权重更新速度慢。当前，中国 CPI 编制过程中，一般每 5 年对 CPI 各子成分权重进行一次大调整，这种更新速度一方面慢于国外很多国家，也与现阶段中国居民实际消费结构调整速度不相匹配。美国自 1996 年《Boskin 委员会报告》发布之后，深刻意识到及时更新权重对于降低 CPI 通胀测度偏差的重要性，从而于 1998 年决定从 2002 年 1 月起每两年对权重进行一次更新；英国、法国每年更新一次权重，加拿大每 4 年更新一次权重。由于权重反映的是居民消费结果，当经济发展到一定阶段以后，居民消费结构一般趋于稳定；但对于经济高速增长的发展经济体而言，居民的消费价格变化速度相当快。根据英国统计局网站提供的信息，1998 年英国食品支出在居民消费支出中所占比重为 14.4%，2009 年这一比重为 11.8%，12 年间这一比重仅下降了 2.6%。而对于处在经济持续高速增长中的中国而言，居民消费结构的变化相比发达国家而言要快得多，以城市居民的恩格尔系数值为例，1996 年—2007 年这一系数值由 46.64% 降为 32%，下降幅度高达 14.64%。相比之下，英国居民的消费结构相对稳定，而其 CPI 权重的调整频率为每年一次；中国居民消费结构的变化很快，而 CPI 权重更新的周期长达 5 年，因此编制出的 CPI 存在通货膨胀测度偏差具有必然性。

三、盯住 CPI 难以真正实现价格稳定

尽管自 20 世纪 90 年代开始，盯住 CPI 通货膨胀的货币政策框架可能存在缺陷与问题逐渐引起各方的关注，也有许多研究提出应该将资产价格纳入货币政策的调控目标，但直到 2008 年全球金融危机爆发之前，盯住 CPI 通货膨胀、仅调控政策利率的"单一目标、单一工具"货币政策框架被各国货币当局奉为圭臬。主流观点倾向于不应将资产价格作为货币政策的调控目标。

2008 年爆发的全球金融危机对全球经济造成了巨大的负面冲击，再次向人们警示了资产价格波动对于金融、经济稳定的重大影响，也提示人们需要对传统的以 CPI 为主要目标的货币政策框架可能存在的缺陷进行深刻反思。对传统"单目标、单工具"货币政策框架所存在问题和缺陷的剖析需要置于经济全球化加速推进与金融业快速发展的重大背景下。20 世纪 90 年代以来，在经济全球化加速推进的大背景下，由于产品、劳务以及信息在国家之间转移成本的大幅度下降，分工得以进一步细化，生产过程发生显著的改变、生产效率大幅提升；市场空间得以拓展，资源可以在全球范围内整合与配置，规模经济效应得以强化，生产成本降低；此外加上具有低成本优势的新兴经济体开放程度大幅提升，积极融入全球市场，使得全球生产成本进一步降低。在这些因素的共同作用之下，全球生产与供给能力、特别是全球工业生产与供给能力得以显著增强，从而使全球市场的供求格局发生深刻改

变，抑制了一般消费品价格水平的上涨（Chen et al., 2004）。但另一方面，全球生产能力的大幅扩张以及新兴经济体快速融入全球市场也导致了对于初级产品和资产需求的大幅增加。由于供给弹性有限，在需求快速增长的条件下，初级产品与资产的价格极易出现快速上涨的态势。这种"两部门"现象使得通货膨胀的生成机理和表现形式发生显著变化，"结构性通胀"已成为通货膨胀的主要表现形式。一方面，在全球经济保持中高速增长的同时，总体上 CPI 衡量的通胀率在较长时期内维持较低水平；另一方面，资产以及初级产品价格的波动明显增强。CPI 衡量的通胀率相对稳定与资产价格频繁波动长期并存的现象，成为全球经济运行过程中的典型性事实。对于中国而言，长期存在的"资产短缺"又进一步加剧了中国结构性通货膨胀的程度。CPI 衡量的通胀率相对稳定与资产价格频繁波动长期并存，致使 CPI 这一价格指标在衡量整体价格水平方面的准确性显著下降。金融与经济运行失衡的信号最初并非由 CPI 指标所显现，CPI 指标在衡量经济周期变化方面存在明显的滞后性。审视 2003—2008 年期间经济运行态势可以发现，伴随着全球经济的高速增长，CPI 一直保持总体稳定，而资产和初级产品价格却持续上涨，通货膨胀呈现显著的"结构性"特征。而当次贷危机爆发、实体经济出现下行趋势时，CPI 却出现明显上涨，显现出"滞胀"迹象。在观测到 CPI 衡量的通胀水平出现明显上升时，各国央行普遍采取了紧缩性的货币政策以稳定物价，却在一定程度上加速了资产泡沫的破裂。基于以上分析，可以发现在全球化与金融加速发展的大背景下，全球通货膨胀的形成机理与表现形式已发生显著变化，呈现出以下几个突出特点：其一，资产价格波动与 CPI 通货膨胀相对稳定长期并存，结构性通货膨胀成为通货膨胀的主要表现形式，CPI 测度总体通胀水平的准确性明显下降；其二，金融投机引发的初级产品价格波动成为消费价格指数（CPI）波动的重要原因；其三，当观测到消费价格指数（CPI）出现明显上涨时，往往已经处于金融泡沫破裂的前夜，CPI 指标在衡量经济周期变化方面存在较为明显的滞后性（张晓慧，2012）。

诚然，以 CPI 为主要甚至唯一目标的货币政策框架有助于增加货币政策实施的规则性和透明度，从而在一定程度上减轻动态不一致性带来的负面冲击。但如前所述，由于资产价格变动向通货膨胀的传导效应显著下降，"结构性"通胀成为通货膨胀的主要表现形式，CPI 指标在总体通货膨胀水平测度上存在明显偏差。货币当局若继续采用 CPI 作为主要的通胀指标进行金融宏观调控，并不能真正控制总体通胀水平，只能将通胀压力从实体经济领域驱赶至虚拟经济领域，在一定程度上会纵容资产与金融泡沫，累积金融风险，威胁长期价格稳定。

具体到中国的实际情况，金融宏观调控效果的改善有赖于货币政策框架的发展与完善。尽管在今后相当长的时期内，中国货币政策仍然面临着多个目标之间的有效协调问题，然而价格稳定在金融宏观调控目标体系中的地位将更加突出。与以往主要着眼于 CPI 通胀率稳定不同，当前以及今后的货币政策调控需要更加关注包含资产价格在内的整体价格水平稳定。鉴于此，本章将已有的主要价格指数进行综合，编制广义价格指数，尝试更准确地测度通货膨胀水平，从而为货币政策操作提供更精确的"通胀锚"，改善货币政策的实施效果。

第三节　中国广义价格指数的编制

一、问题的提出与文献回顾

长期以来，维持币值和价格水平的稳定都是各国央行货币政策最主要的目标，20 世纪 90 年代以来，由于各国央行在控制通胀方面不遗余力，大多数国家都较为成功地实现了物价稳定目标。然而，随着金融市场特别是资本市场的快速发展、金融资产规模的迅速膨胀，无论是发达国家抑或发展中国家，资产价格的频繁剧烈波动日益成为经济运行的常态。在此背景下，资产价格剧烈波动和一般物价水平相对稳定在较长时期内并存，实体经济部门与虚拟经济部门的价格运行出现明显背离。如果把通货膨胀理解为"商品"价格的普遍上涨，那么近年来通货膨胀呈现明显的"结构性"特征。从本质上来看，这种结构性通货膨胀是实体经济部门与虚拟经济部门发展非均衡的表现，由于实体经济部门与虚拟经济部门都是维持持续经济增长不可或缺的组成部分，虚拟经济部门的过分膨胀会挤压实体经济部门的生存空间，从而内生出终结繁荣与持续增长的因素，最终导致经济的自我调整，因此，经济金融决策部门需要格外关注这种结构性通货膨胀，并进行恰当的调控。

　　由于金融宏观调控主要针对价格水平变动做出反应，鉴于通货膨胀特征及其机理所发生的一系列深刻变化，为更好地维护币值稳定和经济的平稳持续发展，金融宏观调控有必要关注更加广泛意义上的整体物价稳定，进一步探索和研究更好衡量物价总体水平的方式、方法（张晓慧，2010）。这一认识也日益被各界所重视和接受，原世界银行首席经济学家林毅夫认为，各国央行在制定货币政策时，不仅要关注消费物价指数，也要关注股市和资产价格，以防止金融危机卷土重来。中国人民银行行长周小川以及货币政策司司长张晓慧在多个场合都表示中国的货币政策不能仅仅盯住 CPI，而 2012 年 9 月 17 日发布的《金融业发展和改革"十二五"规划》更是明确提出：要进一步优化货币政策目标体系，更加突出价格稳定目标，关注更广泛意义的整体价格水平稳定。

　　在长期的金融宏观调控过程中，居民消费价格指数 CPI 一直是衡量物价水平的核心指标，然而近年来许多研究都表明，由于 CPI 是用来度量最终消费品的价格水平，并不能完全反映整个实体经济部门的价格水平，更不能反映总体物价水平，因此仅仅采用 CPI 来度量物价水平是有问题的，甚至会误导货币政策的制定和实施。为了维持更加广泛意义上的整体物价稳定，首要任务是探索编制更加科学合理地衡量总体物价水平的价格指数，一个可行的方案是综合已有的多种价格指数，构建反映整体价格水平的广义价格指数。

　　早在 1911 年美国经济学家费雪（Fisher）就在《货币的购买力》中指出，政策制定者应致力于稳定包括一般物价（生产、消费和服务）和资产价格（股票、房地产、债券等）在内的广义物价水平。阿尔钦和克莱因（Alchian & Klein，1973）认为传统的物价指数是不完全的，物价指数的构建必须遵循跨期视角，既应该包含现时消费，也要包含未来消费，由于未来消费数据不可得，而资产价格可以视为未来消费价格的近似替代，因此应将资产价格纳入价格指数之中，构建跨期生活成本指数；波拉克（Pollack，1975）根据阿尔钦和克莱因（Alchian & Klein，1973）的思想对跨期生活成本指数的具体形式进行了扩展，并提出了跨期生活成本指数的具体表达式；涩谷（Shibuya，1992）基于跨期生活成本指数，提出了动态均衡价格指数；布莱恩等（Bryan et al.，2001）考察了将资产价格纳入通货膨胀测度的方法，并构建了"动态因子指数"。

汪恒（2007）尝试使用中国的数据构建以房地产价格进行修正的新通货膨胀指数，经过实证分析，发现修正后的价格指数对通货膨胀趋势有较好的解释度和预测度。曾辉（2010）采用动态因子法和动态均衡价格指数法对传统的通货膨胀指数进行修正，发现新的价格指数一般高于 CPI，且波动性更小，更能反映长期通胀压力，另外该指数更具可预测性。罗忠洲和屈小粲（2012）利用支出比重法和动态因子法建立纳入资产价格的通货膨胀指数，比较纳入资产价格的通胀指标与当前公布的通胀指标之间的异同，并分析不同方法下纳入资产价格的通货膨胀指数的特点。罗忠洲和屈小粲（2013）采用动态因子法纳入资产价格对现有通货膨胀指数进行修正，并利用 AR 和 VAR 模型比较修正前后通货膨胀指数的预测效果，发现 2005 年—2010 年区间内以 CPI 度量的通货膨胀水平存在被低估的可能，修正后的通货膨胀指数优化了预测效果。

基于已有研究，本节主要借鉴与发展布莱恩等（Bryan et al.，2001）提出的将资产价格纳入到通胀度量的动态因子指数法，利用中国已有的多种价格指数，构建反映中国更加广泛意义上的整体物价水平的广义价格指数，并探讨其蕴含的货币政策含义。本节的贡献主要在于：（1）由于居民消费价格指数（CPI）并不能完全反映整个实体经济部门的价格水平、衡量实体经济领域的价格变动趋势，在已有研究主要考虑居民消费价格指数（CPI）、房地产价格指数以及股票价格指数的基础上，纳入原材料燃料动力购进价格指数（PPIRM）、工业品出厂价格指数（PPI）；（2）使用状态空间模型并采用贝叶斯方法来提取原本难以观测的物价变动"长期趋势"；之后再建立 VAR 模型，通过脉冲响应函数计算"长期趋势"对于各价格指数序列单位冲击的脉冲响应，确定它们在广义价格指数中的权重，而已有文献大多使用方差分解法来提取权重。

二、广义价格指数编制方法的选择

自从阿尔钦和克莱因（Alchian & Klein，1973）开创性地提出应编制广义价格指数以来，研究者们进行了多方面的探索，提出了多种编制广义价格指数的方法。由于资产价格变动原因、影响等方面的复杂性，以及各价格指数序列变动很多时候并不是同步、同量和同向的，致使广义价格指数的编制具有较大的难度。已有的编制方法各有其优缺点，基于不同的问题需要不同的物价指数，并不存在唯一正确、处处适用的物价指数。总体而言，广义价格指数编制的重点与难点在于如何确定纳入的各价格指数序列的权重。

本节编制广义价格指数的主要目的是更准确地衡量整体价格水平，为货币政策实现更加广泛意义上的整体价格水平稳定提供参考。货币政策调控需要有前瞻性和稳定性，重点是关注总体价格水平变动的中长期趋势，而不应该被价格的短期波动所困扰。从货币政策前瞻性与稳定性的角度出发，捕捉整体物价变动的中长期趋势是关键。因此，本节编制广义价格指数过程中，纳入的各价格指数序列权重的确定基于其对于物价变动长期趋势的贡献程度，布莱恩等（Bryan et al.，2001）提出的动态因子指数模型（DFI）可以很好地达到这一要求。动态因子指数模型（DFI）的核心思想是提取多种价格指数所蕴含的"共同趋势"，然后基于各价格指数对于"共同趋势"的贡献程度决定其权重，从而构建出广义价格指数。由于各价格指数所蕴含的"共同趋势"难以直接观测，需要将动态因子指数模型转化成状态空间模型进行估计。布莱恩等（Bryan et al.，2001）估计状态空间模型采用的是传统的基于卡尔曼滤波的极大似然估计法，但正如金和内尔森（Kim & Nelson，1999）所指出的，基于卡尔曼滤波的极大似然方法估计出的结果容易受到参数结构的影响。针对这种情况，本节采用贝叶斯方法估计状态空间模型，提取多种物价指数中所隐含的不可观测的"共同趋势"。

（一）动态因子指数模型简介

布莱恩等（Bryan et al.，2001）构建动态因子指数模型，将资产价格纳入到通货膨胀测度之中，编制了美国的广义价格指数。按照他们的思路，单一商品、服务和资产价格的通货膨胀由共同部分 π_t 和相对价格变动部分 χ_{it} 组成，一个通货膨胀指标可以视为所有个别通货膨胀测度按照一定权重的总加权，整个经济体的通货膨胀指标可以表示为共同部分和个别通货膨胀总加权部分的总和，其中 π_t 被称为动态因子指数，它是通货膨胀指标蕴含的共同趋势的估计值。虽然 π_t 与 χ_{it} 两者间不存在自相关，但是 χ_{it} 会影响 π_t 的测度，分析资产价格在测度通货膨胀时所计入的权重，应取决于其对测度通货膨胀共同趋势 π_t 所提供的信息含量，因此确定广义价格指数各个组成部分权重的过程就是一个信息提取的过程。

布莱恩等（Bryan et al.,2001）采用了两种方法来确定资产价格的权重。第一种方法是通过测算各价格指数序列对共同趋势的贡献程度来确定其在广义价格指数中的权重；第二种方法是方差加权法：

$$\omega_i = \frac{\Gamma_i}{\sum_{i=1}^{N} \Gamma_i} \tag{6.1}$$

其中，$\Gamma_i = \frac{1}{\sigma_i^2}$，对于所有价格指数序列，$\sigma_i^2$ 是商品 i 价格变动比例的方差。其理论依据是：如果某个价格指数序列方差大，意味着波动剧烈，则这个价格指数序列更多地受个别因素影响，其包含的共同趋势成分就小，其在广义价格指数中的权重就小。本节采用第一种方法，首先通过建立状态空间模型，利用贝叶斯方法提取动态因子指数，再建立 VAR 模型，采用脉冲响应函数计算动态因子指数对于各价格指数序列单位冲击的脉冲响应，确定各价格指数序列在广义价格指数中的权重。

（二）状态空间模型及其贝叶斯估计

本节所采用的动态因子指数模型的形式为：

$$X_t = \gamma C_t + \varepsilon_t \tag{6.2}$$

$$\varphi(L) C_t = u_t \tag{6.3}$$

$$\varphi(L) \varepsilon_t = \nu_t \tag{6.4}$$

其中，X_t 是包含 n 个经济变量的 $(n \times 1)$ 规格向量，X_t 由两部分构成：n 个时间序列都包含的不可观测的共同成分 C_t 和 n 维白噪声成分 ε_t，且 C_t 与 ε_t 均满足线性结构。L 是滞后因子，$\varphi(L)$ 与 $\varphi(L)$ 分别是阶数为 p 和 k 的滞后多项式，根据方程（6.3）可知，带有可变滞后阶数和权重的 C_t 包含在（6.3）式中的每一个方程之中。根据恩格尔和格兰杰（Engle & Granger, 1987）的理论研究，可以将方程（6.2）至方程（6.4）变形成以下方程的形式：

$$\Delta X_{it} = A_i + \gamma_i \Delta C_t + e_{it} \quad i = 1, 2, \cdots, n \tag{6.5}$$

$$\varphi(L) \Delta C_t = u_t \quad u_t \sim i.i.d. \ N(0, 1) \tag{6.6}$$

$$\varphi(L) e_{it} = \nu_{it} \quad \nu_{it} \sim i.i.d. \ N(0, \sigma_i^2) \tag{6.7}$$

其中，$(A_i + e_{it})$ 表示每个序列的异质性成分，假设向量（$e_{1t}, \cdots, e_{nt}$，

ΔC_t) 中的元素领先项和滞后项彼此不相关，并且 $E(\Delta C_t) = \delta$，由于难以直接估计 A_i 和 γ_i，斯托克和沃特森（Stock & Watson, 1991）提出采用均值离差法对（6.5）式至（6.7）式进行改写，可以得到（6.8）式至（6.10）式：

$$\Delta x_{it} = \gamma_i \Delta c_t + e_{it}, \quad i = 1, 2, 3, \cdots, n \tag{6.8}$$

$$\varphi(L)\Delta c_t = u_t, \quad u_t \sim i.\ i.\ d.\ N(0, 1) \tag{6.9}$$

$$\varphi(L) e_{it} = \nu_{it}, \quad \nu_{it} \sim i.\ i.\ d.\ N(0, \sigma_i^2) \tag{6.10}$$

其中，$\Delta x_{it} = \Delta X_{it} - \Delta \bar{X}_i$，$\Delta c_t = \Delta C_t - \delta$，$E(\Delta C_t) = \delta$，由于 Δc_t 为不可观测变量，因此需要将以上方程组转换成状态空间模型的形式进行估计。

状态空间模型（State Space Model）是揭示动态系统中不可观测成分动态特征的模型，常被用来估计不可观测的时间变量，许多时间序列模型都能够改写成状态空间的表示形式。状态空间模型的一般模型形式如下：

观测方程： $y_t = H\beta_t + A z_t + e_t$ $\qquad$ (6.11)

状态方程： $\beta_t = \tilde{\mu} + F\beta_{t-1} + \nu_t$ $\qquad$ (6.12)

其中，y_t 是时期 t（t = 1, 2, $\cdots$, T）观测到的（$n \times 1$）维向量，β_t 是不可观测的（$k \times 1$）维状态向量，H 是联系可观测向量 y_t 与不可观测状态向量 β_t 的（$n \times k$）维向量，z_t 是（$r \times 1$）维外生向量，A 是（$n \times r$）维向量；$e_t \sim i.\ i.\ d.\ N(0, R)$，$\nu_t \sim i.\ i.\ d.\ N(0, Q)$，$E(e_t \nu_t) = 0$。

由此，上文中的动态因子指数模型可以改写成状态空间模型形式，并采用贝叶斯方法进行估计：

观测方程： $\Delta x_t = H\beta_t + e_t$ $\qquad$ (6.13)

状态方程： $\beta_t = F\beta_{t-1} + \nu_t$ $\qquad$ (6.14)

三、中国广义价格指数的编制

（一）指标说明与数据来源

有许多研究提出，虚拟经济特别是金融经济的快速发展，使得金融部门在整个经济体系中的重要性快速提升，仅仅维持实体经济领域的物价稳定是远远不够的，金融领域的价格相对稳定同样重要，因此，广义价格指数的构建应该纳入资产价格。既有文献在构建广义价格指数的过程中使用三种价格指数：居民消费价格指数（CPI）、房地产价格指数以及上证综指。本节认为，CPI 是用来度量最终消费品的价格水平，并不能完全反映整个实体经济部门的价格水平、衡量实体经济领域的价格变动趋势，广义价格指数的构建还需要纳入原材料燃料动力购进价格指数（PPIRM）与工业品出厂价格指数（PPI）以反映生产领域部门的价格变动趋势。

已有研究采用 CPI 作为反映实体经济领域价格水平的核心指标，有一个隐含的假设：从 PPIRM 到 PPI 再到 CPI 的传导是顺畅的，生产部门的价格变动可以迅速传导到消费部门，因而用 CPI 来反映整个实体经济部门的价格变动趋势是恰当的。但从现实来看，我国 PPIRM 向 PPI 的传导比较顺畅，PPIRM 与 PPI 的变动趋势在大多数时候是一致的（图 6.1），但 PPI 向 CPI 传导效应较弱，在许多时候出现 PPI 和 CPI 背离的现象（图 6.2），甚至出现 PPI 几乎不向 CPI 传导的现象（陈建奇，2008；吕捷和王高望，2015）。由于在实体经济内部，PPIRM、PPI 与 CPI 背离的长期存在，发源于原材料、燃料及动力上涨引发的通货膨胀无法由 CPI 完全反映出来，因此，编制广义价格指数需要把 PPIRM 和 PPI 纳入进来。

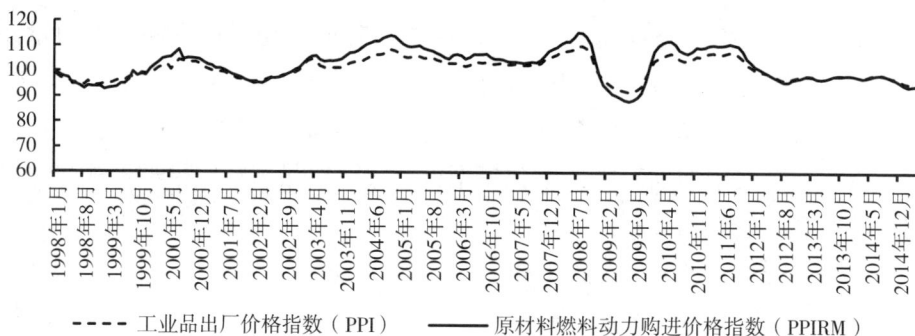

图 6.1　PPI 与 PPIRM 动态走势图

资料来源：中经网统计数据库。

在构建广义价格指数的过程中，本节采用 CPI、PPI 和 PPIRM 三个价格指数反映实体经济领域的物价变动。关于资产价格水平的度量，与已有研究一样，我们使用房地产销售价格指数（FJZS）以及上证综合指数（SZZZ）作为衡量资产价格水平的标准。

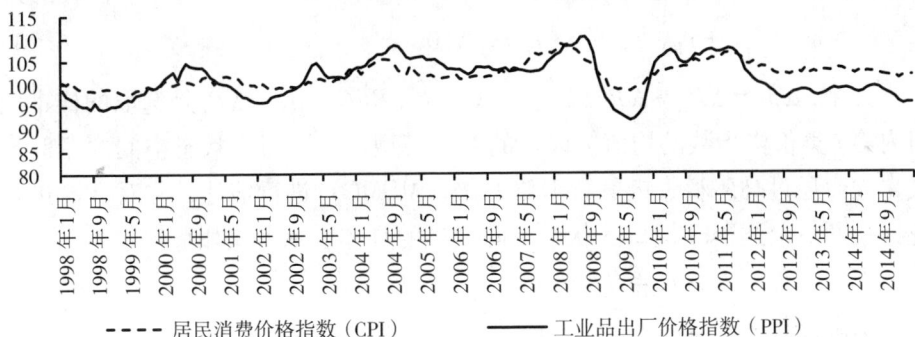

图 6.2　PPI 与 CPI 动态走势图

资料来源：中经网统计数据库。

本节采用 1998 年 1 月至 2015 年 4 月的原材料燃料动力购进价格指数（PPIRM）、工业品出厂价格指数（PPI）、居民消费价格指数（CPI）、房地产销售价格指数（FJZS）以及上证综合指数（SZZZ）的月度同比数据，构建反映中国整体价格水平的广义价格指数。本节使用的大部分数据来自于中经网统计数据库，而有关房地产销售价格指数的数据由于中经网统计数据库存在部分缺失，因此还采用了万得（WIND）数据库以及中国指数研究院有关房地产销售价格指数的相关数据。

（二）模型构建

用来构建广义价格指数的五种价格指数的时间序列用 $P_{it}(i = 1, 2, 3, 4, 5)$ 表示，对 P_{it} 进行一阶差分获取平稳时间序列 ΔP_{it}，参照布莱恩等（Bryan et al., 2001），构建动态因子指数模型（DFI）如下：

$$\Delta P_{it} = \gamma_i \Delta C_t + e_{it} \tag{6.15}$$

$$(\Delta C_t - \delta) = \varphi_1 C_{t-1} + \varphi_2 (\Delta C_{t-2} - \delta) + u_t \tag{6.16}$$

$$e_{it} = \varphi_i e_{i, t-1} + \nu_{it} \tag{6.17}$$

其中，ΔC_t 为共同成分的变化，$E(C_t) = \delta$，$(1 - \varphi_1 L - \varphi_2 L^2) = 0$，$(1 - \varphi_1 L - \varphi_2 L^2) = 0$ 的根均落在单位圆之外，并且所有扰动项彼此是独立的、不相关的。为了更好地估计该模型，将模型改写为以下形式：

$$\Delta p_{it} = \gamma_i \Delta C_t + e_{it}, \ i = 1, 2, 3, \cdots, n \tag{6.18}$$

$$\Delta c_t = \varphi_1 c_{t-1} + \varphi_2 \Delta c_{t-2} + u_t, \quad u_t \sim i.\,i.\,d.\ N(0,\ 1) \tag{6.19}$$

$$e_{it} = \varphi_i e_{i,\,t-1} + v_{it}, \quad v_{it} \sim i.\,i.\,d.\ N(0,\ \sigma_i^2) \tag{6.20}$$

其中，$\Delta p_{it} = \Delta P_{it} - \Delta \bar{P}_i$，$\Delta c_t = \Delta C_t - \delta$，$E(C_t = \delta)$，$\Delta \bar{P}_i$ 是选取的样本期间内第 i 类价格指数的均值。以上的 DFI 模型可以改写为状态空间模型的形式，进而通过马尔科夫链蒙特卡洛方法（MCMC）进行估计，并对 Δc_t 进行统计推断。上述 DFI 模型的状态空间模型的具体表示形式如下：

观测方程：　　$\Delta p_t = H\beta_t + e_t$ 　　　　　　　　　　　　　　(6.21)

状态方程：　　$\beta_t = F\beta_{t-1} + v_t$ 　　　　　　　　　　　　　　(6.22)

其中，Δp_t 是（5×1）矩阵，H 是（5×7）矩阵，β_t 是（7×1）矩阵，F 为（7×7）矩阵，ε_t 是（7×1）矩阵，通过贝叶斯估计可以计算出该状态空间模型的参数估计值。该状态空间模型中的矩阵 H 和 F 的具体形式是：

$$
H = \begin{bmatrix}
\gamma_1 & 0 & 1 & 0 & 0 & 0 & 0 \\
\gamma_2 & 0 & 0 & 1 & 0 & 0 & 0 \\
\gamma_3 & 0 & 0 & 0 & 1 & 0 & 0 \\
\gamma_4 & 0 & 0 & 0 & 0 & 1 & 0 \\
\gamma_5 & 0 & 0 & 0 & 0 & 0 & 1
\end{bmatrix},\
\beta_t = \begin{bmatrix}
\Delta c_t \\
\Delta c_{t-1} \\
e_{1,\,t} \\
e_{2,\,t} \\
e_{3,\,t} \\
e_{4,\,t} \\
e_{5,\,t}
\end{bmatrix},
$$

$$
H = \begin{bmatrix}
\varphi_1 & \varphi_2 & 1 & 0 & 0 & 0 & 0 \\
1 & 0 & 0 & 0 & 0 & 0 & 0 \\
0 & 0 & \varphi_1 & 0 & 0 & 0 & 0 \\
0 & 0 & 0 & \varphi_2 & 0 & 0 & 0 \\
0 & 0 & 0 & 0 & \varphi_3 & 0 & 0 \\
0 & 0 & 0 & 0 & 0 & \varphi_4 & 0 \\
0 & 0 & 0 & 0 & 0 & 0 & \varphi_5
\end{bmatrix},\
\beta_{t-1} = \begin{bmatrix}
\Delta c_{t-1} \\
\Delta c_{t-2} \\
e_{1,\,t-1} \\
e_{2,\,t-2} \\
e_{3,\,t-3} \\
e_{4,\,t-4} \\
e_{5,\,t-5}
\end{bmatrix}。
$$

（三）实证分析

本节选取构建中国广义价格指数的价格指数序列分别为居民消费价格指数（CPI）（P_1，上年=100）、工业品出厂价格指数（PPI）（P_2，上年=

100）、原材料燃料动力购进价格指数（PPIRM）（P_3，上年＝100）、房地产销售价格指数（P_4，上年＝100）以及上证综合指数（P_5，上年＝100）。

首先对五种价格指数序列进行单位根检验，检验过程中均假设检验方程中存在截矩项，不存在趋势项。检验结果见表6.1：

表 6.1　ADF 单位根检验

	ADF 检验 p 值		ADF 检验 p 值
P_1	0.2948	ΔP_1	0.0000***
P_2	0.0090***	ΔP_2	NA
P_3	0.0070***	ΔP_3	NA
P_4	0.0030***	ΔP_4	NA
P_5	0.1087	ΔP_5	0.0000***

注：* 代表 10% 显著性水平，** 代表 5% 显著性水平，*** 代表 1% 显著性水平。

表 6.1 结果显示工业品出厂价格指数（PPI）（P_2，上年＝100）、原材料燃料动力购进价格指数（PPIRM）（P_3，上年＝100）、房地产销售价格指数（P_4，上年＝100）是平稳的，居民消费价格指数（CPI）（P_1，上年＝100）和上证综合指数（P_5，上年＝100）是非平稳的，对非平稳的价格指数序列进行一阶差分后再进行 ADF 检验，发现 ΔP_1 和 ΔP_5 都成为平稳序列。由于五种价格指数序列中有平稳的，也有非平稳的，为了统一数据格式，将工业品出厂价格指数（PPI）（P_2，上年＝100）、原材料燃料动力购进价格指数（PPIRM）（P_3，上年＝100）、房地产销售价格指数（P_4，上年＝100）进行一阶差分，得到 ΔP_2，ΔP_3，ΔP_4。对 ΔP_1，ΔP_2，ΔP_3，ΔP_4 和 ΔP_5 建立 DFI 模型并进行未知参数的估计。本节的研究重点不在于估计模型未知参数，而在于对模型进行识别和估计之后，使用马尔科夫链蒙特卡洛方法（MCMC）提取各价格指数序列中蕴含的未观测到的共同趋势，即动态因子指数。在构建广义价格指数的过程中，被纳入的各价格指数序列的权重取决于其对于共同趋势序列的贡献程度。具体而言，本节通过建立 VAR 模型，并计算共同趋势即动态因子指数对于各价格指数序列单位冲击的脉冲响应来提取权重。本节构建的 VAR 模型如下：

$$Y_t = A_1 Y_{t-1} + A_2 Y_{t-2} + A_3 Y_{t-3} + \cdots + A_k Y_{t-k} + \mu_t \tag{6.23}$$

其中，Y_t 代表 6 维内生变量，其包含的变量顺序依次为：动态因子指数、房价指数、居民消费价格指数、工业品出厂价格指数、工业购进价格指数以及上证综指。由于 VAR 模型中变量的顺序对于脉冲响应函数以及方差分解具有重要的影响，因此需要对以上顺序进行说明：动态因子指数是本节运用贝叶斯动态因子模型估计出的通货膨胀共同趋势，其他价格指数在广义价格指数中权重取决于对动态因子指数动态走势的贡献程度。对中国而言，自 1998 年住房制度改革以后，房地产市场不仅逐渐成为经济发展的重要支柱，而且房地产价格逐渐主导了其他商品的价格走势（张成思，2011），因此房价指数排在仅次于动态因子指数的第二位；CPI 长期以来都是衡量通货膨胀的主要指标，因此对通胀共同趋势具有十分重要的影响；PPI、PPIRM 作为上、中游的价格指数，对共同趋势也有不可忽视的影响，股票价格灵活多变，波动性最为显著，因此放在最后。A_i 为待估参数矩阵，μ_i 是 6 维随机扰动项，服从正态分布，且互不相关。

根据赤池准则选择得到的最优滞后阶数为 8 阶，AR 根图表显示所有参数矩阵特征根的模均在单位圆内，表明 VAR（8）系统是稳定的。利用 VAR 模型得到的脉冲响应函数图描述了特定变量对各冲击的反应。动态因子指数（DFI）对各变量的脉冲响应分析如图 6.3。

脉冲响应结果分析：房价指数（FJZS）对动态因子指数所衡量的通胀共同趋势具有显著的正向冲击效应。自 1998 年房地产市场化改革以来，中国房地产市场不仅逐渐成为国民经济发展的重要支柱，而且房地产价格逐渐主导了其他商品的价格走势，因此房地产价格的波动自然会对总体通胀趋势产生重大影响。作为衡量通胀的核心指标，CPI 的波动必然会对通胀共同趋势会产生重大影响，且这种影响具有相当程度的持久性。PPI 与 PPIRM 作为衡量生产领域价格水平变动的重要指标，它们的波动也会显著影响总体通胀的变动；而股票价格波动对动态因子指数的影响相对较弱、且并不显著，这一方面与股票价格波动频繁有关，另外一方面也与中国资本市场的发展阶段有关，股票价格变动引起的财富效应、资产负债表效应对于通胀变动的中长期趋势的影响并未充分发挥出来。从脉冲响应图来看，尽管在预测期后期影响有所增大，但平均而言，整个区间的影响幅度较小。

房价指数的脉冲响应图　　　　　　　居民消费价格指数的脉冲响应图

工业品出厂价格指数的脉冲响应图　　　工业购进价格指数的脉冲响应图

上证综指的脉冲响应图

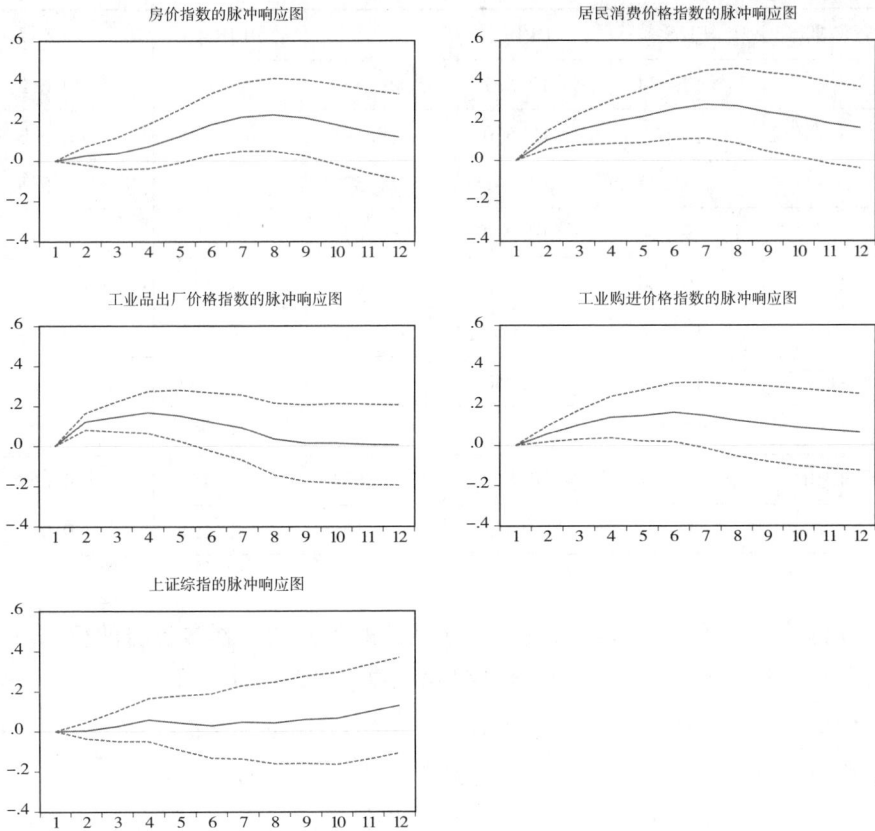

图6.3　动态因子指数对各变量的脉冲响应图

在 VAR 脉冲响应的基础上得到 12 个月度预测期的乔勒斯基（Cholesky）方差分解以及广义价格指数 GPI 中的各权重系数如表 6.2：

表6.2　12个月内变量对动态因子指数影响的方差分解及 GPI 权重

预测期	FJZS	CPI	PPI	PPIRM	SZZZ
1	0	0	0	0	0
2	0.346	5.065	7.121	1.603	0.007
3	0.504	8.067	8.492	3.282	0.152
4	1.098	10.504	9.554	5.015	0.580

预测期	FJZS	CPI	PPI	PPIRM	SZZZ
5	2. 434	12. 817	9. 438	6. 040	0. 612
6	4. 679	15. 510	8. 591	6. 995	0. 543
7	7. 121	17. 961	7. 578	7. 234	0. 585
8	9. 306	19. 910	6. 642	7. 193	0. 611
9	10. 864	21. 075	6. 012	7. 113	0. 733
10	11. 784	22. 061	5. 626	7. 052	0. 888
11	12. 264	22. 680	5. 367	7. 009	1. 286
12	12. 491	23. 121	5. 182	6. 966	2. 002
平均影响	6. 074	14. 898	6. 634	5. 458	0. 667
权重	0. 182	0. 442	0. 196	0. 161	0. 019

在构建广义价格指数的过程中，被纳入的各种物价指数各自的权重取决于各种物价指数对于这个共同趋势序列的贡献程度。

$$GPI = \omega_1 CPI + \omega_2 PPI + \omega_3 PPIRM + \omega_4 FJZS + \omega_5 SZZZ \qquad (6.24)$$

通过建立相关的 VAR 模型研究脉冲响应和乔勒斯基（Cholesky）分解识别结构冲击，估计 GPI 中各个纳入的价格指数的权重。GPI 指数中的权重系数 ω_i 等于变量 i 的单位乔勒斯基（Cholesky）新息冲击在随后 12 个月度内对动态因子指数（DFI）的平均脉冲响应除以所有变量相应脉冲响应之和。广义价格指数中各变量权重的具体计算公式：

$$\omega_i = \frac{|z_i|}{\sum_{i=1}^{n} |z_i|} \qquad (6.25)$$

其中，ω_i 是价格指数序列 i 的权重，而 z_i 是价格指数序列 i 的单位冲击在 12 个月度内对动态因子指数的平均影响。通过计算，求得各价格指数序列在广义价格指数中的权重（表6.3）：

表 6.3　广义价格指数（GPI）中各个构成价格指数权重

	居民消费价格指数（CPI）	工业品出厂价格指数（PPI）	原材料燃料动力购进价格指数（PPIRM）	房地产销售价格指数（FJZS）	上证综合指数（SZZZ）
权重	44.2%	19.6%	16.1%	18.2%	1.9%

从纳入广义价格指数编制过程的各价格指数对于通胀共同趋势的贡献程度来看，CPI 依然是主体，权重为 44.2%，PPI 为 19.6%，PPIRM 为 16.1%；实体经济领域的物价变动可以解释总体物价变动趋势的 79.9%，是衡量物价变动的主体；但与此同时必须看到资产价格变动对总体物价变动的影响在逐步增加，房地产销售价格指数的权重达到 18.2%，说明房价变动对于中国整体价格水平的影响不容忽视。需要注意的是，这只是房地产销售价格本身对于共同趋势的贡献，而不包括房地产价格对其他商品价格走势的影响。而股票价格的变动对于总体价格水平的影响非常小，权重仅 1.9%，这与股票价格自身的波动性特征有关，也和中国金融市场特别是资本市场的发展阶段有关。从测算出的权重看，资产价格波动对于总体通胀中长期趋势的影响主要体现在房地产价格上，房地产价格相对于股票价格来说，主导了 DFI 的水平与趋势。布莱恩等（Bryan et al.，2001）的研究表明，美国房地产价格可以解释共同趋势的 20% 左右，而股票价格只能解释 4% 左右。因此，如果将 CPI 作为衡量总体通胀水平的惟一指标或者核心指标，会误导货币政策的制定与施行，影响政策效果；房地产销售价格水平的影响力应该引起决策层的关注；另外，PPIRM、PPI 一起可以解释共同趋势的 35.7%，也验证了中国实体经济领域上、中、下游价格传导存在的阻滞现象。

基于已计算出的各价格指数序列的权重，求得广义价格指数（GPI）如下：

$$GPI_t = 44.2\% * CPI_t + 19.6\% * PPI_t + 16.1\% * PPIRM_t + 18.2\% * FJZS_t + 1.9\% * SZZZ_t$$

四、广义价格指数与居民消费价格指数动态特征比较

总体通胀水平可以通过不同的价格指数来衡量。长期以来，中国货币当

广义价格指数（GPI）

图 6.4　广义价格指数 GPI 动态走势

局主要以 CPI 作为通胀管理和政策调整的核心目标，更加广泛意义上的整体价格水平的稳定并未受到广泛关注。这使得货币政策的通胀管理效果主要体现在 CPI 通胀率上，而更加广泛意义上的整体价格水平却成了政策调控的盲点。GPI 通胀率与 CPI 通胀率长期存在显著的差异，差异性首先体现在两种通胀指标在不同时点的水平值上，其次体现在两种通胀指标的波动性方面，再次，在对经济周期波动的衡量方面，两种通胀指标亦存在较为明显的差别。

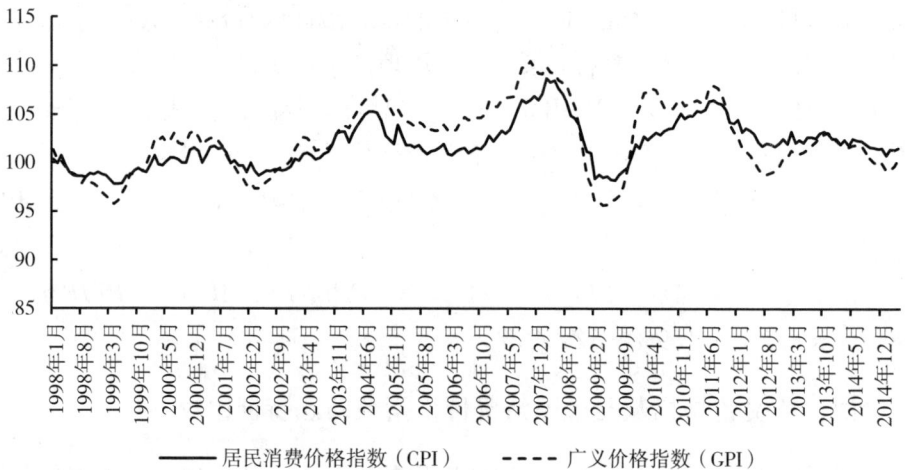

—— 居民消费价格指数（CPI）　---- 广义价格指数（GPI）

图 6.5　CPI 与 GPI 动态走势图

基于以上说明，图 6.5 给出了中国 CPI 通货膨胀与 GPI 通货膨胀在 1998 年 1 月至 2015 年 4 月的动态时序路径。从整体上来看，两种价格指数在总体趋势上基本一致。但是，从细节上观察，基于不同价格指数的通胀率动态路径存在明显差别。这种差别首先体现在各个时点上不同指标的水平值上，具体而言，多数时候广义价格指数 GPI 的值要大于居民消费价格指数 CPI，这说明仅仅使用 CPI 来度量物价水平，低估了实际的通胀水平；而当经济处于通缩阶段，CPI 又会低估通缩水平。譬如 1998 年 3 月至 1999 年 9 月通货紧缩最为严重的这段时期，广义价格指数 GPI 低于 CPI，特别是在 1999 年 2 月相差达 2.155%。而从 2011 年 11 月以来，广义价格指数 GPI 持续低于 CPI。尤其值得注意的是 2012 年 8 月，GPI 低于 CPI 达 3.2%，2012 年全年，GPI 与 CPI 平均相差达 2.48%。尽管从 2013 年 1 月至 2014 年 6 月，由于房地产价格上行，使得 GPI 与 CPI 之间的差额有缩小的趋势，特别是 2013 年 9 月至 2014 年 4 月，房地产价格的快速上涨使两者之间的差额微乎其微，但自 2014 年 5 月始，房价的重新下行，加之 PPI、PPIRM 一直都在负值区间运行，GPI 又重新低于 CPI，且差额有扩大的趋势。从 CPI 衡量的通胀水平判断，当前中国有通缩的迹象，而从广义价格指数 GPI 衡量的物价水平看，中国当前面临较为严重的通缩风险。

其次，从两种通货膨胀指标的波动性来看，广义价格指数通货膨胀的波动性要明显高于消费价格指数通货膨胀。用标准差来度量通货膨胀指标的波动性，根据测算，1998 年 1 月至 2015 年 4 月期间，消费价格指数（CPI）的标准差为 2.376，而广义价格指数（GPI）的标准差为 3.555，广义价格指数通货膨胀的波动值要高于消费价格指数通货膨胀的波动值约 1.180。广义价格指数通货膨胀的波动性大于消费价格指数通货膨胀，意味着长期以来更加广泛意义上的整体价格水平的稳定并未被货币当局所真正关注，这也说明广义价格指数的编制以及在货币政策选择和应用上具有相当的紧迫性。

再次，在衡量经济周期变化方面，CPI 相比 GPI 具有较明显的滞后性。具体而言，广义价格指数 GPI 于 2007 年 10 月达到该轮物价上涨的峰值 110.480，之后进入下行区间，于 2009 年 4 月下降至谷值 95.630，而居民消费价格指数 CPI 于 2008 年 2 月达到峰值 108.700，之后 2008 年 4 月又达到次峰值 108.500，然后才进入下行轨道，2009 年 7 月达到谷值 98.200。从下行的速度来看，CPI 要滞后于 GPI；从下降的幅度来看，CPI 要小于 GPI。伴随着 2009 年中国 4 万亿投资刺激计划的出台，中国经济迅速复苏，从物价水平的复苏来看，CPI 要滞后于 GPI。GPI 于 2009 年 5 月进入复苏轨道，在当年 11 月份突破 100，达到 101.800，而 12 月份就攀升至 104.900，此后进入快速上升通道，在 2010 年 4 月份达到年度峰值 107.690，此后直到 2011 年 10 月一直维持高位运行，并在 2011 年 7 月达到本轮物价上涨的峰值 108；而 CPI 指数尽管和 GPI 同时在 2009 年 11 月突破 100，达到 100.600，但在此后一年多时间内一直维持相对低位运行。由于经济复苏进程的反复以及房地产市场的调控，GPI 从 2011 年 11 月进入下行区间，下行趋势明显，由于房价下跌、PPI 和 PPIRM 在负值区间运行，使得 GPI 一度跌破 100，于 2012 年 8 月达到最低值 98.850。尽管 2013 年 1 月至 2014 年 4 月，由于房价复苏和上涨，GPI 与 CPI 之间的差额有缩小的趋势，但自 2014 年 5 月，房价的重新下跌使得 GPI 和 CPI 之间的差距有扩大的趋势，显现出较为明显的通货紧缩风险；与此形成鲜明对比的是，CPI 于 2012 年 3 月显现出下行趋势，但是幅度不大，且较为平稳，这主要得益于货币政策的精准调控。

通过对广义价格指数与居民消费价格指数动态特征的比较分析，我们有三个方面的发现：第一，广义价格指数在测度总体通胀水平方面优于传统的居民消费价格指数；第二，广义价格指数通货膨胀的波动性大于传统的居民消费价格指数通货膨胀；第三，广义价格指数与经济周期波动的关系更为密切。

总体而言，相比于传统的消费价格指数，广义价格指数在测度总体通胀水平方面的优势以及与经济周期波动更为密切的关联性，意味着在货币政策实施过程中，若以广义价格指数为通货膨胀测度指标可能会提高货币政策实施的效果；而广义价格指数通货膨胀的波动性大于传统的消费价格指数通货膨胀这一事实则意味着，货币当局长期以来以 CPI 作为单一通胀目标进行政策搭配，忽视了涵盖内容更为广泛且与当前国民经济现实情况联系更紧密的广义价格指数所反映的通胀信息，致使货币政策的通胀管理效果主要体现在 CPI 通胀率指标上，而广义价格指数通胀率则成为了政策管理的盲点，这恰恰说明将广义价格指数通货膨胀纳入货币政策决策信息库的重要性与紧迫性。

第四节　广义价格指数与菲利普斯曲线

一、引　　言

近年来，尽管世界各国特别是西方发达国家的货币政策最终目标逐步向"稳定物价"收敛，但对于处在新兴加转型阶段的中国而言，货币政策的制定与施行，从最终目标来看，在稳定价格之外，还包括经济周期波动的熨平。中国货币政策操作需要在控制通货膨胀与熨平经济周期之间统筹兼顾以实现通货膨胀与经济周期之间的动态平衡。菲利普斯曲线将通货膨胀与经济周期置于统一的分析框架之中，一直都是分析通货膨胀与经济周期之间关系的经典理论框架。菲利普斯曲线认为至少在短期内价格总水平和经济周期变化之间存在着正相关关系，即经济周期处于上行期，价格总水平上升，经济周期进入下行轨道，价格总水平下降（范从来，2000）。然而近年来，受经济全球化加速推进等因素的影响，经济周期波动与通货膨胀之间的关联特征出现了一些新的变化，主要表现为 CPI 通胀率对于经济周期变动反应的明显滞后。譬如，2003 年全球经济进入新一轮上升期，而直到 2007 年上半年 CPI 通胀率一直保持总体稳定，2007 年 8 月 "次贷危机" 爆发后，在实体经济萎缩、总需求下滑的过程中 CPI 通胀率却加速上涨，显现出 "滞胀"迹象。对于经济周期与通货膨胀之间出现的新变化，许多研究将之归结为菲利普斯曲线呈现扁平化趋势。

菲利普斯曲线呈现扁平化趋势意味着经济周期波动对于通货膨胀的影响弱化或者说通货膨胀对于经济周期波动的敏感度下降。这对于货币政策的制定与施行有重要的影响：一方面，意味着当经济周期处于上行期，甚至经济过热时并不会立即引起通货膨胀，导致 "政策幻觉"，营造出 "高增长、低通胀" 的假象。这不仅会掩盖系统性风险积累的程度，而且会制造一种前所未有的繁荣假象。低通胀、高增长、持续攀升的资产价格，这一切使得人们的风险偏好能力增强，对风险补偿的要求降低，并追求高杠杆。无节制的金融创新不仅降低了利率，而且大大提高了信贷资金的可获得性，推动了资产价格的持续攀升；另一方面意味着当通胀高企，控制通货膨胀需要付出更大的产出波动代价，即货币政策紧缩的力度和持久度都要增强。

而当经济周期处于下行期，产出和就业萎缩，但 CPI 通货膨胀却并不会立即下降，而是会在较长的一段时期内保持稳定，甚至还会短期的上扬，呈现出"滞胀"的迹象。譬如 2008 年全球金融危机爆发后，尽管产出和就业长期萎缩，但主要发达经济体的通胀水平并未出现传统理论预测的下滑，因此危机初期，由于央行关注的主要目标——通货膨胀没有表现出大幅紧缩的趋势，但实际产出已经出现剧烈下滑时，执政者按照以往惯例并未出台大规模的经济刺激计划，这就造成了央行在危机初期的应对不力。鉴于菲利普斯曲线扁平化对货币政策实施的重要影响，近年来关于菲利普斯曲线是否呈现扁平化趋势以及背后的驱动因素引起了国际学界的广泛关注。

库斯特等（Kuester et al.，2007）基于新凯恩斯菲利普斯曲线分析框架研究了美国的通货膨胀动态过程，发现通货膨胀率对总需求与总供给条件变化的反应存在明显滞后，平均滞后时间为 12 个月，说明美国的菲利普斯曲线具有较为显著的扁平化特征；国际货币基金组织（IMF）报告（2006，2013）认为通货膨胀与失业率之间的关系（菲利普斯曲线）趋于弱化，这种现象在发达国家尤为明显；博里奥和菲拉尔多（Borio & Filardo，2007）估算了美国 1980—1992 和 1993—2005 两个时期的菲利普斯曲线，发现通货膨胀对产出缺口的敏感系数由 0.13 下降为 0.09，并主要归因于全球化快速推进导致的市场竞争加剧；米什金（Mishkin，2009）则认为较为平滑的菲利普斯曲线的出现主要是由于通胀预期趋于稳定，而并非全球化的发展；Iakova（2007）运用英国的统计数据分析了其国内需求冲击与通货膨胀之间的关联，发现通货膨胀对于国内需求冲击的反应程度有下降趋势，并讨论了菲利普斯曲线扁平化条件下货币政策施行所面临的一系列困境；巴尤米等（Bayoumi et al.，2014）提出在菲利普斯曲线呈现扁平化趋势的背景下，利率反应函数中是否应该赋予产出稳定更大的权重取决于"扁平化"背后的驱动因素。

国内学者也对菲利普斯曲线扁平化问题进行了一些探索。耿强等（2011）基于中国数据讨论了全球化对中国菲利普斯曲线的影响，发现随着对外开放程度的加深，中国菲利普斯曲线变得更加平坦，物价水平对国内产出缺口的敏感度趋于下降，而一旦通胀高企，又需要加大政策紧缩力度从而带来更大的产出波动。王金明（2012）提出中国通货膨胀具有顺周期的特征，但顺周期性近期有所下降，景气缺口对于通货膨胀的拉动效应减小。张成思（2012）提出全球化可以通过外部产品市场或要素市场的供给与需求平抑我国的供需失衡，从而稳定我国物价水平，可以在一定程度上解释中国通货膨胀低位运行和同时期经济高速增长长期并存的所谓"缩长之谜"。张步昙（2015）发现进入 21 世纪以后，全球化因素对各国国内通货膨胀的影响增强。无论是对新兴市场国家而言，还是对于工业化国家来说，国内产出与价格水平之间的联动机制逐渐被削弱。这种新的通胀作用机制要求各国央行在应对产出波动与治理通货膨胀时应更重视国际市场供需状况。黄峰（2012）基于公司层面的微观数据，应用非线性光滑转换面板模型，考虑资本深化、全球化对菲利普斯曲线结构变化的影响。研究结果表明伴随资本深化过程，我国菲利普斯曲线呈现显著的非线性结构变化，表现为劳动密集型行业与资本密集型行业菲利普斯曲线明显不一致。相对内向型劳动密集型行业而言，我国内向型资本密集型行业菲利普斯曲线更平坦，而对于参与全球化的外向型行业而言，全球化使资本密集型行业菲利普斯曲线相对更陡峭，而外向型劳动密集型行业菲利普斯曲线相对更平坦。

　　勿庸置疑，这些研究对于理解通货膨胀与经济周期的关联特征具有相当重要的参考价值。通过对既有研究菲利普斯曲线重要文献的仔细梳理，可以发现既有研究通常采用居民消费价格指数 CPI 作为通货膨胀的衡量指标。但是由于 CPI 本身的构成与特点，在新形势下并不能完全反映真实的通胀水平。这是因为随着经济全球化与虚拟经济的快速发展，一方面通货膨胀机理发生了深刻的变化，呈现出较为显著的"结构性"特征：一般物价水平相对稳定和资产价格频繁波动在较长时期内并存，尤其是对于当前的中国而言，由于金融市场体系还不发达，存在较为严重的"资产短缺"，使得通货膨胀的"结构性"特征更为明显；另一方面，金融变量交易量远大于实体经济交易量，经济周期波动在很大程度上体现为信贷、货币等金融变量的周期波动，资产价格的影响越来越不容忽视。在经济全球化加速推进与虚拟经济快速发展的大背景下，基于菲利普斯曲线理论框架分析经济周期与通货膨胀关联特征出现的新变化，需要格外关注结构性通胀与资产价格的影响。本节从通货膨胀测度入手，采用纳入资产价格的广义价格指数，研究经济周期变化与通货膨胀之间的内在机理，并检验菲利普斯曲线扁平化假说对中国的适用性，期望能为我国的货币政策实施提供有益参考。

二、理论框架

传统的菲利普斯曲线研究了通货膨胀与产出波动之间的关系，但忽略了通货膨胀特征的变化。近几年来通货膨胀越来越表现为结构性通货膨胀，相应地，菲利普斯曲线内在的逻辑机理也发生了改变。受张晓慧等（2010）的启发，本节从部门供给弹性差异入手分析结构性通货膨胀与产出波动之间的关系。

不失一般性，假定整个经济体系分为两大部门：一般商品生产部门与资产、初级产品供给部门。一般商品生产部门生产效率高，竞争性强，产品供给弹性大，主要面临来自需求方面的约束；而资产、初级产品供给部门的特点是需求具有刚性而供给弹性小，主要面临来自供给方面的约束。为了分析的便利，"需求约束"与"供给约束"部门分别以 A 和 N 来表示。A 部门与 N 部门的产品都是经济主体所需要的，因此两个部门之间存在相互需求。令 P_A 为需求约束部门的价格水平，P_N 为供给约束部门的价格水平，Q_A，Q_N 分别表示两大部门产品的数量，M 表示货币总量，V_A，V_N 表示两大部门用于交易的货币量的流通速度。e_A^S，e_N^S 表示两大部门产品供给弹性，r_A，r_N 表示两大部门的收益率。

为了分析的严谨，对模型做如下假定：

假定一：部门供给弹性决定部门价格水平波动的大小。具体而言，当面临需求冲击，供给弹性越小，价格波动幅度越大，反之则反是。

假定二：基于资本的逐利性，假定理性投资者追求投资于两大部门单位货币的净收益率的相等。

假定三：货币量在两大部门之间的分配由单位货币的净收益率来决定。假定 r_i 表示部门收益率，易知随着收益率的上升，流入该部门的货币量会增加，即 M_i 是 r_i 的增函数，$M_i = M(r_i)$。

假定四：两大部门的产品转化为货币存在成本，短期内成本不会发生变化。假定 A 部门产品转化的成本为 δ_A，N 部门成本为 δ_N。

用 M_A 表示存在于 A 部门中的货币量（包括媒介交易的货币量以及以储

蓄形式存在的货币量），则 $M_A V_A$ 表示 A 部门经济总量：$P_A Q_A = M_A V_A$；类似，用 M_N 表示流入 N 部门的货币量（包括媒介资产等交易的货币量以及以资产等形式存在的货币量），则 $M_N V_N$ 表示 N 部门经济总量：$P_N Q_N = M_N V_N$。

如此，则传统的货币数量方程可以扩展为：$M_A V_A + M_N V_N = P_A Q_A + P_N Q_N$，基于货币数量论，假定其他条件不变，可以认为 A 和 N 两大部门价格变动的差异主要源于流入的货币量的差异，通胀率是流入货币量的增函数，为了分析的简便，假定 $\pi_i = k_i M_i$，$k_i > 0$，k_i 外生。

基于前文假定，处于均衡状态下的两大部门的单位货币投资净收益率应该相等，即：

$$\frac{(P_N - \delta_N) V_N}{M_N} = \frac{(P_A - \delta_A) V_A}{M_A} \tag{6.26}$$

进一步变形为：

$$\frac{r_N V_N}{r_A V_A} = \frac{M_N}{M_A} = \frac{M(r_N)}{M(r_A)} \tag{6.27}$$

当 $\dfrac{(P_N - \delta_N) V_N}{M_N} > \dfrac{(P_A - \delta_A) V_A}{M_A}$，亦即 $\dfrac{r_N V_N}{r_A V_A} > \dfrac{M_N}{M_A} = \dfrac{M(r_N)}{M(r_A)}$ 时，由于 N 部门的投资收益率相对较高，理性的投资者会将货币投向 N 部门，导致 $M_N > M_A$，从而 $P_N Q_N$ 会不断增大，理论上会直至两大部门收益率重新相等为止。

反之，当 $\dfrac{(P_A - \delta_A) V_A}{M_A} > \dfrac{(P_N - \delta_N) V_N}{M_N}$，亦即 $\dfrac{r_A V_A}{r_N V_N} > \dfrac{M_A}{M_N} = \dfrac{M(r_A)}{M(r_N)}$ 时，由于 A 部门的投资收益率相对较高，理性的投资者会将货币投向 A 部门，导致 $M_A > M_N$，从而 $P_A Q_A$ 会不断增大，理论上会直至两大部门收益率重新相等为止。

从以上的分析可以看出，理性投资者遵循 $\dfrac{(P_N - \delta_N) V_N}{M_N} = \dfrac{(P_A - \delta_A) V_A}{M_A}$ 的原则，将货币量按照 α_t 与 $1 - \alpha_t$ 的比例分别投入产品部门与资产部门，这样可以实现两部门的均衡和收敛。而当二者出现背离时，理性的投资者就会通过调整投资（货币）的流向来使上述不等式的两边相等，直至货币资金在产品部门与资产部门的配置达到均衡水平为止。

（一）结构性通胀形成机制

假定经济系统处于初始的均衡状态，当发生外在冲击时，譬如生产技术的突破导致生产率的大幅提升使得经济主体对于未来产生乐观预期，与此同时，宽松货币政策释放了充分的流动性，引起了总需求的扩张，生产技术进步也使得生产成本大幅下降。来自总需求与总供给方面的正向冲击使得 A 部门扩大投资与生产变得有利可图，在 A 部门扩张的带动下，整个经济进入上行期，产出与收入增加，从而对于 N 部门产品的需求也增加。由于 A 部门竞争程度高，产品供给弹性大，超额需求可以在较短时期内得到满足从而价格水平 P_A 保持相对稳定，而 N 部门由于供给弹性小，产品供给速度无法满足超额需求增长的速度，从而使得该部门的价格水平 P_N 在短期内有较大幅度的上升，从而出现 A 部门价格水平 P_A 相对稳定与 N 部门价格水平 P_N 明显上升并存的"结构性通胀"。

（二）经济周期变化与结构性通胀的动态关联

由于成本 δ_A 与 δ_N 会在短期内保持稳定，两大部门价格水平 P_A 与 P_N 变动之间的差异会打破两大部门单位货币收益率的平衡，当面临需求正向冲击时，$\dfrac{(P_N - \delta_N) V_N}{(P_A - \delta_A) V_A} > \dfrac{M_N}{M_A}$，即 N 部门的投资收益率相对较高，理性的投资者会将资金投向 N 部门，在部门垄断性强、供给弹性小、货币流入以及超额需求冲击等多重因素的驱动下，极易诱发 N 部门的金融投机，使得"追涨杀跌"的羊群效应大行其道，导致 N 部门的收益率出现非理性上扬，大量货币涌入该部门，价格水平 P_N 进一步上涨，使得正反馈机制居于主导地位。由于货币量 M 一定，N 部门货币量不断流入导致价格泡沫的迅速膨胀会挤压以 A 部门为代表的实体经济部门的收益率与生存空间，而且这种"挤出效应"会随着金融投资、投机的收益率的增加而增强，当 N 部门收益率充分大于 A 部门投资产生的收益率时，A 部门的扩大再生产将不复存在，从而出现实体经济的萎缩，虚拟经济部门价格水平的上涨会通过财富效应等渠道带动整体价格水平的上涨，呈现类似"滞胀"的迹象，结构性通胀转向全面通胀。

但这种"滞胀"迹象只是阶段性的，在实际经济运行过程中，虚拟经济部门泡沫膨胀对于实体经济部门的挤出效应不可能一直持续下去直至实体经济部门的消失。人们进行金融投机的乐观预期本质上来源于实体经济部门的有力支撑，而实体经济投资收益率的持续下跌以及投资量与比例的收缩使得实体经济部门不断萎缩，一旦有市场主体意识到实体经济部门的支撑难以为继，就会动摇甚至丧失对未来经济持续增长的信心，从而乐观预期快速逆转。从而 N 部门的泡沫会在短时期内破裂，房地产、股票等资产价格水平大幅下跌，资源、能源等初级产品的价格水平亦会急剧下行，人们的悲观预期与恐慌心情进一步加剧，甚至会引发金融、经济危机。此前的通货膨胀伴随资产与初级产品价格泡沫的破裂转向"结构性通缩"。资产价格泡沫破裂导致人们的财富水平大幅缩水加之市场的悲观预期，引发总需求的全面萎缩，经济繁荣时期掩藏的实体经济部门过剩产能使得 A 部门价格水平下跌，结构性通缩转向全面通缩。

综上，虚拟经济部门与实体经济部门供给弹性差异引发的"结构性通胀"使得经济周期与通货膨胀之间内在关联呈现新的特点：第一，经济周期波动对于不同部门价格水平的影响存在差异，使得一般商品价格水平的相对稳定与资产价格频繁波动会在较长时期内并存；第二，以 CPI 衡量的通货膨胀对于经济周期变化的反应存在较为明显的滞后性，导致经济周期处于上行区间和宽松货币政策环境时并不会使得 CPI 通胀率立即高企，而当 CPI 通胀率出现明显上涨的时候，往往已经处于金融投机异常活跃、资产价格泡沫即将破裂的前夜。

鉴于经济周期与通货膨胀之间内在关联的新特征，传统的菲利普斯曲线在解释结构性通胀与经济周期时必然乏力，提出菲利普斯曲线扁平化假说也是必然，但是如果我们关注通货膨胀的新特征，采用更广泛意义上的价格水平作为衡量通货膨胀的指标，菲利普斯曲线是否呈现扁平化还有待商榷。为此，本节接下来将采用不同于 CPI 的广义价格指数，检验菲利普斯曲线扁平化假说。

三、实证分析

（一）通货膨胀与景气缺口的相关性分析

关于产出和经济增长的衡量指标，已有研究大都采用 GDP 数据，由于 GDP 数据按季度发布，难以及时刻画产出波动对通货膨胀的动态影响；另外有很多研究文献采用工业增加值作为 GDP 的替代变量，从而可以获取月度数据，但工业增加值数据仅仅记录了工业领域的产出变动，不适宜作为整个宏观经济态势的衡量指标。当代景气分析理论认为任何一个单独的经济变量指标难以代表经济周期波动过程，应该综合考虑生产、消费、投资、贸易等各个领域的景气变动状况及其相互的影响，达到准确测度宏观经济波动的目的。王金明（2012）依据景气分析的思想，用一致合成指数（Coincident Composite Index）作为刻画宏观经济景气波动的指标，研究了宏观经济景气波动对通货膨胀的影响。本节借鉴王金明（2012）的思路，采用一致合成指数作为衡量经济周期波动的指标，使用 H-P 滤波法得到"景气缺口"作为"产出缺口"的替代变量；采用广义价格指数作为通货膨胀的衡量指标，减去 100 得到通货膨胀率 π_t。

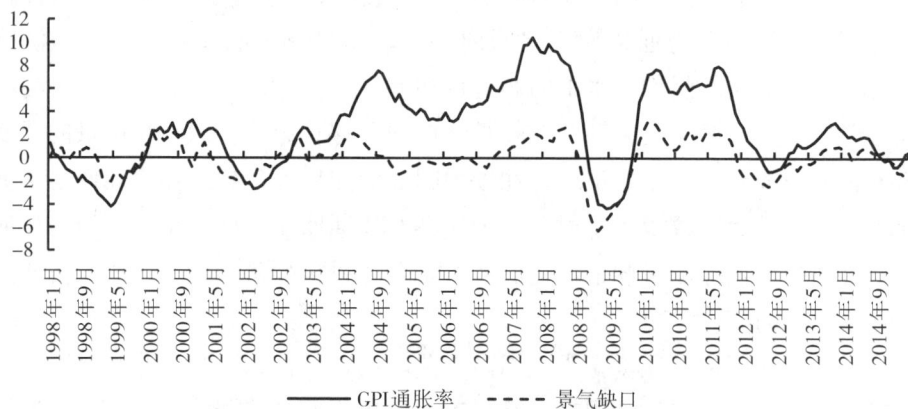

图 6.6 　景气缺口与通胀率动态走势图

图 6.6 描绘了自 1998 年 1 月至 2015 年 4 月中国景气缺口指数与 GPI 通胀指数的动态时序路径。从图中可以看出，景气缺口与 GPI 通胀率动态走势基本一致，伴随着经济周期的扩张与收缩，GPI 通胀率也随之出现上行与下行态势。尽管景气缺口指数的变动会领先于 GPI 通胀率的变动，但大部分时期领先的时间不会超过三个月。GPI 通胀率指数与景气缺口指数呈现出密切的关联，同期相关系数达到 0.68。进一步计算 GPI 通胀率与景气缺口之间的交叉相关系数（GPI 通胀率与景气缺口各期领先与滞后之间的相关系数）发现，交叉相关系数最大值出现在景气缺口滞后 1 个月，此时的相关系

数达到 0.69，说明景气缺口波动领先于广义价格指数波动 1 个月。这意味着当景气缺口为正，即当经济周期处于上升阶段时，将在一个月之后拉动广义价格指数上升；而当经济周期处于下行阶段，同样将在一个月之后导致广义价格指数下降。这说明 1998 年之后，中国以广义价格指数衡量的通货膨胀表现出与景气缺口协同波动的特征，以广义价格指数度量的通胀率与景气缺口波动具有较高程度的一致性，可以较为及时准确地反映经济周期变化。不过，相关系数仅仅刻画了景气缺口与 GPI 通货膨胀变化方向的一致性特征，并不能反映景气缺口对 GPI 通货膨胀的确切影响，下面进一步分析景气缺口对通货膨胀拉动效应的变化，研究 GPI 通货膨胀与经济周期变化之间的动态关联，检验中国菲利普斯曲线是否呈现扁平化趋势。

（二）纳入广义价格指数的菲利普斯曲线

本节采用的菲利普斯曲线模型形式为：

$$\pi_t = \alpha\,\pi_{t+1}^e + \beta\,y_t + \varepsilon_t \tag{6.28}$$

其中，y_t 表示"产出缺口"，参数 β 为菲利普斯曲线的斜率，β 越大，菲利普斯曲线越陡峭，意味着通货膨胀率对产出缺口变化愈敏感；而 β 越小，则菲利普斯曲线愈平缓，此时产出缺口变动对通胀变动的影响相对较小。π_{t+1}^e 表示对下一期通货膨胀率的预期，一般而言可以将预期分为静态预期、适应性预期和理性预期等形式，由于目前缺乏 GPI 通胀预期的测度，因此本节采用适应性通胀预期，即用 GPI 通货膨胀的滞后序列加权表示通胀预期；用"景气缺口"作为"产出缺口"的替代变量，构建如下估计菲利普斯曲线的计量方程：

$$\pi_t = \sum_{i=1}^{p} \alpha_i\,\pi_{t-i} + \beta jqq\,k_t + \varepsilon_t \tag{6.29}$$

由于上述计量模型包含不同时点的变量关系，可能会出现解释变量与误差项之间的相关，采用传统的 OLS 方法容易出现估计误差，本节采用 GMM 方法估计菲利普斯曲线的具体形式。运用 GMM 方法，寻找合适的工具变量是重点亦是难点，工具变量既要与内生变量相关，又要与被解释变量的扰动项不相关（巩师恩和范从来，2013）。参照刘金全和姜梅华（2011）选取工具变量的做法，本节选择解释变量 $jqq\,k_t$ 的滞后项作为工具变量，在计量模型的估计过程中，本节对于各解释变量的估计结果进行了反复测算，最终确定模型形式如下（系数下面的括号中为相应的 p 值）：

$$\pi_t = \underset{(0.006)}{0.896} + \underset{(0.019)}{0.785}\,\pi_{t-1} - \underset{(0.56)}{0.297}\,\pi_{t-2} + \underset{(0.63)}{0.175}\,\pi_{t-3} + \underset{(0.01)}{0.579}\,jqqk_t + \varepsilon_t$$

Adjusted R^2 为 0.93；P-J 为 0.293；DW 统计量为 0.424

从回归结果来看，景气缺口的系数估计值为 0.579，在 5% 显著水平上通过检验，说明中国存在较为显著的通货膨胀—景气缺口形式的菲利普斯曲线关系，同时也说明中国的 GPI 通货膨胀对于经济周期变化的反应仍较为敏感；滞后一期的通胀率对于当期通胀率的影响系数为 0.785，且在 1% 的显著水平上通过检验，说明中国的通货膨胀存在相当程度的惯性，这与国内许多研究通货膨胀惯性重要文献的结论一致（张成思，2008；胡军等，2014）。

以上在整个样本区间内考察通货膨胀对于经济周期变化的敏感程度，且假定估计参数为固定值，但由于现实经济环境处于不断变化的过程中，这些被人为固定的参数可能随着整个经济系统的演变而呈现出较为明显的动态变化特征，特别是对于处在经济社会重要转型期的中国而言尤为显著。滚动回归模型可以较为准确地呈现模型参数的时变特征，在一个大样本范围内通过滚动的方式连续选取一系列小样本进行估计，通过给定每次回归模型的窗宽，可以捕捉到等价意义下不同时期内模型参数的动态变化（曹伟等，2010）。为了进一步考察经济周期波动对于通货膨胀的动态影响，同时也为了检验以上 GMM 模型估计系数的稳健性，本节进行滚动回归分析。具体而言，本节设定滚动回归样本长度即窗宽为 84 个月度即 7 年，步长为 1，最终得到 125 个 GPI 通胀率对于经济周期变化的敏感系数。由于本节重点关注景气缺口对通货膨胀的影响，因此只展示景气缺口对于通货膨胀的动态影响，见图 6.7。

由图 6.7 可知，景气缺口当期就对 GPI 通胀率产生显著的正向冲击效应，意味着当宏观经济出现总需求扩张或者受到扩张货币和财政政策的冲击而使经济周期进入上行期的时候，会显著拉动价格总水平上升，相反，如果面临总需求下降的负向冲击，则会产生降低价格总水平的紧缩效应。总体而言，1998 年以来，宏观经济景气波动对我国 GPI 通胀率具有顺周期的拉动效应，在 2012 年 5 月份达到峰值 0.5516 之前，一直呈现上升趋势，之后有短期缓慢下降趋势，在 2015 年 1 月份触底达到 0.4254，之后又呈现上升趋

景气缺口对通胀的时变拉动效应

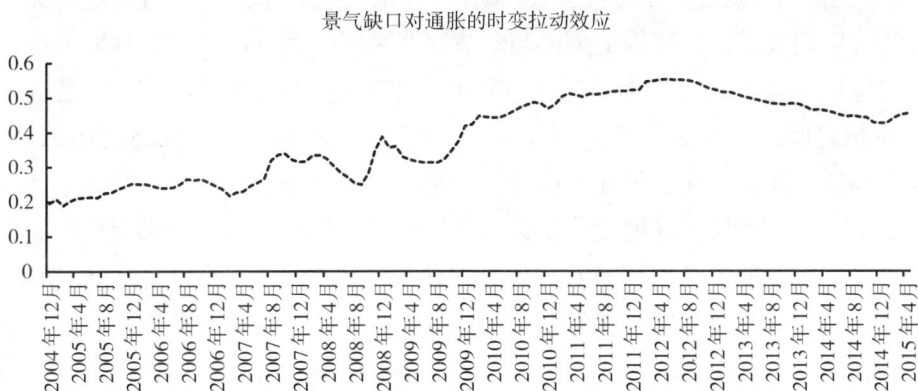

图 6.7　景气缺口对通货膨胀的时变拉动

势，整个样本区间的影响系数均值达 0.385。尽管目前许多研究表明，由于
中国经济结构不断优化，生产技术逐步提高，加之全球化加速推进的影响，
致使普通商品尤其是一般工业品供给能力大幅提升，宏观经济景气波动对这
些一般工业品价格的影响弱化，宏观经济景气缺口对 CPI 通胀率的影响不断
消减，表现为菲利普斯曲线的扁平化。但是不可否认的是，近年来供给弹性
小的初级产品和资产价格波动频繁和剧烈，因此宏观经济景气缺口对于纳入
资产价格的广义价格指数的拉动效应并没有减小。在通货膨胀机理发生深刻
变化的背景下，CPI 特别是核心 CPI 在衡量经济周期变化方面呈现明显的滞
后性，而纳入资产价格的广义价格指数却可以较为及时和准确地反映经济周
期的变化。

四、研究结论

为了实现经济周期波动与通货膨胀之间的动态平衡，货币当局需要科学
判定菲利普斯曲线的形状。许多研究文献认为近年来菲利普斯曲线形状呈现
扁平化的趋势，但是这些研究文献大都采用 CPI 作为通胀衡量指标。经济全
球化与虚拟经济的发展使通货膨胀机理发生了深刻的变化，分析经济周期波
动与通货膨胀的动态关联需要采用更加广泛意义上的整体价格水平作为衡量
通货膨胀的指标。

本节采用纳入资产价格的广义价格指数（GPI）作为新的通胀衡量指

标，运用 H-P 滤波方法获取"景气缺口"作为"产出缺口"的替代指标反映经济周期波动，研究经济周期与通货膨胀之间关系的新变化，检验菲利普斯曲线扁平化假说在中国的适用性。研究发现：1998 年以来，特别是进入 21 世纪之后，中国的 GPI 通胀率对于经济周期波动仍具有较高的敏感性，菲利普斯曲线扁平化假说在中国并不适用。

鉴于 CPI 在反映周期变化方面的滞后性以及价格水平在金融宏观调控中的重要地位，货币当局有必要对现有的通货膨胀指标作出某种程度的修正，关注更加广泛意义上的整体价格水平稳定，研究资产价格波动所蕴含的通胀信息，进一步探索和研究更加科学合理地衡量一般价格水平的方法，有效实现产出波动与通胀之间的动态平衡。

第五节　结论与政策建议

本章从两方面讨论了广义价格指数编制的重要性和必要性。一方面，我国 CPI 编制过程存在多种目标的重叠和冲突，这导致 CPI 在测度总体通胀时存在"失真"现象；另一方面，现阶段中国通货膨胀主要表现为"结构性"通胀，而资产价格因素未能在 CPI 中得到充分反映。在总结已有研究有关广义价格指数编制经验的基础上，本章运用前沿的贝叶斯动态因子方法编制了衡量中国总体价格水平的广义价格指数，并讨论了广义价格指数在货币政策制定与施行过程中的应用问题。本章的主要研究结论如下：

第一，中国有必要编制衡量总体价格水平的广义价格指数。中国目前的通胀测度核心指标 CPI 指数并不能准确测度真实的通货膨胀水平。简单地调整 CPI 自身的权重难以实质性解决 CPI 在通胀测度方面的缺陷，而将房地产价格等资产价格直接纳入 CPI 编制口径中，存在基本概念的问题，也与当前中国的实际经济运行不相适应。因此，通货膨胀指数的修正应从 CPI 自身的修正转向通货膨胀指标的重新编制与选择。从可操作性的角度来看，编制反映更加广泛意义上的总体价格水平的广义价格指数具有可行性。

第二，以广义价格指数测度的通货膨胀和以消费价格指数测度的通货膨胀在动态特征方面存在较为显著的差异。广义价格指数通货膨胀与消费价格指数通货膨胀之间的差异性体现在三个方面：其一，两种通胀指标在不同时点的水平值存在差异，其二，两种通胀指标的波动性存在差异，其三，两种通胀指标对经济周期波动的衡量存在差异。

第三，货币政策操作采纳广义价格指数，有助于货币当局实现通货膨胀与经济周期波动之间的动态平衡。基于菲利普斯曲线的实证结果表明，以广义价格指数作为通货膨胀的衡量指标，菲利普斯曲线扁平化趋势并不存在。从货币政策实施的角度来看，运用广义价格指数测度通货膨胀，可以更好地实现通货膨胀与经济周期的动态平衡。

通过对研究结论进行有针对性的推演，本章对于如何更有效地衡量总体通货膨胀水平，以及实现更加广泛意义上的整体价格水平稳定提出如下政策建议：

其一，编制广义价格指数，优化货币政策最终目标。现行的通胀测度核心指标 CPI 在衡量整体价格水平方面的准确性下降，继续以 CPI 为主要通胀指标进行政策搭配，难以真正实现价格稳定，修正现有以 CPI 为主要通胀指标的货币政策框架刻不容缓。中国货币当局应该编制广义价格指数，并将广义价格指数纳入货币政策框架。

其二，应用广义价格指数，实现"稳定物价"与"熨平周期"之间的协同。本章的研究表明，当货币政策操作以广义价格指数作为通货膨胀衡量指标时，通货膨胀与经济周期波动之间呈现出较高的协同性，长期以来困扰货币当局的"菲利普斯曲线扁平化"问题不复存在。因此，本章主张旨在同时"稳定物价"与"熨平周期"的货币政策操作需要采纳广义价格指数。

第 七 章

中国财政货币政策体制类型识别与最优选择

第一节 研究概述

物价问题一直是经济学界关注的热点问题，关于物价水平的决定理论界主要存在两种观点：货币决定论与财政决定论。前者认为物价水平主要由货币供给和需求决定，后者则认为财政政策在价格水平决定中起着决定作用。早期货币决定论占据主流，但随着宏观经济理论与实践的发展，通货膨胀只是一种货币现象的说法日益受到各种质疑。20 世纪 90 年代以来，利珀（Leeper，1991）、西蒙斯（Sims，1994）、伍德福德（Woodford，1994，1995）等经典文献提出了所谓的价格水平决定的财政理论（FTPL）。该理论认为通货膨胀不仅是一种货币现象，更是一种财政现象。物价水平决定理论的演化意味着，一国的物价调控必须同时兼顾货币政策和财政政策，只有使两者相配合、相协调才能最终实现稳定物价的宏观调控目标。

物价问题也是一个涉及民生的敏感问题。我国自 1980 年以来先后出现过多次通货膨胀，也出现过通货紧缩。值得注意的是，我国的通货膨胀率与货币供给增长率之间并不总是一一对应。究其原因，这既可能是由于货币政策时滞所造成的，也有可能是财政政策在其中起了一定的作用。改革开放以来，财政政策在我国国民经济运行中发挥着越来越重要的作用。在这一背景下，深入研究物价波动动态形成机制、确定物价水平的影响因素不仅能为我们调控物价提供理论依据，更可以为我国制定物价调控措施提供新思路、新方法。

本章第二节首先介绍了财政货币政策体制的 3 种类型："货币主导"、"财政主导"和 FTPL（前两种体制都是通过对税收或铸币税进行调整以满足政府跨期预算约束，属于"李嘉图体制"，后一种则将政府跨期预算方程视为均衡条件，而不是约束条件，属于"非李嘉图体制"），然后全面梳理了国内外关于财政货币政策体制的相关研究。第三节在理论层面上分析了不同政策体制下价格水平的决定，借用萨金特和华莱士（Sargent & Wallace，1987）、瓦什（Walsh，2010）的模型详细解释了李嘉图体制下的货币主导制和财政主导制，以及非李嘉图体制下价格水平决定的财政理论。在理论分析的基础上，本章第四节从中国实际出发，通过观察经济中各项指标的变化并理清它们之间的逻辑联系，判断出我国当前财政货币政策体制类型，并分析该体制所面临的挑战，指出财政货币政策体制的转型方向。第五节基于 DSGE 模型实证分析了我国最优财政货币政策体制的选择，认为经济新常态下宏观调控应向主动型货币政策和被动型财政政策组合的搭配体制转型。第六节提出了稳定物价的最优财政货币政策体制构建十条举措。

第二节　财政货币政策体制类型与识别：文献视角

一、财政货币政策体制类型

近年来，价格水平决定的财政理论已成为学术界研究的热点之一，原因是货币主义理论的现实意义正在逐渐弱化。货币主义理论认为价格水平主要由货币政策决定，但是它没有考虑财政政策因素，忽略了政府预算约束对价格水平的影响。FTPL 批判了传统模型中价格均衡的不可决定性，提出了新的均衡条件，即实际政府债务应当和实际政府盈余相等，这个均衡条件赋予了政府选择实际价格路径的能力。

当在价格决定中考虑财政政策之后，政策体制可以分为以下三种：

第一种体制是，在传统的分析中，人们假设调整财政政策只是为了确保政府预算始终处于平衡状态，货币政策是独立自主的，自由地确定名义货币量或者名义利率，财政政策根据货币政策，调整自己的盈余和支出，使政府跨期预算约束成立，这种情况被称为"货币主导"，往往忽视了财政政策，认为价格水平由货币政策决定，财政政策内生化，所以得出的结论和传统的货币数量论并无区别。

第二种体制是，财政当局在确定其税收和支出时，无需顾及跨期预算平衡要求，当税收的贴现值无法支付政府支出的现值时，政府可以通过增加铸币税来获得额外的收入，这种情况被称为"财政主导"或"弱式价格水平决定的财政理论"。货币政策必须根据财政政策做出相应的调整，转移相应的铸币税，满足政府跨期预算平衡，即赤字货币化。凡是税收或铸币税做出调整——即第一种和第二种体制——以确保满足政府跨期预算约束的制度，都是"李嘉图体制"（Ricardian Regime，简称 R 体制）。

第三种体制即是目前争议颇多的 FTPL（也有人为了区分把此称为"强式价格水平决定的财政理论"），在这种体制下，政府跨期预算约束不是在所有价格水平下都成立，财政政策独立自由地设定其支出和收入，同时货币当局也不会对财政政策做出响应，这种情况称为"非李嘉图体制"（Non-Ricardian Regime，简称 NR 体制）。

二、财政货币政策体制识别

早期的研究文献主要专注于财政赤字和通货膨胀，认为若央行必须确保政府的跨期预算平衡，那么会对通货膨胀产生一定影响。其分析思路主要是财政政策独立自主，货币当局必须产生足够的铸币税以满足跨期预算方程。格里尔和尼曼（Grier & Neiman，1987）总结了第二次世界大战后到 1980 年美国的赤字和货币增长，但是由于在样本区间的赤字波动很小，且由于税收随商业周期同向波动，赤字的波动主要内生反应于商业周期，所以他们并没有得出明确的结论。但他们发现在就业率很高时的结构性赤字是货币增长的一个决定因素。这个结论与金和普罗瑟（King & Plosser，1985）的研究结论相一致，即美国政府的财政赤字是有助于预测未来的铸币税的。他们由此认为，是否存在着财政主导（或者说弱形态的 FTPL），正反两方面的证据都存在。

对于强形态的 FTPL，早期学者认为是无法检验的，正如西蒙斯（Sims，1994）所指出："在任何政策下，价格水平的确定，取决于公众对政策当局在无法被公众所观测的均衡状态下行为的信念。"科克伦（Cochrane）也认为，因为以名义变量形式给出的政府预算约束在 R 体制和 NR 体制下都是成立的，无法区分是通过价格调整还是盈余调整来满足预算约束。有效的实证方法是检验非均衡价格路径时，财政盈余和债务的关系，但是在实际中，我们只能观察到均衡值。

但是还是有很多学者对强形态 FTPL 的实证做出了探讨研究，且从以下几个视角来做实证检验：（1）从政策搭配的角度，根据解的性质和事实来推断现实中的情况。其代表人物是利珀（Leeper，1991，2006）、洛约（Loyo，1997）等；（2）从跨期政府预算方程成立的不同方式检验其政策性质，其代表人物有伍德福德（Woodford，1995）、坎佐内里、坎比、迪巴（Canzoneri，Cumby & Diba，2001）（简称 CCD）等；以上两种识别方法均是根据 FTPL 的逻辑思考推导出识别方法，但是均存在着一定的识别问题，所以学术界又扩展了新的实证方法；（3）局部制度模拟方法，代表人物有金（Kim，2003）、萨拉（Sala，2004）、Davig & Leeper（2006、2009）等，他们通过在新凯恩斯主义动态随机一般均衡模型的基础上，加入 FTPL 成立的假设条件，从中推导出识别条件。

1. 基于政策搭配视角的 FTPL

利珀（Leeper）认为，只有在 AM/PF 中，通货膨胀才是一种货币现象，并进一步指出积极型货币政策是指名义利率对通货膨胀的反应系数大于 1，否则就是被动型货币政策；积极型财政政策是指税收对债务的反应力度不足以支付实际利息的成本，否则就是被动型财政政策。当政策搭配是被动型货币政策和积极型财政政策的组合（简称 PM/AF）时，通货膨胀不完全是一种货币现象，财政政策在价格水平的决定中起主要作用。这就是基于利珀（Leeper）政策搭配的价格水平的财政理论。其后，科瑞尔和比昂（Creel & Bihan，2006）又更进一步推出不同政策搭配时解的性质，他们认为，只要财政政策是积极的，就会在价格决定中起到重要的作用。

表 7.1　不同政策的组合解及其性质

	积极型货币政策（AM）	被动型货币政策（PM）
积极型财政政策（AF）	爆炸型解	唯一理性预期稳定均衡解
被动型财政政策（PF）	唯一理性预期稳定均衡解	不可决定理性预期均衡解

根据表 7.1 给出的解的性质、典型事实以及被估计的货币政策性质，我们就可以对制度类型做出合理的判断，但是其前提条件是能正确估计出货币政策规则，这为实证检验制造了难题。伍德福德（Woodford，1998）曾借鉴此方法来识别美国的政策性质。他认为美国近期通货膨胀非常温和，既没有类似巴西的爆炸性通胀，又没有类似日本的通货紧缩，按照表 7.1 解的性质，政策组合只有可能是积极型货币政策/被动型财政政策（AM/PF），或者是积极型财政政策/被动型货币政策（AF/PM）。又根据泰勒（Taylor，1993）等一系列经典文献，美国的名义利率对通胀的反应系数是公认的远远大于 1 的——积极型货币政策，故伍德福德（Woodford）认为美国当前的政策搭配是积极型货币政策和被动型财政政策。虽然基于政策搭配视角很适应于政策分析，但是在运用到我国的实证中却有不少难题。首先，中国货币政策规则的估计本身就有不少缺陷，影响其估计的精度，比如潜在缺口的估计、长期均衡实际利率等（卞志村，2006）；其次，虽然研究我国货币政策规则的文献汗牛充栋，但在规则的具体表达上，学术界还未达成共识，估计出的结果也大多各异，很多学者也承认估计的规则是不稳定的规则，不能完全表示我国的实际情况（谢平和罗雄，2002；郑挺国和刘金全，2010）。因此，直接根据解的性质、典型事实以及被估计的货币政策来识别现实情况只能作为参考。

2. 基于跨期政府预算方程（PVBC）视角的 FTPL

通过这一角度研究 FTPL 的文献有很多，但其模型均比较类似，都是基于跨期政府预算方程：

$$(1 + r)\, b_{t-1} = \sum_{i=0}^{\infty} \frac{w_{t+i}}{(1 + r)^{i}} \tag{7.1}$$

其中，b 为实际债务，r 为真实利率，w 为财政基本盈余（税收＋铸币税－政府支出）。跨期预算方程将财政政策和货币政策联系起来。逻辑上区制的识别条件是检验（7.1）式是如何成立的，是通过财政基本盈余的调整实现还是通过价格水平的调整实现。前者符合 R 体制，后者符合 NR 体制。一个有效的实证检验方法应该是检验非均衡价格时，财政基本盈余和基本债务的关系，但是这种方法在实际中是不可操作的。这种检验方法具有代表性的有博恩（Bohn，1998）的后视法和 CCD（2001）的前瞻法。博恩

（Bohn）认为，在李嘉图体制中，当期财政基本盈余会受到前一期债务的正向影响，他通过估算美国的数据，认为美国政府的财政政策偏向 R 体制。但是对此方法的批评也有很多，坎佐内里（Canzoneri，2001）认为博恩（Bohn）提出的正相关关系在李嘉图体制下成立，但也可以用非李嘉图体制来解释。前者是基本盈余对债务做出反应，而后者是政府债务对当期和预期的未来盈余做出反应，故而博恩（Bohn）的识别条件是不准确的。CCD（2001）为了避免博恩（Bohn）的识别问题，根据美国第二次世界大战后的数据，提出了新的识别方法。但是他们的识别条件也不能全面识别出不同的区制。他们认为：在李嘉图体制中，当期的基本盈余上升会导致下一期债务的下降。而在非李嘉图体制中，有三种可能性：第一种，基本盈余无自相关且与贴现因子无关，此时下一期债务不受盈余影响；第二种，基本盈余正自相关且与贴现因子正相关，当期盈余的上升会造成下一期债务的上升，在这种情形下，区分 R 体制和 NR 体制是有可能的；第三种，基本盈余负自相关且与贴现因子负相关，则不论是在 R 体制还是在 NR 体制中，当期基本盈余的上升均会造成下一期债务的下降，无法识别不同体制。但是他们根据 VAR 脉冲结果，由于债务对盈余冲击总是为负且没有第三种情况出现，所以认为 R 体制更为恰当。CCD 的识别方法受到很多学者的引用。Semmler & Zhang（2003）利用他们的方法对德国和法国的数据实证研究提出，两国在样本区间均执行了非李嘉图体制的财政政策。阿方索（Afonso，2005）利用欧盟 1970—2003 年的数据研究表明，在样本区间内欧盟实行的是李嘉图体制的政策。科瑞尔和博恩（Creel & Bihan，2006）对美国、法国、德国、英国和意大利的研究结果表明美国和德国是李嘉图体制的政策，而法国和意大利则识别为非李嘉图体制。但是尽管如此，CCD（2001）还是认为他们的识别方法不够完善，存在着一定的识别问题。

3. 局部制度模拟的方法

局部模拟视角的核心是通过将来自不同政策规则搭配下的理论脉冲与现实中的脉冲做比较，识别现实中的政策规则搭配类型，这与第一种方法有一点相似之处。其代表人物萨拉（Sala，2004）通过建立动态随机一般均衡模型，加入 FTPL 成立的假设条件，从中推导出财政政策影响价格的均衡条件，该条件被作为实证研究的识别条件。萨拉（Sala）考察了税收冲击的反应行为，认为税收冲击的行为反应和制度性质无关，不足以成为识别条件，CCD（2001）的识别条件可能有误。萨拉（Sala）的结果表明，美国在1960—1979年之间执行的政策是非李嘉图体制的政策，而在1990年以后执行的是李嘉图体制政策。不过萨拉（Sala）当时的体制划分是根据经验来划分的，其后 Davig & Leeper（2006、2009）在动态随机一般均衡模型的基础上，加入可变的政策规则假设，使用马尔科夫转换方法估计美国政府的反应规则。他们的研究结果和萨拉（Sala）的大致一样，认为美国在不同的年份存在着不同的政策体制组合。

国内研究价格水平财政理论的文献还较少。龚六堂和邹恒甫（2002）得出具有产出生产过程的价格水平决定的财政理论，指出价格水平由政府债券的实际值与政府盈余相等来决定，并且从跨期预算方程是均衡条件的角度认为 FTPL 是无法检验的。胡振飞（2005）对 FTPL 做了综述。陈利平（2005）批判了 FTPL，他认为价格水平决定的财政理论没有考虑名义债券市场与其他资产市场的联系，从而孤立地讨论名义债券出清条件是不够的。万晓莉和傅雄广（2008）根据 CCD（2001）的方法，实证检验我国 1979 年至 2005 年的数据，认为我国的价格水平决定于货币政策。方红生和朱保华（2008）利用萨拉（Sala，2004）和金（Kim，2004）的识别方法，检验我国 1996—2006 年月度数据后，认为非李嘉图体制能更好地解释我国价格水平。张志栋和靳玉英（2011）基于 CCD（2001）的方法，考虑到可能存在的区制转换，采用马尔科夫转换向量自回归模型（MS-VAR）认为我国在1997 年前后，政策组合发生了变化，1980 至 1997 年为 MD 区制，1997 至2009 年为 FD 区制。刘斌（2009）通过建立新凯恩斯动态一般均衡模型，采用贝叶斯（Bayes）技术对我国物价水平的决定机制进行实证分析。他认为我国的政策搭配是积极的财政政策和被动的货币政策。总的来看，我国的实证研究还处在刚刚起步的阶段，且实证的结果也有一定的差异，仍有待于进一步深入研究。

第三节　不同政策体制下价格水平的决定：理论视角

萨金特（Sargent，1987）明确阐述了政府预算约束对分析货币问题的重要性，并且还进一步指出了政府债务归还方式的选择（铸币税或税收）是极其重要的，其不同的选择方式会对价格水平的均衡路径造成不同的影响。根据定义，李嘉图体制下的政府，不管是通过铸币税还是税收，都要保证其跨期预算约束成立，即保证：实际国家债务的现值＝实际财政盈余的现值＋铸币税的现值，在任何条件下成立。但是由于假设的不同，存在着李嘉图体制和非李嘉图体制。李嘉图体制下，政府跨期预算始终成立，是一个约束条件，非李嘉图体制下，政府跨期预算只在均衡价格下成立，为一个均衡条件。在李嘉图体制下，又可以分为"货币主导"和"财政主导"。前者是假设货币政策主动，财政政策内生化，得出的结论和货币数量论是类似的；后者是假设财政政策主动，货币政策被动响应财政政策，财政赤字货币化，得出的结论是政府债务存量对均衡价格有影响。为了便于理解，本部分借用萨金特和华莱士（Sargent & Wallace，1987）和瓦什（Walsh，2010）的模型详细解释李嘉图体制下的货币主导制和财政主导制，以及非李嘉图体制下的价格水平决定的财政理论。

一、李嘉图体制下的价格水平决定

假设在经济中，存在以下政府预算方程：

$$G_t + i_{t-1} B_{t-1} = T_t + (B_t - B_{t-1}) + (H_t - H_{t-1}) \tag{7.2}$$

其中，G_t 是政府在商品、劳务和转移支付上的支出；T_t 是政府税收收入；$H_t - H_{t-1}$ 通常被称为高能货币，代表政府铸币税；B 是民众持有的生息政府债券；i 为名义利率。上式为政府单期预算方程，将此方程以实际值表示可得：

$$g_t + r_{t-1} b_{t-1} = t_t + (b_t - b_{t-1}) + s_t \tag{7.3}$$

公众也有自身的预算约束，令公众在每一期收到外生禀赋收入 y，并支付一次性税赋 t，同时公众持有一定的政府债券，并会在 t 期初收到本息偿付 $(1 + r_{t-1}) b_{t-1}$。最后，公众还会持有上一期带入的货币余额。公众的收入将分配在消费、实际货币持有以及实际债券的购买上。公众的实际预算约束为：

$$c_t + m_t + b_t = y + (1 + r_{t-1}) b_{t-1} + \frac{m_{t-1}}{1 + \pi_t} - t_t \tag{7.4}$$

设 Γ_t 为政府税收的折现值，政府保证 ψ 比例的债务由税收来承担：$\Gamma_t = \psi(1 + r_{t-1}) b_{t-1}$，$0 \leqslant \psi \leqslant 1$。若 $\psi = 1$，即全部债务由税收偿还，政府承诺目前的未清偿的债务不会超过当期和未来税赋的折现值，此时正是李嘉图体制下的货币主导。若 $\psi < 1$，即为李嘉图体制度下的财政主导，在该体制下，铸币税必须做出调整，以确保政府预算约束成立。

因为 Γ_t 是现值，也可以将其写为：

$$\Gamma_t = t_t + E_t \left[\frac{\Gamma_{t+1}}{1 + r_t} \right] = t_t + E_t \left[\frac{\psi(1 + r_t) b_t}{(1 + r_t)} \right] \tag{7.5}$$

故而可以得出：

$t_t = \psi(R_{t-1} b_{t-1} - b_t)$，其中 $R = 1 + r$。将上式代入到公众预算约束中，可得：

$$c_t + m_t + (1 - \psi) b_t = y + (1 - \psi) R_{t-1} b_t + \frac{m_{t-1}}{1 + \pi_t} \tag{7.6}$$

在货币主导制下，$\psi = 1$，可以很明显地看到上式中凡是涉及政府债务的项都被消去，只有货币存量起作用。但是若是在财政主导制下，债务项并不能消去。令 $w = m + (1 - \psi) b$，公众预算约束可以简写成：

$$y + R_{t-1} w_{t-1} = \frac{i_{t-1} m_{t-1}}{1 + \pi_t} + c_t + w_t \tag{7.7}$$

上式表明家庭的收入指标为 $y + R_{t-1} w_{t-1}$，收入被用来消费、购买金融资产和货币余额。由于资产需求通过 w_{t-1} 而取决于 ψ，均衡价格水平和名义利率也通常取决于 ψ。

为了确定政府担保偿还债务的方式对均衡价格水平的影响，沿用前文假定，效用函数对数可分，那么根据最优消费路径的欧拉条件可以得到 $c_{t+1} = \beta(1 + r_t) c_t$。将这些条件代入到公众预算约束中，可以得到：

$$y + R_{t-1} w_{t-1} = c_t + w_t + \left[\frac{i_{t-1}}{1 + \pi_t} \right] a \left[\frac{1 + i_{t-1}}{i_{t-1}} \right] \frac{c_t}{\beta(1 + r_{t-1})} = \left[1 + \frac{a}{\beta} \right] c_t + w_t \tag{7.8}$$

均衡时，有 $c_t = y$，故上式可以变为：

$$R_{t-1} w_{t-1} = \left(\frac{a}{\beta} \right) y + w_t \tag{7.9}$$

在稳态时，有 $w_t = w_{t-1} = w^s = ay/\beta(i-1)$ ，且 $w = m + (1 - \psi) b$ 。所以，稳态时候的均衡价格水平等于：

$$P^s = \left(\frac{\beta r^s}{ay}\right) [M + (1 - \psi) B] \tag{7.10}$$

如果政府的全部债务由税收来偿还，$\psi = 1$，就得到标准的结论，价格水平和名义货币供给量成正比，这与传统的货币数量论是一致的。在货币主导制中，均衡价格水平只与货币存量相关，均衡价格路径为 $M \rightarrow P$。但是如果 $\psi < 1$，那么名义货币供给和名义债务存量会影响价格水平，M 和 B 的同比例变化将导致价格水平的同比例变动。在稳态下，实际变量是固定不变的，所以所有名义量和价格水平必须按照同一个速率变动，也就是说如果 B 增长，那么 M 也一定按照相同的速度增长。均衡价格路径为 $B \rightarrow M \rightarrow P$。

综上所述，如果中央银行实行独立的并值得信任的通货膨胀政策，并且政府可以接受央行的货币主导型政策的话，传统的由货币量决定价格水平的过程是必定成立的。然而，在财政主导型的经济体系中，财政政策对价格水平也是具有影响的，但是要注意的是，财政政策到价格水平的过程必须经过货币这个中间过程。

这两种情况在现实中都存在。近年来，许多发达国家都努力保证中央银行的独立性，或者央行直接宣布盯住通货膨胀率。与此同时，这些国家的财政当局也出台了很多限制财政政策的法案，比如英国的"黄金规则"、欧盟的"马约"、美国的"Pay-as-you-go"政策。这些国家都将管理通货膨胀的重任交给了中央银行，赋予了央行很高独立自主性，同时财政当局也积极地配合央行，控制其财政支出，也即保证 $\psi = 1$。与此同时，也有一些爆发了恶性通货膨胀的国家（比如第二次世界大战时的德国以及 20 世纪 80 年代的玻利维亚等），这些国家的恶性通货膨胀的罪魁祸首往往都是因为巨额的财政赤字，当政府不得不靠印发货币来为政府开支融资时，很可能会导致恶性通货膨胀，这也是为什么财政主导制目前不是很多见的重要原因。

二、非李嘉图体制下的价格水平决定

和李嘉图体制下的分析大相径庭的是，价格水平决定的财政理论认为，政府跨期预算方程并不是一个约束条件，而仅仅是一个均衡条件，只在均衡的价格水平时成立。本部分借用瓦什（Walsh，2010）的理论模型来说明价格水平。

代表性家庭在跨期预算约束下，最优化地选择消费和资产。假设代表性家庭 t 时刻面临的预算约束为：

$$D_t + P_t y_t - T_t \geq P_t c_t + M_t^d + B_t^d = P_t c_t + \left(\frac{i_t}{1 + i_t}\right) M_t^d + \left(\frac{1}{1 + i_t}\right) D_{t+1}^d$$

$$(7.11)$$

其中，D_t 为家庭在期初拥有的金融财富，且 $D_{t+1}^d = (1 + i_t) B_t^d + M_t^d$，$B^d$ 和 M^d 分别是家庭对生息债务和货币的需求。将上式转为真实值表示，可以得到下式：

$$d_t + y_t - \tau_t \geq c_t + m_t^d + b_t^d = c_t + \left(\frac{i_t}{1 + i_t}\right) m_t^d + \left(\frac{1}{1 + r_t}\right) d_{t+1}^d \qquad (7.12)$$

其中，$\tau_t = \dfrac{T_t}{P_t}$，$m_t^d = \dfrac{M_t^d}{P_t}$，$(1 + r_t) = (1 + i_t)(1 + \pi_{t+1})$，$d_t = \dfrac{D_t}{P_t}$。将 (7.12) 式迭代得：

$$d_t + \sum_{t=0}^{\infty} \lambda_{t,\,t+i}(y_{t+i} - \tau_{t+i}) = \sum_{t=0}^{\infty} \lambda_{t,\,t+i}\left[c_{t+i} + \left(\frac{i_{t+1}}{1 + i_{t+1}}\right) m_{t+i}^d\right] \qquad (7.13)$$

λ 为折现率。该等式左边是家庭的初始实际金融财富和税后收入的折现值，右边是消费支出加持有货币实际成本的折现值。其最优条件要求 (7.13) 式等号成立。政府的预算约束如（7.3）式所示，将 d_t 代入到（7.3）式中，并对未来的 d_t 值进行递归迭代，可得：

$$d_t + \sum_{i=0}^{\infty} \lambda_{t,\,t+i}(g_{t+i} - \tau_{t+i} - s_{t+i}) = \lim_{T \to \infty} \lambda_{t,\,t+i} d_T \qquad (7.14)$$

前面我们假设整个政府对开支、税收和铸币税的选择，在任意价格水平上都满足 $\lim\limits_{T \to \infty} \lambda_{t,\,t+i} d_T = 0$ 这个条件。若对于任意价格和利率，关于 $(g_{t+i},\ \tau_{t+i},\ s_{t+i},\ d_{t+i})$ 的政策路径使 $\lim\limits_{T \to \infty} \lambda_{t,\,t+i} d_T = 0$ 始终成立，即为李嘉图体制，反之则为非李嘉图体制。因为货币市场均衡需要货币供给等于货币需求，假设没有资本，则商品市场均衡要求：$y = c + g$，将此代入到家庭预算约束中，重新整理可得：

$$d_t + \sum_{i=0}^{\infty} \lambda_{t,\,t+i} \left[g_{t+i} - \tau_{t+i} - \left(\frac{i_{t+i}}{1 + i_{t+i}} \right) m_{t+i} \right] = 0 \tag{7.15}$$

因此，代表性家庭的最优化问题和市场均衡表明，在均衡状态下，（7.15）式必定成立。在李嘉图体制下，（7.15）式并不对均衡施加额外限制，因为总是可以调整政策变量，以保证该条件始终成立。但在非李嘉图政策下，它确实构成一项在均衡时必须满足的附加条件。利用 d 和铸币税的定义，将（7.15）式转化成：

$$\frac{D_t}{P_t} = \sum_{i=0}^{\infty} \lambda_{t,\,t+i} \left[\tau_{t+i} + s_{t+i} - g_{t+i} \right] \tag{7.16}$$

在 t 期，政府未清偿名义负债 D 由过去的政策事先决定。给定政府未来盈余折现值，唯一的内生变量即为等式左边的当期价格 P，只有价格作出调整，才能确保（7.16）式的成立。实际货币余额需求转化为：

$$\frac{M_t}{P_t} = f(1 + i_t) \tag{7.17}$$

在均衡时，（7.16）式和（7.17）式都必须成立。但是，哪些变量由这两个方程联合决定，则要取决于对财政和货币政策所做的假设。由于名义负债在 t 期前已经事先决定，那么通过（7.16）式得出均衡价格水平为：

$$P_t^* = D_t \Big/ \sum_{i=0}^{\infty} \lambda_{t,\,t+i} \left[\tau_{t+i} + s_{t+i} - g_{t+i} \right] \tag{7.18}$$

该均衡有一个特点，财政政策的变化直接改变均衡价格水平，价格水平可以由（7.18）式唯一决定。FTPL 假设政府的跨期预算平衡是一个均衡条件而不是约束条件，不是在任何价格水平上都成立。这表明，当价格不同于 P_t^* 时，政府计划产生的盈余的折现值不等于政府未清偿的实际负债。这也说明，政府可以削减当期税收，保持当期和未来开支及铸币税不变，而不会同时提高未来税赋。如果（7.15）式视为任何价格水平上都须成立的预算约束，即在李嘉图体制下，任何削减当期税收（使（7.15）式右边减少）的决定，都必须伴随着有未来增税计划，以使该式右侧不变。

三、李嘉图体制和非李嘉图体制价格水平决定理论比较和总结

首先来看一下价格水平决定理论之间的区别，总结如表 7.2。在实际检验当

中，R 体制和 NR 体制之间的最主要区别在于政府跨期预算约束成立的方式。

表 7.2　各种理论之间的比较

	货币主导	财政主导	NR
货币政策	外生，主动	内生，被动	外生，主动
财政政策	内生，被动	外生，主动	外生，主动
价格影响路径	$M \rightarrow P$	$B \rightarrow M \rightarrow P$	$B \rightarrow M, M \rightarrow P$

$$(1 + r)\, b_{t-1} + \sum_{i=o}^{\infty} \frac{g_{t+i}}{(1 + r)^{i}} = \sum_{i=o}^{\infty} \frac{t_{t+i}}{(1 + r)^{i}} + \sum_{i=o}^{\infty} \frac{s_{t+i}}{(1 + r)^{i}} + \lim_{t \to \infty} \frac{b_{t+i}}{(1 + r)^{i}}$$

$$(7.19)$$

（7.19）式是将单期政府预算约束进行迭代得到，变量定义如同前文。

若上式最后一项等于零，即 $\lim\limits_{t \to \infty} \dfrac{b_{t+i}}{(1 + r)^{i}} = 0$，那么，政府的开支和税收计划

就满足跨期预算平衡的"无蓬齐"条件（No Ponzi Condition）。在此条件下，

令基本盈余 $w = t + s - g$，跨期政府预算平衡意味着：

$$(1 + r)\, b_{t-1} = \sum_{i=o}^{\infty} \frac{w_{t+i}}{(1 + r)^{i}} \tag{7.20}$$

（7.20）式是理论推导的核心公式之一。上式的重要意义在于政府未清偿债务的现值必须等于未来基本盈余的现值，产生盈余的方法包括调整税收、政府支出以及铸币税。李嘉图体制和非李嘉图体制的根本性分歧就在于（7.20）式。如果政府认为（7.20）式是个必须满足的预算约束，货币当局通过调整名义利率或控制货币供给量等手段决定价格水平，那么财政当局就必须在给定的价格水平上调整基本盈余 w 使（7.20）式成立，即当期支出增加所造成的债务必然要由以后的盈余来弥补。这样的政策体制就叫"货币主导体制"。此时，价格完全由货币当局所决定，货币政策占主导地位，财政政策起辅助作用，所做的只是在给定的价格水平上，调节自己的支出和收入，使政府跨期预算方程成为任何价格都成立的约束条件。这时的价格决定和货币主义学派的理论没有区别。

如果政府在制定财政政策时，不考虑跨期预算方程，那么此时（7.20）

式的成立要考虑到货币当局的行为。例如当财政处于赤字状态中，货币当局增发货币响应财政政策，这不但会提高价格增加政府的铸币税收入，同时也会降低政府基本债务的实际价值。此时的货币政策不是独立自主的政策，从属于财政政策，（7.20）式完全可以通过当前或未来的铸币税来保证平衡，此政策体制就叫做"财政主导体制"。该体制意味着通货膨胀依然是一种货币现象，所以这仍然被归为"李嘉图体制"（Walsh，2004）。

（7.20）式成立的另外一种渠道是，如果政府处于财政赤字中，但是货币当局并未对财政变量直接做出反应——即政府在赤字时，并没有考虑增加盈余保证跨期预算成立，同时，货币当局也不增长货币来保证（7.20）式成立——此时，李嘉图等价不成立，但财政政策的财富效应产生，消费上升，价格上升，造成当期政府债务实际值下降，（7.20）式又成立，跨期预算方程不是约束条件，只是均衡条件。此时，价格水平完全是由财政政策所决定，这也就是价格水平决定的财政理论与传统货币理论迥异的地方。政府在考虑基本盈余的时候不考虑跨期预算方程是否成立的做法叫做"非李嘉图性质"的财政政策。值得注意的是，此处的 FTPL 成立有一个隐含的前提：货币政策是独立自主的政策，并不直接对财政变量做出反应。

第四节　中国最优财政货币政策体制选择：经验视角

一、稳定物价已成为当前宏观调控的首要任务

为应对国际金融危机，中国自 2008 年下半年开始实施扩张的财政政策与适度宽松的货币政策。2009 年中国经济走出了一条鲜明的"V"型反弹曲线，表明这一政策组合已发挥巨大作用。但在各种乐观数据的背后，中国经济仍然隐藏着诸多问题。其中，物价就是最为突出的问题之一。事实上，自 2010 年四季度以来，物价持续上涨的势头一直延续，从 2010 年 10 月到 2011 年 2 月，居民消费价格（CPI）增长率分别为 4.4%、5.1%、4.6%、4.9% 和 4.9%。

物价问题是一个涉及民生的敏感问题，不仅直接影响百姓生活水平，还影响整个经济发展和社会稳定。正是看到了物价的本质影响，在 2011 年举

行的十一届全国人大四次会议上，温家宝总理在政府工作报告中开篇即谈到了物价，提出要把稳定物价总水平作为宏观调控的首要任务，并将 2011 年全国物价调控目标设定为 CPI 涨幅 4% 左右，同时还列出了五项具体措施，包括：一是有效管理市场流动性，控制物价过快上涨的货币条件；二是大力发展生产，保障主要农产品、基本生活必需品、重要生产资料的生产和供应；三是加强农产品流通体系建设，积极开展"农超对接"，畅通鲜活农产品运输"绿色通道"；四是加强价格监管，维护市场秩序；五是完善补贴制度，建立健全社会救助和保障标准与物价上涨挂钩的联动机制。物价问题已引起全社会的关注，但此次物价上涨究竟起因于何？如何控制？理论与实务界却众说纷纭。本节拟从财政货币政策体制角度对此加以分析。

二、物价水平：货币决定还是财政决定

在物价水平决定问题上，理论界一直存在所谓货币论与财政论之争。前者属于传统观点，其理论核心是货币数量论，强调物价水平取决于中央银行的货币供给。进一步，如果考虑到预期因素，则物价水平不仅取决于现期货币供给，还取决于预期的未来货币供给，是两者的加权平均值。货币论的精髓用芝加哥大学经济学大师米尔顿·弗里德曼的那句名言来概括即是："通货膨胀永远是、而且在任何地方都只是一种货币现象"。财政论是 20 世纪 90 年代才兴起的一种新理论，最早由利珀（Leeper）提出。利珀（Leeper，1991，1993）认为通货膨胀永远只是一种货币现象，只在特定的条件下才成立，这个条件就是积极型货币政策与被动型财政政策的组合。在这一组合下，财政政策只是起到平衡政府现值预算约束的作用，对价格水平的决定不起任何作用，但若是被动型货币政策与积极型财政政策的组合，则通货膨胀不完全是一种货币现象，其中财政政策在价格水平的决定中起着重要作用，而货币政策以非传统理论所预期的结果发挥作用。科瑞尔和比昂（Creel & Bihan，2006）则进一步认为，即使货币政策是积极的，积极型财政政策依然影响着价格水平，只不过是以爆炸性的方式在起作用。

当前，在有关中国此次物价上涨的原因解释上，一种主流的观点是，货币发行过多引致通货膨胀。单从数字来看，这一观点显然有其合理性，因为从 2008 年 12 月底到 2010 年 12 月底，两年间中国经济体内部的 M0 净增了

1.04 万亿，基础货币增加了 5.6 万亿，狭义货币 M1 增加了 10.05 万亿，广义货币 M2 增加了 25.06 万亿。M2 的净增量已是这两年 GDP 增量的 2.59 倍，占 2009 年中国 GDP 的 74.7%。巨额货币供给增长带来物价上升，这完全符合货币论的逻辑。问题在于，货币扩张虽然是物价上涨的直接原因，但引起货币扩张的直接原因又是什么呢？要回答清楚这个问题得从财政政策入手。众所周知，为抗击金融危机，中国政府于 2008 年底开始实施 4 万亿元人民币财政刺激计划。这一规模空前的扩张性财政政策尽管没有造成中央政府出现巨额赤字，但地方政府却负债累累。进而言之，中央政府财政赤字虽然不是此次物价上涨的主要原因，但地方政府借贷却成为一个主要推手。这是因为在 4 万亿元人民币巨额财政刺激计划中，有 28200 亿元需要地方政府提供配套资金支持。中国地方政府的资金来源虽然包括地方财政预算、中央政府代发地方债券、政策性贷款、企业债券、中期票据、银行贷款，以及吸引民间投资等多种方式，但现实情况是，中国地方政府的财政配套资金很有限，而通过发行债券筹集资金的进展速度又很缓慢。为了减少金融危机损失，遏制金融危机蔓延，必须动用非常规的财政资金筹集手段。在 2008—2010 年的中国，鼓励或直接要求银行增加贷款投放，参与财政刺激计划，成为必要的甚至是首要的、效率相对较高的选择。同时，2008 年初，中国银行部门中普遍存在的流动性过剩以及中国商业银行中较高的国家股权持有比重，这些又为这种相对独特却较有效率的资金筹集方式提供了可能和条件。于是，银行贷款筹资模式迅速被各级地方政府采用，银行信贷出现井喷：2009 年，全国的银行信贷规模净增了 9.59 万亿，同比增长了 33%；2010 年全年又新增贷款7.95 万亿元；两年全国银行信贷规模总共增加了 17.54 万亿，差不多是 2009年中国 GDP 总量的一半。经济理论告诉我们，当人类经济社会进入信用货币阶段后，货币主要是通过商业银行贷款创造银行存款而内生产生，相反，传统的通过央行主动地向经济体内外生注入货币的形式则退居其次。基于此，我们可得出一个基本结论：财政刺激计划下，银行贷款急剧膨胀直接造成中国近两年的 M1 和 M2 巨量增长，而后者直接导致物价持续上升。

三、当前财政货币政策体制面临的挑战

Davig & Leeper（2006）对利珀（Leeper）早期研究的政策性质做出了

如下具体定义：积极型货币政策（active monetary policy）是指名义利率对通货膨胀的反应系数超过 1，否则是被动型货币政策（passive monetary policy）；积极型财政政策（active fiscal policy）是指税收对债务的反应力度不足以支付实际利息成本，否则为被动型财政政策（passive fiscal policy）。对这四种政策加以组合则可得到四种政策体制（Policy Regime）：积极型财政政策和被动型货币政策体制、被动型财政政策和积极型货币政策体制、积极型财政政策和积极型货币政策体制以及被动型财政政策和被动型货币政策体制。前两种政策体制存在唯一理性预期稳定均衡解，第三种政策体制存在爆炸型解，第四种政策体制存在不可决定性理性预期均衡解。

从前文的分析中可看出，当前我国的财政货币政策体制具有明显的赤字财政政策特征和政府投资引致信贷扩张特征，因此属于典型的积极型财政政策和被动型货币政策体制类型。虽然这种财政货币政策体制有利于迅速调动各种资源以抗击金融危机，但是，随着中国经济逐渐摆脱金融危机的影响而走向正常化，特别是物价的持续上升，这种财政货币政策体制面临的挑战却越来越多。主要表现在：

1. 通胀预期不断强化

当前导致社会公众通胀预期不断强化的因素很多，既包括国内的，又包括国外的，如经济加速回升、人民币升值、国际大宗商品价格持续走高等。不过，与其他影响因素相比，由 4 万亿元人民币巨额财政刺激计划所带来的信贷投放超常增长和流动性过于充裕，两者对通胀预期的产生与强化所起的作用无疑更直接、更猛烈。这是因为，通胀预期取决于信任，即对政府承诺的物价稳定政策的感觉。在一个高赤字、高投资和高信贷的社会中，社会公众是很难信任政府的承诺的。相反，要想真正取信于民，政府必须实施以减少政府支出为主要内容的财政改革和以加强中央银行独立性为主要内容的金融改革。

2. 地方政府债务压力巨大

据统计，截至 2010 年 6 月末，地方融资平台贷款余额达 7.66 万亿元，城投债（含中期票据和短期融资券）余额为 4882.5 亿元，再加上财政部代发的地方政府债券 2670 亿元，地方政府公开可计算的总债务已超过 8.42 万亿元。中国银监会曾披露，目前地方融资平台贷款中存在严重偿还风险的贷款占比为23%，这意味着融资平台贷款的风险敞口约在1.5万亿元。审计署前期对18个省、16个市和36个县的审计则发现，有7个省、10个市和14个县本级债务率已超过100%的国际标准，最高的甚至达到364.77%。据测算，2011年之后，大量地方债将进入还款期，城投债风险会在数年间集中爆发，而今后两年内地方债务的积累仍然会维持在很高的水平，地方政府债务压力巨大。对此，国务院发展研究中心宏观经济部地方债务课题组负责人魏加宁甚至认为，目前中国地方政府债务风险实际上已经超过金融风险，成为威胁中国经济安全与社会稳定的头号杀手。

3. 银行信贷违约风险增加

金融危机期间，配合财政刺激计划集中投放信贷资金既是中国银行部门业务活动的一个最显著特征，又是其最好的现实选择。原因在于，金融危机使银行在消费、投资和出口等方面的商业信贷机会显著减少，且信贷风险上升。但是，如果银行能抓住机会，通过配合财政刺激计划而对基础设施项目、固定资产改造及新建项目等进行信贷集中投放，则尽管收益相对较低，投资期限比较长，但信贷需求巨大，且由于有政府财政做隐性担保，信贷风险也较小。同时，在金融危机时期配合财政刺激计划增加信贷投放，有利于银行增加与政府部门的联系并获得更多的市场机会，且对银行在金融危机后的经营活动也会有很大帮助。但值得注意的是，这种配合巨额财政刺激计划的信贷集中投放很容易给银行带来违约风险。因为，这些财政刺激政策毕竟是一种应急政策，不可能长期实施，一旦这类政策需要退出，则很多相关项目将面临困境。更为重要的是，此次银行信贷集中投放的项目，多数具有资金需求大、投资周期长、营利能力低、产能过剩较为严重等特点，它们容易出现资金周转不畅和经营效率低下等问题，从而直接造成银行信贷资金难以回收。

四、基于物价控制的财政货币政策体制选择

长期以来，中国政府一直将中国的通货膨胀调控目标区间设定在2%—4%水平。但从2010年10月开始，CPI一举突破4%后就一直处于高位，直至2011年底仍未见其出现下降趋势。究其原因，即是实施积极型财政政策和被动型货币政策体制使然。因此，如果任由这种政策体制继续存在下去，

则稳定物价必将成为空谈。换言之，要实现稳定物价的宏观调控目标，财政货币政策体制转变势在必行。问题是，在剩下的三种财政货币政策体制中，哪一种才是合适的呢？首先，积极型财政政策与积极型货币政策体制显然不可取。因为只要实施积极型财政政策，上述问题仍将存在。其次，被动型财政政策与被动型货币政策也不可取。因为被动型财政政策虽有利于限制政府投资扩张，但在货币供应量和流动性业已过剩的情况下，被动型货币政策无异于中央银行自缚手脚，从而失去了主动出击以控制物价的政策利器。这样，中国就剩下最后的选择：被动型财政政策与积极型货币政策体制。

被动型财政政策与积极型货币政策体制的要旨是：实施政府财政预算约束，严格控制政府债务和投资，同时提高中央银行独立性，加强货币政策制定和实施自主权，明确稳定物价的货币政策目标。因此，实施这一政策体制需要做好以下几项工作：（1）转变功能财政观念，增强政府的债务风险意识，量入为出，约束各级政府赤字财政行为；（2）全面审计地方政府债务，摸清全国地方政府债务的规模、结构、类型、成因和管理情况，建立规范的地方举债融资机制，严格举借程序，有效防范和化解潜在风险；（3）继续推进商业银行市场化改革进程，加强商业银行的独立性与自主性，努力实现银政分离，使其真正成为独立的法人主体；（4）增强中国人民银行的职能独立性和信用独立性，加大其制定和执行货币政策的自主权，完善货币调控机制；（5）协调中央银行多重目标之间的关系，借鉴国外成功经验，做到在金融稳定与货币政策之间，强调货币政策优先；在经济增长与稳定物价之间，强调稳定物价优先。

第五节　中国最优财政货币政策体制选择：实证视角

一、引　言

长期以来，宏观经济环境的稳定一直是理论和实务界争论和研究的重点，2008年以来我国出现的物价剧烈波动和产出增速持续下行也一度成为国内外宏观政策研究和讨论的焦点。财政货币政策作为宏观调控的重要手段对促进经济稳定发展有着不可忽视的作用，但各国实际经济运行表明，试图稳定宏观经济的财政货币政策本身也是造成经济波动的内在源泉（卞志村，2007）。许多研究表明，单纯关注财政政策和货币政策并不能有效促进经济稳定，实现经济体福利最大化。寻找最有利于经济发展的财政货币政策体制组合以减少经济波动、促进经济平稳运行是当前学术界和政策当局亟待解决的问题。

通货膨胀和产出作为衡量宏观经济稳定的两大重要变量，历来都是财政政策和货币政策调控的核心目标。产出作为一个经济体发展程度的直观度量指标，国内外学者对此早已展开大量研究，现已形成较为成熟的理论体系。凯恩斯主义认为，财政货币政策在短期对扩大总需求、引导经济实现均衡有着积极有效的作用；新古典主义宏观经济学者基于 RBC 模型，认为经济中的产出、通货膨胀、就业等大部分变量仅仅受到技术冲击影响，任何试图影响经济的宏观经济政策都是无效的、甚至是有害的（Kydland & Prescott，1982）；新凯恩斯主义宏观经济学者基于价格刚性、理性预期和不完全竞争等贴近现实的假设，引入微观基础证明了财政货币政策对稳定经济发展、引导产出趋于平衡是有效的（Mankiw et al.，1988；Gali，2007 等）。新凯恩斯主义学者还认为，不管在何种政策体制下，政府支出作用于总需求，技术进步作用于总供给，二者都是影响总产出的重要变量，但鲜有文献基于微观基础模型予以直观描述。在各国实践中，由于新古典主义宏观经济学对经济波动的解释能力较差且缺乏现实操作性，因而指导作用有限，新凯恩斯主义理论则更适用于现实经济问题分析。

已有文献对物价水平波动的认识经历了一个不断深化的过程。物价水平决定一直以来都是货币主义学派研究的核心问题，货币主义经济学大师弗里德曼认为"通货膨胀总是，而且永远是一种货币现象"。龚六堂和邹恒甫（2002）基于简单的经济关系分析指出，政府仅仅通过货币政策无法完全控制通货膨胀，货币政策不是政府控制通胀的唯一途径[①]。鉴于 20 世纪 80 年代巴西和 90 年代末期中国出现的"价格之谜"现象已无法用传统货币理论解

[①] 如果产出的年增长率为 μ，货币供给的年增长率为 ∂，则充分长的时间后价格的增长率为 $\partial - \mu$。但实际上公众持有货币的多少不仅取决于货币供给量与产出增长率之差，还取决于消费者对未来通胀的预期。因此，通货膨胀的决定公式中除去 $\partial - \mu$ 外，还取决于公众在未来通货膨胀预期基础上的即期货币需求和大量描述宏观均衡的条件。

释，20世纪90年代以来，学术界开始研究影响物价水平决定的其他重要因素。利珀（Leeper，1991）、西蒙斯（Sims，1994）和伍德福德（Woodford，1995，2001）等提出物价水平决定的财政理论——FTPL（Fiscal Theory of the Price Level），认为财政政策在决定价格水平和通货膨胀时起着很重要的作用。郭庆旺等（2003）利用协整方法，对我国财政支出、财政赤字与民间消费之间的关系进行了经验检验，认为李嘉图等价定理在中国不成立。方红生（2008）应用五变量VAR和两变量SVAR方法研究发现FTPL在中国具有适用性，并提出将稳健的财政政策精神融入积极型货币政策和盯住实际赤字目标的财政政策组合有利于同时实现价格稳定和经济可持续增长目标。

不同物价水平决定理论实际意味着货币和财政政策在经济调控中所承担的角色孰轻孰重。从实践来看，利率、债务稳定以及物价稳定之间有着千丝万缕的联系，稳定物价需要货币政策和财政政策的配合，依靠任何单一宏观政策都不能完全达到稳定物价的目的。不同财政货币政策组合下经济冲击无论是对物价还是对产出的影响趋势和程度均不尽相同，甄别最适于经济发展的财政货币政策体制需要对不同类型财政政策和货币政策间相互作用展开深入分析。经济学界对财政货币政策相互作用及其搭配问题日益重视，并已从不同角度研究了两者间的相互关系。卢卡斯（Lucas，1983）、阿莱西亚和佩罗蒂（Alesina & Perotti，1997）分别利用公共财政理论和博弈论讨论了财政政策和货币政策的最优组合问题。Muscatell等（2004）基于新凯恩斯主义DSGE模型研究美国财政货币政策的相互作用，发现财政与货币政策作用是否互补抑或替代取决于经济冲击类型以及模型对经济结构所定的假设。Davig & Leeper（2006，2011）基于财政冲击视角运用DSGE模型研究财政货币政策相互作用以及宏观经济波动问题，分析结果表明主动货币被动财政搭配的政策体制引致经济波动最小；而主动财政被动货币搭配的政策体制在运用于宏观调控时易致经济较大波动。国内部分学者对此亦展开了深入研究，刘斌（2009）基于物价水平决定探讨了财政货币政策所起的作用及其相互协调问题，并指出主动货币政策和被动财政政策组合体制有利于实现社会福利水平最大化；贾俊雪和郭庆旺（2012）基于新凯恩斯DSGE模型从财政支出角度研究了最优财政货币政策规则，结果表明旨在实现物价和债务稳定的政策规则是最优的；胡爱华（2013）从不同冲击视角对财政和货币政策相互作用进行了经验分析，但他并未分别对不同政策组合进行研究，从而无法给出最优财政货币体制。

对于最优财政货币政策体制选择问题不能一概而论，从不同角度分析所得结论具有明显差异，本节拟基于财政支出和技术进步两大冲击视角深化这一问题的研究。已有研究表明，菲利普斯曲线和动态 IS 曲线能较好描述经济波动的特征（范从来，2000；卞志村和高洁超，2013）。虽然研究财政货币政策搭配问题的文献大部分基于新凯恩斯主义 DSGE 模型，但鲜有文献建模时完整考虑混合 NKPC 曲线和动态 IS 曲线。本节尝试在区分一般产品和公共产品消费的基础上对混合 NKPC 和动态 IS 曲线进行进一步推广，并基于我国实际政策体制组合进行实证和社会福利损失分析。本节具体结构安排如下：第二部分为新凯恩斯主义框架下扩展型 DSGE 模型的建立；第三部分为我国财政货币政策体制估计和相关参数校准；第四部分为最优财政货币政策体制选择分析，具体为动态模拟分析、社会福利损失量化分析以及我国最优财政货币政策体制甄选；第五部分为结论和政策建议。

二、扩展型 NK-DSGE 模型的建立

目前，国内外研究物价水平决定的财政货币理论以及最优财政货币政策规则搭配时主要采用新凯恩斯主义背景下的 DSGE 模型，但在建模时少有文献完整考虑描述通胀和产出水平的混合菲利普斯曲线和动态 IS 曲线。另外，大部分文献进行此类研究时一般仅考虑社会居民消费，而未将一般产品和公共产品进行区分并赋予差别效用权重形式[①]。本节认为，一般产品消费和公共产品消费给家庭带来的效用存在差别性，以差别效用权重形式表示的总消费水平指数更能反映现实经济体运行特征。为此，我们在效用函数中引入政府支出后进一步推导了含有外生政府支出冲击的混合 NKPC 和动态 IS 曲线，在此条件下基于政府支出和技术进步冲击视角研究整个新凯恩斯主义框架下物价水平和产出的决定以及最优财政货币政策体制问题。

---

① 本节一般产品消费即为居民消费，公共产品消费即为政府支出。政府支出行为在经济运行中会对居民消费效用产生正外部性，将政府支出这类公共产品引入效用函数并赋予差别效用权重可对这一外部性加以考虑。

（一）家庭部门的经济问题

假设经济体中家庭满足同质、理性且无限存活特性，其从一般产品消费、公共产品消费、持有实际货币余额以及享受闲暇中获取效用（家庭在提供劳动时获得负效用），以追求生命期内效用最大化为最终目标。代表性家庭的目标效用函数为：

$$E_t \sum_{i=0}^{\infty} \beta^i \left[\frac{Z_{t+i}^{1-\sigma}}{1-\sigma} + \frac{\gamma}{1-\lambda} \left(\frac{M_{t+i}}{P_{t+i}} \right)^{1-\lambda} - \chi \frac{N_{t+i}^{1+\eta}}{1+\eta} \right] \tag{7.21}$$

其中，β 为主观贴现因子，σ 为跨期消费替代弹性的倒数，λ 为货币需求利率弹性的倒数，η 为劳动力供给弹性的倒数，γ、χ 分别为持有实际货币余额和提供劳动力的效用权重；Z_t、M_t/P_t、N_t 分别表示 t 期总消费水平指数、实际货币余额和劳动供给时间。消费指数 Z_t 采取如下定义形式：

$$Z_t = \begin{cases} \left[\left(\omega\, C_t^{1-\varphi} + (1-\omega)\, G_t^{1-\varphi} \right) \right]^{\frac{1}{1-\varphi}}, & \varphi \neq 1 \\ C_t^{\omega}\, G_t^{1-\omega}, & \varphi = 1 \end{cases} \tag{7.22}$$

（7.22）式中，ω 为一般产品在效用中的权重，φ 为一般产品和公共产品替代弹性的倒数。假设 C_t、G_t 均满足 Dixit-Stigliz 加总形式：$C_t = \left[\int_0^1 C_{jt}^{(\theta-1)/\theta} \mathrm{d}j \right]^{\theta/(\theta-1)}$，$G_t = \left[\int_0^1 G_{jt}^{(\theta-1)/\theta} \mathrm{d}j \right]^{\theta/(\theta-1)}$，其中 θ 为一般产品和公共产品的需求弹性。

家庭所面临的预算约束为：

$$C_t + \frac{M_t}{P_t} + \frac{B_t}{P_t} + T_t = \left(\frac{W_t}{P_t} \right) N_t + \frac{M_{t-1}}{P_t} + R_{t-1} \left(\frac{B_{t-1}}{P_t} \right) + \Pi_t \tag{7.23}$$

其中，B_t 为家庭持有的一期债券，W_t 为名义工资，R_t 为债券的名义收益率，Π_t 表示家庭从企业得到的真实利润。在预算约束条件下，求一阶条件可得：

$$Z_t^{\varphi-\sigma}\, C_t^{-\varphi} = \beta R_t\, E_t \left(\frac{P_t}{P_{t+1}} \right) Z_{t+1}^{\varphi-\sigma}\, C_{t+1}^{-\varphi} \tag{7.24}$$

$$\frac{\gamma (M_t/P_t)^{-\lambda}}{\omega\, Z_t^{\varphi-\sigma}\, C_t^{-\varphi}} = 1 - \frac{1}{R_t} \tag{7.25}$$

$$\frac{\chi N_t^{\eta}}{\omega\, Z_t^{\varphi-\sigma}\, C_t^{-\varphi}} = \frac{W_t}{P_t} \tag{7.26}$$

（7.24）式为代表性家庭跨期最优消费选择的欧拉条件，（7.25）式表示跨期最优条件下货币与消费之间的边际替代率等于持有货币的边际成本，（7.26）式表示闲暇与消费之间的边际替代率等于实际工资。对（7.24）、（7.25）、（7.26）式对数线性化可得：

$$c_t = E_t(c_{t+1}) - \frac{1}{\sigma - (\sigma - \varphi)\kappa}(i_t - E_t(\pi_{t+1})) +$$

$$\frac{(\sigma - \varphi)\kappa}{\sigma - (\sigma - \varphi)\kappa}(E_t(g_{t+1}) - g_t) \tag{7.27}$$

$$m_t - p_t = \frac{[(\sigma - \varphi)\omega + \varphi]c_t + (\sigma - \varphi)(1 - \omega)g_t}{\lambda} - \frac{i_t}{\lambda i_{ss}} \tag{7.28}$$

$$w_t - p_t = \eta n_t + [(\sigma - \varphi)\omega + \varphi]c_t + (\sigma - \varphi)(1 - \omega)g_t \tag{7.29}$$

其中，c_t、g_t、m_t、p_t、w_t、n_t 等小写形式变量均为其偏离各自稳态值的比率，i_{ss} 表示名义利率的稳态值，$\pi_t = p_t - p_{t-1}$ 表示通货膨胀率，$\kappa = \frac{(1 - \omega)(g_{ss}/c_{ss})^{1-\varphi}}{\omega + (1 - \omega)(g_{ss}/c_{ss})^{1-\varphi}}$。

（二）企业的经济问题

假设经济体中包含两类企业：中间产品生产企业和最终产品生产企业。参照 Davig & Leeper（2011），短期内忽略资本存量的影响，假定第 j 种消费品生产企业的生产函数为：

$$Y_{jt} = A_t N_{jt} \tag{7.30}$$

其中，A_t 为生产投入的技术。根据卡尔沃（Calvo，1983），假定每一期有（$1 - f$）比例的企业可以调整其价格，其余 f 比例的企业无法对其产品调整定价，且 f 独立于历史更新次数。据此粘性价格假定，可得消费品价格指数满足如下表达式：

$$P_t^{1-\theta} \equiv \int_0^f P_{t-1}^{1-\theta}\mathrm{d}j + \int_f^1 (P_t^*)^{1-\theta}\mathrm{d}j = fP_{t-1}^{1-\theta} + (1-f)(P_t^*)^{1-\theta} \tag{7.31}$$

P_t^* 表示所有在 t 期可以调价企业的新定价。对（7.31）式对数线性化可得：

$$p_t = fp_{t-1} + (1-f)p_t^* \tag{7.32}$$

此外，根据陈彦斌（2008），假设企业分为两类：有（$1 - \delta$）比例的企业为前瞻性企业，δ 比例的企业为后顾性企业。前瞻性企业每次定价时，按其最大化利润现值的原则来确定其产品价格 P_t^f（其对稳态的偏离为 p_t^f），而后顾性企业只依据简单规则来定价 P_t^b（其对稳态的偏离为 p_t^b）。从而有：

$$p_t^* = \delta p_t^b + (1 - \delta) p_t^f \tag{7.33}$$

具体分析前瞻性企业定价过程，该类企业最大化期望利润现值：

$$\max_{p_t^f} E_t \sum_{i=0}^{\infty} f^i \Delta_{i, t+i} \left[\left(\frac{P_t^f}{P_{t+i}} - MC_{t+i} \right) Y_{jt+i} \right] \tag{7.34}$$

其中，贴现因子 $\Delta_{i, t+i}$ 由 $\beta^i \left(\dfrac{Z_{t+i}}{Z_t} \right)^{\varphi - \sigma} \left(\dfrac{C_{t+i}}{C_t} \right)^{\varphi}$ 决定，MC_t 表示企业所面临的实际边际成本。考虑企业面临需求曲线约束和均衡条件 $Y_t = C_t + G_t$，可得一阶条件为：

$$\frac{P_t^f}{P_t} = \left(\frac{\theta}{1 - \theta} \right) \frac{E_t \sum\limits_{i=0}^{\infty} (f\beta)^i Z_{t+i}^{\varphi - \sigma} (Y_{t+i} - G_{t+i})^{-\varphi} \left(\dfrac{P_{t+i}}{P_t} \right)^{\theta} Y_{t+i} MC_{t+i}}{E_t \sum\limits_{i=0}^{\infty} (f\beta)^i Z_{t+i}^{\varphi - \sigma} (Y_{t+i} - G_{t+i})^{-\varphi} \left(\dfrac{P_{t+i}}{P_t} \right)^{\theta - 1} Y_{t+i}} \tag{7.35}$$

对数线性化（7.35）式可得：

$$p_t^f = (1 - f\beta) \sum_{i=0}^{\infty} (f\beta)^i E(mc_{t+i} + p_{t+i}) \tag{7.36}$$

对于后顾性厂商，其新定价格为上期调整价格与上期通胀率之和。其定价满足：

$$p_t^b = p_{t-1}^* + \pi_{t-1} \tag{7.37}$$

假设稳态时通货膨胀率为 0，由（7.32）式、（7.33）式、（7.36）式、（7.37）式可得通货膨胀对其稳态偏离的表达式为：

$$\pi_t = \zeta_1 E_t \pi_{t+1} + \zeta_2 \pi_{t-1} + \zeta_3 mc_t \tag{7.38}$$

其中 $\zeta_1 = \dfrac{f\beta}{f + (1 - \omega)\delta + f\beta\delta}$、$\zeta_2 = \dfrac{\delta}{f + (1 - \omega)\delta + f\beta\delta}$、$\zeta_3 = \dfrac{(1 - f)(1 - \delta)(1 - f\beta)}{f + (1 - \omega)\delta + f\beta\delta}$。而 $mc_t = \left(\dfrac{1 - \omega + \omega\sigma + \eta c_{ss}/y_{ss}}{c_{ss}/y_{ss}} \right)(y_t - y_t^f)$，其中 y_t^f 为灵活价格下（即 $f = 0$ 时）均衡产出水平对稳态产出水平的偏离。经

过推导，引入政府支出的灵活价格均衡产出满足如下等式[1]：

$$y_t^f = \frac{1 - \omega + \omega\sigma - \sigma(c_{ss}/y_{ss})}{1 - \omega + \omega\sigma + \eta(c_{ss}/y_{ss})} g_t + \frac{(\eta + 1)(c_{ss}/y_{ss})}{1 - \omega + \omega\sigma + \eta(c_{ss}/y_{ss})} a_t \quad (7.39)$$

上式说明灵活价格条件下的均衡产出水平不仅仅与技术冲击相关，政府支出冲击也是均衡产出水平的决定变量。将上述推导代入（7.38）式即可得到产出均衡缺口形式的推广型混合菲利普斯曲线表达式：

$$\pi_t = \zeta_1 E_t \pi_{t+1} + \zeta_2 \pi_{t-1} + \zeta_4 x_t \quad (7.40)$$

其中，$\zeta_4 = \dfrac{(1 - \omega + \omega\sigma + \eta c_{ss}/y_{ss})\zeta_3}{c_{ss}/y_{ss}}$；$x_t = y_t - y_t^f$，表示实际产出与灵活价格均衡产出之间的缺口。为进而描述理论上政府支出与通货膨胀存在的相关关系，在此不妨将（7.40）式表示为含有政府公共产品和技术水平变量的形式：

$$\pi_t = \zeta_1 E_t \pi_{t+1} + \zeta_2 \pi_{t-1} + \zeta_4 \left[\nu g_t + \frac{c_{ss}}{y_{ss}} c_t - \vartheta a_t \right] \quad (7.41)$$

其中，$\nu = \dfrac{g_{ss}}{y_{ss}} - \dfrac{1 - \omega + \omega\sigma - \sigma(c_{ss}/y_{ss})}{1 - \omega + \omega\sigma + \eta(c_{ss}/y_{ss})}$，$\vartheta = \dfrac{(\eta + 1)(c_{ss}/y_{ss})}{1 - \omega + \omega\sigma + \eta(c_{ss}/y_{ss})}$。

若满足 $\zeta_4\nu > 0$、$\zeta_4\vartheta > 0$，则可说明政府支出的当期正向冲击势必带来通胀水平的当期正向波动，技术进步当期正向冲击势必带来通胀水平的负向波动。（7.41）式表明政府支出和技术进步变动对通胀有直接的影响。

此外，基于 $Y_t = C_t + G_t$ 这一均衡条件，转化（7.27）式可得到含有政府支出的新凯恩斯动态 IS 曲线：

$$x_t = E_t(x_{t+1}) - \frac{c_{ss}/y_{ss}}{\sigma - (\sigma - \varphi)\kappa} [i_t - E_t(\pi_{t+1})] + d_t \quad (7.42)$$

（7.42）式中，$d_t = E_t y_{t+1}^f - y_t^f + \dfrac{(\sigma - \varphi)\kappa - (1 - c_{ss}/y_{ss})\sigma}{\sigma - (\sigma - \varphi)\kappa}(E_t(g_{t+1}) - g_t)$，由财政支出和技术冲击决定。假设财政支出和技术进步外生，遵循一阶自回归过程 AR（1）：$g_t = \rho_g g_{t-1} + \varepsilon_{gt}$，

---

[1] Carl E. Walsh（2010）基于未引入公共产品的效用函数，推导出灵活价格下的均衡产出水平满足：$y_t^f = \dfrac{(\eta + 1)}{\sigma + \eta} a_t$；另外区别于本节，其所得实际边际成本满足：$mc_t = (\sigma + \eta)(y_t - y_t^f)$。

$a_t = \rho_a \, a_{t-1} + \varepsilon_{at}$，$\rho_g$ 和 ρ_a 为相应自回归系数，ε_{gt} 和 ε_{at} 为白噪声干扰。

（三）财政当局的政策问题

财政当局通过税收、发行货币和债券为其公共产品支出融资，满足如下政府预算平衡式：

$$G_t = T_t + \frac{M_t - M_{t-1}}{P_t} + \frac{B_t}{P_t} - \frac{R_{t-1} B_{t-1}}{P_t} \tag{7.43}$$

另外，参照张佐敏（2014），本节将财政政策规则设定为：

$$r\tau_t = l_1 r\tau_{t-1} + l_2 rb_{t-1} + l_3 x_t + l_4 rg_t + \varepsilon_{ft} \tag{7.44}$$

其中，$r\tau_t$、rb_t、rg_t 分别表示税收产出比率、债务产出比率、政府支出比率对各自稳态水平的偏离；ε_{ft} 为财政政策随机冲击。

（四）货币当局的政策问题

价格型货币政策工具在很多方面较数量型工具更优，尤其在短期内更能有效熨平经济波动（卞志村和胡恒强，2014），故本节采用与 Davig & Leeper（2011）类似的泰勒规则形式，并考虑利率平滑，将货币政策规则设定为：

$$i_t = k_1 i_{t-1} + k_2 \pi_t + k_3 x_t + \varepsilon_{it} \tag{7.45}$$

其中，ε_{it} 为货币政策随机冲击。

三、财政货币政策体制估计和参数校准

改革开放以来，以财政和货币政策为主的宏观政策调控促进我国成功实现长达 30 多年的经济高速发展，但经济高速增长背后隐藏着物价波动剧烈、债务积聚过重、贫富差距过大、经济增长后劲不足等诸多问题。当前经济新常态下所面临的各种潜在风险提醒学界和实务界要对财政货币政策体制进行深入研究和反思，何种财政货币政策体制是最优的？本节基于中国 1978—2013 年实际经济运行尝试对这一问题做出回答，据以甄别出适合我国经济发展的最优财政货币政策体制选择。

（一）财政货币政策体制估计

财政货币政策体制实证估计主要基于税收比率为因变量的财政政策规则和以利率为因变量的泰勒规则形式进行，在（7.44）式、（7.45）式定义的具体模型基础上，本节采用 MS-OLS 对两模型进行估计。考虑我国国债余额季度数据获取较为困难，本节单方程马尔科夫区制转移估计选取 1978—

2013 年度数据；通过对中国人民银行历年存款基准利率调整进行加权平均获取年度利率数据；模型中税收产出比率、债务产出比率、产出以及利率对各自稳态偏离数据均通过 HP 滤波进行处理获得。

表 7.3　财政政策规则参数估计结果

体制＼参数	l_1	l_2	l_3	l_4
主动型财政规则（AF）	0.069290	−0.049733	0.031024	0.419042
被动型财政规则（PF）	0.031746	0.133253	0.537076	1.994253

表 7.4　货币政策规则参数估计结果

体制＼参数	k_1	k_2	k_3
主动型货币规则（AM）	−0.119858	1.189661	0.992024
被动型货币规则（PM）	0.811733	0.653192	0.382695

根据利珀（Leeper，1991）定义：名义利率完全对通货膨胀做出反应的货币政策规则为主动型货币规则（即 $k_2 \geq 1$ 时）；非致力于保持政府债务稳定的税收、支出政策规则为主动型财政规则（即 $l_4 < 1$ 时）[①]。本节对财政、货币政策规则模型进行单方程马尔科夫区制转移估计结果如表 7.3、表 7.4 所示，我们根据利珀（Leeper）关于财政货币政策类型定义对两种政策规则下的两种区制进行了区分。其中，样本区间内主动型财政规则的区制概率为 73.83%，被动型财政规则区制的概率为 26.17%；被动型货币规则的区制概率为 77.38%，主动型货币规则的区制概率为 22.62%。具体的财政、货币政策规则区制如图 7.1、图 7.2 所示[②]，估计结果与刘斌（2009）基于 Bayes 估计检验殊途同归：我国宏观政策体制主要表现为主动型财政政策和被动型

---

① 对政府预算约束（7.43）式进行稳态标准化可得：$g_{ss} + i_{ss}\left(\dfrac{b_{ss}}{p_{ss}}\right) = t_{ss}$，即当对税收的幅度调整小于政府公共支出的调整时，政府债务水平便无法保持稳定。本节区制区分原则与 Davig & Leeper（2011）一致。

② 为突显说明我国主动财政和被动货币政策组合的主导搭配体制，本节对这两种体制规则均以 60% 概率为界，而其余两种体制规则均以 40% 为界。图中阴影部分和竖实线对应各体制规则实际周期。

货币政策组合体制。这一实证结果与我国财政货币政策实践基本一致，因为改革开放以来为促进经济快速增长我国主要实行了赤字型财政政策，仅少数年份略有财政盈余；另外，卞志村（2006）、中国人民银行营业管理部课题组（2009）等基于我国经济数据的大量实证结果表明，利率对通胀缺口的反应系数一般在 0.5—1.0 之间，我国利率对通货膨胀反应不足。

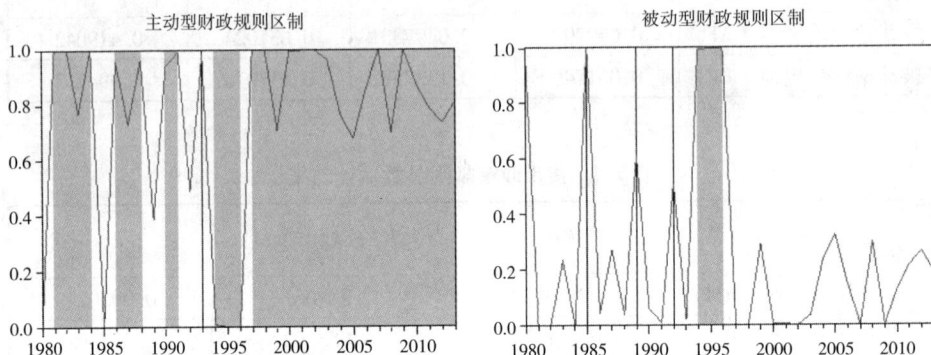

图 7.1　财政政策规则概率区制图

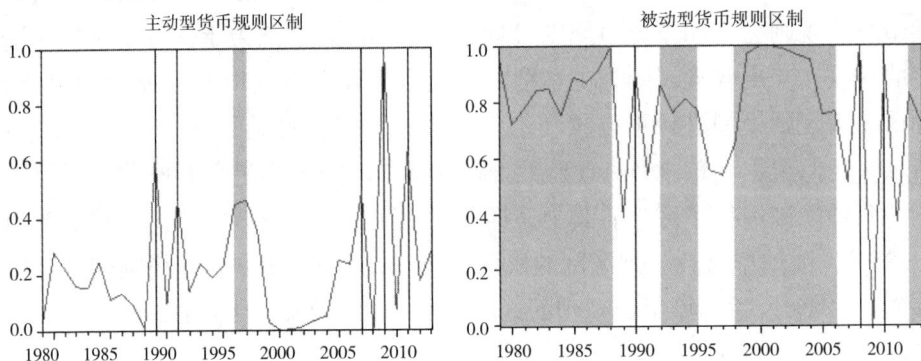

图 7.2　货币政策规则概率区制图

（二）参数校准

接下来我们对参数进行校准，一部分直接参照已有文献，另一部分则结合我国实际经济数据进行估计获得。对于居民跨期消费替代弹性和效率工资弹性的倒数，本节参照李春吉、孟晓宏（2006）和 Zhang（2009）的研究取 $\sigma = 2$、$\eta = 6.16$。对于一般产品消费在总消费指数中的权重以及一般产品与公共产品替代弹性的倒数，参照胡爱华（2013）取 $\omega = 0.9$、$\varphi = 1$。对于实际货币需求利率弹性的倒数，参照 Davig & Leeper（2011）取 $\lambda = 2.6$。对于居民主观贴现因子，基于卞志村和胡恒强（2015）对名义稳态利率的取值本节取 $\beta = 0.9629$。对于混合新凯恩斯菲利普斯曲线的参数，本节通过估计得到 $\zeta_1 = 0.553792$、$\zeta_2 = 0.438697$、$\zeta_4 = 0.169824$，模型的拟合优度为 $R^2 = 72.8\%$。对于稳态时一般产品与产出比率、税收产出比率、实际债务产出比率、实际货币余额与产出比率，本节基于刘斌（2009）模型稳态取值进行校准，取 $\dfrac{c_{ss}}{y_{ss}} = 0.7385$ [①]、$\dfrac{t_{ss}}{y_{ss}} = 0.2692$、$\dfrac{b_{ss}/p_{ss}}{y_{ss}} = 0.2$、$\dfrac{m_{ss}/p_{ss}}{y_{ss}} = 2$。对于政府支出和技术进步自回归系数，本节取 $\rho_g = \rho_a = 0.9$。参数校准结果具体如表7.5 所示。

表 7.5　参数校准结果

参数	解释意义	取值	参数	解释意义	取值
β	主观贴现率	0.9629	ζ_4	产出均衡缺口反应系数	0.1698
σ	居民跨期消费替代弹性倒数	2	$\dfrac{c_{ss}}{y_{ss}}$	稳态时一般产品占产出比重	0.7385
λ	实际货币需求利率弹性倒数	2.6	$\dfrac{t_{ss}}{y_{ss}}$	稳态时税收占产出比重	0.2692
η	效率工资弹性倒数	6.16	$\dfrac{b_{ss}/p_{ss}}{y_{ss}}$	稳态时实际债务余额出比重	0.2
φ	一般产品与公共产品替代弹性倒数	1	$\dfrac{m_{ss}/p_{ss}}{y_{ss}}$	稳态时实际货币余额出比重	2
ω	一般产品消费效用权重	0.9	ρ_g	政府支出自回归系数	0.9
ζ_1	预期通胀反应系数	0.5538	ρ_a	技术进步自回归系数	0.9
ζ_2	上期通胀反应系数	0.4387			

---

① 区别于刘斌（2009），本节满足 $y_{ss} = c_{ss} + g_{ss}$；限于篇幅，本节具体参数校准和部分对数线性化过程未详细列出。

四、最优财政货币政策体制选择分析

本节基于前文构建的新凯恩斯框架下动态随机一般均衡模型以及相关参数校准结果，对不同政策体制组合分别进行政府支出冲击和技术进步冲击的模拟，并对各项冲击进行社会福利损失分析，以甄别出最优财政货币政策体制。

（一）动态模拟分析

利珀（Leeper，1991，1993）早在研究物价水平决定的财政理论（FTPL）时，便已基于政策搭配视角对各种财政货币政策体制进行了研究，结果如表7.6所示。

表7.6 组合解及其性质

	AM	PM
AF	非稳定性爆炸性解	唯一理性预期均衡解
PF	唯一理性预期均衡解	不确定性泡沫解

在主动型货币政策和主动型财政政策搭配中，模型的解不存在：尽管中央银行试图通过主动型货币政策达到稳定实体经济和物价的目标，但政府同时采取主动型财政政策情况下，由于政府支出的相对任意性，且不致力于稳定债务，最终通过预算平衡约束影响到物价水平，从而致使整个经济难以达到稳定状态。在主动型货币政策和被动型财政政策搭配中，模型存在唯一理性预期均衡解：主动型货币政策在稳定实体经济和物价的同时，被动型财政政策则通过足够的税收为支出融资以支持已有的债务规模，从而确保了债务水平稳定。在主动型财政政策和被动型货币政策搭配中，模型亦存在唯一理性预期均衡解：主动型财政政策下，外生的政府支出意味着政府赤字具有相对任意性，从而导致政府债务规模的非稳定性扩张；政府债务规模扩张对实体经济和物价产生向上压力，但在被动型货币政策支持下实际利率会下降，从而实际上减轻了政府债务的利息负担，最终促进政府债务水平稳定；债务水平的稳定最终削弱其对实体经济和物价的影响，从而这种政策组合最终使得债务水平和物价维持在相对稳定状态。在被动型货币政策与被动型财政政

策搭配中，模型存在不确定性泡沫解：尽管被动型财政政策能够保证债务水平的稳定，但由于被动型货币政策无法引导公众产生稳定通胀的预期，从而预期的不确定性最终会导致物价不稳定波动，不稳定的物价波动最终也会对债务稳定产生一定程度的影响。

根据上述分析，本节将基于我国财政货币政策体制主要对存在唯一理性预期均衡解的两种政策组合（主动型财政政策和被动型货币政策搭配以及主动型货币政策和被动型财政政策搭配）展开新凯恩斯主义框架下动态随机一般均衡模拟比较分析。

1. 基于政府支出冲击视角

如图7.3所示，对政府支出施以一个单位正向冲击，两种体制组合下通胀、一般产品消费、产出以及总消费水平反应方向和程度在一定水平上呈现出相对不一致性。

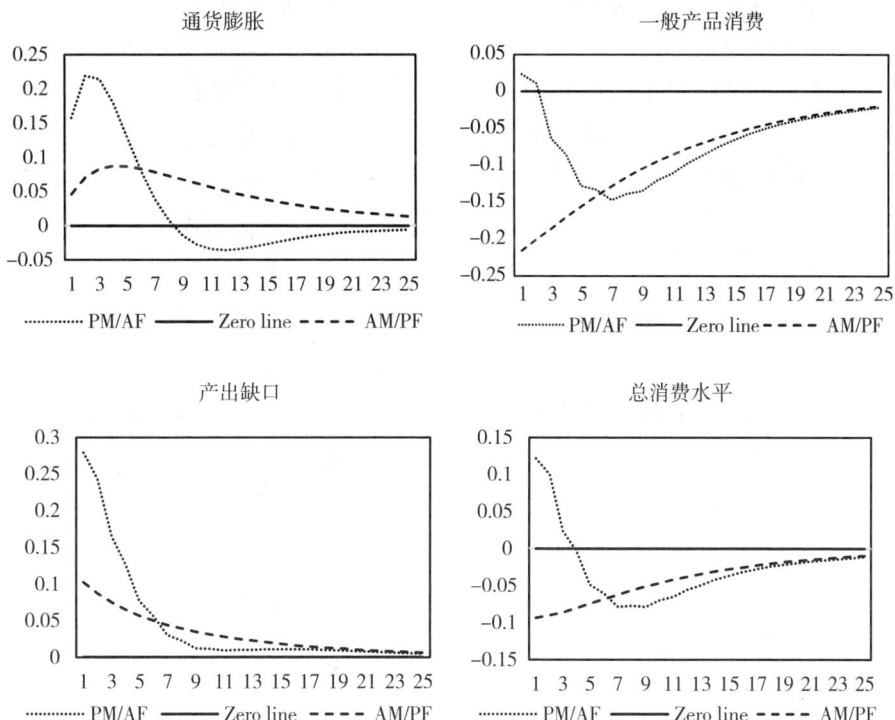

图7.3　政府支出冲击

　　在主动财政政策和被动货币政策组合下，通货膨胀在滞后 0—8 期内反应为正，在滞后第 9 期则出现反转，随后持续为负；一般产品消费在 0—2 期内反应为正，在第 3 期出现反转后持续为负；产出缺口在反应期内持续为正，但反应程度持续递减，当期反应最大；以赋予一般产品和公共产品差别效用权重形式表示的总消费反应趋势基本与一般产品消费反应一致，但其正向反应程度和周期相比均较大。这主要因为冲击发生伊始，正向的政府支出冲击给通货膨胀和产出缺口带来较大的正向推动，被动型货币政策在较高通胀预期环境下使得实际利率下降，从而引致居民储蓄下降，增加当前私人消费，使得政府支出的负财富效应得以缓解，但最终负财富效应会给经济体和经济人行为带来负向影响：通货膨胀影响在第 9 期出现反转，随后持续为负；总消费水平反应在第 4 期出现反转，最后持续为负。另外，比较图 7.3 右边两幅图可以发现，政府增加公共产品给居民带来的效用一定程度上弥补了一般产品消费下降导致的效用减少，从而使得总消费水平负效应影响一定程度上得以缓和。

　　在被动型财政政策和主动型货币政策组合下，对于政府支出一个单位正向冲击，通货膨胀和产出缺口在反应期内的反应持续为正，一般产品消费和总消费反应持续为负。这主要因为，正向政府支出初始冲击给通货膨胀和产出缺口带来正向推动，但由于货币当局执行主动型货币政策，从而利率调整幅度大于通胀上升程度，最终使得真实利率上升，居民增加储蓄而减少消费。与此同时，被动型财政政策致使居民税收负担增加，从而居民消费降低。如冲击图中所示，经济人的这类行为最终会削弱冲击伊始对通货膨胀和产出的正向影响：通货膨胀在第 4 期反应达到最大后，反应程度逐渐递减；产出缺口在当期影响最大后，随后反应程度单调递减。

　　比较两种不同政策组合下政府支出冲击对各变量的影响，不难发现主动型货币政策和被动型财政政策组合下，经济体和经济人面临政府支出冲击反应趋势相对比较平稳，反应程度较小。此亦表明，被动型财政政策和主动型货币政策组合能带来较小的经济波动；而改革开放以来我国以主动型财政政策和被动型货币政策搭配为主的政策组合体制对促进经济体高速增长、实现经济跨越式发展总体上是有效的。

2. 基于技术进步冲击视角

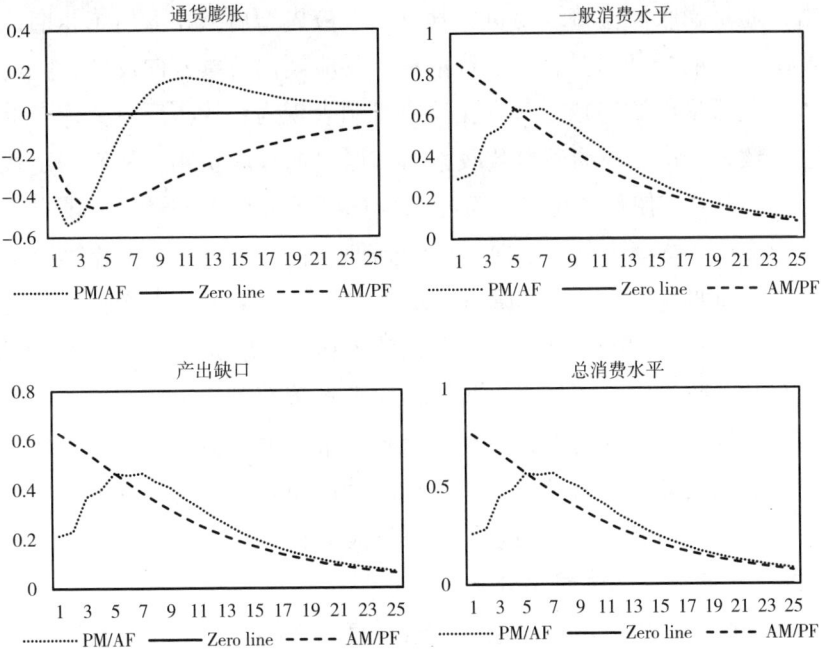

图 7.4　技术进步冲击

本节在 Davig & Leeper（2011）基于政府支出冲击视角研究最优财政货币政策体制基础上增加技术进步冲击影响的分析，以进一步深化对最优财政货币政策体制选择的研究。如图 7.4 所示，在主动财政政策和被动货币政策组合下，给予技术进步一个单位正向冲击，通货膨胀在滞后 0—6 期内反应明显为负，并在滞后第 7 期发生反转，随后围绕 0 轴附近正向波动；产出缺口、一般产品消费和总消费水平在反应期内持续正向反应，且均在第 7 期反应达到最大。其内在机理为：技术进步发生正向冲击后，总供给大幅增加，经济面临供过于求状态，从而物价水平在一定时期内会降低；随着技术进步引致的产出扩张使得居民可支配收入增加，导致居民消费需求逐渐增加，经济体供求渐趋平衡，通货膨胀负效应逐渐降低，但随着该技术被广泛普及而出现技术冲击规模效应递减，总供给增加幅度低于居民消费需求增加幅度，通货膨胀反应则出现反转，最终反应为正；递减的技术进步规模效应最终使得产出和消费反应在第 7 期达到最大后逐渐递减。

在被动型财政政策和主动型货币政策组合下，对于技术进步一个单位正向冲击，通货膨胀反应持续为负，其负向效应先增后减，滞后第 4 期达到最大；产出、一般产品消费、总消费水平在反应期内持续正向反应，且均在当期影响最大后呈单调递减。其内在反应机制表现为：冲击反应大体与上述政策组合一致，但由于被动型财政政策增加居民的税收负担，从而一定程度上抑制总需求上升，使得产出、消费在当期达到最大后单调递减，供求不平衡也致使物价水平持续为负，正向反应受到抑制；另外，主动型货币政策由于通货紧缩的预期使得实际利率降低，从而在当前政策组合下产出、消费在滞后 0—5 期正向效应持续大于主动型财政政策和被动型货币政策组合时的情形。

综合两种政策组合下技术进步冲击对各经济变量的影响，可以发现与政府支出冲击视角不同的情形：主动型财政政策和被动型货币政策组合体制利于促进经济均衡形成，给经济带来较小波动；而被动型财政政策和主动型货币政策组合下，均衡形成周期较长，经济波动相对较大。

（二）社会福利损失量化分析

通货膨胀、产出、消费等经济变量一直以来都是学术界和实务界关注的重点，经济波动程度也日益成为衡量一个社会福利损失的关键指标。为量化模拟冲击分析中两种政策组合所引致的经济波动程度，假设社会福利损失函数满足一般形式：

$$L_1 = E_t \sum_{i=1}^{\infty} \beta^i (\pi_{t+i}^2 + \alpha x_t^2) \tag{7.46}$$

为增强稳健性，本节基于通胀和总消费稳定角度增加对社会福利损失的分析：

$$L_2 = E_t \sum_{i=1}^{\infty} \beta^i (\pi_{t+i}^2 + \alpha z_t^2) \tag{7.47}$$

根据以上福利损失函数设定，可以估算出两种政策组合情况下的福利损失。针对 α 的不同取值[①]，考察 25 期内政府支出和技术进步冲击的福利损失情况（如表 7.7、表 7.8 所示）。

---

① 不 α 同取值实际意味着宏观政策调控不同的目标偏好程度，$\alpha < 1$ 表示宏观调控偏好于物价稳定；$\alpha = 1$ 表示宏观调控于物价和产出（消费）稳定偏好无差异；$\alpha > 1$ 即表示宏观调控更偏好于产出（消费）稳定。

从表 7.7 可以发现，当面临政府支出冲击时，无论是从通胀和产出稳定角度还是通胀和总消费稳定角度，主动型货币政策和被动型财政政策组合下社会福利损失更小。这种政策组合在我国经济发展历程中并不明显，主要表现在 1989 年和 1996 年。在两个年份附近时期，我国实行"双紧"的主动型货币政策和被动型财政政策，具体表现为控制赤字、减少发债、压缩政府开支、控制货币总投放等，中国经济成功实现"软着陆"：物价指数下降，GDP 增长率也有所下降，宏观调控达到预期目标。纵观我国经济发展历程，以主动型财政政策和被动型货币政策组合为主的宏观政策搭配体制总体而言是有效的，但其在拉动经济跨越式增长的同时也带来了诸多问题：产出和通胀波动较明显，贫富差距加大，东西部发展不均衡，投资过剩等。基于政府支出冲击视角下的社会福利损失分析，易于发现以稳定物价和债务水平为主的主动型货币政策和被动型财政政策组合为最优财政货币体制选择。

表 7.7　不同政策组合下的社会福利损失（基于政府支出冲击）

	通胀和产出稳定角度			通胀和总消费稳定角度		
	$\alpha = 0.5$	$\alpha = 1$	$\alpha = 1.5$	$\alpha = 0.5$	$\alpha = 1$	$\alpha = 1.5$
AM/PF	0.0737	0.0921	0.1104	0.0807	0.1060	0.1314
PM/AF	0.2507	0.3393	0.4278	0.1901	0.2181	0.2461

表 7.8　不同政策组合下的社会福利损失（基于技术进步冲击）

	通胀和产出稳定角度			通胀和总消费稳定角度		
	$\alpha = 0.5$	$\alpha = 1$	$\alpha = 1.5$	$\alpha = 0.5$	$\alpha = 1$	$\alpha = 1.5$
AM/PF	2.5366	3.5654	4.5942	3.0358	4.5638	6.0917
PM/AF	1.7218	2.4749	3.2279	2.0872	3.2056	4.3241

与经济面临政府支出冲击不同，表 7.8 列出了面临技术进步冲击时的社会福利损失情况。无论是通胀和产出稳定角度还是通胀和总消费稳定角度，均在主动型财政政策和被动型货币政策组合下社会福利损失更小。这说明当一个经济面临较快技术发展时，主动型财政政策和被动型货币政策组合最优。

（三）我国最优财政货币体制甄选

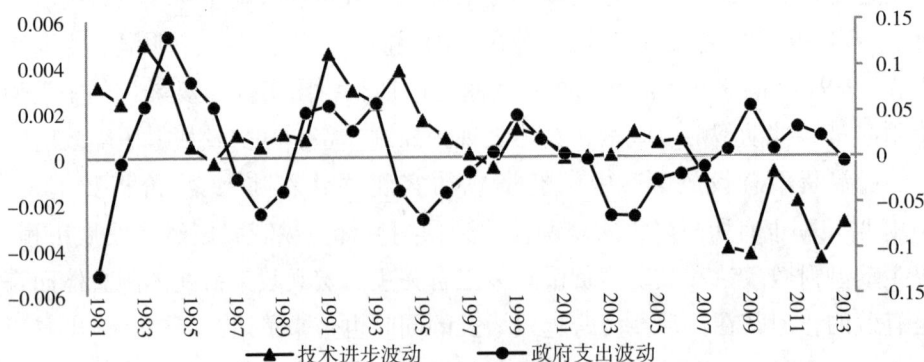

图 7.5　我国历年政府支出和技术进步波动趋势图

模拟冲击和社会福利损失分析表明，最优财政货币体制选择不能一概而论，在不同冲击下具有不一致性：当经济体面临政府支出冲击时，主动货币政策和被动型财政政策组合最优；当面临技术进步冲击时，主动型财政政策和被动型货币政策组合最优。尽管改革开放以来我国面临大量国内外技术冲击，但现阶段我国技术进步程度和速度总体而言与西方发达国家相距甚远，政府支出则由于其具有较强的灵活性而持续成为政府频繁运用的宏观调控工具。如图 7.5 所示①，改革开放以来我国技术进步波动远低于政府支出波动程度，特别是 2006 年以后技术进步波动为负即技术进步增速逐步放缓，而政府支出则频繁扩张。另外，本节进一步分析了样本区间内政府支出和技术进步波动对产出的贡献程度，表 7.9 给出了政府支出和技术进步波动对产出缺口影响的预测方差结果。对于一单位产出波动，技术波动成分和政府支出波动成分在滞后 7 期后对其解释程度分别稳定为 22.33% 和 36.03%。综合而言，我国经济体主要面临政府支出波动冲击，且整体上政府支出对产出的影响程度高于技术进步的影响。

---

　　①　本节以主纵坐标轴测度技术进步波动趋势，次纵坐标轴测度政府支出波动趋势；其中，技术进步增长率时序数据采用隐性变量法通过卡尔曼滤波计量模型获得，技术与政府支出波动数据来自于各自增长率一元线性自回归残差。限于篇幅，具体过程不再列出。

表7.9　政府支出和技术波动对产出缺口的预测方差分解

时期	S. E.	产出缺口	技术波动	政府支出波动
1	0.026572	100.0000	0.000000	0.000000
2	0.036561	79.07685	2.310164	18.61299
3	0.043944	59.52692	7.392050	33.08103
4	0.048917	48.18270	13.15882	38.65848
5	0.051945	43.15787	17.94437	38.89776
6	0.053670	41.68479	20.97381	37.34140
7	0.054638	41.63585	22.33141	36.03273
8	0.055198	41.81349	22.61565	35.57086
9	0.055537	41.81292	22.47288	35.71420
10	0.055747	41.66295	22.30470	36.03235

由于我国面临非对称政府支出和技术进步冲击，在此经济特征下主动型货币政策和被动型财政政策组合应为最优政策搭配体制，能给经济体带来最小社会福利损失。虽然现阶段以主动型财政政策和被动型货币政策组合为主的政策体制对我国多年来经济发展起到极大的推动作用，但在当前特别是改革、人口红利等渐失的"新常态"下，我国应当更加重视经济社会发展的质量以促进社会福利最大化，逐步由主动型财政政策和被动型货币政策体制组合向以物价稳定和债务稳定为目标的主动型货币政策和被动型财政政策体制转型。

五、结论与政策建议

本节构建了具有微观基础的新凯恩斯动态随机一般均衡模型，在引入差别效用权重形式表示的总消费指数基础上推导了含有政府支出形式的新凯恩斯混合菲利普斯曲线（混合 NKPC）和动态 IS 曲线，并在此基础上考察了财政和货币当局在不同政策体制组合下分别面临政府支出和技术进步冲击时对经济造成的不同影响。本节首先识别了我国改革开放以来的财政货币政策搭配体制，在此基础上对不同政策进行体制组合以分析在不同体制组合下政府支出和技术进步冲击给通货膨胀、产出缺口、一般产品消费和总消费水平所可能带来的影响，最后基于模拟脉冲响应图进行社会福利损失分析以甄别最优财政货币政策体制。本节的结论与政策建议有：

（1）通过推导新凯恩斯混合 NKPC 曲线和动态 IS 曲线，可以发现政府支出和技术进步对物价和产出波动有直接影响，基于两大冲击对产出和通货膨胀的脉冲响应可以发现含有政府支出冲击的两大曲线对经济波动具有比较有效的直观描述，通货膨胀不仅仅是一种货币现象，政府在治理通货膨胀的同时应增强对政府支出的重视，并考虑政策组合对经济的稳定作用。

（2）改革开放以来我国主要实行以主动型财政政策和被动型货币政策组合为主的财政货币政策体制，对推动我国经济快速增长发挥了极大作用，但同时亦带来较明显的经济波动和社会发展不平衡现象。

（3）引入差别效用权重形式表示的总消费指数更能反映家庭实际消费水平，且政府支出形式的公共产品消费对一般产品消费具有一定的互补性，可缓解其融资所带来的负财富效应。政府支出无论是对私人消费还是总消费均存在着明显的挤出效应。

（4）对于最优财政货币政策体制选择问题不能一概而论，基于不同视角研究得出了非一致性结论：当经济体主要面临政府支出冲击时，以物价稳定和债务稳定为目标的主动型货币政策和被动型财政政策组合最优，经济体福利损失成本最小；当主要面临技术进步冲击时，主动型财政政策和被动型货币政策组合最优，经济体福利损失成本最小。鉴于我国经济所面临的非对称政府支出和技术进步冲击，今后应考虑逐步从以主动型财政政策和被动型货币政策组合为主的搭配体制向以主动型货币政策和被动型财政政策组合为主的搭配体制转型，以进一步提高宏观调控水平，促进新常态下宏观经济平稳运行。

第六节　中国最优财政货币政策体制构建：十条建议

一、总结经验，完善物价统计与物价指数编制

我国经济生活中经常出现居民的通胀感受与官方公布的物价指数不一致的情况，在一定程度上影响了物价指数的公信力。对此必须尽快完善 CPI 统

计方法。具体来说，一是要根据我国居民消费结构与消费模式的变化，及时调整和更新 CPI 指标体系，以保证 CPI 指标体系随着居民消费结构及消费模式的变化定期调整，使统计结果更符合实际情况；二是增强 CPI 指标体系的透明度，特别是要把 CPI 权重指标、样本的选择及采集过程、CPI 编制公式及编制过程等公开，让 CPI 指标真正成为反映居民实际消费物价水平的真实信息。

二、加强统计，提高对经济形势的分析和经济发展前景的预测能力

价格波动是一种经常性状态，面对这种波动，重要的是要判明其产生的原因及其影响，在此基础上，准确把握财政政策和货币政策操作的方向与尺度，科学采取相应的政策措施，使政策选择具有前瞻性。

三、适应形势，适时推进财政政策转型

积极型财政政策运用的基本目的在于在短期内起到平抑宏观经济周期性波动或缓解外部冲击对经济的不良影响。当经济增长达到或接近潜在增长率，增长总体态势也趋于稳定时，就应从对经济总量的影响方面考虑积极型财政政策向被动型财政政策的转型，主要是降低逆周期调节的财政政策的积极程度。另外，宏观经济政策的调整应同时关注价格总水平的变化。尽管与货币政策相比，财政政策对价格水平的影响力较弱一些，但是，由于财政政策和货币政策间具有协同关系，扩张性的财政政策在我国通常会导致被动扩张的货币政策。因此，适时降低逆周期调节的财政政策的积极度有利于产生促进价格水平稳定的作用。

四、加快改革，提高预算完整性和透明度

当前，我国预算管理体制很不健全，突出表现在：预算覆盖面过窄、编制不科学、执行随意性大、监督不到位、管理不严格，财政超收超支现象严重等方面。这些问题的存在严重侵蚀了国民利益，造成宏观分配越来越不合理，极大地影响着我国财政政策的转型。为此，我们需要尽快采取如下措施推进预算体制改革，以有利于财政政策顺利转型：一是扩大预算覆盖范围，加强预算间衔接；二是全面推行绩效预算，提高资金使用效率；三是构建预

算编制、执行和监督"三权"分离的预算管理制衡机制；四是完善与宏观经济景气周期相适应、与国家中长期规划相协调的中长期预算框架。

五、控制国债发行规模，规范地方政府投融资平台

国债发行与财政赤字货币化是财政政策影响物价的两种重要渠道。近几年来，我国国债余额的增长速度平均达到了30%左右，远远超过经济的增长幅度。我国举借国债规模的扩大和财政赤字的增加，不仅使国债的经济效益日益降低和财政风险逐渐增大，还导致通货膨胀压力日益加大。所以，合理控制国债规模必须提上日程。

另外，虽然我国地方政府一直未获得合法的融资地位和融资渠道，但为适应不断加快的工业化和城市化建设的资金需要，地方政府绕开相关法律规定，通过组建政府融资平台公司发行企业债、公司债、资产证券化、资产信托计划和银行贷款等多种形式筹措资金，而这些举债行为因不具有合法性而游离于地方人大等监督管理之外，地方政府举债行为不受任何约束，具有很强的盲目性和随意性。同时，作为单一制国家，下级政府的一切债务实质上都是上级政府的"或有债务"，上级政府承担着替下级政府最后清偿债务的潜在义务。如今地方政府的债务规模已超过国债规模，这种债务格局不利于财政风险防范和物价控制，严重影响着财政的可持续性。

六、转变观念，实施结构性减税政策

当前，中国经济面临稳增长和控物价的双重压力。为此，我们必须转变观念，将传统扩张性财政政策的操作重心由"增加政府支出"调整为"结构性减税"。因为，一方面，目前刺激经济让经济复苏最重要的是减轻企业特别是中小企业的税收负担，而不是政府花钱；另一方面，控制政府支出可直接减少总需求，加之减税对产出的刺激，双管齐下，又有助于物价的稳定。

七、提高中央银行独立性，建立更加独立的货币政策主体管理体系

提高中央银行独立性既是提高货币政策效果的关键，又是实施积极型货币政策的重要保证。由于各种历史、现实的原因及条件限制，中国人民银行

无论是在组织、人事、职能还是经济上，其独立性仍然不足。因此，我国应适应经济发展要求，提高中国人民银行的政治地位，强化其经济基础，赋予其货币政策决策权，完善货币政策主体管理体系。

八、借鉴国外经验，调整货币政策最终目标

改革开放以来，我国经济运行出现了多次大的波动，每次波动均呈现出膨胀—收缩—再膨胀—再收缩之势，其深层次的原因之一就是货币政策最终目标的循环漂移。在货币政策最终目标选择问题上，当今各国的做法总结起来其要点可以归纳为两个方面：一是选择单一目标（稳定币值）还是双目标（稳定币值和经济发展）；二是是否为稳定币值设置明确的数量目标。通货膨胀目标规则就是将单一目标与明确的通货膨胀数量目标两者相结合；美国和中国实行的都是双目标制，且不为价格稳定设置明确的数量目标；欧盟实行的也是双目标制，但同时设定明确的通货膨胀目标。根据中国的实际情况，可以考虑，一方面，继续实行多重目标制（稳增长、调结构、防通胀）；同时在既有的货币供给量中介目标规则框架内，设定一个比较明确的通货膨胀率区间。

九、实施积极规则，创新货币政策操作

大量研究表明，货币政策操作必须按照规则进行全面的统筹安排，而不是在每个时期实现货币政策的最优化。通常，管理良好的中央银行大多实施规则型货币政策。鉴于我国国情，将货币主义的单一规则与凯恩斯主义的相机抉择两者结合起来的积极规则作为货币政策的操作原则较为合适。积极规则包括两方面的含义：一是货币政策操作是有规则约束的，主要是对货币供给量增长率和通货膨胀目标区间进行限定；二是根据经济形势的变化对政策作出及时反应和调整。这样的政策操作既规范，又主动灵活。另外，积极规则有助于把政策工具与最终目标联系起来，促使央行提前采取预防性措施，以预调和微调作为日常的调控方式。

十、完善货币政策预期管理体系，加强对公众预期的引导与管理

从近年来我国货币政策的实践来看，复杂多变的经济运行态势不仅加大

了货币政策调控的难度，还使得公众难以形成稳定的预期，而公众预期的不稳定本身就有可能成为经济扰动的因素之一。面对这种现实，如果中央银行能够较好地稳定和引导公众的通胀预期，那么用小的政策变化就有望实现物价调控的宏观目标，同时也可以降低政策调整本身对市场的冲击程度，减缓经济波动，引导经济运行平滑过渡到中央银行所期望的状态。

参 考 文 献

［1］［美］卡尔·瓦什：《货币理论与政策》，格致出版社 2012 年版。

［2］卞志村、高洁超：《基于 NKPC 框架的我国通货膨胀动态机制分析》，《国际金融研究》2013 年第 11 期。

［3］卞志村、管征：《最优货币政策规则的前瞻性视角分析》，《金融研究》2005 年第 9 期。

［4］卞志村、孙俊：《开放经济背景下中国货币财政政策的非对称效应》，《国际金融研究》2012 年第 8 期。

［5］卞志村、孙俊：《中国货币政策目标制的选择——基于开放经济体的实证》，《国际金融研究》2011 年第 8 期。

［6］卞志村、张义：《央行信息披露、实际干预与通胀预期管理》，《经济研究》2012 年第 12 期。

［7］卞志村：《开放经济下的最优货币政策、MCI 及在中国的检验》，《数量经济技术经济研究》2008 年第 4 期。

［8］卞志村：《泰勒规则的实证问题及在中国的检验》，《金融研究》2006 年第 8 期。

［9］卞志村：《通货膨胀目标制：理论、实践及在中国的检验》，《金融研究》2007 年第 9 期。

［10］卞志村：《转型期中国货币政策操作规范》，《世界经济》2007 年第 6 期。

［11］卜永祥、周晴：《中国货币状况指数及其在货币政策操作中的运用》，《金融研究》2004 年第 1 期。

［12］卜永祥：《人民币汇率变动对国内物价水平的影响》，《金融研究》2001 年第 3 期。

［13］蔡昉：《刘易斯转折点：中国经济发展新阶段》，社科文献出版社 2008 年版。

［14］曹华：《通货膨胀目标制研究》，中国金融出版社 2006 年版。

［15］曹伟、倪克勤：《人民币汇率变动的不完全传递——基于非对称性视角的研究》，《数量经济技术经济研究》2010 年第 7 期。

［16］陈建奇：《PPI、CPI 倒挂与通货膨胀调控——基于非对称供求结构与价格决定机制的实证研究》，《中国工业经济》2008 年第 11 期。

［17］陈立双、祝丹：《中国 CPI 编制方法面临的问题及进一步改革的若干设想》，《财贸经济》2014 年第 12 期。

［18］陈平、李凯：《"适应性学习"下人民币汇率的货币模型》，《经济评论》2010 年第 3 期。

［19］陈晓光、张宇麟：《信贷约束、政府消费与中国实际经济周期》，《经济研究》2010 年第 12 期。

［20］陈彦斌：《中国新凯恩斯菲利普斯曲线研究》，《经济研究》2008 年第 12 期。

［21］陈雨露、边卫红：《开放经济中的货币政策操作目标理论——纳入汇率因素的货币状况指数（MCI)》，《国际金融研究》2003 年第 10 期。

［22］储德银、刘宏志：《财政政策与价格稳定——兼论 FTPL 理论在中国的实证检验》，《财政研究》2013 年第 4 期。

［23］崔畅：《货币政策工具对资产价格动态冲击的识别检验》，《财经研究》2007 年第 7 期。

［24］戴国强、张建华：《中国金融状况指数对货币政策传导作用研究》，《财经研究》2009 年第 7 期。

［25］丁慧、范从来、钱丽华：《中国广义价格指数的构建及其货币政策含义》，《中国经济问题》2014 年第 5 期。

［26］丁慧、范从来：《中国菲利普斯曲线扁平化了吗——基于广义价格指数的实证研究》，《经济学家》2015 年第 1 期。

［27］董直庆、王林辉：《财政货币政策和我国股市关联性：基于脉冲

响应函数和方差分解的对比检验》，《税务与经济》2008 年第 5 期。

［28］段忠东：《房地产价格与通货膨胀、产出的关系——理论分析与基于中国数据的实证检验》，《数量经济技术经济研究》2007 年第 12 期。

［29］樊纲：《通货紧缩、有效降价与经济波动——当前中国宏观经济若干特点的分析》，《经济研究》2003 年第 7 期。

［30］范从来、盛天翔、王宇伟：《信贷量经济效应的期限结构研究》，《经济研究》，2012 年第 1 期。

［31］范从来：《菲利普斯曲线与我国现阶段的货币政策目标》，《管理世界》2000 年第 6 期。

［32］方红生、张军：《中国财政政策非线性稳定效应：理论和证据》，《管理世界》2010 年第 2 期。

［33］方红生、朱保华：《价格水平决定的财政理论在中国的适用性检验》，《管理世界》2008 年第 3 期。

［34］封北麟、王贵民：《金融状况指数 FCI 与货币政策反应函数经验研究》，《财经研究》2006 年第 12 期。

［35］冯春平：《货币供给对产出与价格影响的变动性》，《金融研究》2002 年第 7 期。

［36］高艳云：《CPI 编制及公布的国际比较》，《统计研究》2009 年第 9 期。

［37］耿强、付文林、刘荃：《全球化、菲利普斯曲线平坦化及其政策含义——中国数据的实证分析》，《学海》2011 年第 2 期。

［38］耿强、张永杰、朱牡丹：《中国的通胀、通胀预期与人民币有效汇率——开放新凯恩斯混合菲利普斯曲线框架下的实证分析》，《世界经济文汇》2009 年第 4 期。

［39］龚六堂、邹恒甫：《财政政策与价格水平的决定》，《经济研究》2002 年第 2 期。

［40］巩师恩、范从来：《二元劳动力结构与通货膨胀动态形成机制——基于新凯恩斯菲利普斯曲线框架》，《财经研究》2013 年第 3 期。

［41］郭凯、艾洪德、郑重：《通胀惯性、混合菲利普斯曲线与中国通胀动态特征》，《国际金融研究》2013 年第 2 期。

［42］郭明星、刘金全、刘志刚：《我国货币供给增长率与国内产出增长率之间的影响关系检验——来自 MS-VECM 模型的新证据》，《数量经济技术经济研究》2005 年第 5 期。

［43］郭庆旺、贾俊雪、刘晓路：《财政政策与宏观经济稳定：情势转变视角》，《管理世界》2007 年第 5 期。

［44］郭庆旺、吕冰洋：《中国税收负担的综合分析》，《财经问题研究》2010 年第 12 期。

［45］郭新强、胡永刚：《中国财政支出与财政支出结构偏向的就业效应》，《经济研究》2012 年第 s2 期。

［46］郭晔：《最优货币政策的设计：综述及其启示》，《经济评论》2007 年第 4 期。

［47］郭长林、胡永刚、李艳鹤：《财政政策扩张、偿债方式与居民消费》，《管理世界》2013 年第 2 期。

［48］国家统计局：《新中国 60 年》，中国统计出版社 2009 年版。

［49］何启志、范从来：《中国通货膨胀的动态特征研究》，《经济研究》2011 年第 7 期。

［50］贺晓波、许晓帆：《货币政策对资产价格冲击效果透视》，《财经科学》2009 年第 10 期。

［51］胡军、郭峰、龙硕：《通胀惯性、通胀预期与我国通货膨胀的空间特征——基于空间动态面板模型》，《经济学（季刊）》2013 年第 4 期。

［52］胡永刚、郭新强：《内生增长、政府生产性支出与中国居民消费》，《经济研究》2012 年第 9 期。

［53］胡永刚、郭长林：《财政政策规则、预期与居民消费——基于经济波动的视角》，《经济研究》2013 年第 3 期。

［54］黄峰：《全球化、资本深化与菲利普斯曲线——来自我国公司层面的证据》，《武汉金融》2012 年第 11 期。

［55］黄寿峰、陈浪南、黄榆舒：《人民币汇率变动的物价传递效应：多结构变化协整回归分析》，《国际金融研究》2011 年第 4 期。

［56］黄勇峰、任若恩、刘晓生：《中国制造业资本存量永续盘存法估计》，《经济学（季刊)》2002 年第 2 期。

［57］黄赜琳、朱保华：《中国的实际经济周期与税收政策效应》，《经济研究》2015 年第 3 期。

［58］冀志斌、周先平：《中央银行沟通可以作为货币政策工具吗——基于中国数据的分析》，《国际金融研究》2011 年第 2 期。

［59］江曙霞、江日初、吉鹏：《麦克勒姆规则及其中国货币政策检验》，《金融研究》2008 年第 5 期。

［60］蒋瑛琨、刘艳武、赵振全：《货币渠道与信贷渠道传导机制有效性的实证分析——兼论货币政策中介目标的选择》，《金融研究》2005 年第 5 期。

［61］金人庆：《中国财政政策：理论与实践》，中国财政经济出版社 2006 年版。

［62］孔丹凤：《中国货币政策规则分析——基于泰勒规则和麦克勒姆规则比较的视角》，《山东大学学报：哲学社会科学版》2008 年第 5 期。

［63］李彬、刘凤良：《我国通货膨胀动态和货币政策效果的行为宏观解释》，《管理世界》2007 年第 3 期。

［64］李春根、徐建斌：《税制结构、税收价格与居民的再分配需求》，《财贸经济》2015 年第 11 期。

［65］李春吉、范从来、孟晓宏：《中国货币经济波动分析：基于垄断竞争动态一般均衡模型的估计》，《世界经济》2010 年第 7 期。

［66］李春吉、孟晓宏：《中国经济波动——基于新凯恩斯主义垄断竞争模型的分析》，《经济研究》2006 年第 10 期。

［67］李春琦、唐哲一：《财政支出结构变动对私人消费影响的动态分析——生命周期视角下政府支出结构需要调整的经验证据》，《财经研究》2010 年第 6 期。

［68］李广众：《政府支出与居民消费：替代还是互补》，《世界经济》2005 年第 5 期。

［69］李婧：《中国资本账户自由化与汇率制度选择》，中国经济出版社 2006 年版。

［70］李相栋：《中央银行沟通及其在美联储应对 2007～2009 金融危机过程中的应用》，《世界经济研究》2011 年第 3 期。

［71］李晓芳、吴桂珍、高铁梅：《我国经济指标季节调整中消除春节因素的方法研究》，《数量经济技术经济研究》2003 年第 4 期。

［72］李永友、丛树海：《居民消费与中国财政政策的有效性：基于居民最优消费决策行为的经验分析》，《世界经济》2006 年第 5 期。

［73］李云峰、李仲飞：《中央银行沟通策略与效果的国际比较研究》，《国际金融研究》2010 年第 8 期。

［74］李云峰：《西方中央银行沟通视角下的预期管理研究：渠道、手段及效果》，《金融教育研究》2011 年第 4 期。

［75］李云峰：《中央银行沟通、实际干预与通货膨胀稳定》，《国际金融研究》2012 年第 4 期。

［76］李芝倩：《资本、劳动收入、消费支出的有效税率测算》，《税务研究》2006 年第 4 期。

［77］栗亮、刘元春：《经济波动的变异与中国宏观经济政策框架的重构》，《管理世界》2014 年第 12 期。

［78］刘柏、赵振全：《基于 STAR 模型的中国实际汇率非线性态势预测》，《数量经济技术经济研究》2008 年第 6 期。

［79］刘斌、张怀清：《我国产出缺口的估计》，《金融研究》2001 年第 10 期。

［80］刘斌：《稳健的最优简单货币政策规则在我国的应用》，《金融研究》2006 年第 4 期。

［81］刘斌：《物价水平的财政决定理论与实证研究》，《金融研究》2009 年第 8 期。

［82］刘金全、崔畅、谢卫东：《财政政策作用的阶段性和非对称性检验》，《财经科学》2003 年第 1 期。

［83］刘金全、范剑青：《中国经济周期的非对称性和相关性研究》，《经济研究》2001 年第 5 期。

［84］刘金全、姜梅华：《金融危机后期的新凯恩斯菲利普斯曲线估计与经济政策启示》，《吉林大学社会科学学报》2011 年第 2 期。

［85］刘金全、隋建利、李楠：《基于非线性 VAR 模型对我国货币政策非对称作用效应的实证检验》，《中国管理科学》2009 年第 3 期。

［86］刘金全、隋建利、闫超：《我国通货膨胀率过程区制状态划分与转移分析》，《系统工程学报》2009 年第 6 期。

［87］刘金全、张小宇：《时变参数"泰勒规则"在我国货币政策操作中的实证研究》，《管理世界》2012 年第 7 期。

［88］刘金全、郑挺国：《我国货币政策冲击对实际产出周期波动的非对称影响分析》，《数量经济技术经济研究》2006 年第 10 期。

［89］刘克、崀贾康：《中国财税改革三十年亲历与回顾》，经济科学出版社 2008 年版。

［90］刘伟：《我国宏观经济失衡的新特征》，《中共中央党校学报》2007 年第 1 期。

［91］刘亚、李伟平、杨宇俊：《人民币汇率变动对我国通货膨胀的影响：汇率传递视角的研究》，《金融研究》2008 年第 3 期。

［92］刘怡、聂海峰：《间接税负担对收入分配的影响分析》，《经济研究》2004 年第 5 期。

［93］陆蓓、胡海鸥：《中央银行信息沟通的经济效应分析》，《上海交通大学学报》2009 年第 4 期。

［94］陆军、梁静瑜：《中国金融状况指数的构建》，《世界经济》2007 年第 4 期。

［95］陆军、刘威、李伊珍：《新凯恩斯菲利普斯曲线框架下的中国动态金融状况指数》，《财经研究》2011 年第 11 期。

［96］陆军、舒元：《货币政策无效性命题在中国的实证研究》，《经济研究》2002 年第 3 期。

［97］陆军、钟丹：《泰勒规则在中国的协整检验》，《经济研究》2003 年第 8 期。

［98］陆前进、温彬：《财政支出、贸易条件和中国的实际汇率——基于期内和跨期双重优化和无限期预算约束的理论和实证研究》，《金融研究》2014 年第 6 期。

［99］罗忠洲、屈小粲：《纳入资产价格的我国通货膨胀指数研究》，《财经理论与实践》2012 年第 2 期。

［100］罗忠洲、屈小粲：《我国通货膨胀指数的修正与预测研究》，《金

融研究》2013 年第 9 期。

　　[101] 吕冰洋：《财政扩张与供需失衡：孰为因？孰为果?》，《经济研究》2011 年第 3 期。

　　[102] 吕越、盛斌：《开放条件下产出缺口型菲利普斯曲线的再验证——基于中国省际季度动态面板数据》，《金融研究》2011 年第 10 期。

　　[103] 马文涛：《货币政策的数量型工具与价格型工具的调控绩效比较——来自动态随机一般均衡模型的证据》，《数量经济技术经济研究》2011 年第 10 期。

　　[104] 毛泽盛、周军荣、李鹏鹏：《李嘉图制度还是非李嘉图制度——中国物价水平决定的政策与根源研究》，《国际金融研究》2013 年第 12 期。

　　[105] 闵捷：《央行货币政策操作效果非对称性实证研究》，《经济研究》2005 年第 2 期。

　　[106] 彭兴韵：《粘性信息经济学——宏观经济学最新发展的一个文献综述》，《经济研究》2011 年第 12 期。

　　[107] 彭芸：《中央银行沟通研究进展述评》，《金融与经济》2011 年第 10 期。

　　[108] 秦宛顺、靳云汇：《资本流动、定价行为与汇率制度的福利分析》，《金融研究》2003 年第 1 期。

　　[109] 饶晓辉、刘方：《政府生产性支出与中国的实际经济波动》，《经济研究》2014 年第 11 期。

　　[110] 盛松成：《在正确认识的前提下有效管理通胀预期》，《金融时报》2010 年 3 月 15 日。

　　[111] 施建淮、傅雄广、许伟：《人民币汇率变动对我国价格水平的传递》，《经济研究》2008 年第 7 期。

　　[112] 石柱鲜、邓创：《基于自然利率的货币政策效应非对称性研究》，《中国软科学》2005 年第 9 期。

　　[113] 孙刚：《汇率二重性与当代汇率决定模型》，《财经问题研究》2011 年第 8 期。

　　[114] 孙立坚：《开放经济中的外部冲击效应和汇率安排》，上海人民出版社 2005 年版。

［115］万广华、张茵、牛建高：《流动性约束、不确定性与中国居民消费》，《经济研究》2001 年第 11 期。

［116］万解秋、徐涛：《货币供给的内生性与货币政策的效率——兼评我国当前货币政策的有效性》，《经济研究》2001 年第 3 期。

［117］汪恒：《资产价格对核心通货膨胀指数的修正》，《数量经济技术经济研究》2007 年第 2 期。

［118］王彬：《金融形势指数与货币政策——基于中国数据的实证研究》，《当代经济科学》2009 年第 4 期。

［119］王芳：《城镇居民消费过度敏感性的统计分析》，《数量经济技术经济研究》2007 年第 3 期。

［120］王国静、田国强：《金融冲击和中国经济波动》，《经济研究》2014 年第 3 期。

［121］王国静、田国强：《政府支出乘数》，《经济研究》2014 年第 9 期。

［122］王剑锋：《流转税影响个人收入分配调节的分析研究——以我国城镇居民支出结构为考察基础》，《财经研究》2004 年第 7 期。

［123］王金明：《我国经济周期波动对通货膨胀的动态影响——基于合成指数的实证研究》，《金融研究》2012 年第 3 期。

［124］王军：《新凯恩斯主义粘性信息理论述评》，《管理世界》2009 年第 8 期。

［125］王军平：《住房价格上涨对 CPI 的传导效应——兼论我国 CPI 编制体系的缺陷》，《经济学家》2006 年第 6 期。

［126］王君斌、郭新强、王宇：《中国货币政策的工具选取、宏观效应与规则设计》，《金融研究》2013 年第 8 期。

［127］王君斌：《通货膨胀惯性、产出波动与货币政策冲击：基于刚性价格模型的通货膨胀和产出的动态分析》，《世界经济》2010 年第 3 期。

［128］王立勇、高伟：《财政政策对私人消费非线性效应及其解释》，《世界经济》2009 年第 9 期。

［129］王立勇、李富强：《我国相机抉择财政政策效应非对称性的实证研究》，《数量经济技术经济研究》2009 年第 1 期。

［130］王立勇、刘文革：《财政政策非线性效应及其解释——兼论巴罗—格罗斯曼宏观一般非均衡模型在中国的适用性》，《经济研究》2009 年第 7 期。

［131］王立勇、张代强、刘文革：《开放经济下我国非线性货币政策的非对称效应研究》，《经济研究》2010 年第 9 期。

［132］王胜、田涛：《中国当前是输入型通胀吗？——基于汇率传递的视角》，《东北大学学报：社会科学版》2013 年第 2 期。

［133］王维安、贺聪：《房地产价格与通货膨胀预期》，《财经研究》2005 年第 12 期。

［134］王文甫、朱保华：《政府支出的外部性和中国政府支出的宏观效应：动态随机一般均衡视角》，《经济科学》2010 年第 2 期。

［135］王文甫：《价格粘性、流动性约束与中国财政政策的宏观效应——动态新凯恩斯主义视角》，《管理世界》2010 年第 9 期。

［136］王晓芳、毛彦军：《小型开放经济环境下的最优货币政策设计》，《财贸研究》2011 年第 3 期。

［137］王雪峰：《金融状况指数和货币政策中介目标》，《山西财经大学学报》2009 年第 11 期。

［138］王艺明、蔡昌达：《货币政策的成本传导机制与价格之谜——基于新凯恩斯主义 DSGE 模型的研究》，《经济学动态》2012 年第 3 期。

［139］王玉宝：《金融形势指数（FCI）的中国实证》，《上海金融》2005 年第 8 期。

［140］吴利学：《中国能源效率波动：理论解释、数值模拟及政策含义》，《经济研究》2009 年第 5 期。

［141］吴婷婷：《利率冲击非对称效应的实证检验：来自中国的经验证据》，《统计与决策》2009 年第 19 期。

［142］武晓利、晁江锋：《财政支出结构对居民消费率影响及传导机制研究——基于三部门动态随机一般均衡模型的模拟分析》，《财经研究》2014 年第 6 期。

［143］奚君羊、贺云松：《中国货币政策的福利损失及中介目标的选择——基于新凯恩斯 DSGE 模型的分析》，《财经研究》2010 年第 2 期。

［144］项后军、许磊：《汇率传递与通货膨胀之间的关系存在中国的"本土特征"吗?》,《金融研究》2011 年第 11 期。

［145］项后军、周宇：《财政政策对私人消费非线性效应的存在性及触发条件研究》,《财经研究》2011 年第 9 期。

［146］肖曼君、周平：《央行信息披露对通货膨胀预期及其偏差的影响——基于人民银行的信息披露指数分析》,《财经理论与实践》2009 年第 5 期。

［147］肖争艳、陈彦斌：《中国通货膨胀预期研究：调查数据方法》,《金融研究》2004 年第 11 期。

［148］谢杰斌：《中央银行沟通：理论与实践》,厦门大学博士论文 2009 年。

［149］谢平、罗雄：《泰勒规则及其在中国货币政策中的检验》,《经济研究》2002 年第 3 期。

［150］谢平：《新世纪中国货币政策的挑战》,《金融研究》2000 年第 10 期。

［151］徐强：《CPI 编制中的几个基本问题探析》,《统计研究》2007 年第 8 期。

［152］徐亚平：《公众学习、预期引导与货币政策的有效性》,《金融研究》2009 年第 1 期。

［153］徐亚平：《货币政策有效性与货币政策透明制度的兴起》,《经济研究》2006 年第 8 期。

［154］徐亚平：《通货膨胀预期形成的模型刻画及其与货币政策的关联性》,《金融研究》2010 年第 9 期。

［155］许冰、叶娅芬：《基于理性预期模型的最优货币政策的选择及应用》,《统计研究》2009 年第 5 期。

［156］许伟、陈斌开：《银行信贷与中国经济波动：1993—2005》,《经济学（季刊）》2009 年第 2 期。

［157］许志伟、薛鹤翔、罗大庆：《融资约束与中国经济波动——新凯恩斯主义框架内的动态分析》,《经济学（季刊）》2011 年第 1 期。

［158］闫坤、于树一：《论全球金融危机下的中国结构性减税》,《税务

研究》2011 年第 1 期。

［159］严成樑、龚六堂：《税收政策对经济增长影响的定量评价》，《世界经济》2012 年第 4 期。

［160］杨继生：《通胀预期、流动性过剩与中国通货膨胀的动态性质》，《经济研究》2009 年第 1 期。

［161］杨小军：《中国新凯恩斯主义菲利普斯曲线的经验研究》，《统计研究》2011 年第 2 期。

［162］杨子晖、温雪莲、陈浪南：《政府消费与私人消费关系研究：基于面板单位根检验及面板协整分析》，《世界经济》2009 年第 11 期。

［163］姚余栋、谭海鸣：《加强通胀预期管理》，《中国金融》2011 年第 20 期。

［164］易纲、王召：《货币政策与金融资产价格》，《经济研究》2002 年第 3 期。

［165］于光耀、徐娜：《中国通货膨胀预期：理性还是适应性》，《财经科学》2011 年第 11 期。

［166］于学军：《从渐进到突变：中国改革开放以来货币和信用周期考察》，中国社会科学出版社 2007 年版。

［167］余明桂、回雅甫、潘红波：《政治联系、寻租与地方政府财政补贴有效性》，《经济研究》2010 年第 3 期。

［168］袁伟彦、李文溥：《中国货币政策的汇率传递效应及形成机制——基于 SVAR 与动态一般均衡（DGE）模型的分析》，《管理世界》2010 年第 12 期。

［169］袁志刚：《非瓦尔拉均衡理论及其在中国经济中的应用》，上海三联书店 2006 年版。

［170］岳树民、李静：《对我国劳动、资本、消费课税的比较及分析》，《国际税收》2011 年第 6 期。

［171］岳希明、张斌、徐静：《中国税制的收入分配效应测度》，《中国社会科学》2014 年第 6 期。

［172］曾辉：《中国广义价格指数月度数据的实证研究》，《金融理论与实践》2010 年第 5 期。

［173］曾利飞、徐剑刚、唐国兴：《开放经济下中国新凯恩斯混合菲利普斯曲线》，《数量经济技术经济研究》2006 年第 3 期。

［174］曾勤、甄瑞英：《货币渠道、信用渠道与货币政策有效性》，《现代商业》2008 年第 30 期。

［175］张蓓：《我国居民通货膨胀预期的性质及对通货膨胀的影响》，《金融研究》2009 年第 9 期。

［176］张兵：《中国财政政策和货币政策的通货膨胀效应分析》，《广西经济管理干部学院学报》2010 年第 2 期。

［177］张步昙：《经济全球化对通胀机制的影响——基于世界主要经济体的分析》，《财经科学》2015 年第 9 期。

［178］张成思：《短期通胀率动态机制理论述评》，《管理世界》2007 年第 5 期。

［179］张成思：《通货膨胀目标错配与管理研究》，《世界经济》2011 年第 11 期。

［180］张成思：《新凯恩斯菲利普斯曲线研究述评》，《金融评论》2010 年第 5 期。

［181］张成思：《中国通胀惯性特征与货币政策启示》，《经济研究》2008 年第 2 期。

［182］张代强：《前瞻性货币政策反应函数在我国货币政策中的检验》，《经济研究》2007 年第 3 期。

［183］张明喜、高倚云：《我国财政政策非线性效应的理论探讨与检验》，《财贸研究》2008 年第 5 期。

［184］张晓慧、纪志宏、李斌：《通货膨胀机理变化及政策应对》，《世界经济》2010 年第 3 期。

［185］张晓慧：《关于资产价格与货币政策问题的一些思考》，《金融研究》2009 年第 7 期。

［186］张晓慧：《中国货币政策》，中国金融出版社 2012 年版。

［187］张志栋、靳玉英：《我国财政政策和货币政策相互作用的实证研究》，《金融研究》2011 年第 5 期。

［188］张佐敏：《财政规则与政策效果——基于 DSGE 分析》，《经济研

究》2013 年第 1 期。

[189] 张佐敏:《中国存在财政规则吗?》,《管理世界》2014 年第 5 期。

[190] 赵博、雍家胜:《菲利普斯曲线研究在中国的实证分析》,《管理世界》2004 年第 9 期。

[191] 赵进文、闵捷:《央行货币政策操作效果非对称性实证研究》,《经济研究》2005 年第 2 期。

[192] 赵进文、闵捷:《央行货币政策操作政策拐点与开关函数的测定经济研究》,《经济研究》2005 年第 12 期。

[193] 赵留彦:《中国通胀预期的卡尔曼滤波估计》,《经济学（季刊)》2005 年第 3 期。

[194] 郑鸣、倪玉娟、刘林:《我国货币政策对股票价格的影响——基于 Markov 区制转换 VAR 模型的实证分析》,《经济管理》2010 年第 11 期。

[195] 郑挺国、刘金全:《区制转移形式的"泰勒规则"及其在中国货币政策中的应用》,《经济研究》2010 年第 3 期。

[196] 郑挺国、刘金全:《我国货币——产出非对称影响关系的实证研究》,《经济研究》2008 年第 1 期。

[197] 周晖:《货币政策、股票资产价格与经济增长》,《金融研究》第 2010 年第 2 期。

[198] 朱柏松:《基于 DSGE 模型的货币政策和财政政策联动机制研究》,华中科技大学博士论文 2013 年。

[199] 朱军:《开放经济中的财政政策规则——基于中国宏观经济数据的 DSGE 模型》,《财经研究》2013 年第 3 期。

[200] Afonso, A., 2001, "Non-Keynesian Effects of Fiscal Policy in the EU-15", ISEG Economics Department Working Paper, No. 7.

[201] Aiyagari, S. R., Gertler, M., 1985, "The Backing of Government Bonds and Monetarism", *Journal of Monetary Economics*, Vol. 16, No. 1, pp. 19-44.

[202] Alesina, A., Ardagna, S., 1998, "Tales of Fiscal Contractions", *Economic Policy*, Vol. 27, No. 1, pp. 487-545.

[203] Alesina, A., Perotti, R., 1997, "Fiscal Adjustments in OECD Countries: Composition and Macroeconomic Effects", *Imf Staff Papers*, Vol. 44, No. 2, pp. 210-248.

[204] Ball, L., 1990, "Credible Disinflation with Staggered Price-Setting", *The American Economic Review*, Vol. 84, No. 1, pp. 282-289.

[205] Ball, L., 1998, *Policy Rules for Open Economies*, University of Chicago Press.

[206] Ball, L., Mankiw, N. G., 1994, "Asymmetric Price Adjustment and Economic Fluctuations", *Economic Journal*, Vol. 104, No. 423, pp. 247-261.

[207] Ball, L., Sims, C. A., 1991, "The New Keynesian Economics and the Output-Inflation Tradeoff", *New Keynesian Economics*, Vol. 1, pp. 147-211.

[208] Barro, R. J., 1978, "Unanticipated Money, Output and Price Level in the United States", *Journal of Political Economy*, Vol. 86, No. 4, pp. 549-580.

[209] Benedetti, M., Giavazzi, F., Jappelli, T., Benedetti, M., 2005, "Searching for Non-Monotonic Effects of Fiscal Policy: New Evidence", NBER Working Paper, No. w11593.

[210] Bernanke, B. S., Woodford, M., 1997, "Inflation Forecasts and Monetary Policy", *Journal of Money*, *Credit & Banking*, Vol. 29, No. 4, pp. 653-684.

[211] Bertola, G., Drazen, A., 1991, "Trigger Points and Budget Cuts: Explaining the Effects of Fiscal Austerity", NBER Working Paper, No. w3844.

[212] Betts, C., Devereux, M. B., 1996, "The Exchange Rate in a Model of Pricing-to-Market", *European Economic Review*, Vol. 40, No. 3, pp. 1007-1021.

[213] Betts, C., Devereux, M. B., 2000, "Exchange Rate Dynamics in a Model of Pricing-to-Market", *Journal of International Economics*, Vol. 50, No. 1, pp. 215-244.

［214］ Blanchard, O., Perotti, R., 2002, "An Empirical Characterization of the Dynamic Effects of Changes in Government Spending and Taxes on Output", *The Quarterly Journal of Economics*, Vol. 117, No. 4, pp. 1329-1368.

［215］ Blanchard, O. J., 1984, "Debt, Deficits, and Finite Horizons", *Journal of Political Economy*, Vol. 93, No. 2, pp. 223-247.

［216］ Blanchard, O. J., Kahn, C. M., 1980, "The Solution of Linear Difference Models under Rational Expectations", *Econometrica*, Vol. 48, No. 5, pp. 1305-1311.

［217］ Blinder, A. S., Jansen, D. J., 2008, "Central Bank Communication and Monetary Policy: A Survey of Theory and Evidence", *Journal of Economic Literature*, Vol. 46, No. 4, pp. 910-945.

［218］ Bohn, H., 1998, "The Behavior of US Public Debt and Deficits", *The Quarterly Journal of Economics*, Vol. 113, No. 3, pp. 949-963.

［219］ Borio, C., Filardo, A. J., 2007, "Globalization and Inflation: New Cross-Country Evidence on the Global Determinants of Domestic Inflation", BIS Working Paper, No. 227.

［220］ Bouakez, H., 2005, "Nominal Rigidity, Desired Markup Variations, and Real Exchange Rate Persistence", *Journal of International Economics*, Vol. 66, No. 1, pp. 49-74.

［221］ Bruno, M., 1993, *Monetary Theory and Thought*, Palgrave Macmillan.

［222］ Bryan, M. F., Cecchetti, S. G., 1993, "The Consumer Price Index as a Measure of Inflation", NBER Working Paper, No. 4505.

［223］ Bryan, M. F., Cecchetti, S. G., O' Sullivan, R., 2001, "Asset Prices in the Measurement of Inflation", *De Economist*, Vol. 149, No. 4, pp. 405-431.

［224］ Bullard, J., Mitra, K., 2002, "Learning about Monetary Policy Rules", *Journal of Monetary Economics*, Vol. 49, No. 6, pp. 1105-1129.

［225］ Calvo, G. A., 1983, "Staggered Prices in a Utility – Maximizing

Framework", *Journal of Monetary Economics*, Vol. 12, No. 3, pp. 383–398.

[226] Calvo, G. A., Reinhart, C., 2008, "Fear of Floating", *The Quarterly Journal of Economics*, Vol. 117, No. 2, pp. 379–408.

[227] Campa, J. M., 2002, "Goldberg L S. Exchange Rate Pass – Through into Import Prices: A Macro or Micro Phenomenon?", NBER Working Paper, No. 8934.

[228] Campbell, J. Y., Mankiw, N. G., 1989, "Consumption, Income, and Interest Rates: Reinterpreting the Time Series Evidence", *NBER Macroeconomics Annual*, Vol. 43, No. 2, pp. 283–291.

[229] Campbell, J. Y., Mankiw, N. G., 1990, "Permanent Income, Current Income, and Consumption", *Journal of Business & Economic Statistics*, Vol. 8, No. 3, pp. 265–279.

[230] Canzoneri, M. B., Cumby, R. E., Diba, B. T., 2001, "Is the Price Level Determined by the Needs of Fiscal Solvency?", *The American Economic Review*, Vol. 91, No. 5, pp. 1221–1238.

[231] Carceles – Poveda, E., Giannitsarou, C., "Adaptive Learning in Practice", *Journal of Economic Dynamics and Control*, Vol. 31, No. 8, pp. 2659–2697.

[232] Carlson, J. A., Parkin, M., 1975, "Inflation Expectations", *Economica*, Vol. 42, No. 166, pp. 123–138.

[233] Carroll, C. D., 2003, "Macroeconomic Expectations of Households and Professional Forecasters", *The Quarterly Journal of Economics*, Vol. 118, No. 1, pp. 269–298.

[234] Choi, W. G., 1999, "Asymmetric Monetary Effects on Interest Rates across Monetary Policy Stances", *Journal of Money, Credit & Banking*, Vol. 31, No. 3, pp. 386–416.

[235] Chow, G. C., Li, K. W., "China's Economic Growth: 1952 – 2010", *Economic Development and Cultural Change*, Vol. 51, No. 1, pp. 247–256.

[236] Christiano, L., Ilut, C. L., Motto, R., Rostagno, M., 2010,

"Monetary Policy and Stock Market Booms", NBER Working Paper, No. w16402.

[237] Chung, H., Davig, T., Leeper, E. M., "Monetary and Fiscal Policy Switching", *Journal of Money*, *Credit & Banking*, Vol. 39, No. 4, pp. 809-842.

[238] Clarida, R., Gali, J., Gertler, M., 1998, "Monetary Policy Rules in Practice: Some International Evidence", *European Economic Review*, Vol. 42, No. 6, pp. 1033-1067.

[239] Clarida, R., Gali, J., Gertler, M., 1999, "The Science of Monetary Policy: A New Keynesian Perspective", NBER Working Paper, No. 7147.

[240] Clarida, R., Gali, J., Gertler, M., 2000, "Monetary Policy Rules and Macroeconomic Stability: Evidence and Some Theory", *The Quarterly Journal of Economics*, Vol. 115, No. 1, pp. 147-180.

[241] Coibion, O., 2010, "Testing the Sticky Information Phillips Curve", *The Review of Economics and Statistics*, Vol. 92, No. 1, pp. 87-101.

[242] Cole, H. L., Obstfeld, M., 1991, "Commodity Trade and International Risk Sharing: How Much Do Financial Markets Matter?", *Journal of Monetary Economics*, Vol. 28, No. 1, pp. 3-24.

[243] Cover, J. P., 2012, "Asymmetric Effects of Positive and Negative Money-Supply Shocks", *The Quarterly Journal of Economics*, Vol. 107, No. 4, pp. 1261-1282.

[244] Davig, T., Leeper, E. M., 2011, "Monetary-Fiscal Policy Interactions and Fiscal Stimulus", *European Economic Review*, Vol. 55, No. 2, pp. 211-227.

[245] Debelle, G., 1997, *Inflation Targeting in Practice*, International Monetary Fund.

[246] Dell' Ariccia, M. G., Garibaldi, M. P., 1998, *Bank Lending and Interest Rate Changes in a Dynamic Matching Model*, International Monetary Fund.

［247］Demertzis, M., Hoeberichts, M., 2007, "The Costs of Increasing Transparency", *Open Economies Review* , Vol. 18, No. 3, pp. 263-280.

［248］Devereux, M. B., Yetman, J., 2010, "Leverage Constraints and the International Transmission of Shocks", *Journal of Money*, *Credit & Banking* , Vol. 42, No. s1, pp. 71-105.

［249］Dixit, A. K., Stiglitz, J. E., 1977, "Monopolistic Competition and Optimum Product Diversity", *The American Economic Review*, Vol. 67, No. 3, pp. 297-308.

［250］Döpke, J., Dovern, J., Fritsche, U., Slacalek, J., 2005, "European Inflation Expectations Dynamics", Deutsche Bank Working Paper, No. 37.

［251］Dornbusch, R., 1987, "Exchange Rates and Prices", *The American Economic Review* , Vol. 77, No. 1, pp. 93-106.

［252］Dupor, B., Kitamura, T., Tsuruga, T., 2010, "Integrating Sticky Prices and Sticky Information", *The Review of Economics and Statistics*, Vol. 92, No. 3, pp. 657-669.

［253］Edelberg, W., Eichenbaum, M., Fisher, J., 1999, "Understanding the Effects of a Shock to Government Purchases", *Review of Economic Dynamics* , Vol. 2, No. 1, pp. 166-206.

［254］Eika, K. H., Ericsson, N. R., Nymoen, R., 1996, "Hazards in Implementing a Monetary Conditions Index", *Oxford Bulletin of Economics and Statistics* , Vol. 58, No. 4, pp. 765-790.

［255］En, B. C., Hsieh, C. T., Qian, Y., 2006, "The Return to Capital in China", NBER Working Paper, No. 12755.

［256］Ericsson, N. R., Jansen, E. S., Kerbeshian, N. A., Nymoen, R., 1998, "Interpreting a Monetary Conditions Index in Economic Policy", Bank for International Settlements Conference Papers.

［257］Eusepi, S., 2005, "Central Bank Transparency under Model Uncertainty", FRB of New York Staff Report, No. 199.

［258］Eusepi, S., 2008, "Central Bank Transparency and Nonlinear

Learning Dynamics", FRB of New York Staff Report, No. 342.

[259] Evans, G. W., Honkapohja, S., 2003, "Adaptive Learning and Monetary Policy Design", *Journal of Money, Credit & Banking*, Vol. 35, No. 6, pp. 1045-1072.

[260] Evans, G. W., Honkapohja, S., 2003, "Expectations and the Stability Problem for Optimal Monetary Policies", *Review of Economic Studies*, Vol. 70, No. 4, pp. 807-824.

[261] Evans, G. W., Honkapohja, S., 2003, "Friedman' s Money Supply Rule versus Optimal Interest Rate Policy", *Scottish Journal of Political Economy*, Vol. 50, No. 5, pp. 550-566.

[262] Evans, G. W., Seppo, H., 2006, "Monetary Policy, Expectations and Commitment", *The Scandinavian Journal of Economics*, Vol. 108, No. 1, pp. 15-38.

[263] Fischer, S., 1977, "Stability and Exchange Rate Systems in a Monetarist Model of the Balance of Payments", in *The Political Economy of Monetary Reform*, Palgrave Macmillan, pp. 59-73.

[264] Fisher, I., 1911, *The Purchasing Power of Money*, Palgrave Macmillan.

[265] Flood, R. P., 1979, "Capital Mobility and the Choice of Exchange Rate System", *International Economic Review*, Vol. 20, No. 20, pp. 405-416.

[266] Florio, A., 2006, "The Asymmetric Effects of Monetary Policy in a Matching Model with a Balance Sheet Channel", *Journal of Macroeconomic*, Vol. 28, No. 2, pp. 375-391.

[267] Forni, L., Monteforte, L., Sessa, L., 2009, "The General Equilibrium Effects of Fiscal Policy: Estimates for the Euro Area", *Journal of Public Economics*, Vol. 93, No. 3, pp. 559-585.

[268] Forni, L., Pisani, M., 2009, "Fiscal Policy in Open Economie: Estimates for the Euro Area", Bank of Italy Working Paper.

[269] Friedman, M., 1968, "The Role of Monetary Policy", *The American Economic Review*, Vol. 58, No. 1, pp. 1-17.

[270] Fuhrer, J., Moore, G., 1995, "Inflation Persistence", *The Quarterly Journal of Economics*, Vol. 110, No. 1, pp. 127–159.

[271] Galí, J., 2015, *Monetary Policy*, *Inflation*, *and the Business Cycle: An Introduction to the New Keynesian Framework and its Applications*, Princeton University Press.

[272] Gali, J., Gertler, M., 1999, "Inflation Dynamics: A Structural Econometric Analysis", *Journal of Monetary Economics*, Vol. 44, No. 2, pp. 195–222.

[273] Galí, J., López – Salido, J. D., Vallés, J., 2007, "Understanding the Effects of Government Spending on Consumption", *Journal of the European Economic Association*, Vol. 5, No. 1, pp. 227–270.

[274] Garcia, M., Schaller, H., 2002, "Are the Effects of Monetary Policy Asymmetric?", *Economic Inquiry*, Vol. 40, No. 1, pp. 102–119.

[275] Garibaldi, P., 1997, "The Asymmetric Effects of Monetary Policy on Job Creation and Destruction", *IMF Staff Papers*, Vol. 44, No. 4, pp. 557–584.

[276] Gaspar, V., Smets, F., Vestin, D., 2010, "Inflation Expectations, Adaptive Learning and Optimal Monetary Policy", in *Handbook of Monetary Economics*, Elsevier, pp. 1055–1095.

[277] Giannoni, M. P., Woodford, M., 2003, "Optimal Interest – Rate Rules: I. General Theory", NBER Working Paper, No. 9419.

[278] Giavazzi, F., Jappelli, T., Pagano, M., 2000, "Searching for Non – linear Effects of Fiscal Policy: Evidence from Industrial and Developing Countries", *European Economic Review*, Vol. 44, No. 7, pp. 1259–1289.

[279] Giavazzi, F., Pagano, M., 1990, "Can Severe Fiscal Contractions be Expansionary? Tales of Two Small European Countries", *NBER Macroeconomics Annual*, Vol. 5, pp. 75–111.

[280] Giavazzi, F., Pagano, M., 1996, "Non – Keynesian Effects of Fiscal Policy Changes: International Evidence and the Swedish Experience", *Swedish Economic Policy Review*, Vol. 3, pp. 67–103.

［281］ Glomm, G., Ravikumar, B., 1994, "Public Investment in Infra-structure in a Simple Growth Model", *Journal of Economic Dynamics & Control*, Vol. 18, No. 6, pp. 1173-1187.

［282］ Goldberg, P. K., Knetter, M. M., 1997, "Goods Prices and Exchange Rates: What Have We Learned?", *Journal of Economic Literature*, Vol. 35, No. 3, pp. 1243-1272.

［283］ Goodhart, C., Hofmann, B., 2000, "Do Asset Prices Help to Predict Consumer Price Inflation?", *The Manchester School*, Vol. 68, No. s1, pp. 122-140.

［284］ Goodhart, C., Hofmann, B., 2000, "Financial Variables and the Conduct of Monetary Policy", Sveriges Riksbank Working Paper Series, No. 112.

［285］ Grier, K. B., Meiman, H. E., 1987, "Deficits, Politics and Money Growth", *Economic Inquiry*, Vol. 25, No. 2, pp. 201-214.

［286］ Hamilton, J. D., 1994, *Time Series Analysis*, Princeton University Press.

［287］ Heinmann, F., Ullrich, K., 2005, "Does it Pay to Watch Central Bankers' Lips", ECB Working Paper.

［288］ Hellwig, M., Neumann, M. J. M., 1987, "Economic Policy in Germany: Was there a Turnaround?", *Economic Policy*, Vol. 2, No. 5, pp. 103-145.

［289］ Höppner, F., Wesche, K., 2000, "Non-Linear Effects of Fiscal Policy in Germany: A Markov-Switching Approach", Bonn Econ Discussion Papers, No. 9.

［290］ Iakova, M. D. M., 2007, *Flattening of the Phillips Curve: Implications for Monetary Policy*, International Monetary Fund.

［291］ IMF, 2006, "How Has Globalization Affected Inflation?", IMF World Economic Outlook.

［292］ James, D., Hamilton, 1985, "Uncovering Financial Market Expectations of Inflation", *Journal of Political Economy*, No. 5, pp. 1224-1241.

[293] Jeremy, Rudd, Karl, Whelan, 2007, "Modeling Inflation Dynamics: A Critical Review of Recent Research", *Journal of Money, Credit & Banking*, No. 39, pp. 155-170.

[294] Jinnai, R., 2007, "Optimal Inattentive Length in Macroeconomic Models", *Economics Letters*, Vol. 95, No. 2, pp. 174-179.

[295] Johnson, D., 2006, "The Effect of Inflation Targets on the Level of Expected Inflation in Five Countries", *Review of Economics & Statistics*, Vol. 85, No. 85, pp. 1076-1081.

[296] Kendrick, J. W., 1993, "Leading Economic Indicators: New Approaches and Forecasting Record", *Southern Economic Journal*, Vol. 59, No. 3.

[297] Khan, H., Zhu, Z., 2006, "Estimates of the Sticky-Information Phillips Curve for the United States", *Journal of Money, Credit & Banking*, Vol. 38, No. 1, pp. 195-207.

[298] Kiley, M. T., 2007, "A Quantitative Comparison of Sticky-Price and Sticky-Information Models of Price Setting", *Journal of Money, Credit & Banking*, Vol. 39, No. s1, pp. 101-125.

[299] King, R. G., Rebelo, S. T., 1999, "Resuscitating Real Business Cycles", in *Handbook of Macroeconomics*, Elsevier, pp. 927-1007.

[300] Kitamura, T., 2008, "Optimal Monetary Policy under Sticky Prices and Sticky Information", The Bank of Japan Working Paper.

[301] Kliesen, K. L., Schmid, F. A., 2004, "Monetary Policy Actions, Macroeconomic Data Releases, and Inflation Expectations", *Federal Reserve Bank of St. Louis Review*, Vol. 86, No. 3, pp. 9-22.

[302] Kocherlakota, N. R., 1996, "The Equity Premium: It's Still a Puzzle", *Journal of Economic Literature*, Vol. 34, No. 1, pp. 42-71.

[303] Korenok, O., 2008, "Empirical Comparison of Sticky Price and Sticky Information Models", *Journal of Macroeconomics*, Vol. 30, No. 3, pp. 906-927.

[304] Kozicki, S., 1999, "How Useful are Taylor Rules for Monetary Pol-

icy?", *Economic Review–Federal Reserve Bank of Kansas City*, Vol. 84, No. 2, pp. 5–33.

[305] Krolzig, H. M., 1997, *Markov – Switching Vector Autoregressions: Modelling, Statistical Inference and Application to Business Cycle Analysis*, Springer–Verlag.

[306] Krolzig, H. M., 1998, "Econometric Modeling of Markov – Switching Vector Auto–Regressions Using MSVAR for Ox", Working Paper.

[307] Krugman, P. R., 1986, "Pricing to Market When the Exchange Rate Changes", NBER Working Paper.

[308] Kuester, K., Müller, G. J., Stölting, S., 2009, "Is the New Keynesian Phillips Curve Flat?", *Economics Letters*, Vol. 103, No. 1, pp. 39–41.

[309] Kuttner, K. N., Posen, A. S., 1999, "Does Talk Matter after All? Inflation Targeting and Central Bank Behavior", CFS Working Paper, No. 4.

[310] Kydland, F. E., Prescott, E. C., 1982, "Time to Build and Aggregate Fluctuations", *Econometrica*, Vol. 50, No. 6, pp. 1345–1370.

[311] Lane, P. R., 2001, "The New Open Economy Macroeconomics: A Survey", *Journal of International Economics*, Vol. 54, No. 2, pp. 235–266.

[312] Lange, J., Sack, B., Whitesell, W. C., 2001, "Anticipations of Monetary Policy in Financial Markets", *Journal of Money*, *Credit & Banking*, Vol. 35, No. 6, pp. 889–909.

[313] Lee, Y., Gordon, R. H., 2005, "Tax Structure and Economic Growth", *Journal of Public Economics*, Vol. 89, No. 5, pp. 1027–1043.

[314] Leeper, E. M., 1991, "Equilibria under 'Active' and 'Passive' Monetary and Fiscal Policies", *Journal of Monetary Economics*, Vol. 27, No. 1, pp. 129–147.

[315] Leeper, E. M., 1993, "The Policy Tango: Toward a Holistic View of Monetary and Fiscal Effects", *Economic Review – Federal Reserve Bank of Atlanta*, Vol. 25, No. 1, pp. 1–27.

[316] Leeper, E. M., Plante, M., Traum, N., 2010, "Dynamics of Fiscal Financing in the United States", *Journal of Econometrics*, Vol. 156, No. 2, pp. 304-321.

[317] Mankiw, N. G., Reis, R., 2001, "Sticky Information versus Sticky Prices: A Proposal to Replace the New Keynesian Phillips Curve", *The Quarterly Journal of Economics*, Vol. 117, No. 4, pp. 1295-1328.

[318] Mankiw, N. G., Reis, R., 2003, "Sticky Information: A Model of Monetary Non-Neutrality and Structural Slumps", in *Knowledge*, *Information*, *and Expectations in Modern Macroeconomics: In Honor of Edmund Phelps*, Princeton University Press, pp. 64-86.

[319] Marazzi, M., Sheets, N., 2007, "Declining Exchange Rate Pass-Through to U. S. Import Prices: The Potential Role of Global Factors", *Journal of International Money & Finance*, Vol. 26, No. 6, pp. 924-947.

[320] Matheson, T., Sandri, D., Simon, J., 2013, "The Dog that Didn't Bark: Has Inflation Been Muzzled or Was it Just Sleeping?", IMF World Economic Outlook.

[321] Mccallum, B. T., 1983, "On Non-Uniqueness in Rational Expectations Models: An Attempt at Perspective", *Journal of Monetary Economics*, Vol. 11, No. 2, pp. 139-168.

[322] Mccallum, B. T., 1984, "Are Bond - Financed Deficits Inflationary? A Ricardian Analysis", *Journal of Political Economy*, Vol. 92, No. 1, pp. 123-135.

[323] Mccallum, B. T., 1984, "Monetarist Rules in the Light of Recent Experience", *The American Economic Review*, Vol. 74, No. 2, pp. 388-391.

[324] Mccallum, B. T., Nelson. E., 1999, "Nominal Income Targeting in an Open-Economy Optimizing Model: A Compact Exposition", *Journal of Monetary Economics*, Vol. 43, No. 3, pp. 553-578.

[325] Mishkin, F. S., 2008, "Exchange Rate Pass - Through and Monetary Policy", NBER Working Paper, No. 13889.

[326] Mishkin, F. S., 2009, "Globalization, Macroeconomic

Performance, and Monetary Policy", *Journal of Money*, *Credit & Banking*, Vol. 41, No. s1, pp. 187-196.

[327] Morgan, D. P., 1993, "Asymmetric Effects of Monetary Policy", *Economic Review-Federal Reserve Bank of Kansas City*, Vol. 78, pp. 20-33.

[328] Morris, S., 2002, "Social Value of Public Information", *The American Economic Review*, Vol. 92, No. 5, pp. 1521-1534.

[329] Mountford, A., Uhlig, H., 2009, "What Are the Effects of Fiscal Policy Shocks?", *Journal of Applied Econometrics*, Vol. 24, No. 6, pp. 960-992.

[330] Muellbauer, J., Portes, R., 1978, "Macroeconomic Models with Quantity Rationing", *Economic Journal*, Vol. 88, No. 88, pp. 788-821.

[331] Muth, J. F., 1961, "Rational Expectations and the Theory of Price Movements", *Econometrica*, pp. 315-335.

[332] Neicheva, M., 2007, "Non - Keynesian Effects of Government Spending: Some Implications for the Stability and Growth Pact", MPRA Paper, No. 5277.

[333] Neiss, K. S., Nelson, E., 2005, "Inflation Dynamics, Marginal Cost, and the Output Gap: Evidence from Three Countries", *Journal of Money*, *Credit & Banking*, Vol. 37, No. 6, pp. 1019-1045.

[334] Obstfeld, M., Rogoff, K., 1995, "Exchange Rate Dynamics Redux", *Journal of Political Economy*, Vol. 103, No. 3, pp. 624-660.

[335] Obstfeld, M., Rogoff, K., 1995, "The Mirage of Fixed Exchange Rates", *Journal of Economic Perspectives*, Vol. 9, No. 4, pp. 73-96.

[336] Orphanides, A., Williams, J. C., 2003, "Imperfect Knowledge, Inflation Expectations, and Monetary Policy", NBER Working Paper, No. 9884.

[337] Otani, A., Shiratsuka, S., Shirota, T., 2003, "The Decline in the Exchange Rate Pass-Through: Evidence from Japanese Import Prices", Bank of Japan Working Paper.

[338] Paloviita, M., 2006, "Inflation Dynamics in the Euro Area and the Role of Expectations", *Empirical Economics*, Vol. 31, No. 4, pp. 847-860.

［339］Pelgrin, F., Alain, G., Luger, R., 2004, "The New Keynesian Phillips Curve: An Empirical Assessment", Bank of Canada Working Papers, No. 35.

［340］Perotti, R., 1999, "Fiscal Policy in Good Times and Bad", *The Quarterly Journal of Economics*, Vol. 114, No. 4, pp. 1399-1436.

［341］Perotti, R., Ramey, V., 2007, "In Search of the Transmission Mechanism of Fiscal Policy", *NBER Macroeconomics Annual*, Vol. 22, pp. 169-249.

［342］Phelps, E. S., 2010, "Phillips Curves, Expectations of Inflation and Optimal Unemployment over Time", *Economica*, Vol. 34, No. 34, pp. 254-281.

［343］Phillips, A. W., 1958, "The Relation between Unemployment and the Rate of Change of Money Wage Rates in the United Kingdom, 1861-1957", *Economica*, Vol. 25, No. 100, pp. 283-299.

［344］Pollak, R. A., 1975, "Subindexes in the Cost of Living Index", *International Economic Review*, Vol. 16, No. 1, pp. 135-150.

［345］Poole, W., 1970, "Optimal Choice of Monetary Policy Instruments in a Simple Stochastic Macro Model", *The Quarterly Journal of Economics*, pp. 197-216.

［346］Poole, W., Rasche, R. H., 2003, "The Impact of Changes in FOMC Disclosure Practices on the Transparency of Monetary Policy: Are Markets and the FOMC Better Synched?", *Federal Reserve Bank of St. Louis Review*, Vol. 85, No. 1, pp. 1-10.

［347］Quandt, R. E., 1958, "The Estimation of the Parameters of a Linear Regression System Obeying Two Separate Regimes", *Journal of the American Statistical Association*, Vol. 53, No. 284, pp. 873-880.

［348］Ramey, V. A., 2009, "Identifying Government Spending Shocks: It's All in the Timing", *The Quarterly Journal of Economics*, Vol. 126, No. 1, pp. 1-50.

［349］Ravn, M., Uribe, M., 2006, "Deep Habits", *Review of*

Economic Studies, Vol. 73, No. 1, pp. 195-218.

[350] Ravn, M. O., Sola, M., 1996, "A Reconsideration of the Empirical Evidence on the Asymmetric Effects of Money – Supply Shocks: Positive vs Negative or Big vs Small?", SSRN Working Paper, No. 56134.

[351] Reis, R., 2006, "Inattentive Producers", *Review of Economic Studies*, Vol. 73, No. 3, pp. 793-821.

[352] Rotemberg, J., Woodford, M., 1998, "An Optimization-Based Econometric Framework for the Evaluation of Monetary Policy: Expanded Version", NBER Working Paper, No. 233.

[353] Rzonca, A., Cizkowicz, P., 2005, "Non – Keynesian Effects of Fiscal Contraction in New Member States", ECB Working Paper, No. 519.

[354] Sack, B., Wieland, V., 1999, "Interest-Rate Smoothing and Optimal Monetary Policy: A Review of Recent Empirical Evidence", *Journal of Economics & Business*, Vol. 52, No. 1, pp. 205-228.

[355] Sanchez, D. A., Sanchez, D. A., 2006, "A New Keynesian Phillips Curve for Japan", FDIC Working Paper, No. 550.

[356] Sargent, T. J., Wallace, N., 1984, *Some Unpleasant Monetarist Arithmetic*, Palgrave Macmillan UK.

[357] Sarno, L., 2001, "Toward a New Paradigm in Open Economy Modeling: Where do We Stand?", *Review-Federal Reserve Bank of Saint Louis*, Vol. 83, No. 3, pp. 21-36.

[358] Sbordone, A. M., 2002, "Prices and Unit Labor Costs: A New Test of Price Stickiness", *Journal of Monetary Economics*, Vol. 49, No. 2, pp. 265-292.

[359] Scheibe, J., Vines, D., 2005, "A Phillips Curve for China", CEPR Discussion Paper, No. 4957.

[360] Sheedy, K. D., 2005, "Structural Inflation Persistence", Working Paper.

[361] Shibuya, H., 1992, "Dynamic Equilibrium Price Index: Asset Price and Inflation", *Monetary & Economic Studies*, Vol. 10, pp. 95-109.

［362］ Shintani, M., Terada - Hagiwara, A., Yabu, T., 2009, "Exchange Rate Pass-Through and Inflation: A Nonlinear Time Series Analysis", *Journal of International Money & Finance*, Vol. 32, No. 920, pp. 512-527.

［363］ Sims, C. A., 1994, "A Simple Model for Study of the Determination of the Price Level and the Interaction of Monetary and Fiscal Policy", *Economic Theory*, Vol. 4, No. 3, pp. 381-399.

［364］ Sorensen, B. E., Yosha, O., 2001, "Is State Fiscal Policy Asymmetric over the Business Cycle?", *Economic Review-Federal Reserve Bank of Kansas City*, Vol. 86, No. 3, pp. 43.

［365］ Stock, J. H., Watson, M. W., 2003, "Forecasting Output and Inflation: The Role of Asset Prices", *Journal of Economic Literature*, Vol. 41, No. 3, pp. 788-829.

［366］ Sutherland, A., 1997, "Fiscal Crises and Aggregate Demand: Can High Public Debt Reverse the Effects of Fiscal Policy?", *Journal of Public Economics*, Vol. 65, No. 2, pp. 147-162.

［367］ Svensson, L. E. O., 1999, "Inflation Targeting as a Monetary Policy Rule", *Journal of Monetary Economics*, Vol. 43, No. 3, pp. 607-654.

［368］ Svensson, L. E. O., Woodford, M., 2004, "Implementing Optimal Policy through Inflation-Forecast Targeting", in *The Inflation-Targeting Debate*, University of Chicago Press, pp. 19-92.

［369］ Tagkalakis, A., 2004, "The Asymmetric Effects of Fiscal Policy on Private Consumption over the Business Cycle", EUI Working Paper, No. 19.

［370］ Taylor, J. B., 1980, "Aggregate Dynamics and Staggered Contracts", *Journal of Political Economy*, Vol. 88, No. 1, pp. 1-23.

［371］ Taylor, J. B., 1993, "Discretion versus Policy Rules in Practice", *Carnegie-Rochester Conference Series on Public Policy*, Vol. 39, No. 2, pp. 195-214.

［372］ Taylor, J. B., 2000, "Low Inflation, Pass-Through, and the Pricing Power of Firms", *European Economic Review*, Vol. 44, No. 7, pp. 1389-1408.

［373］Taylor, J. B., 2000, "Reassessing Discretionary Fiscal Policy", *The Journal of Economic Perspectives*, Vol. 14, No. 3, pp. 21-36.

［374］Thoma, A. M., 1994, "Subsample Instability and Asymmetries in Money-Income Causality", *Journal of Econometrics*, Vol. 64, No. 1, pp. 279-306.

［375］Tsiddon, D., 1993, "The (mis) Behaviour of the Aggregate Price Level", *The Review of Economic Studies*, Vol. 60, No. 4, pp. 889-902.

［376］Ullrich, K., 2008, "Inflation Expectations of Experts and ECB Communication", *The North American Journal of Economics and Finance*, Vol. 19, No. 1, pp. 93-108.

［377］Weise, C. L., 1999, "The Asymmetric Effects of Monetary Policy: A Nonlinear Vector Autoregression Approach", *Journal of Money , Credit & Banking*, Vol. 31, No. 1, pp. 85-108.

［378］Woodford, M., 1995, "Price-Level Determinacy without Control of a Monetary Aggregate", *Carnegie-Rochester Conference Series on Public Policy*, Vol. 43, No. 2, pp. 1-46.

［379］Woodford, M., 1998, "Control of the Public Debt: A Requirement for Price Stability?", in *The Debt Burden and Its Consequences for Monetary Policy*, Palgrave Macmillan, pp. 117-158.

［380］Woodford, M., 1999, "Optimal Monetary Policy Inertia", *The Manchester School* , Vol. 67, No. s1, pp. 1-35.

［381］Woodford, M., 2001, "Fiscal Requirements for Price Stability", *Journal of Money , Credit & Banking*, Vol. 33, No. 3, pp. 669-728.

［382］Zhang, W., 2009, "China's Monetary Policy: Quantity versus Price Rules", *Journal of Macroeconomics* , Vol. 31, No. 3, pp. 473-484.

图 表 索 引